LATEINAMERIKA JAHRBUCH 1993

Institut für Iberoamerika-Kunde, Hamburg

Lateinamerika Jahrbuch Band 2

Institut für Iberoamerika-Kunde – Hamburg

LATEINAMERIKA JAHRBUCH 1993

Herausgegeben von

Albrecht von Gleich, Wolfgang Grenz, Heinrich-W. Krumwiede,
Detlef Nolte und Hartmut Sangmeister

Vervuert Verlag – Frankfurt am Main 1993

Die Deutsche Bibliothek - CIP-Einheitsaufnahme

Lateinamerika Jahrbuch ... / Institut für Iberoamerika-Kunde,
Hamburg.- Frankfurt am Main: Vervuert
　Erscheint jährlich. - Aufnahme nach 1992
　ISSN 0943-0318
　1992 -

© Vervuert Verlag, Frankfurt am Main 1993
Alle Rechte vorbehalten
Umschlaggestaltung: Konstantin Buchholz
Printed in Germany
ISBN 3-89354-421-6

INHALT

Seiten

Teil I: Aufsätze

Heinrich-W. Krumwiede 9
Zu den Überlebenschancen von Demokratie in Lateinamerika

Albrecht von Gleich 31
Die neuen Integrationsprozesse in Lateinamerika –
Resultate und Perspektiven

Patricio Meller 53
Wirtschaftspolitische Reformen in Lateinamerika und ihre
Auswirkungen auf die internationale Wettbewerbsfähigkeit

Hartmut Sangmeister 71
Grundbedürfnisbefriedigung und soziale Sicherung
in Lateinamerika

Monika Queisser 93
Soziale Sicherung in der Krise: Die chilenische
Rentenreform als Modell für Lateinamerika ?

Teil II: Entwicklungen in Ländern und Regionen

Übersichten über regionale Integrationsbündnisse und -prozesse

- Gemeinsamer Zentralamerikanischer Markt (MCCA) 113
- Andenpakt (Abkommen von Cartagena) 114
- Karibische Gemeinschaft und Karibischer Gemeinsamer Markt (CARICOM) 115
- Organisation Ostkaribischer Staaten (OECS) 116
- Lateinamerikanisches Wirtschaftsbündnis (SELA) 117
- Lateinamerikanische Integrationsvereinigung (ALADI) 118
- Amazonaspakt 119
- Rio-Gruppe 120
- Dreier-Gruppe 121
- Gemeinsamer Markt der Länder des Cono Sur (MERCOSUR) 122
- Nordamerikanisches Freihandelsabkommen (NAFTA/TLC) 123

Informationen zu einzelnen Ländern:
Basisdaten – Kennziffern – Chronologien 1991

Cono Sur 124

Argentinien 125
Chile 139
Paraguay 152
Uruguay 157

Brasilien 164

Andenregion 178

Bolivien 179
Ekuador 187
Kolumbien 194
Peru 206
Venezuela 217

Mexiko 226

Zentralamerika 238

Costa Rica 243
El Salvador 246
Guatemala 250
Honduras 254
Nikaragua 258
Panama 263

Karibischer Raum 266

Gesamt-Chronologie (außer Guyana und Kuba) 267
Länderkennziffern zu den Klein- und Kleinststaaten der Region 288
Chronologie Guyana 302
Chronologie Kuba 309

Lateinamerika allgemein (Kennziffern zur demographischen, 315
sozialen und wirtschaftlichen Entwicklung mit Graphiken)

Technische Erläuterungen zu der Datenbank IBEROSTAT 319

Mitarbeiterinnen und Mitarbeiter 324

Teil I

Heinrich-W. Krumwiede

Zu den Überlebenschancen von Demokratie in Lateinamerika

Gegenwärtig dominiert die demokratische Staatsform in den iberisch geprägten Ländern Lateinamerikas (den 18 spanisch-sprachigen und dem portugiesisch-sprachigen Brasilien).[1] Eine Ausnahme bilden lediglich das castristische Kuba und das halbautoritäre Peru, wo der aus freien Wahlen hervorgegangene Präsident Fujimori 1992 das Parlament aufgelöst hat und seitdem quasi diktatorial regiert. Noch Mitte der 70er Jahre war die Situation genau umgekehrt. Abgesehen von Venezuela, Kolumbien und Costa Rica herrschten autoritäre Regime, überwiegend Militärdiktaturen. Dabei war fraglich, ob man das politische System Kolumbiens überhaupt als demokratisch klassifizieren konnte. Denn in dem in der Verfassung verankerten System der permanenten großen Koalition entschieden Wahlen lediglich über die Stärke der Fraktionen der Liberalen Partei und der Konservativen Partei; ansonsten teilten sich die beiden Parteien die politischen Machtpositionen paritätisch (50%:50%), und das Präsidentenamt wechselte alle vier Jahre zwischen ihnen. Für die Überlebensfähigkeit der demokratischen Staatsform in Venezuela konnte auf die Sonderbedingung des Ölreichtums verwiesen werden.

Der Prozeß der Umwandlung der autoritären Regime in Demokratien begann 1979 in Ekuador, setzte sich in den 80er Jahren im gesamten Südamerika durch und fand seinen Abschluß mit der Demokratisierung Paraguays (1989) und Chiles (1990). Er erfaßte auch Zentralamerika, wo der *Frente Sandinista de Liberación Nacional* (FSLN), der seit der revolutionären Machteroberung 1979 in Nikaragua

---

[1] Wenn im folgenden von "Lateinamerika" die Rede ist, sind nur diese Länder gemeint.

geherrscht hatte, im Februar 1990 die international überwachten Wahlen verlor. Auch im früher von Experten mehrheitlich als autoritär klassifizierten Mexiko, das seit mehr als 60 Jahren von dem *Partido Revolucionario Institucional* (PRI) regiert wird, setzte Ende der 80er Jahre eine demokratische Öffnung ein.

Bei der jüngsten Demokratisierungswelle handelt es sich historisch gesehen um Re-Demokratisierungen,[2] denn den meisten autoritären Regimen, die in den 60er und 70er Jahren etabliert wurden, waren Demokratien vorausgegangen. Dieser zyklisch anmutende Wechsel der Staatsformen, das Pendeln zwischen Autoritarismus und Demokratie, ist nicht nur ein Phänomen der letzten Jahrzehnte, sondern kann weit in die Geschichte der mehr als 150 Jahre unabhängigen lateinamerikanischen Staaten zurückverfolgt werden. Angesichts dieses historischen Befundes wird häufig gefragt, ob die gegenwärtigen Demokratien in Lateinamerika Bestand haben oder es sich lediglich um einen weiteren Pendelschlag in der bisher zyklisch verlaufenden politischen Geschichte handelt. Diese Frage ist zu pauschal, weil sie das Problem ausblendet, inwieweit es sich bei den lateinamerikanischen Demokratien überhaupt um Demokratien handelt, die diesen Namen verdienen. Zudem ist die Frage weniger interessant als es auf den ersten Blick scheint. Denn man kann zwar Militärputsche nicht prinzipiell ausschließen, aber es ist – wie später erörtert wird – sehr unwahrscheinlich, daß das Militär in Zukunft wieder über einen längeren Zeitraum offen autoritär regieren wird. Sorge bereitet vielmehr die Möglichkeit, daß mit Mängeln behaftete Demokratien zu bloßen Fassadendemokratien mit autoritären Zügen degenerieren (Nolte 1992: 128).

Im folgenden interessiert die Frage, wie die Chancen zu beurteilen sind, daß politische Demokratien westlichen Standards, wie sie in Westeuropa und den USA existieren, in Lateinamerika Gestalt annehmen und überleben. Eine Einschätzung dieser Problematik kann man nur wagen, wenn – wie es hier geschehen soll – zunächst Belastungs- und Begünstigungsfaktoren analysiert werden. In der einschlägigen Demokratie-Literatur zu Lateinamerika wird gewöhnlich auf das Beziehungsverhältnis von Sozialstruktur und politischem System nicht weiter eingegangen. Dieser Thematik ist deshalb ein gesondertes Kapitel gewidmet.

Wenn von "politischer Demokratie westlichen Standards" die Rede ist, soll damit zum Ausdruck gebracht werden, daß mit Demokratie mehr gemeint ist als die Existenz eines Mehrparteiensystems und die Bestellung der Regierung in freien Wahlen. Konstitutiv sind daneben andere Merkmale wie Gewaltenteilung, Rechtsstaat-

---

[2] Der Verfasser hat zusammen mit Detlef Nolte versucht, anhand eines Einzelfalls (Chile) Voraussetzungen, Verlaufsformen und Implikationen von Redemokratisierungsprozessen herauszuarbeiten (vgl. Krumwiede/Nolte 1988). Aus der reichhaltigen Literatur zur demokratischen Transition und Konsolidierung seien hier einige Sammelbände genannt: O'Donnell/Schmitter/Whitehead 1986; Malloy/Seligson 1987; Baloyra 1987; Nohlen/Solari 1988; Pastor 1989; Diamond/Linz/Lipset 1989; Nohlen 1992a.

lichkeit und ein freier Pluralismus von Interessengruppen.[3] Als weiteres Merkmal ist die Unterordnung des Militärs unter den Primat der zivilen Politik zu nennen.[4]

Angesichts der großen und vielfältigen Unterschiede zwischen den lateinamerikanischen Ländern etwa in bezug auf das sozio-ökonomische Entwicklungsniveau, die ethnische Zusammensetzung und die politische Tradition, die vielleicht ausgeprägter sind als zwischen den Ländern Westeuropas,[5] sind pauschale Aussagen, die sich auf "Lateinamerika" beziehen, fragwürdig. Eine Differenzierung nach Ländern, zumindest nach Ländergruppen, wäre notwendig. So gehen etwa Nohlen und Thibaut in einem Aufsatz, der sich mit einer ähnlichen Thematik beschäftigt und die Entwicklung im Jahr 1992 besonders behandelt, auf einzelne Länder ein und unterscheiden drei Ländergruppen (Nohlen/Thibaut 1993). In einer ersten Gruppe reihen sie die Länder ein, die den Prozeß der Transition vom Autoritarismus zur Demokratie noch nicht abgeschlossen haben (die zentralamerikanischen Länder mit Ausnahme Costa Ricas und das südamerikanische Paraguay). Zur zweiten Gruppe zählen sie diejenigen Länder, die den Transitionsprozeß beendet haben und trotz unvollständiger demokratischer Konsolidierung keine Indizien für eine unmittelbare Gefährdung der Demokratie aufweisen (die meisten Länder der Region). Der dritten Gruppe weisen sie schließlich diejenigen Länder zu, in denen die demokratische Staatsform 1992 durch manifeste Staats- und Regierungskrisen auf die Probe gestellt wurde (Venezuela, Peru, Brasilien). Auf eine derartige systematische Differenzierung nach Ländern muß in diesem Artikel, der auf einige generelle Probleme aufmerksam machen will, aus Platzgründen verzichtet werden. Soweit Länder erwähnt werden, geschieht dies in illustrativ-beispielhafter Absicht.

I. Belastungsfaktoren

1. Die ökonomische und soziale Krise

In Beiträgen für dieses Bandes (Sangmeister, Meller) und des Lateinamerika Jahrbuchs 1992 (Sangmeister, Eßer) werden Erscheinungsformen der schweren ökonomischen Krise der 80er Jahre in Lateinamerika und deren Ursachen eingehend analysiert und die in allen Ländern stattfindenden Versuche, die Krise durch eine neoliberale Wirtschaftspolitik der Strukturanpassung zu überwinden, dargestellt.

---

[3] Ausdrücklich bezieht sich die Definition nur auf die im engeren Sinne politische Demokratie; Merkmale sozialer Demokratie (z.B. soziale Gerechtigkeit) werden in ihr nicht aufgenommen. Nur wenn man so verfährt, kann geprüft werden, inwieweit stabile politische Demokratien sozialer Gerechtigkeit bedürfen. Vgl. den Katalog der gängigen Definitionsmerkmale bei Robert A. Dahl (Dahl 1971).

[4] Schmitter/Karl (1991) beziehen dieses Merkmal, das für Lateinamerika nicht selbstverständlich ist, ausdrücklich in ihre Demokratiedefinition ein.

[5] Zu den sozio-ökonomischen und politischen Homogenitäten Westeuropas vgl. Kaelble 1987, Kap. III.

Eingegangen wird auch auf die gravierenden sozialen Kosten dieser Politik für die Bevölkerungsmehrheit. Für die Demokratieproblematik ist auf drei Tatbestände hinzuweisen:

1. Die Redemokratisierung in Lateinamerika fand, mit Ausnahme Chiles und partiell Brasiliens,[6] im Kontext einer schweren ökonomisch-sozialen Krise statt.

2. Die demokratischen Regierungen sahen sich mit der Aufgabe konfrontiert, harte und unpopuläre Umstrukturierungsmaßnahmen zu beschließen, vor denen die Militärregierungen, mit Ausnahme Chiles, zurückgescheut waren.

3. Die Verantwortung für Erfolge dieser Politik, aber auch für die mit ihr verbundenen sozialen Kosten, werden von der Bevölkerung den demokratischen Regierungen – allgemein der Demokratie – zugewiesen.

Für die neuen Demokratien war es natürlich alles andere als ideal, daß sie in einer ökonomisch-sozialen Krisensituation errichtet wurden und sich bei der Krisenbewältigung bewähren mußten. Kurzfristige ökonomische Krisen brauchen aber das Überleben demokratischer politischer Systeme nicht zu gefährden. Denn Unzufriedenheit mit der aktuellen Regierungspolitik richtet sich in der Regel gegen die Regierung und nur im Ausnahmefall gegen das herrschende politische System. So ist es durchaus als normal zu betrachten, daß die Regierungsparteien in den 80er Jahren überall die ersten Wahlen verloren. Demokratien sind aber auf längere Perioden einer prosperierenden Wirtschaft angewiesen, wenn sich eine die Konsolidierung von Demokratie begünstigende "Legitimitätsreserve" bilden soll.[7] Eine derartige Legitimitätsreserve bewirkt, daß man dem System auch in schlechten ökonomisch-sozialen Zeiten die Treue hält. Die ökonomisch-soziale Problemlösungsfähigkeit ist also eine grundlegende Bedingung von stabiler Demokratie.

Die Erfolge der peronistischen Regierungspartei unter dem Präsidenten Menem bei den Wahlen 1991 in Argentinien zeigen, daß sich selbst für ökonomisch-soziale "Roßkuren" Zustimmung bei der Bevölkerung gewinnen läßt, wenn sie als einzig wirksames Mittel gelten, um aus der Krisensituation herauszukommen. Es fragt sich aber, ob positive Wachstumsraten des Sozialprodukts und niedrige Inflationsraten bei anhaltendem sozialen Elend als ausreichende Leistung gewertet werden.

Wahlen und Umfragen deuten darauf hin, daß Wähler politische Akteure zunehmend in bezug auf ihre vermutete soziale Leistungsfähigkeit bewerten und sich von etablierten, aber unglaubwürdigen politischen Kräften abwenden (Nolte 1992:123).[8]

---

[6] Die demokratische Öffnung setzte in Brasilien bereits in Zeiten ökonomischer Prosperität ein.

[7] Mit "Legitimitätsreserve" ist gemeint, was bei Easton als *diffuse support* bezeichnet wird (vgl. Easton 1979).

[8] Zum Zusammenhang von sozio-ökonomischer Leistungsfähigkeit und Legitimation des politischen Systems vgl. v.a. Huneeus 1990.

In der letzten Dekade hat sich die ohnehin miserable Situation der Unterschichten in Lateinamerika weiter verschlechtert. So verweisen alle Studien zu dieser Materie auf einen wachsenden Anteil der Armen an der Gesamtbevölkerung. Nach Angaben der UN-Wirtschaftskommission für Lateinamerika CEPAL stieg der Anteil der Armen, das heißt der Personen, die aufgrund ihres niedrigen Einkommens vitale Grundbedürfnisse nicht ausreichend erfüllen können, im Zeitraum 1980 bis 1990 von 41% auf 46% (nahezu 200 Millionen Lateinamerikaner) (vgl. CEPAL 1992a, 1992b, 1993). Generell gab es einen Zusammenhang zwischen dem sozio-ökonomischen Entwicklungsstand und dem Pro-Kopf-Einkommen sowie dem Armutsanteil. So belief sich der Anteil der armen Haushalte an allen Haushalten 1986 im für lateinamerikanische Verhältnisse relativ hochentwickelten Argentinien auf 13%, während er 1990 im relativ unterentwickelten Honduras 75% betrug (die Anteile der Armen an der Gesamtbevölkerung lagen jeweils bis zu 5% höher). Brasilien wies aber 1990 mit 43% einen höheren und Costa Rica mit 24% einen niedrigeren Anteil der armen Haushalte auf als nach dem Pro-Kopf-Einkommen zu erwarten war (vgl. Sangmeister 1993).

Hungerrevolten in mehreren lateinamerikanischen Ländern (Dominikanische Republik 1984, Brasilien 1987, Venezuela und Argentinien 1989) machen deutlich, daß die Unterprivilegierten nicht (mehr) gewillt sind, ihr elendes soziales Schicksal apathisch zu erdulden. Rosenberg stellt zur Konsolidierungsproblematik von Demokratie in Lateinamerika lapidar, aber treffend fest: *"Citizens have confidence only in states that deserve it"* (Bürger haben nur Vertrauen in Staaten, die es verdienen) (Rosenberg 1991:78).

Im folgenden wird auf traditionelle Strukturdefekte lateinamerikanischer Demokratie, auf "Legate einer belastenden Tradition" (Mols 1985:51), eingegangen.[9]

2. Schwäche der demokratischen politischen Infrastruktur

Im Vergleich zu Demokratien in westlichen Industrieländern fällt auf, daß in Lateinamerika die Gewaltenteilung immer schwach ausgeprägt war. In Lateinamerika hat die Judikative in der Regel nur ansatzweise als unabhängige Gewalt fungiert. Mols bietet folgende Beurteilung: "Die Judikative ist darauf bedacht, daß sich das Handeln des Staates in legalen Formen vollzieht, oder noch besser: daß das Handeln des Staates juristisch korrekt erscheint. Das Denken in Kategorien einer Trennung öffentlicher Gewalt in selbständige und voneinander unabhängige Zweige, die sich dann wechselseitig kontrollieren und überwachen, bleibt in der Verfassungspraxis Ausnahme" (Mols 1985:158f.). Symptomatisch ist, daß Pinochet, der Parteien und Gewerkschaften verbot, weitestgehend auf eine "Säuberung" der Justiz verzichten konnte, da er von dieser Seite keine Opposition gegen sein autoritäres Regime zu

---

[9] Zu Problemen und Strukturdefekten lateinamerikanischer Demokratie aus deutscher Sicht z.B. Puhle 1971; Mols 1985; Werz 1987; Maihold 1990; Nolte 1992 und Nohlen/Thibaut 1993.

erwarten hatte. Symptomatisch dürfte auch sein, daß die vom Generalsekretär der Vereinten Nationen berufene "Wahrheitskommission" für El Salvador, die die Aufgabe hatte, besonders schwere Menschenrechtsverletzungen zu untersuchen, die komplette Auswechslung des Obersten Gerichtshofes empfahl, weil seine Mitglieder dem Recht nicht Geltung verschafft hätten (Naciones Unidas 1993).

In den präsidentiellen Regierungssystemen Lateinamerikas sind die Parlamente gewöhnlich ihren Aufgaben als Kontrolleure und Mitgestalter der Regierungspolitik nur unzureichend gerecht geworden. Auch heute ist es selbst in Ländern, wo die Partei des Präsidenten über eine parlamentarische Mehrheit verfügt, durchaus nicht unüblich, daß vorwiegend in Form von Präsidialdekreten entschieden wird. Die Tendenz von Regierungsparteien, insbesondere Koalitionspartnern, sich während der Legislaturperiode aus der direkten Mitverantwortung für die Regierungspolitik zurückzuziehen, wird durch die in allen lateinamerikanischen Verfassungen, mit Ausnahme Nikaraguas und Perus, enthaltene Bestimmung gefördert, daß eine (direkte) Wiederwahl des Präsidenten verboten ist. Schwierigkeiten bei der parlamentarischen Mehrheitsbeschaffung haben insbesondere Präsidenten, die wie Collor de Mello in Brasilien, Serrano in Guatemala und Fujimori in Peru als eine Art Außenseiter und Vorsitzende von nur kleinen Parteien mit schwacher Parlamentsrepräsentanz gewählt wurden.

Ein besonderes Problem stellt die Bürokratie in Lateinamerika dar. Sie wird gewöhnlich als ineffizient, schwerfällig, wenig bürgernah, politisch parteilich und zum Teil als korrupt beschrieben.

In mehreren lateinamerikanischen Ländern, ausgeprägt in Brasilien, haben sich Parteien und Parteiensysteme immer traditionell durch Instabilität und Schwäche ausgezeichnet. Aber auch in Ländern mit einem stabilen Parteiensystem und verbreiteter und intensiver Parteiidentifikation, wie in Kolumbien, ist es durchaus üblich, daß sich Interessengruppen unter Umgehung der Parteien direkt an den Präsidenten wenden, der per Dekret eine Entscheidung trifft. Allgemein sind die Fähigkeiten der meisten lateinamerikanischen Parteien, Interessen zu bündeln und im politischen Raum zu repräsentieren und durchzusetzen, unterentwickelt. Genuine Linksparteien haben nur in Chile reüssiert. In bezug auf Programmatik, Mitgliedschaft und Wähler sind die meisten lateinamerikanischen Parteien "Volksparteien" bzw. "Allerweltsparteien", de facto ist aber in ihnen der Einfluß der Unterschichten zumeist äußerst gering.

Vor allem in lateinamerikanischen Ländern mit geringer demokratischer Tradition ist eine demokratische politische Kultur nur rudimentär ausgebildet. Einer demokratischen politischen Kultur werden folgende Charakteristiken zugeschrieben: Der Glaube an die Legitimität demokratischer Ordnung sowie die Überzeugung, daß die Demokratie zur Lösung der relevanten Probleme fähig sei (Legitimitäts- und Leistungsglaube); ein nicht-autoritäres, das heißt nicht auf Befehl und Gehorsam beruhendes Autoritätsverständnis; politische Beziehungen, die gleichzeitig durch Konflikt- und Kooperationsbereitschaft gekennzeichnet sind, so daß der politische Kompromiß als notwendig und wünschenswert gilt (Vgl. z.B. Dahl 1971). In der Lateinamerika-Literatur wird die Frage, ob und inwieweit die traditionelle iberisch-katholische politische Kultur die Entfaltung einer "Demokratie westlichen Standards" behindert, heftig diskutiert.[10] Als der Demokratie hinderliche Merkmale der traditionellen politischen Kultur Lateinamerikas, die auch das politische Verhalten prägt, gelten der Caudillismus, der Personalismus, der Klientelismus und der Korporativismus.

Ein traditionelles lateinamerikanisches Übel stellt die weitverbreitete Korruption in Politik und Verwaltung dar. Mexiko hat in dieser Hinsicht einen besonders schlechten Ruf. Die Ablösung der Präsidenten Collor de Mello in Brasilien und Pérez in Venezuela wegen Korruptionsverdachts kann als Indiz dafür gewertet werden, daß die Toleranz der Bevölkerung gegenüber politischer Korruption, die früher als etwas Normales betrachtet wurde, gesunken ist.

3. Das Militär als "stärkste Partei"

Der Primat der zivilen Politik über das Militär wurde bisher in keiner lateinamerikanischen Demokratie voll durchgesetzt. Für lateinamerikanische Demokratien war es typisch, daß das Militär sich die Funktion eines "Hüters der Verfassung" zuschrieb.[11] Daraus leitete es in Krisenzeiten das Recht ab, zu intervenieren und die Regierungsmacht zu übernehmen, "um Ordnung herzustellen". In normalen demokratischen Zeiten reichte sein politischer Einfluß als "Veto-Macht" weit über im engeren Sinne militärische Belange hinaus. Deshalb wurde das Militär (paradox, aber treffend) nicht selten als "stärkste Partei" charakterisiert. Gleichzeitig bildete es häufig einen "Staat im Staate", indem es Sonderrechte beanspruchte, gegen rechtsstaatliche Grundsätze verstieß und allgemein verbindliche Gesetze für sich nicht gelten ließ. Auch im heutigen demokratischen Lateinamerika begreift sich das Militär wohl nicht als apolitische Institution, die sich dem Herrschaftsanspruch gewählter Zivilregierungen selbstverständlich zu beugen hat.[12]

Im jüngsten Redemokratisierungsprozeß scheint in den meisten lateinamerikanischen Ländern keine grundlegende Reform der traditionellen zivil-militärischen Beziehungen versucht worden zu sein. Die Nichtahndung oder nur marginale Ahndung von Menschenrechtsverletzungen, die Militärs begangen hatten, scheint mit zum Preis gehört zu haben, den das Militär für seine Duldung der Redemokratisierung verlangte. Lediglich in Argentinien, wo das Militär auf seinem ureigenen Gebiet, dem der externen Kriegsführung, versagt hatte, kam es zu Verurteilungen von

---

[10] Zu unterschiedlichen Beurteilungen dieser Problematik vgl. z.B. Wiarda 1974; Larry Diamond/Linz 1989, Bd. 4:9ff.

[11] Zu den traditionellen zivil-militärischen Beziehungen in Lateinamerika vgl. Stepan 1971; Lindenberg 1976; vgl. allg. zur Rolle des Militärs in Entwicklungsländern Steinweg/Moltmann 1989.

[12] Zur Problematik der zivil-militärischen Beziehungen in redemokratisierten lateinamerikanischen Ländern Stepan 1988.

Militärs wegen Menschenrechtsvergehen. In Reaktion auf mehrere Militärrevolten erließ die Regierung aber ein Amnestiegesetz, und Ende 1990 begnadigte Präsident Menem die noch inhaftierten und verurteilten Offiziere (darunter Ex-Präsidenten und Generäle).

Die politische Macht des Militärs wurde noch dadurch gestärkt, daß sie in einigen Ländern de facto die Kontrollgewalt über Polizeiorganisationen hatten. In El Salvador war die Polizei bis zum Friedensabkommen von 1992 dem Verteidigungsministerium unterstellt; es herrschte ein Zustand der Unterordnung der Polizei unter die Streitkräfte und der teilweisen Fusion mit ihnen.

4. Mangelnde Rechtsstaatlichkeit

Traditionell ist die Judikative in Lateinamerika die schwächste der drei Gewalten. Auf ihre mangelhafte Unabhängigkeit wurde bereits hingewiesen. Auch andere Dimensionen von Rechtsstaatlichkeit sind in den meisten lateinamerikanischen Ländern unterentwickelt. Das in den Verfassungen verankerte Prinzip der Gleichheit vor dem Gesetz hat in der Realität geringe Geltung. Die Justiz funktioniert häufig als Klassenjustiz.

Die Gewaltexzesse der Militärregierungen haben auf das Phänomen der staatlichen und parastaatlichen Gewalt, also der Gewalt von oben, in Lateinamerika aufmerksam gemacht. So wird etwa geschätzt, daß Militär und Polizei während der letzten Militärregierung (1976 bis 1983) in Argentinien zwischen 10.000 und 30.000 Menschen umbrachten, darunter viele Frauen (auch Schwangere) und Kinder (Waldmann 1992:9).[13] Mit der Redemokratisierung hat sich das Problem der Gewalt von oben in Lateinamerika keineswegs erledigt. So verstoßen in Kolumbien, Peru und Guatemala die Militärs bei der Aufstandsbekämpfung massiv gegen elementare Menschenrechte. Glei-ches galt für El Salvador bis zum Menschenrechtsabkommen zwischen Regierung und Guerilla vom August 1990, das im Vorgriff auf den Friedensvertrag abgeschlossen wurde.

Nur in wenigen lateinamerikanischen Ländern existiert eine Guerilla, die die Staatsorgane herausfordert. Ein generelles Problem der lateinamerikanischen Demokratien stellt es dar, daß die Polizei bei der Behandlung einfacher Krimineller in eklatanter Weise gegen rechtsstaatliche Prinzipien verstößt. Waldmann schreibt dazu: "Manche Anzeichen deuten jedoch darauf hin, daß die aus politischen Gründen Unterdrückten und Drangsalierten nur die Spitze eines Eisberges darstellen, dessen Sockel aus der Masse einfacher Krimineller besteht. Dieser kleinen Diebe, Räuber, Hehler, Betrüger oder wegen Sittlichkeitsvergehen Inhaftierter nimmt sich keine internationale Organisation an. Sie können von der Polizei nach Belieben schika-

---

[13] Zum Problem staatlicher und parastaatlicher Gewalt in Lateinamerika vgl. allgemein Tobler/Waldmann 1991.

niert, malträtiert, auch getötet werden, ohne daß dies öffentliches Aufsehen, geschweige denn Protest erregen würde. Im Gegenteil: Die Polizei kann sich des Beifalls der breiten, unter dem zunehmenden Kriminalitätsdruck stöhnenden Bevölkerung sicher sein" (Waldmann 1992:6). Todesschwadronen, die zumeist aus (ehemaligen, zum Teil auch aktiven) Mitgliedern der Polizei und des Militärs bestehen, waren in Brasilien zwischen 1984 und 1989 für die Ermordung 1.400 elf- bis fünfzehnjähriger Kinder verantwortlich (Waldmann 1992:17). Waldmann erklärt die mangelnde Rechtsstaatlichkeit in Lateinamerika unter anderem auch damit, daß der lateinamerikanische Staat, im Unterschied zum Beispiel zum westeuropäischen, nie ein effektives Gewaltmonopol gegenüber der Gesellschaft erlangt hat und fragt, "ob man diesen Staat anstatt als Ordnungsmacht nicht eher als eine Quelle politischer und sozialer Anomie begreifen sollte" (Waldmann 1992:24)."

5. Soziale Ungleichheit

Es wäre falsch, das große Ausmaß an Armut in Lateinamerika (s. oben) als unvermeidliche Begleiterscheinung relativer sozio-ökonomischer Unterentwicklung zu sehen. Sie ist auch eine Folge der in den meisten lateinamerikanischen Ländern stark ausgeprägten sozialen Ungleichheit. Das Ausmaß an sozialer Ungleichheit ist in den meisten lateinamerikanischen Ländern nur größer als in den Industrieländern, sondern auch als in anderen Entwicklungsregionen. So stellt etwa die Weltbank fest: "Nirgendwo in den Entwicklungsländern stehen Armut und nationaler Wohlstand in einem so scharfen Gegensatz wie in Lateinamerika und der Karibik. Obwohl das durchschnittliche Pro-Kopf-Einkommen 5 bis 6 mal so hoch ist wie in Südasien und Afrika südlich der Sahara, lebt noch fast ein Fünftel der Bevölkerung in Armut. Der Grund dafür ist die außergewöhnliche Ungleichheit der Einkommensverteilung in der Region" (Weltbank 1990:171). Auf einer OECD-Tagung in Paris im November 1992 wiesen die japanischen Repräsentanten darauf hin, daß der Einkommensanteil der reichsten 10% der Bevölkerung in ihrem Lande nur zweieinhalb mal so hoch sei wie der der ärmsten 10% der Bevölkerung, in Lateinamerika sei er aber 16 mal so hoch und in Brasilien sogar 30 mal so hoch (LAWR-92-45:6f.).

Es stellt einen traditionellen Strukturdefekt lateinamerikanischer Demokratien dar, daß sie unfähig und unwillens waren, selbst Minimalprinzipien sozialer Gerechtigkeit durchzusetzen. Die demokratische Staatsform trug in den meisten Ländern wenig dazu bei, daß extreme soziale Ungleichheiten abgebaut wurden. In den in einem sozialen Sinne einseitig "bürgerlichen" Demokratien kamen die Interessen sozial Privilegierter gut und diejenigen sozial Unterprivilegierter unzureichend zur Geltung. Brasilien, das sich im lateinamerikanischen Vergleich und im Vergleich zu Entwicklungsländern anderer Regionen durch ein besonders hohes Maß an sozialer Ungleichheit auszeichnet, ist ein Musterbeispiel für den traditionellen Sozialkonservativismus lateinamerikanischer Demokratie.

Es ist unvorstellbar, daß die lateinamerikanischen Demokratien Stabilität erlangen können, wenn sie das Problem tiefgreifender sozialer Ungleichheit nicht energisch angehen. Seit Aristoteles ist überzeugend argumentiert worden, daß Demokratien nur dann konsolidiert werden können, wenn es gelingt, einen Zustand "mäßiger sozialer Ungleichheit" (Menzel/Senghaas 1986) herzustellen, es zu einer als sozial gerecht empfundenen Lösung des Verteilungsproblems kommt. Ökonomische Reformen, die lediglich auf eine Steigerung der makroökonomischen Effizienz (niedrige Inflation, hohes Wachstum) abzielen, sind nicht ausreichend, um eine "Legitimitätsreserve" entstehen zu lassen. So nannten 1992 in einer Umfrage die Mehrheit der Bolivianer, Ekuatorianer und Peruaner die Demokratie als bevorzugte Staatsform, würden aber eine Diktatur unterstützen, wenn diese soziale Gerechtigkeit verwirklicht (Nohlen/Thibaut 1993:22).

6. Mangelhafter Pluralismus von Interessengruppen

In vielen Katalogen der Belastungsfaktoren von Demokratie in Lateinamerika wird auf das Problem des mangelhaften Interessengruppenpluralismus nicht gesondert eingegangen. Schon deshalb erscheint ein kurzer Hinweis als notwendig.

Aus der Presse ist bekannt geworden, daß im Nordosten Brasiliens die Organisation von *Campesino*-Bewegungen, die sich für eine Agrarreform einsetzten, ein riskantes, zum Teil lebensgefährliches Unterfangen ist. So sind Großgrundbesitzer nicht vor Morddrohungen zurückgeschreckt, und einzelne *Campesino*-Führer sind von Todesschwadronen ermordet worden. Dieser Extremfall weist auf die großen Schwierigkeiten hin, mit denen sich Unterschichtorganisationen in einigen lateinamerikanischen Ländern konfrontiert sehen, die den geltenden sozio-ökonomischen *status quo* in Frage stellen.

Weniger bekannt dürfte sein, daß in den meisten lateinamerikanischen Ländern die legalen Kontrollmöglichkeiten des Staates über den Interessengruppensektor außerordentlich groß sind. So bedürfen etwa Gewerkschaften der staatlichen Anerkennung, bevor sie als Tarifvertragsparteien anerkannt werden. Die staatliche Zwangsschlichtung ist die Norm (dementsprechend gering ist die Tarifautonomie), und in weiten Bereichen der Wirtschaft sind Streiks verboten.[14] Die Möglichkeiten sozialkonservativer Kräfte, mittels staatlicher Instrumente Unterschichtorganisationen zu gängeln, sind also groß.

---

[14] Zur lateinamerikanischen Gewerkschaftsbewegung vgl. Waldmann 1983.

II. Begünstigungsfaktoren

1. Autoritäre Regime sind keine Alternative mehr zur Demokratie

Die jüngste Redemokratisierungswelle verdrängte u.a. autoritäre Regime eines neuen, durchaus modernen Typs. Diese neuen "bürokratisch-autoritären Regime" wurden als eine Art Entwicklungsdiktaturen interpretiert, die bestrebt seien, Probleme der lateinamerikanischen Modernisierung und Industrialisierung auf undemokratische, aber effiziente Weise zu lösen (Vgl. O'Donnel 1973). O'Donnell hat darauf hingewiesen, daß sich diese Regime gerade in den sozio-ökonomisch hoch entwickelten Ländern Südamerikas, so auch im traditionell demokratischen Chile und Uruguay, etabliert hätten. Ihr Kennzeichen sei eine Herrschaftsallianz von Technokraten und Militärs,[15] die im Interesse einer "vertieften Industrialisierung" bestrebt seien, die Gewerkschaftsbewegung mit Zwangsmitteln zu unterdrücken und sie staatlicher Kontrolle zu unterwerfen.

Gerade weil in Lateinamerika eine *moderne* Variante der autoritären Staatsform scheiterte, dürfte es gerechtfertigt sein, die Redemokratisierung als Indiz für systematische Schwächen autoritärer Staatsformen zu interpretieren.

Sozio-ökonomische Leistungsschwäche gehörte nicht zu den systematischen Schwächen autoritärer Regime, denn sie wiesen unterschiedliche Leistungsbilanzen auf. In Lateinamerika zeigten sich aber die autoritären Regime, obwohl sie sich als "Entwicklungsdiktaturen" stilisierten, mehrheitlich als sozio-ökonomisch leistungsschwach. Ihr Zusammenbruch nimmt deshalb nicht wunder. Generell dürfte es aber eine systematische Schwäche autoritärer Regime sein, daß sie zu ihrer Legitimierung stärker auf *dauerhafte* sozio-ökonomische Leistungen angewiesen sind als Demokratien. Sie scheinen bei sozio-ökonomischen Mangelleistungen in einem geringeren Maße als Demokratien von einer in guten ökonomischen Zeiten aufgebauten "Legitimitätsreserve" zehren zu können.

Die vielleicht größte systematische Schwäche autoritärer Regime dürfte aber darin bestehen, daß sie selbst bei guten sozio-ökonomischen Ergebnissen als obsolet erscheinen können. Sie scheinen als Ausnahmeregime auf Zeit, als "kommissarische Diktaturen" zur Bewältigung einer Krise akzeptiert zu werden und gelten zunehmend als überflüssig, wenn die Krise gemeistert ist: Pinochet verlor in Chile im Plebiszit, obwohl sein Regime eine recht erfolgreiche Wirtschaftspolitik – wenn auch mit hohen sozialen Kosten – betrieben hatte.

Autoritäre Regime sind auch, wie sich in Lateinamerika deutlich gezeigt hat, wenig fähig, mit den normalen politischen Phänomenen Konflikt, Kritik, Unzufriedenheit und Opposition flexibel umzugehen. Häufig sind sie auf die Unterdrückung von

---

[15] Die lateinamerikanischen Militärs wurden seit den 60er Jahren in der Literatur generell zu den *modernizing elites* gezählt.

Protest angewiesen und verfügen über keine geeigneten Verfahren, Kritik und Opposition integrativ zu verarbeiten.[16]

In Lateinamerika begrenzte auch die den meisten autoritären Regimen eigentümliche Mobilisierungsschwäche deren Lebensdauer. Indem sie von einer umfassenden und intensiven Mobilisierung der Bevölkerung in eigenen Organisationen absahen und sich im wesentlichen mit politischer Indifferenz zufrieden gaben, boten sie demokratischer Opposition die Gelegenheit, den politischen Mobilisierungsraum, zum Beispiel im Bereich der Partei- und Interessenpolitik, mit eigenen Organisationen zu besetzen. Auch linksorientierte autoritäre Regime, wie das peruanische der 60er und 70er Jahre, erwiesen sich als relativ mobilisierungsschwach. Es ist darauf hinzuweisen, daß das einzige mobilisierungsstarke autoritäre Regime in Lateinamerika – das traditionelle mexikanische (bis zu den Wahlen von 1988) – revolutionären Ursprungs ist. Populistische Diktaturen im Stile eines Perón (Argentinien in den 40er und 50er Jahren), die ganz gezielt das Instrument der organisatorischen Mobilisierung einsetzten, dürften sich nicht mehr wiederholen, denn in Lateinamerika gibt es keine unbesetzten mobilisatorischen Freiräume mehr, die Diktaturen zur Ausfüllung offenstünden.

Die Lebensdauer von Militärregimen war aber auch deshalb begrenzt, weil es im institutionellen Eigeninteresse des Militärs lag, sich nach einiger Zeit aus der direkten politischen Regierungsverantwortung zurückzuziehen. Denn die Regierungsausübung, vor allem das Problem der präsidentiellen Nachfolge, führte regelmäßig zu innermilitärischen Fraktionsbildungen, die die Einheit der Institution Militär gefährdeten.

Autoritäre Regime könnten in Lateinamerika in Zukunft noch größere Legitimationsprobleme haben. Denn angesichts des weltweiten Demokratisierungstrends (vgl. Huntington 1992a/1992b) kann man den Eindruck gewinnen, daß die Demokratie im Legitimitätswettbewerb der Staatsformen "gewonnen" hat und weltweit als allein legitime Staatsform gilt (vgl. Sartori 1991). Dieser Trend ist nicht zufällig. Denn für sozial mobilisierte und damit für Politisierung offene Gesellschaften, wie es die lateinamerikanischen durchweg sind, weist das demokratische Muster der politischen Konfliktregulierung gegenüber dem autoritären einige systematische Vorzüge auf:[17] Demokratien sind auf den *Normalfall* eingerichtet, daß Interessengegensätze manifest werden, eine Pluralität unterschiedlicher "Ideen", Interessen und Identitäten existiert und ein Teil der politischen Partizipation sich generell als Unzufriedenheit, Kritik und Opposition artikuliert. Wenn sich bei unzureichenden oder als unzureichend empfundenen sozioökonomischen Leistungen politische Unzufriedenheit verbreitet und intensiviert, muß dies nicht kurz- und mittelfristig zu politischer Instabilität führen. Denn Unzufriedenheit mit der aktuellen Regierungspolitik

---

[16] Die umfassendste Analyse autoritärer Regime enthält Linz (1975).

[17] Zur Eignung demokratischer Konfliktregulierung für politisch mobilisierte Gesellschaften vgl. Senghaas 1993a.

richtet sich in der Regel gegen die Regierung und nur im Ausnahmefall gegen das herrschende politische System.

2. Lernerfahrungen und Korrekturwille

Die jüngste Geschichte hat den demokratischen Kräften Lateinamerikas vielfältige Möglichkeiten zu wichtigen politischen Lernerfahrungen geboten. So lernten sie den neuen Autoritarismus kennen, der sich im Gegensatz zum alten als auf eine längere Dauer angelegte Herrschaftsalternative zur Demokratie begriff. Schon um seine Rückkehr zu vermeiden, gewann die Auseinandersetzung mit den vermutlichen Ursachen des Scheiterns der Demokratien an Bedeutung.

Allgemein kann man konstatieren, daß die demokratischen Akteure bestrebt sind, aus früheren Fehlern zu lernen und eine große Innovationsbereitschaft herrscht. Ein gutes Beispiel für Lernfähigkeit ist die Zusammenarbeit in Form einer Regierungskoalition zwischen Christdemokraten und Sozialisten in Chile.

Anders als bei früheren Redemokratisierungen wird debattiert und zum Teil auch erprobt, inwieweit sich durch politische Reformen die Stabilitätsaussichten der demokratischen Staatsform verbessern lassen (vgl. Nohlen/Solari 1988; Nohlen 1992a; Nohlen/Fernández 1992 sowie Nohlen 1992b). Bei der Staatsreform, die auf eine Stärkung der Regierbarkeit abzielt, gilt Problemen der Dezentralisierung, der Verbesserung der Wahlsysteme und der Stärkung der Parlamente besondere Aufmerksamkeit. In Lateinamerika ist "das Bewußtsein um die Bedeutung der Institutionen für die politische Anpassungs- und Leistungsfähigkeit des politischen Systems gewachsen" (Nohlen/Thibaut 1993:18).

Auch die lateinamerikanischen Intellektuellen – insbesondere die Linksintellektuellen – haben politisch dazu gelernt. Die unter ihnen früher verbreitete Geringschätzung bloß "formaler" Demokratie ist einer positiven Wertung gewichen.[18] Diese neue Haltung dürfte auch damit zusammenhängen, daß viele von ihnen Opfer von Menschenrechtsvergehen der "modernen" autoritären Regime waren.

Wichtig dürfte auch sein, daß sich die Innovationsbereitschaft ebenfalls auf den ökonomischen Bereich erstreckt. So hat man sich im gesamten Lateinamerika von der früher verfolgten Politik der "importsubstituierenden Industrialisierung" staatskapitalistischer Natur mit durch hohe Zollsätze geschützten einheimischen Industrien distanziert und experimentiert mit einer liberalen Wirtschaftspolitik, die unter anderem ihren Ausdruck in Privatisierungsmaßnahmen und einer verstärkten Weltmarktintegration findet.

---

[18] Vgl. Packenham 1986 und Werz 1987:168ff., der u.a. einschlägige Aufsätze von Norbert Lechner zitiert.

3. Auswirkungen der Beendigung des Ost-West-Konflikts

Mit dem Ende des Ost-West-Konflikts haben sich die ohnehin schlechten Legitimierungschancen autoritärer Regime entscheidend verschlechtert. Denn mit dem Wegfall der "Kommunismusgefahr" ist die "Doktrin der Nationalen Sicherheit" die von den Militärs bei der Errichtung autoritärer Regime als eine Legitimationsquelle benutzt wurde, obsolet geworden.

Die USA, jetzt völlig unangefochten Hegemonialmacht Lateinamerikas, die früher autoritäre Regime durchaus unterstützt haben, solange sie gegen eine "kommunistische Herausforderung" kämpften, setzen sich heute unmißverständlich und ausschließlich für die Demokratie in Lateinamerika ein und üben entsprechenden Druck aus – Guatemala und Haiti sind aktuelle Beispiele. Signifikant ist der Wandel in ihrer Haltung zu El Salvador. Lange Zeit leisteten sie umfangreiche Militärhilfe – obwohl Kräfte des Regimes für zahlreiche Menschenrechtsvergehen verantwortlich waren –, weil das Regime im Bürgerkrieg gegen die linke Guerilla kämpfte. Heute wird die Fortführung der (jetzt ohnehin geringen) Militärhilfe davon abhängig gemacht, inwieweit die im Friedensabkommen eingegangene Verpflichtung, die Streitkräfte von Menschenrechtsverletzern zu "säubern", eingelöst wird.

Das Ende des Ost-West-Konflikts hat die Möglichkeit eröffnet, das traditionelle Muster der zivil-militärischen Beziehungen grundlegend zu reformieren. Die durch eine große Machtfülle gekennzeichnete traditionelle politische Position des Militärs läßt sich nicht mehr rechtfertigen. So mehrt sich etwa in Honduras die Kritik an den herkömmlichen politischen Prärogativen des Militärs. Auch wird darüber debattiert, welche militärische Aufgabenstellung heute noch relativ hohe Militärbudgets und verhältnismäßig starke Streitkräfte rechtfertigen. Nur wenige Länder werden durch einen "inneren Feind" in Gestalt der Guerilla bedroht, und im Zeichen der Regelung von Grenzkonflikten – so etwa im Beagle-Kanal zwischen Argentinien und Chile – und der lateinamerikanischen Integrationsprozesse besitzen externe Bedrohungsszenarien wenig Glaubwürdigkeit. Argentinien scheint eine Antwort für dieses Problem gefunden zu haben, indem sich sein Militär an verschieden *Peacekeeping*-Operationen der Vereinten Nationen beteiligt. Nicht zufällig ist "Überrüstung" zu einem Kriterium der Konditionierung von Entwicklungshilfe geworden. Im Zuge der Sparmaßnahmen sind auch die Militärhaushalte reduziert worden, in einigen Ländern – so in Nikaragua und El Salvador – wurde die Personalstärke der Streitkräfte deutlich verringert; in Argentinien erfaßte die Privatisierung auch den gesamten militärisch-industriellen Komplex. Im salvadorianischen Friedensabkommen von 1992 wurde eine vorbildhafte grundlegende Reform der traditionellen zivil-militärischen Beziehungen vereinbart (vgl. Krumwiede 1992).

Im politischen Bereich hat das Ende des Ost-West-Konflikts zum Abbau von Polarisierungen beigetragen. Sterile ideologische Entweder-Oder-Diskussionen – ob dem Plan oder dem Markt der Vorzug gebühre – gehören der Vergangenheit an. Die politische Diskussion kann sich darauf konzentrieren, welche konkrete Mischung von Marktelementen und staatlicher Regulierung das höchste Maß an Effizienz und sozialer Gerechtigkeit garantiert.

Ein "zweites Kuba" wird es in Lateinamerika nicht geben. Sozialrevolutionäre Bewegungen haben schon deshalb keine Zukunft mehr, weil es den Patron Sowjetunion nicht mehr gibt. Es ist anzunehmen, daß – wie in Nikagarua und El Salvador – unter ursprünglich sozialrevolutionären Kräften sozialdemokratische Tendenzen weiter zunehmen werden.

III. Einschätzung

Der Zyklus der Herrschaftsformen in Lateinamerika dürfte gebrochen sein. Angesichts der Diskreditierung des *modernen* Autoritarismus, der systematischen Schwächen autoritärer Regime, ihres zusätzlichen Legitimationsschwundes im Zeichen der Beendigung des Ost-West-Konflikts und der eindeutigen Präferenz der Hegemonialmacht USA für aus Wahlen hervorgegangene Zivilregierungen ist die Wahrscheinlichkeit äußerst gering, daß sich in Lateinamerika in absehbarer Zeit *offen* autoritäre Regime etablieren könnten.

Für Lateinamerika gilt: Die Alternative zu einer schlechten Demokratie ist eine gute Demokratie, nicht ein autoritäres Regime. Die autoritären Regime wiesen in krasser Form alle Mängel auf, die bei der traditionellen lateinamerikanischen Demokratie beklagt werden (selbst Korruption), waren zudem repressiv und zeigten sich mehrheitlich als sozio-ökonomisch leistungsschwach (im Sinne von Effizienz und sozialer Gerechtigkeit).

Die lateinamerikanischen Demokratien stehen vor dem Problem, eine Fülle von Reformen gleichzeitig in Angriff nehmen zu müssen. Sie leiden darunter, daß es nie ein effektives Gewaltmonopol des Staates gegeben hat, das rechtsstaatlich gebändigt wurde. Sie haben das Pech gehabt, daß sie sich in ihrer (Wieder-)Gründungsphase mit einer schweren sozio-ökonomischen Krise konfrontiert sahen. Es gibt aber Indizien dafür, daß die ökonomische Talsohle durchschritten ist und – wie es emphatisch formuliert wird – auf die "verlorene Dekade" vielleicht eine "Dekade der Hoffnung" folgt. Vor allem besteht zum ersten Mal die Möglichkeit zu einer grundlegenden Reform der traditionellen zivil-militärischen Beziehungen. Eine solche Reform wäre zugleich auch eine Rechtsstaatsreform. Optimistisch stimmt auch die generelle politische und ökonomische Innovationsbereitschaft. Die Existenz der traditionellen iberisch geprägten politischen Kultur steht der Entfaltung einer demokratischen politischen Kultur nicht als unüberwindliches Hindernis im Wege. Eine demokratische politische Kultur sollte man weniger als Vorbedingung denn Ergebnis von Demokratie betrachten (vgl. Karl 1990). Wenn man die Umfrageergebnisse in *"Civic Culture"* von Almond und Verba mit denen des von ihnen ca. 20 Jahre später herausgegebenen Buches *"The Civic Culture Revisited"* (Almond/Verba 1963 und Conradt 1980) vergleicht, kann man zu dem Ergebnis gelangen, daß die Legitimitätsbasis der neuen deutschen Demokratie zunächst fragil war, daß sich dann aber im Zeichen des anhaltenden sozio-ökonomischen Erfolgs eine veritable "Legitimitätsreserve" herausgebildet hat, die den Bestand der Demokratie auch in Krisenzeiten sichern würde. Unter ungünstigen Bedingungen errichtete Demokratien erhalten in einer "Gewöhnungsphase" die Chance zur Konsolidierung; in der "Gewöhnungsphase" können sich Opportunitätsdemokraten in überzeugte Demokraten verwandeln (zumindest wird die Möglichkeit geschaffen, daß überzeugte Demokraten Opportunitätsdemokraten nachfolgen) und können ungünstige Bedingungen in günstige, zumindest aber neutrale, umgewandelt werden.[19] Valenzuela stellt zum Beispiel fest, daß die chilenische Demokratie im 19. Jahrh. unter der Rahmenbedingung einer, auch für lateinamerikanische Verhältnisse, ausgesprochen autoritären politischen Kultur errichtet wurde. Erst mit der Praktizierung von Demokratie sei in Chile eine demokratische politische Kultur entstanden (vgl. Valenzuela 1989).

Bedenklich stimmt aber, daß bei aller Innovationsbereitschaft – mit Ausnahme Chiles – größere Initiativen zur Lösung des sozialen Problems ausbleiben und die demokratische Elite Lateinamerikas trotz vollmundiger Erklärungen nicht bereit zu sein scheint, das Problem sozialer Ungleichheit energisch anzugehen. Senghaas stellt allgemein fest: "In Gesellschaften mit einem erheblichen Politisierungspotential ist eine aktive Politik der Chancen- und Verteilungsgerechtigkeit, letztlich ergänzt um Maßnahmen der Bedürfnisgerechtigkeit (Sicherung der Grundbedürfnisse), unerläßlich, weil nur dann sich die Masse der Menschen in einem solchen politischen Rahmen fair aufgehoben fühlt. Die materielle Anreicherung bzw. Unterfütterung von Rechtsstaatlichkeit, insbesondere im Sinne eines fairen Anteils an der Wohlfahrt, ist also nicht eine politische Orientierung, der in solchen Gesellschaften nach Belieben gefolgt werden kann oder auch nicht; sie ist vielmehr eine konstitutive Bedingung der Lebensfähigkeit von rechtsstaatlichen Ordnungen und damit des inneren Friedens von Gesellschaften. Rechtsstaatlich verfaßte Gesellschaften tun deshalb gut daran, die Frage der Gerechtigkeit niemals zur Ruhe kommen zu lassen, zumal wenn die ihnen zugrundeliegenden Ökonomien, in der Regel Marktwirtschaften, systembedingt eher Ungleichheit als Gleichheit produzieren" (Senghaas 1993b:7). Zwischen den für Demokratie konstitutiven Elementen besteht ein wechselseitig sich korrigierender und stützender Zusammenhang. Wenn ein Element, die soziale Gerechtigkeit, nicht ausreichend beachtet wird, wirkt sich das negativ auf die anderen Elemente aus, und es kommt allgemein zu einer demokratischen Regression. Senghaas weist auf diesen Zusammenhang für eine Gesellschaft des "inneren Friedens" hin: "Ohne gesichertes Gewaltmonopol keine Rechtsstaatlichkeit, auch keine gewaltfreie demokratische Partizipation; ohne Verteilungsgerechtigkeit keine Bestandsgarantie für eine als legitim empfundene Rechtsstaatlichkeit und demzufolge kein verläßlich eingehegtes Gewaltmonopol, auch keine Konfliktkultur; ohne demokratische Partizipation und Verteilungsgerechtigkeit keine Bürgergesinnung, usf." (Senghaas 1993b:9).

---

[19] Vgl. zu dieser Sicht der Demokratieentstehung den zu Recht viel zitierten Artikel von Dankwart A. Rustow (1970), dem das neue Buch von Przeworski (1991) verpflichtet ist.

IV. Die lateinamerikanische Sozialstruktur und ihre politischen Implikationen

Wegen der in Lateinamerika herrschenden ausgeprägten sozialen Ungerechtigkeit kann man die lateinamerikanischen Oberschichten, oder genereller die Eliten wegen ihrer mangelnden sozialen Sensibilität kritisieren (vgl. Wöhlcke 1989).[20] Zusätzlich wäre aber zu fragen, inwieweit die lateinamerikanische Sozialstruktur es den Unterschichten erschwert, ihren Interessen politisch Geltung zu verschaffen.

Wenn man die lateinamerikanische Sozialstruktur in bezug auf ihre politischen Implikationen untersucht, muß man sich von der Vorstellung lösen, die "nachholende Entwicklung" in Lateinamerika sei eine Wiederholung der sozio-ökonomischen Entwicklung Westeuropas.[21] So ist etwa augenfällig, daß die Industrialisierung in Lateinamerika weniger massiv und beschäftigungsintensiv sowie viel kapitalintensiver verläuft, als es in Europa der Fall war. Der Anteil der im Sekundärsektor Beschäftigten ist in den meisten lateinamerikanischen Ländern in den letzten Dekaden nur langsam gewachsen, hat stagniert oder sogar abgenommen. Die Schrumpfung des Agrarsektors hat nicht zu einer größeren Ausweitung des Sekundärsektors, sondern zu einer drastischen Aufblähung des heterogen zusammengesetzten Dienstleistungssektors geführt. Nur in Argentinien sind, wenn auch mit abnehmender Tendenz, deutlich über 30% der Erwerbstätigen im Sekundärsektor tätig.

Die dem europäischen Gesellschaftsbild geläufige Gleichsetzung von Unterschicht und Industriearbeiterschaft ist der lateinamerikanischen Sozialstruktur nicht angemessen. Die Industriearbeiterschaft ist in allen lateinamerikanischen Ländern relativ klein und relativ privilegiert, sie bezieht teilweise ein Einkommen, wie es für die dortige untere Mittelschicht typisch ist.

In den meisten lateinamerikanischen Ländern bilden nicht die Lohnabhängigen, sondern kleine Selbständige das Gros der Unterschichten. Auf dem Lande zählen die *Campesinos* (Kleinstbesitzer, Kleinpächter, Siedler) zu den kleinen Selbständigen, in den Städten die *trabajadores por cuenta propia* – vom "Handwerker" ohne Berufsausbildung bis zum Losverkäufer –, die im formellen, vor allem aber im informellen Sektor arbeiten. Es wird geschätzt, daß zum Beispiel in Kolumbien – einem Land, das im lateinamerikanischen Vergleich über ein mittleres sozio-ökonomisches Entwicklungsniveau verfügt – mehr als 40% der städtischen Erwerbsbevölkerung im informellen Sektor tätig sind.

Die Organisationsfähigkeit, insbesondere die Konfliktfähigkeit dieser kleinen Selbständigen ist als gering zu veranschlagen (vgl. Offe 1992). Entsprechend begrenzt sind ihre Möglichkeiten, ihre Interessen politisch durchzusetzen. *Campesinos* sind zwar organisierbar, wenn sie sich etwa für eine Agrarreform einsetzen. Sie sind

---

[20] Demgegenüber haben sich nach Vogel die ostasiatischen Eliten durch ein soziales Verantwortungsbewußtsein gegenüber den Unterschichten ihrer Länder ausgezeichnet (Vogel 1991).

[21] Zur Entwicklung der lateinamerikanischen Sozialstruktur vgl. Portes 1985 und Puhle 1992.

aber wenig konfliktfähig, denn durch Leistungsverweigerung, etwa in Form eines "Produzentenstreiks", schaden sie sich vor allem selbst. Noch geringer dürfte die Konfliktfähigkeit der städtischen kleinen Selbständigen im formellen und informellen Sektor zu veranschlagen sein. Da ihnen, wenn man vom Staat absieht, ein soziales Gegenüber fehlt – der *Campesino* hat ihn zumindest im Großgrundbesitzer – und sie miteinander konkurrieren, ist auch ihre Organisationsfähigkeit sehr begrenzt.

Das heutige Lateinamerika wird also wesentlich weniger als Westeuropa Ende des 19./Anfang des 20. Jahrhunderts politisch vom Gegensatz zwischen Kapital und Arbeit (Unternehmer und Arbeitnehmer) geprägt. Dementsprechend hat der industrielle Klassenkonflikt das Parteiensystem in einem nur geringen Ausmaß strukturiert. Das Fehlen von starken Linksparteien, ja vielleicht sogar die Schwäche von Parteien und Parteiensystemen in vielen lateinamerikanischen Ländern, die politische Orientierung an Personen, an *Caudillos*, dürfte mit diesem sozial-strukturellen Umstand in Zusammenhang stehen. Die in Lateinamerika übliche staatliche Bevormundung der Gewerkschaftsbewegung, die Elemente der Kontrolle und Protektion geschickt miteinander verbindet, dürfte sich auch damit erklären, daß die Arbeiterschaft immer eine minoritäre Sozialgruppe war.

Die Frage, ob die heute in Lateinamerika durchweg betriebene liberale Wirtschaftspolitik eine Konsolidierung von Demokratie begünstigt, muß auch mit Blick auf die Sozialstruktur diskutiert werden. Zu prüfen wäre, ob die liberale Wirtschaftspolitik nicht dazu beiträgt, daß der Anteil der kleinen Selbständigen auf Kosten der Lohnabhängigen steigt und somit innerhalb der ohnehin extrem heterogen zusammengesetzten lateinamerikanischen Unterschichten der Anteil desjenigen sozialen Segments wächst, das sich durch besonders geringe Organisations- und Konfliktfähigkeit auszeichnet.

Wenn man von den westeuropäischen Erfahrungen ausgeht, wird die Sozialstruktur negative Konsequenzen für die wirtschaftlichen Entwicklungsperspektiven Lateinamerikas haben. Senghaas weist in folgenden Worten auf das paradoxe Erfolgsrezept der sozio-ökonomischen Entwicklung in Westeuropa hin: "Kapitalistisches Wirtschaften ohne sozialistische Gegenkraft (in Form von Gewerkschaften, Arbeiterparteien, Arbeiterregierungen, Genossenschaftswesen usw.) würde an eigenen Widersprüchen zerbrechen bzw. mit ihnen dahinsiechen. Kapitalistisches Wirtschaften in Kombination mit potenten Gegenkräften dynamisiert diese Wirtschaftsweise und führt zu einem (statistisch-operational im Detail nachvollziehbaren) Reifungsprozeß. Dabei wird freilich sozialistischer Programmatik als fundamentalem Gegenentwurf zur marktwirtschaftlich-kapitalistischen Entwicklung der Boden entzogen. Sozialismus wird statt dessen vom Kapitalismus verinnerlicht (endogenisiert) und damit als eigenständige Plattform mit eigenständigen, wenngleich immer rudimentär gebliebenen Vorstellungen und Instrumentarien über eine alternative Wirtschaftsweise 'aufgehoben'" (Senghaas 1992:25f).

Ein besonderes Problem besteht auch darin, daß die auf die europäische Erfahrung bezogene Sozialstaatstheorie unzureichende Antworten für die besondere sozialstrukturelle Realität Lateinamerikas bietet. Selbstverständlich bedarf es massiver staatlicher Investitionen im Sozialbereich, genauer im Grundbedürfnisbereich, und Umverteilungsreformen – zum Beispiel Agrarreformen – sind natürlich notwendig. Sie können aber nur als notwendige und nicht als hinreichende Bedingung der Lösung des Problems krasser sozialer Ungleichheit gelten. Auf das Beziehungsverhältnis von Arbeitgebern und Arbeitnehmern bezogene Maßnahmen, wie Reallohnsteigerung, Verbesserungen des Streikrechts und der Arbeitsplatzsicherung sind für die kleinen Selbständigen nicht von Relevanz. Auch traditionelle Ansätze der Sozialversicherung sind für sie ohne Bedeutung (vgl. Monika Queisser's Beitrag in diesem Band). Für sie dürfte es wichtiger sein, daß sie auch ohne Hinterlegung von Sicherheiten Darlehen erhalten, ihnen Parzellen zu Wohnzwecken zugewiesen werden und sie für eingezahlte Versicherungsbeiträge adäquate Leistungen bekommen. Die Lösung des Problems sozialer Ungleichheit in Lateinamerika erfordert also auch erhebliche soziale Phantasie.

Bei aller Kritik am herkömmlichen Sozialkonservativismus lateinamerikanischer Demokratie sollte man aber nicht übersehen, daß wohl nur die demokratische Staatsform für die sozial Unterprivilegierten prinzipiell Chancen zur Linderung ihres sozialen Schicksals bietet. Denn nur unter demokratischen politischen Rahmenbedingungen können sie sich autonom organisieren, und ihre Interessen können in Wahlen Berücksichtigung finden.

Literatur

ALMOND, Gabriel A./Verba, SIDNEY (Hrsg.) 1963:
 The Civic Culture: Political Attitudes and Democracy in Five Nations, N.J. 1963

BALOYRA, Enrique (Hrsg.) 1987:
 Comparing New Democracies. Transition and Consolidation in Mediterranean Europe and the Southern Cone, Boulder, CO/London 1987

CEPAL (Comisión Económica para América Latina y el Caribe) 1992a:
 El perfil de la pobreza en América Latina a comienzos de los años 90, Santiago de Chile 1992

CEPAL 1992b:
 Statistical Yearbook for Latin America and the Caribbean 1992, Santiago de Chile 1993

CEPAL 1993:
 Notas sobre la Economía y el Desarrollo, Santiago (1993)540/541 (Marzo)

CONRADT, David 1980:
 Changing German Political Culture, in: Gabriel A. Almond/Sidney Verba (Hrsg.), The Civic Culture Revisited, Boston, Mass./Toronto 1980, S. 212-272

DAHL, Robert A. 1971:
 Polyarchy: Participation and Opposition, New Haven, Con. 1971

DIAMOND, Larry/Linz, Juan J. 1989:
 Introduction: Politics, Society, and Democracy in Latin America, in: Diamond/Linz/Lipset, Democracy in Developing Countries, Bd. 4 (Latin America), S. 1-58

DIAMOND, Larry/LINZ, Juan J./LIPSET, Seymour Martin (Hrsg.) 1989:
 Democracy in Developing Countries, 4 Bde., Boulder, CO / London 1989

EASTON, David 1979:
A Systems Analysis of Political Life, Chicago/London 1979

HUNEEUS, Carlos 1990:
El desafío de la consolidación de la democracia en América Latina. Las necesidades de legitimidad y eficacia, in: Julio Cotler (Hrsg.), Estrategias para el desarrollo de la democracia en Perú y América Latina. Lima 1990, S. 247-265

HUNTINGTON, Samuel P. 1991:
Democracy's Third Wave, in: Journal of Democracy, 2 (1991) 2, S. 12-34

HUNTINGTON, Samuel P. 1992:
The Third Wave: Democratization in the Late Twentieth Century, New York, N.Y. 1991; ders., How Countries Democratize, in: Political Science Quarterly, 106 (1991-92) 4, S. 579-616

KAELBLE, Hartmut 1987:
Auf dem Weg zu einer europäischen Gesellschaft. Eine Sozialgeschichte Westeuropas 1880 bis 1980, München 1987

KARL, Terry Lynn 1990:
Dilemmas of Democratization in Latin America, in: Comparative Politics, 23 (1990) 1, S. 1-21

KRUMWIEDE, Heinrich-W./Nolte, Detlef 1988:
Chile: Auf dem Rückweg zur Demokratie?, Baden-Baden 1988 (Stiftung Wissenschaft und Politik, Aktuelle Materialien zur Internationalen Politik. 19)

KRUMWIEDE, Heinrich-W. 1992:
Die Beendigung des Bürgerkries in Salvador, in: Jahrbuch Dritte Welt, München 1992, S. 120-136

Latin American Weekly Report, London (WR-92-45), 19.11.1992

LINDENBERG, Klaus 1976:
Über die militärische Besetzung der Politik in Lateinamerika, in: Friedemann Büttner u.a. (Hrsg.), Reform in Uniform? Militärherrschaft und Entwicklung in der Dritten Welt, Bonn-Bad Godesberg 1976, S. 361-482

LINZ, Juan J. 1975:
Totalitarian and Authoritarian Regimes, in: Nelson W. Polsby (Hrsg.), Handbook of Political Science, Bd. 3, Reading MA 1975, S. 175-411

MAIHOLD, Günther 1990:
Demokratie mit erhobenen Händen? Militär und demokratischer Wandel in Lateinamerika, in: Aus Politik und Zeitgeschichte. Beilage zur Wochenzeitung Das Parlament, (19.10.1990) B43, S. 17-29

MALLOY, James M./SELIGSON, Mitchell A. (Hrsg.) 1987:
Authoritarians and Democrats. Regime Transition in Latin America, Pittsburgh, PA 1987

MENZEL, Ulrich/SENGHAAS, Dieter 1986:
Europas Entwicklung und die Dritte Welt. Eine Bestandsaufnahme, Frankfurt/Main 1986

MOLS, Manfred 1985:
Demokratie in Lateinamerika, Stuttgart/Berlin/Köln/Mainz 1985

NACIONES UNIDAS 1993:
De la locura a la esperanza. La guerra de 12 años en El Salvador. Informe de la Comisión de la Verdad para El Salvador, San Salvador/New York 1992-1993

NOHLEN, Dieter (Hrsg.) 1992a:
Descentralización política y consolidación democrática, Caracas 1992

NOHLEN, Dieter 1992b:
Präsidentialismus versus Parlamentarismus in Lateinamerika. Einige Bemerkungen zur gegenwärtigen Debatte aus vergleichender Sicht, in: Lateinamerika Jahrbuch, Hamburg 1992, S. 86-99

NOHLEN, Dieter/Solari, Aldo (Hrsg.) 1988:
Reforma política y consolidación democrática, Caracas 1988

NOHLEN, Dieter/FERNÁNDEZ, Mario (Hrsg.) 1991
Presidencialismo vs. parlamentarismo en América Latina, Caracas 1991

NOHLEN, Dieter/THIBAUT, Bernhard 1993:
Trotz allem: Demokratie. Zur politischen Entwicklung Lateinamerikas heute, Heidelberg, Januar 1993 (Universität Heidelberg, Institut für Politische Wissenschaft, Arbeitspapier. 5)

NOLTE, Detlef 1992
Demokratien in Lateinamerika zwischen wirtschaftlichem Aufbruch und sozialer Verelendung. Perspektiven für die 90er Jahre, in: Nord-Süd aktuell, Hamburg 6(1992)1, S. 122-131

O'DONNELL, Guillermo 1973:
Modernization and Bureaucratic-Authoritarianisms. Studies in South American Politics, Berkeley, CA 1973

O'DONNELL, Guillermo/Schmitter, Philippe C./Whitehead, Laurence (Hrsg.) 1986:
Transitions from Authoritarian Rule. Prospects for Democracy, Baltimore, MA/London 1986

OFFE, Claus 1992:
Politische Herrschaft und Klassenstrukturen. Zur Analyse spätkapitalistischer Herrschaftssysteme, in: Gisela Kress/Dieter Senghaas (Hrsg.), Politikwissenschaft. Eine Einführung in ihre Probleme, Frankfurt/Main 1992, S. 135-164

PACKENHAM, Robert A. 1986:
The Changing Political Discourse in Brazil, 1964-1985, in: Wayne A. Selcher (Hrsg.), Political Liberalization in Brazil, Boulder, CO/London 1986, S. 135-173

PASTOR, Robert A. 1989:
Democracy in the Americas. Stopping the Pendulum, New York, NY/London 1989

PORTES, Alejandro 1985:
Latin American Class Structures: Their Composition and Change during the Last Decades, in: Latin American Research Review, Albuquerque 20(1985)3, S. 7-39

PRZEWORSKI, Adam 1991:
Democracy and the Market. Political and Economic Reforms in Eastern Europe and Latin America, Cambridge, Mass. 1991

PUHLE, Hans-Jürgen 1971:
Sehnsucht nach Revolution, in: Klaus Lindenberg (Hrsg.), Politik in Lateinamerika, Hannover 1971, S. 13-32

PUHLE, Hans-Jürgen 1992:
Soziale Schichtung und Klassenbildung in den USA und Lateinamerika, in: Wolfgang Reinhard/Peter Waldmann (Hrsg.), Nord und Süd in Amerika. Gegensätze. Gemeinsamkeiten. Europäischer Hintergrund, Freiburg 1992, S. 364-382

ROSENBERG, Tina 1991:
Beyond Elections, in: Foreign Policy (1991)84

RUSTOW, Dankwart A. 1970:
Transitions to Democracy: Toward a Dynamic Model, in: Comparative Politics 2(1970)3, S. 337-363

SANGMEISTER, Hartmut 1993
Wirtschaftskrise, Grundbedürfnisbefriedigung und soziale Sicherung in Lateinamerika, Heidelberg 1993 (unveröffentl. Manuskript)

SARTORI, Giovanni 1991:
: Rethinking Democracy: Bad Polity and Bad Politics, in: International Social Science Journal, 1991, S. 437-450

SCHMITTER, Philippe C./KARL, Terry Lynn 1991
: What Democracy is ... and is not, in: Journal of Democracy, 2(1991)3, S. 75-88

SENGHAAS, Dieter 1992:
: Die Zukunft der internationalen Politik. Überlegungen zur Friedensproblematik nach dem Ende des Ost-West-Konfliktes, in: Erhard Forndran (Hrsg.), Politik nach dem Ost-West-Konflikt, Baden-Baden 1992, S. 11-40

SENGHAAS, Dieter 1993a:
: Frieden und Krieg. Eine aktuelle Analyse, unveröffentl. Manuskript 1993 (erscheint in: Claus Leggewie [Hrsg.], Die Zukunft der Politikwissenschaft, Darmstadt 1994)

SENGHAAS, Dieter 1993b:
: Frieden als Zivilisierungsprojekt, München 1993 (Forschungsst. Dritte Welt am Geschw.-Scholl-Inst. für Pol. Wiss., Universität München (Arbeitspapier. 12); erscheint in: Jahrbuch der Arbeitsgemeinschaft für Friedens- und Konfliktforschung 1993, Baden-Baden 1994

STEINWEG, Reiner/MOLTMANN, Bernhard (Hrsg.) 1989:
: Militärregime und Entwicklungspolitik, Frankfurt/M. 1989

STEPAN, Alfred 1971:
: The Military in Politics. Changing Patterns in Brazil, Princeton 1971

STEPAN, Alfred 1998:
: Rethinking Military Politics. Brazil and the Southern Cone, Princeton, NJ 1988

TOBLER, Hans-Werner/WALDMANN, Peter (Hrsg.) 1991:
: Staatliche und parastaatliche Gewalt in Lateinamerika, Frankfurt 1991

VALENZUELA, Arturo 1989:
: Chile: Origins, Consolidation and Breakdown of a Democratic Regime, in: Larry Diamond/Juan J. Linz/Seymour Martin Lipset (Hrsg.), Democracy in Developing Contries, Bd. 4, Latin America, Boulder, Col./London 1989, S. 159-206

VOGEL, Ezra F. 1991:
: The Four Little Dragons. The Spread of Industrialization in East Asia, Cambridge, MA/London 1991

WALDMANN, Peter 1983:
: Gewerkschaften in Lateinamerika, in: Siegfried Mielke (Hrsg.), Gewerkschafts-Handbuch, Opladen 1983, S. 119-147

WALDMANN, Peter 1992:
: Staatliche und parastaatliche Repression in Lateinamerika, Informationspapier der Stiftung Wissenschaft und Politik, Ebenhausen 1992

WELTBANK 1990:
: Weltentwicklungsbericht 1990

WERZ, Nikolaus 1987:
: Demokratie und Regierungsformen in Südamerika, in: Verfassung und Recht in Übersee, Hamburg 20(1987)2, S. 143-176

WIARDA, Howard J. (Hrsg.) 1974:
: Latin America. The Distinct Tradition, The University of Massachusetts Press 1974

WÖHLCKE, Manfred 1989:
: Der Fall Lateinamerika. Die Kosten des Fortschritts, München 1989

Albrecht von Gleich

Die neuen Integrationsprozesse in Lateinamerika
Resultate und Perspektiven

I. Erfahrungen und Lehren aus der Vergangenheit

Ideen und Pläne, die geographisch und kulturell nahestehenden lateinamerikanischen Länder zusammenzuschließen, sind so alt wie die Unabhängigkeitsbewegungen im 19. Jahrhundert. Kaum ein politischer Führer von Bolívar bis zu den gegenwärtigen Präsidenten, der nicht in bewegten Worten die Einheit Lateinamerikas beschworen und ihre Verwirklichung gefordert hätte. Die panamerikanische Idee – mit oder ohne Einschluß Nordamerikas – ist viel älter als die Europabewegung. Bereits vor hundert Jahren erhielt sie mit der Panamerikanischen Union eine erste rechtliche und organisatorische Struktur, Vorläufer der 1948 gegründeten Organisation Amerikanischer Staaten (OAS), die in ihrem Aufbau den Vereinten Nationen als Vorbild diente. Trotz zahlreicher politischer Initiativen und insbesondere geistiger und literarischer Anstöße widerstanden jedoch bis heute die in der Kolonialzeit vielfach eher willkürlich als sozialräumlich bedingt gezogenen Staatsgrenzen und die von ihnen umschlossenen Nationalismen allen Bemühungen um größere politische und wirtschaftliche Einheit. Auch in Teilräumen wie Zentralamerika, wo der Zusammenschluß sowohl aus historischen Gründen wie im Hinblick auf die wirtschaftliche und politische Existenzfähigkeit besonders naheliegend war, scheiterte er regelmäßig nicht zuletzt am Widerstand der jeweiligen Hegemonialmacht.

Die allgemein vorherrschende Doktrin des Freihandels und der arbeitsteiligen aber passiven Eingliederung in die Weltwirtschaft in Form von Rohstoffausfuhren und Fertigwarenimporten verhinderte die Entstehung binnen- wirtschaftlicher Wirtschaftskreisläufe als eine Voraussetzung für die Bildung regionaler Märkte. Die periphere

Lage der lateinamerikanischen Volkswirtschaften am Rande der weltwirtschaftlichen Zentren, das Fehlen eigener wirtschaftlicher Gravitationszentren wie auch die mangelhafte Integration auf nationaler Ebene ließen wenig Raum für effektive zwischenstaatliche Zusammenschlüsse.

Der Anstoß zum Abbau der Zollschranken zwischen einzelnen Ländern und zur Bildung von Freihandelszonen als erste Stufen einer weitergehenden wirtschaftlichen Integration kam erst in den 50er und 60er Jahren dieses Jahrhunderts mit der Verbreitung des Industrialisierungsmodells als Grundprinzip einer nachholenden wirtschaftlichen Entwicklung in Lateinamerika. Konzeptionell und organisatorisch unterstützt von der UN-Wirtschaftskommission für Lateinamerika (CEPAL) entstanden 1960 die lateinamerikanische Freihandelsvereinigung (ALALC/LAFTA), gebildet aus neun südamerikanischen Ländern und Mexiko, sowie der Zentralamerikanische Gemeinsame Markt (MCCA). Ziel war die Schaffung von Absatzmärkten, deren Größe den Aufbau von industriellen Produktionen ermöglichte. Zugleich sollten die Attraktivität der beteiligten Länder für ausländische Investitionen und generell ihre internationale Verhandlungsposition verbessert werden. In der Vorstellung der beteiligten Politiker und Technokraten handelte es sich darum, das Modell der Importsubstitution von der nationalen auf die subregionale bzw. gesamtlateinamerikanische Ebene zu heben. Wirtschaftliche Integration wurde als ein maßgeblich von den Regierungen vorgezeichneter Weg verstanden, der in gerader Richtung von gegenseitigen Zollsenkungs- und Freihandelsabkommen über die Bildung von Zollunionen zum Endziel eines gemeinsamen Marktes führen sollte.

Die Vorstellung von einem stufenförmigen Aufbau eines Integrationssystems entsprach dem in den 60er Jahren noch verbreiteten Stufenmodell der wirtschaftlichen Entwicklung. Typisch sowohl für den MCCA als auch für die ALALC und den später hinzukommenden Andenpakt als subregionales System innerhalb der umfassenden Freihandelszone war der defensive Charakter dieser Integrationsansätze. Selbst wenn man berücksichtigt, daß ein zwischenstaatlicher Zusammenschluß auf Präferenzen zugunsten der Mitgliedsländer nicht verzichten kann und somit zwangsläufig eine gewisse Ausgrenzung der Nichtmitglieder bewirkt, war es ein schwerwiegender Fehler, daß es den Partnerländern mehr darum ging, die externen Konkurrenten im Zaume zu halten als die internationale Wettbewerbsfähigkeit der eigenen Industrie zu verbessern. Eine solche Haltung können sich allenfalls Volkswirtschaften mit geringer außenwirtschaftlicher Öffnung leisten, nicht aber Länder, deren Wirtschaft in hohem Maße vom Außenhandel, insbesondere mit Industrieländern abhängig ist (vgl. Tabelle Nr. 1).

Aus heutiger Sicht waren für den mangelnden Erfolg sowohl der Freihandelsvereinigung (ALALC) als auch des Zentralamerikanischen Gemeinsamen Markts (MCCA) vor allem die nachstehend skizzierten Gründe und Umstände maßgeblich:

1. Der geringe Grad bestehender wirtschaftlicher Verflechtungen zwischen den Partnerländern wurde nicht ausreichend berücksichtigt. Vom gesamten Außenhandel der 10 ALALC-Länder bzw. der 5 zentralamerikanischen Länder erfolgten

1960 nur 7,7 bzw. 7% untereinander. Die Gründe dafür waren weniger die zwischen ihnen bestehenden Zoll- und anderen Handelsschranken als vielmehr nicht vorhandene Güterangebote und -nachfragen, fehlende Transport- und Kommunikationswege sowie Qualitätspräferenzen für Erzeugnisse aus den Industrieländern mit der Folge vergleichsweise geringer Nachfrageelastizitäten. Dies führte dazu, daß die erwarteten handelsumlenkenden Effekte des gegenseitigen Zollabbaus ausblieben.

2. Die handelsumlenkende Wirkung von Maßnahmen wie der Abbau von Binnenzöllen und die Einführung gemeinsamer Außentarife, mit dem Ziel einer Zollunion, wurde überbewertet. Die nicht-tarifären Hemmnisse im Warenaustausch zwischen den Partnerländern blieben meistens bestehen und neutralisierten häufig die vereinbarten Zollsenkungen.

Als ein entscheidender Grund für das schließliche Scheitern der ALALC erwies sich die im Gründungsvertrag von Montevideo vereinbarte Vorgehensweise. Anstelle eines fortschreitenden generellen Zollabbaus wurden aufgrund nationaler Listen selektive Zollsenkungen für einzelne Produkte bzw. Produktgruppen verhandelt. Die Folge war, daß von den einzelnen Ländern in erster Linie solche Positionen in die Präferenzbehandlung eingebracht wurden, bei denen sie mangels eigener Produktion keine Konkurrenz zu befürchten hatten. Auch existierte in der Regel in den Partnerländern keine für den Export geeignete Produktion. Die erhoffte Wirkung der Liberalisierung des Warenverkehrs blieb aus; einer Umlenkung des extraregionalen Handels stand keine handelsschaffende Wirkung innerhalb der Region gegenüber.[1] Schließlich ließen die unrealistischen Vorgaben hinsichtlich der Fristen für die Vereinbarung genereller Präferenzlisten und die in vielen Bereichen divergierenden Interessen der Mitgliedsländer das Integrationsprogramm schon nach wenigen Jahren ins Stocken geraten, und am Ende sind nur 10% aller Zollpositionen vom Abbau erreicht worden.

3. Die interventionistische Handhabung der Integrationspolitik und die bestimmende Rolle des Staates bei ihrer Implementierung entsprach dem von der CEPAL entworfenen Entwicklungsmodell der 60er Jahre. Bei den Bemühungen, die Schaffung subregionaler Präferenzzonen durch eine gezielte und geographisch ausgewogene Industrialisierung zu ergänzen, wurde dies besonders deutlich. Sowohl die Vereinbarung über integrierte Industriepojekte in Zentralamerika als auch die Sektorprogramme für die Industrieentwicklung im Andenpakt sind Beispiele für die Bemühungen um eine Integration mit planwirtschaftlichen und technokratischen Instrumenten. Auch der Versuch des Andenpakts, die ausländischen Investitionen den staatlich festgelegten Prioritäten zu unterwerfen, gehört zu jenen interventionistischen Experimenten, die alle an den Realitäten des Mark-

---

[1] Gert Rosenthal, Treinta años de integración en América Latina: un examen crítico, in: Estudios Internacionales, Santiago/Chile, Nr. 101, Jan.-März 1993, S. 76

tes und des internationalen Umfelds der bekanntermaßen offenen Volkswirtschaften in Lateinamerika gescheitert sind.

4. Ein weiteres schwerwiegendes Versäumnis war die fehlende Koordinierung der nationalen Wirtschafts-, Währungs- und Industriepolitik zwischen den Mitgliedern der Integrationssysteme. Integrationspolitik wurde in der Regel nur von den jeweiligen Gemeinschaftsorganen in Zusammenarbeit mit den dafür zuständigen bzw. speziell geschaffenen nationalen Stellen betrieben. Die für die Wirtschaftspolitik entscheidenden Regierungsstellen wurden oft nur am Rande mit den gemeinschaftlichen Aufgaben befaßt, weshalb sie häufig eine Haltung einnahmen, die das Integrationsvorhaben eher hemmte als förderte. Ein weiterer Umstand kam hinzu: die nur schwach ausgeprägte Verankerung der Integrationsidee und ihrer Ziele in den gesellschaftlichen Gruppen, von den politischen Parteien über die Unternehmerschaft bis hin zu den Gewerkschaften. Auch fehlte die Bereitschaft, außer rhetorischen Bekenntnissen auch Leistungen und gegebenenfalls Opfer für ein Zusammengehen mit anderen Ländern der Region zu erbringen.

5. Schließlich ist auf zwei Probleme bzw. Defizite hinzuweisen, die auch den neuen Integrationsprozessen noch anhaften. Das eine ist die institutionelle Schwäche der gemeinschaftlichen oder zentralen Gremien und Einrichtungen, das andere die nicht existierenden Mittel zur Kompensation von Nachteilen, die einzelne Länder, Regionen oder Sektoren infolge von Liberalisierungs- und anderen Integrationsmaßnahmen erleiden. Unmittelbare, quasi supranationale Entscheidungs- und Durchführungskompetenzen, vergleichbar denen der Organe der Europäischen Gemeinschaft, besitzen weder die Kommission und Junta des Andenpakts noch das Sekretariat des MCCA.

Das Fehlen eigener Finanzmittel, außer den spärlichen Zuweisungen für Organisation und Administration, bedeutete von Anfang an eine weitere Einschränkung für den Aufbau einer erfolgreichen Wirtschaftsintegration. Der Umstand, daß den weniger entwickelten Ländern der Region, deren Anteil am gegenseitigen Handel zugunsten der leistungsfähigeren sehr bald zurückging, keinerlei materieller Ausgleich in Form von Transferzahlungen aus einem sektoralen oder regionalen Entwicklungsfonds gewährt werden konnte, trug nicht unwesentlich dazu bei, daß der Integrationsprozeß so bald wieder ins Stocken geraten ist.

Trotz aller Mängel können die Integrationssysteme der ersten Generation nicht als völliger Fehlschlag bezeichnet werden. Zwischen 1960 und 1975 verdreifachte sich der Warenaustausch innerhalb des MCCA, während er sich zwischen den ALALC-Mitgliedern nahezu verdoppelte. Das bedeutet, daß der regionale bzw. subregionale Handel in dieser Zeit stärker zunahm als der gesamte Außenhandel Lateinamerikas, dessen Anteil am Welthandel sich verminderte. Darüber hinaus ist nicht zu übersehen, daß die Partnerländer, Regierungsvertreter wie Unternehmer im Verlauf der Integrationsbemühungen einander näher kamen und so ein nicht zu unterschätzender Lernprozeß in Gang gesetzt wurde, der für die späteren Phasen von Nutzen war.

II. Revision und Neuorientierung der Integrationssysteme

Noch vor Ausbruch der Verschuldungs- und Wirtschaftskrise der 80er Jahre wurde deutlich, daß die lateinamerikanischen Integrationsbestrebungen in eine Sackgasse geraten waren. Die erhofften raschen Fortschritte für die Entwicklung von Industrie und Außenhandel waren ausgeblieben. Bei den Unternehmern hatten die von Technokraten erdachten und von Politikern beschlossenen Vereinbarungen ohnehin eher Befürchtungen um ihre privilegierten Positionen als Hoffnungen auf neue Märkte geweckt. Mit der sich ausbreitenden Machtübernahme durch Militärregierungen war auch das politische Klima für Vorhaben der wirtschaftlichen Kooperation und Integration nicht günstig. Die 70er Jahre waren somit gekennzeichnet durch eine Phase der Revision und der Neuorientierung[2] der Integrationsbemühungen. Diese lief im Grunde darauf hinaus, daß die ursprünglich verfolgten Ziele einer gesamtlateinamerikanischen, alle Wirtschaftszweige umfassenden Integration, verbunden mit einer Stärkung der Verhandlungsposition gegenüber Dritten, in Teilschritte und separate Vorhaben aufgefächert wurde.

Schon 1969 hatte sich die Gruppe der Andenländer aus Unzufriedenheit mit der Entwicklung der ALALC und der angeblichen Benachteiligung der kleineren und mittleren Länder zu einem subregionalen Integrationssystem, dem Andenpakt, zusammengeschlossen. Die Ziele waren ehrgeizig: Zollunion innerhalb weniger Jahre, gemeinsame, regional ausgewogene Industrieprogrammierung und Harmonisierung der Wirtschaftspolitik. Die politischen Konstellationen in den Gründerstaaten Bolivien, Chile, Ekuador, Kolumbien und Peru waren zunächst günstig für das Vorhaben. 1976 trat Chile aus, stattdessen hatte sich Venezuela 1973 dem Andenpakt angeschlossen. Doch obwohl der Warenaustausch sich zunächst positiv entwickelte, blieb der durchschlagende Erfolg aus den bereits erwähnten Gründen aus. Die Industrieprogrammierung erwies sich als ein Fehlschlag; die unterschiedlichen Interessen, die fehlende Infrastrukturverknüpfung sowie die zu geringe Verflechtung und gegenseitige Ergänzung der beteiligten Volkswirtschaften standen einem Zusammenwachsen im Wege.

Parallel zu den insgesamt wenig erfolgreichen subregionalen Integrationssystemen – der Zentralamerikanische Gemeinsame Markt geriet bald in den Sog der politischen Konflikte der Region – wurden in den 70er Jahren Kooperationen mit sektoraler und geographischer Ausrichtung vereinbart, darunter die lateinamerikanische Energie-Organisation OLADE und das Abkommen zwischen den Ländern des La-Plata-Beckens und der Amazonas-Pakt. Dazu kam 1975 das Lateinamerikanische Wirtschaftssystem SELA mit der doppelten Zielsetzung: Stärkung der wirtschaftlichen Zusammenarbeit und Schaffung einer gemeinsamen Verhandlungsbasis im Nord-Süd-Dialog.[3]

---

[2] Rosenthal a.a.O. S.78

[3] vgl. die Übersichten über die regionalen Zusammenschlüsse in Teil II (S. 113 ff.).

Als eine Konsequenz dieser vielfältigen, das ursprüngliche Ziel der umfassenden Integration teils ersetzenden, teils ergänzenden zwischenstaatlichen Zusammenschlüsse wurde 1980 die ALALC in die weniger ambitiöse lateinamerikanische Integrationsvereinigung ALADI umgewandelt. Sie bildet den Rahmen für die Vielzahl von bilateralen und subregionalen Freihandelszonen sowie Abkommen zur komplementären Wirtschaftskooperation, die seitdem die Beziehungen der lateinamerikanischen Länder untereinander in zunehmendem Maße bestimmen. Zwar soll das Endziel eines gemeinsamen Marktes im Auge behalten werden, auf zeitlich und sachlich fixierte Mechanismen zu seiner Erreichung wurde aber verzichtet.

Die Verschuldungs- und Wirtschaftskrise der 80er Jahre brachte die ohnehin verlangsamten Integrationsfortschritte fast völlig zum Stillstand. Die unter dem Druck der Auslandsschulden und dem Zwang zur Anpassung verfolgten Überlebensstrategien der betroffenen Länder ließen zunächst wenig Raum für die regionale Kooperation und Koordination, zumal die Idee eines Schuldnerkartells kaum Anhänger fand. Von der Verminderung der Einfuhren wurden Lieferungen aus den Ländern der Region in der Regel am meisten betroffen. Der Anteil des innerlateinamerikanischen Handels ging 1983 – dem ersten Jahr nach Ausbruch der Krise – fast schlagartig um fast 20% zurück. Am Ende des Jahrzehnts belief er sich auf etwa 10% und war damit kaum höher als 20 Jahre davor, also am Anfang der Integrationsbestrebungen.

III. Die neuen Integrationsprozesse

Seit Beginn der 90er Jahre hat das Thema Integration in Lateinamerika neue Aktualität gewonnen und rangiert ganz oben auf der Liste der wirtschaftspolitischen Optionen und Prioritäten. Die existierenden Zusammenschlüsse sind den veränderten Bedürfnissen und Rahmenbedingungen angepaßt worden, neue subregionale und bilaterale Freihandelsabkommen hinzugekommen. So wurden allein im Jahr 1991 zwischen Argentinien, Brasilien, Paraguay und Uruguay die Schaffung des MERCOSUR, in Zentralamerika das Integrationssystem SICA und zwischen den fünf Andenpakt-Mitgliedern ein neuer Anlauf für einen gemeinsamen Markt und die Konsolidierung einer Freihandelszone vereinbart. Noch im selben Jahr schlossen Chile und Mexiko einen Vertrag über wirtschaftliche Zusammenarbeit und gegenseitige Ergänzung. Bereits im Jahr davor hatte Präsident Bush mit seiner Initiative *Enterprise for the Americas* die Möglichkeit einer, den gesamten Kontinent umfassenden Freihandelszone angedeutet. Gleichzeitig wurden die Verhandlungen zwischen den USA, Kanada und Mexiko vorangetrieben, die Ende 1992 zur Unterzeichnung des Nordamerikanischen Freihandelsabkommens NAFTA führten.

Die neuen Tendenzen der gegenseitigen wirtschaftlichen und zugleich politischen Annäherung und der Übereinstimmung in den Zielen und Wegen der Entwicklung müssen im Zusammenhang mit der Verschuldungskrise und ihren zum Teil verheerenden Auswirkungen auf die Wirtschaft der lateinamerikanischen Länder gesehen werden. Die Erkenntnis der gemeinsamen Notlage, die Suche nach Wegen zur Überwindung der Krise und nicht zuletzt der von außen – namentlich den multinationalen Finanzierungsinstitutionen – ausgeübte Druck, durch strukturelle Anpassungen, Finanz- und Verwaltungsreformen sowie durch eine Neuorientierung der Wirtschaftspolitik die Voraussetzungen für eine Erholung zu schaffen, trugen dazu bei, daß Länder der Region einander näher kamen. Hinzu kam als ein entscheidender politischer Faktor die in ganz Lateinamerika zunehmende Gemeinsamkeit demokratischer Systeme. Ausdruck der wachsenden Bereitschaft zur wechselseitigen Konsultation und Abstimmung war u.a. der Konsens von Cartagena von 1984, aus dem 1986 die Rio-Gruppe, das gegenwärtig wichtigste politische Koordinierungsinstrument der lateinamerikanischen Staaten, hervorging.[4]

Ein weiterer Faktor, der den Integrationsbestrebungen in Lateinamerika seit einigen Jahren neuen Auftrieb gibt, sind die sich rasch verändernden weltwirtschaftlichen Rahmenbedingungen. Sowohl die anhaltende Ungewißheit über den Ausgang der Uruguay-Runde des GATT und damit über die Zukunft des multilateralen Handelssystems wie auch die zunehmende Globalisierung der Strategien von weltweit operierenden Unternehmen haben die Tendenzen zur Blockbildung und zu verhandelten Wirtschaftsbeziehungen verstärkt. Lateinamerika ist wirtschaftlich von den beiden größten Handelsblöcken, dem nordamerikanischen und dem europäischen (EG plus EFTA) abhängig. Beide Optionen verlangen nach einer Stärkung der eigenen Position mittels regionaler Kooperation und Integration. In dieser für die Zukunft Lateinamerikas entscheidenden Frage haben seine beiden wichtigsten Partner lange Zeit unterschiedliche Positionen eingenommen. Während seitens der Europäischen Gemeinschaft die Integrationsbestrebungen von Anfang an sowohl mit politischen als auch mit organisatorischen und finanziellen Mitteln unterstützt worden sind,[5] haben sich die USA dazu lange Zeit reserviert bis ablehnend verhalten. Dabei kann dahingestellt bleiben, ob die von der EG gewährte Hilfe den Besonderheiten und Erfordernissen der integrationswilligen Länder des Subkontinents stets entsprochen hat, und ob nicht das große europäische Vorbild zuweilen falsche Erwartungen geweckt hat. Entscheidend ist, daß die USA als der wichtigste Partner Lateinamerikas erstmalig mit der Bush-Initiative vom Juni 1990 sowie im Zusammenhang mit den NAFTA-Verhandlungen zum Ausdruck gebracht haben, daß sie mit der Bildung von Freihandelszonen einverstanden und darüberhinaus möglicherweise bereit sind, sich an dieser Entwicklung aktiv zu beteiligen.

---

[4] vgl. hierzu IRELA, Integration and Cooperation in Latin America: New Issues, Multiple Efforts, Madrid, 1993, S. 22f.

[5] Ausdruck dafür sind die zwischen der EG und den Regionalbündnissen abgeschlossenen Kooperationsabkommen sowie zahlreiche konkrete Maßnahmen und Projekte, wie z.B. das im März 1993 eröffnete Ausbildungszentrum für Integrationsfachleute *Centro de Formación para la Integración Regional* (CEFIR) in Montevideo.

Vergleicht man vor diesem Hintergrund die neuen Integrationsansätze mit den vorausgegangenen Programmen, so lassen sich eine Reihe von grundsätzlichen Wesensmerkmalen unterscheiden, die in den folgenden Punkten zusammengefaßt werden können.

1. Integrationspolitik ist von einer defensiven Strategie zum Aufbau geschützter Wirtschaftsräume zu einem aktiven Teil der auf Marktöffnung, Wettbewerbssteigerung und Unternehmerinitiative gerichteten neuen Wirtschafts- und Entwicklungspolitik in Lateinamerika geworden. Durch Bildung größerer und deregulierter Absatz- und Beschaffungsmärkte sollen größere Produktionsvolumina und damit Skalenerträge ermöglicht, die Versorgung verbessert sowie ausländische Investitionen und Technologien angezogen werden.

2. Regionale oder subregionale Integration steht nicht mehr im Widerspruch zur angestrebten Integration in die Weltwirtschaft; im Gegenteil, sie verbessert die Voraussetzungen dafür, daß der im Jahrzehnt der Wirtschaftskrise zurückgegangene Anteil Lateinamerikas am Welthandel[6] wieder erhöht werden kann. Die zusammenwachsenden Regionalmärkte können der Erprobung internationaler Wettbewerbsfähigkeit dienen. Daneben soll die Integration die Position der lateinamerikanischen Länder gegenüber den großen Wirtschaftsblöcken stärken.

3. Im Unterschied zu früher setzen die neuen Integrationsprogramme nicht mehr vorrangig auf das Instrument regionaler Zollpräferenzen. Infolge der generellen Senkung der Importzölle (s. Tabelle 2) hätte eine solche Strategie relativ geringe Auswirkungen auf die Entwicklung der Handelsströme. Angesichts der noch immer verbreiteten Hindernisse auf dem Wege zu einheitlichen Außenzöllen im Rahmen von Zollunionen werden den innerhalb multilateral oder bilateral geltenden Präferenzen für die Mitgliedsländer entsprechende Ursprungsregeln gegenübergestellt, damit unterschiedliche Zollbelastungen von Einfuhren aus Drittländern kompensiert werden können.

4. Je mehr die tarifären Integrationsinstrumente an Bedeutung verlieren, desto wichtiger wird der Abbau von nicht-tarifären Handelshemmnissen. Die neue Integrationspolitik in Lateinamerika trägt dieser Forderung Rechnung. Die in jüngster Zeit abgeschlossenen bilateralen und multilateralen Freihandels- und Kooperationsabkommen enthalten Vereinbarungen über die Freizügigkeit von Handel und Dienstleistungen, die Vereinfachung und Harmonisierung von Abwicklungs- und Kontrollmaßnahmen sowie über den Ausbau von Verkehrswegen und Kommunikationssystemen. Dahinter steht die Absicht, den gegenseitigen Marktzugang zu garantieren und unvorhersehbare einseitige Beschränkungen dauerhaft auszuschließen. Damit soll vor allem den Unternehmen eine verläßliche Grundla-

---

[6] Anteil an den Weltexporten: 1980 5,8%, 1990 4,9 % an den Weltimporten: 1980 6,2 %, 1990 3,7% (FMI, Direction of Trade Statistics, 1991).

ge für ihre längerfristigen Strategien und Investitionsentscheidungen gegeben werden.

5. Die Initiatoren der neuen Integrationsvorhaben haben erkannt, daß ohne eine Harmonisierung der nationalen Wirtschafts-, Währungs- und Wechselkurspolitiken ein Zusammenwachsen nicht möglich ist. Die Voraussetzungen dafür waren in Lateinamerika noch nie so günstig wie gegenwärtig. Obwohl die wirtschaftspolitische Praxis, namentlich auf den Gebieten der Industrie- und Währungspolitik, von der Erfüllung dieser Forderung noch entfernt ist, bewirkt sie doch eine zusätzliche Absicherung der gemeinsamen marktwirtschaftlichen Grundprinzipien. Darüberhinaus bildet die z.B. im MERCOSUR auf den Ebenen der Regierungen und der Unternehmensverbände bereits etablierte Zusammenarbeit zumindest eine Hemmschwelle für einseitige Kursänderungen.

6. Die außen- und innenpolitische Absicherung der Integrationsziele durch die beteiligten Parlamente und Regierungen ist ein weiteres Merkmal der neuen Integrationsbestrebungen in Lateinamerika. Die regelmäßigen Treffen der Präsidenten und Fachminister der beteiligten Länder innerhalb und außerhalb der jeweiligen zwischenstaatlichen Gremien geben der Integrationspolitik bei aller damit verbundenen Rhetorik den unerläßlichen politischen Rückhalt. Zugleich erhält sie damit über den wirtschaftlichen Rahmen hinaus eine für die Zukunft Lateinamerikas wichtige Funktion bei der Vermeidung bzw. friedlichen Regelung von zwischenstaatlichen Konflikten und generell bei der Erhaltung und Absicherung der Demokratie.[7] Eine Bereitschaft zur Abtretung nationaler Souveränitätsrechte an neu zu schaffende supranationalen Einrichtungen ist jedoch noch nicht erkennbar. Während Intellektuelle, akademische Einrichtungen und Presseberichterstattung dem Thema Integration großes Gewicht beimessen und die Unternehmer sich daran gewöhnen, in größeren Wirtschaftsräumen zu denken, ist in den breiten Gruppen der Gesellschaft der Integrationsgedanke noch nicht verankert.

IV. Situation und Perspektiven einzelner Integrations- und Kooperationsprozesse [8]

Wie die Tabelle 3 zeigt, ist Lateinamerika[9] gegenwärtig von einem Netz multilateraler und bilateraler Wirtschaftsabkommen überzogen, das eine Reihe von Überlap-

---

[7] vgl. den Beitrag von Heinrich-W. Krumwiede in diesem Jahrbuch.

[8] Sowohl in den offiziellen Verlautbarungen als auch in der Literatur werden die beiden Begriffe selten klar unterschieden, auch bilaterale Zusammenarbeit wird oft als Integration bezeichnet. "Regional" bezieht sich in der Regel auf ganz Lateinamerika, während subregional die darunter liegende, mehrere Länder umfassende Ebene bezeichnet.

[9] Auf die Länder der Karibik und ihre Integrationssysteme, die karibische Gemeinschaft CARICOM und die Organisation der ostkaribischen Staaten, kann aus Raumgründen hier nicht eingegangen werden, vergl. dazu die Übersichten in Teil II dieses Jahrbuchs (S. 113 ff.).

pungen und Doppelmitgliedschaften aufweist. Bei den in den letzten Jahren vereinbarten Freihandelsverträgen lassen sich verschiedene Kombinationen von Partnerländern beobachten:

- Länder, die einem subregionalen Zusammenschluß angehören (Andenpakt, Zentralamerikanischer Gemeinsamer Markt, MERCOSUR), daneben aber mit Mitgliedern derselben Gruppe (z.B. Kolumbien und Venezuela) eine weitergehende Liberalisierung in Form eines Freihandelsabkommens vereinbart haben;
- Mitglieder einer subregionalen Gruppierung, die mit Nichtmitgliedern Freihandels- oder Kompensationsabkommen abschliessen (z.B. Kolumbien und Venezuela mit Mexiko mit dem Ergebnis der Dreiergruppe G-3, oder Argentinien und Uruguay jeweils individuell mit Chile, bzw. die zentralamerikanischen Länder mit Mexiko);
- Länder, die zu keiner dieser Gruppierungen gehören, wie Chile und Mexiko, die aber bilaterale Freihandelsverträge abschließen, wie sie im Abkommen der ALADI mit Blick auf das Fernziel einer umfassenden Integration Lateinamerikas ausdrücklich vorgesehen sind.

Diese vielfältige Entwicklung, die in Einzelfällen natürlich Fragen der Vereinbarkeit bzw. Ausschließlichkeit aufwirft, verdeutlicht, daß der Prozeß der regionalen Integration in Lateinamerika nicht mehr wie früher die Bildung eines abgeschotteten gemeinsamen Marktes zum Ziel hat, sondern Teil der auf Öffnung und Integration in die Weltwirtschaft gerichteten wirtschafts- und entwicklungspolitischen Strategie ist, die fast ausnahmslos von allen Ländern verfolgt wird.

Vergleicht man die Größenordnung der verschiedenen subregionalen Gruppierungen und ihrer Mitgliedsländer (Tabelle 4), so erkennt man ein zentrales Problem auch der gegenwärtigen Integrationsprozesse, nämlich die z.T. extremen Unterschiede von Bevölkerungsgröße, Wirtschaftskraft und Einkommensniveau, sowohl innerhalb der verschiedenen Zusammenschlüsse als auch zwischen den Subregionen. Dabei sind die teilweise noch viel größeren Unterschiede und Ungleichgewichte innerhalb der einzelnen Länder noch gar nicht berücksichtigt. Daraus folgt grundsätzlich, daß eine Integration, die, wie im Fall der Europäischen Gemeinschaft über die Liberalisierung des Wirtschaftsverkehrs und die Harmonisierung und Stabilisierung der Wirtschaftspolitik hinaus auch die Angleichung der Lebensverhältnisse der Bevölkerungen anstrebt, in Lateinamerika noch in weiter Ferne liegt.

Ein weiteres Problem, das z.T. mit den Größenunterschieden zusammenhängt, ist die Asymmetrie der zwischen den Mitgliedsländern bestehenden Handelsbeziehungen und den daraus folgenden Abhängigkeiten, namentlich der kleineren Länder von den größeren. Hinzu kommt das relativ geringe Volumen des gegenseitigen Handels und sonstiger Wirtschaftsbeziehungen. Zwar konnte der durch die Krise bedingte drastische Rückgang der regionalen und subregionalen Anteile an den Gesamtausfuhren Lateinamerikas teilweise wieder ausgeglichen werden (vgl. Tabelle 5). Doch ist aus den bekannten strukturellen Gründen die Basis der gegenseitigen Wirtschaftsbeziehungen, sowohl hinsichtlich ihres Volumens als auch nach ihrer branchen- und gütermäßigen Zusammensetzung zu schmal, um in naher Zukunft eine dauerhafte und komplementäre Wirtschaftsverflechtung zu ermöglichen. Daher können sich auch die temporären, konjunkturell oder durch Wechselkursrelationen bedingten Defizite im bilateralen Warenverkehr so fühlbar niederschlagen und immer wieder den Integrationsprozeß in Gefahr bringen.

Unter den drei subregionalen Zusammenschlüssen zeichnet sich der jüngste und zugleich größte – der MERCOSUR – durch besondere Dynamik aus. Ausgehend von einem bilateralen Kooperations- und Integrationsprogramm zwischen Argentinien und Brasilien wurde unter Einschluß von Paraguay und Uruguay ein ambitiöses Vertragswerk gezimmert, das bis 1995 die Bildung eines gemeinsamen Marktes vorsieht. Seine wichtigsten Elemente sind: vollständige Liberalisierung des Warenverkehrs untereinander, Errichtung einer Zollunion, Koordinierung und Harmonisierung der Wirtschafts- und Währungspolitik und der einschlägigen Gesetzgebungen, Schaffung von Schiedsgerichtsbarkeiten zur Regelung von Konflikten, sektorbezogene Abkommen zur gezielten Förderung dynamischer und komplementärer Produktionsbereiche sowie die Verfolgung einer gemeinsamen Politik gegenüber Drittländern. Auf die Schaffung zentraler Organe mit supranationalen Funktionen wurde zugunsten zwischenstaatlicher Leitungs- und Koordinierungsgremien verzichtet. Totz der noch vergleichsweise geringen Bedeutung des intraregionalen Handelsverkehrs, namentlich für Brasilien (4% der Gesamtausfuhren) und Argentinien (16% der Ausfuhren; zum Vergleich die Werte für Paraguay und Uruguay: 35-40%) ist der MERCOSUR zu einem entscheidenden Faktor in der Politik seiner Mitgliedsländer geworden. Allerdings sind die kurzen Fristen für seine Verwirklichung infolge des anhaltenden argentinischen Defizits im Handel mit Brasilien und wechselkursbedingter Wettbewerbsverzerrungen in jüngster Zeit in Frage gestellt worden. Der mit den kurzen Fristen verbundene Automatismus auf der einen Seite und die im institutionellen Bereich bestehende Flexibilität auf der anderen bedeuten eine Gefahr für die Verlässlichkeit und Unumkehrbarkeit des Integrationsprogramms: beides wichtige Grundlagen für unternehmerische Entscheidungen und Investitionen, ohne die das Vorhaben nicht gelingen kann.[10] Ein weiteres Problem ist das Fehlen eigener Finanzmittel, ohne die auf die Dauer weder eine effektive Koordination noch der Ausgleich von Kosten und Nutzen von Integrationsmaßnahmen und ihren Folgen vorgenommen werden kann.[11] Die Interessen des MERCOSUR gegenüber Drittländern sind vor allem auf die USA und die EG gerichtet, mit denen jeweils Rahmenabkommen über die Zusammenarbeit abgeschlossen worden sind (mit USA das sog. 4+1-Abkommen). Daneben gibt es Bestrebungen, vor allem seitens Argentiniens, Chile zum Beitritt zum MERCOSUR zu bewegen.

---

[10] vgl. Van Klaveren, A. 1993: Why Integration now? Options for Latin America, in: Smith P. H. (Ed.): The Challenge of Integration. Europe and the Americas, New Brunswick (USA).

[11] vgl. von Gleich, A. 1992: Prospects for MERCOSUR: Questions and Observations in IRELA (Ed.): Prospects for the Processes of subregional integration in Central and South America, Madrid.

Die beiden ältesten und in ihren Anfangsjahren fortschrittlichsten und weitestgehenden Integrationssysteme in Lateinamerika, der Zentralamerikanische Gemeinsame Markt und der Andenpakt haben trotz mehrerer neuer Anläufe und Reformen noch immer keine klare Linie wiedergefunden. Eine der Ursachen sind in beiden Fällen die nach wie vor bestehenden großen Unterschiede in Struktur und Entwicklungsstand der Mitgliedsländer. Hinzu kommt der vor allem im Falle des Andenpakts nach fast 25 Jahren Integrationsbestrebungen mit einem Anteil von knapp 4% noch immer äußerst geringe intraregionale Warenverkehr. Auch die immer wieder divergierenden politischen Interessen stehen der Konsolidierung dieses Integrationssystems im Wege. Somit erweist sich in beiden Fällen, daß die Zugehörigkeit zu einem geographischen Raum und zu einer Gruppe mittelgroßer bzw. kleinerer Länder allein kein hinreichender Integrationsfaktor ist. Das Fehlen eines wirtschaftlichen Gravitationszentrums oder einer entsprechenden Kerngruppe wie im Fall der EG oder auch des MERCOSUR hat zur Folge, daß immer wieder zentrifugale und partikuläre Tendenzen wirksam werden. Dies zeigt sich im Andenpakt beispielsweise an der verstärkten Zusammenarbeit Kolumbiens und Venezuelas sowohl untereinander als auch gemeinsam in der Dreiergruppe mit Mexiko, an der Hinwendung Boliviens zum MERCOSUR, seinem wichtigsten Handelspartner innerhalb Lateinamerikas, und an der gegenwärtigen isolierten Haltung Perus.

Eine ähnlich ambivalente Entwicklung zeigt der MCCA, dessen Mitglieder auf der einen Seite energische Schritte zur Schaffung einer Freihandelszone (nunmehr mit Einschluß Panamas) sowie die Harmonisierung ihrer Wirschafts- und Währungssysteme betreiben, auf der anderen Seite, z.T. unter Eindruck der USA und dem wachsenden wirtschaftlichen Einfluß Mexikos in Zentralamerika nach individuellen Lösungen Ausschau halten.[12] Vor allem Costa Rica, dessen wirtschaftliche Verflechtung mit seinen zentralamerikanischen Nachbarländern neben Honduras am geringsten ist, weil es wie kein anderes lateinamerikanisches Land in die Weltwirtschaft integriert ist, hat seine Mitwirkung am Ausbau des MCCA in jüngster Zeit erheblich eingeschränkt. Als einziges der Gründungsmitglieder hat es weder das Gründungsabkommen der neuen Dachinstitution SICA ratifiziert, noch ist es dem zentralamerikanischen Parlament beigetreten. Dennoch sind auf dem Weg zur Zollunion, Costa Rica eingeschlossen, beachtenswerte Fortschritte durch eine allgemeine Senkung der Außenzölle erzielt worden. Mit Mexiko wurde 1992 eine Rahmenvereinbarung abgeschlossen, die für 1997 die Schaffung einer Freihandelszone vorsieht, deren konkreter Inhalt jedoch von jedem der fünf Länder bilateral verhandelt werden soll.[13] Auch mit Kolumbien und Venezuela sind im Rahmen der Gruppe G-3 ähnliche Vereinbarungen getroffen worden.

Sowohl der Andenpakt als auch der MCCA unterhalten auf der Grundlage von Kooperationsabkommen enge Beziehungen mit der Europäischen Gemeinschaft im

---

[12] Sabono, S. 1992: US-Central America Free Trade in: The Premise and the Promise: Free Trade in the Americas, New Brunswick (USA) .

[13] IRELA (Hrsg.), 1993: Integration and Cooperation in Latin America, Madrid, a.a.O.

Bereich der Entwicklungszusammenarbeit und der Hilfe beim Aufbau ihrer Integrationssysteme.

Von den zahlreichen bilateralen Kooperations- und Freihandelsverträgen, die seit 1990 zu verzeichnen sind, haben zweifellos die von Chile und Mexiko abgeschlossenen die größte praktische Bedeutung. Beide Länder gehören (wenn man von Mexiko in der G-3 absieht) keinem der subregionalen Zusammenschlüsse an. Beide hängen stark von Märkten in Industrieländern ab, mit Exportprodukten, die in hohem Maße anfällig für einseitige Importbeschränkungen in den Abnehmerländern sind. Die zwischen Chile und den Ländern Argentinien, Mexiko, Uruguay und Venezuela vereinbarten Präferenz- und Kooperationsabkommen reflektieren die auf eine gezielte Diversifizierung und nicht automatische Einbindung gerichtete Außenwirtschaftsstrategie dieses Landes. Die handelspolitische Diplomatie Mexikos in Lateinamerika steht in engem Zusammenhang mit seinem Beitritt zu dem Nordamerikanischen Freihandelsabkommen NAFTA und dem Wunsch, diese Anbindung durch entsprechende Freihandelsabkommen und Kooperationsverträge mit mittel- und südamerikanischen Partnerländern zu ergänzen und zu kompensieren.

V. NAFTA – Bedeutung und Implikationen für Lateinamerika

Das Thema, das gegenwärtig die Diskussion über die Perspektiven der lateinamerikanischen Integration am meisten bestimmt, ist das nordamerikanische Freihandelsabkommen NAFTA, der bevorstehende Beitritt Mexikos und die möglichen Auswirkungen auf die Länder Mittel- und Südamerikas. Die Vorstellung, daß das zweitgrößte Land Lateinamerikas eine enge Verbindung mit der größten Wirtschaftsmacht der Welt eingeht und künftig an einem Markt teilhaben wird, der über ein Drittel des Weltprodukts verfügt, weckt in den anderen Ländern der Region Hoffnungen, aber auch Befürchtungen für die eigenen Ausfuhren in die Vereinigten Staaten, die für viele von ihnen nicht nur der wichtigste Exportmarkt, sondern auch mit Abstand der wichtigste Lieferant und Kapitalgeber sind.

Bei der Bedeutung des Nordamerikanischen Freihandelsabkommens für Lateinamerika und seinen Integrationsbestrebungen lassen sich folgende Gesichtspunkte unterscheiden:

1. NAFTA als Manifestation einer neuen Haltung der USA gegenüber seinen Nachbarn im Süden, in der die Bereitschaft zu partnerschaftlichen, gleichberechtigten und vertraglich geregelten Beziehungen und das Bekenntnis zum Prinzip der Wirtschaftsintegration zum Ausdruck kommen, wofür sie bisher wenig Sympathie gezeigt hatten.

2. NAFTA als Modell für die Integration Lateinamerikas; hier sind Mißverständnisse und Wunschdenken mit im Spiel. Einerseits zielt das Abkommen nicht auf einen

gemeinsamen Markt mit den Verpflichtungen zur Vereinheitlichung der Handelspolitik gegenüber Drittländern und zur Übertragung nationaler Kompetenzen an gemeinsame Institutionen. Auch sind keinerlei Instrumente und Mittel vorgesehen, um das Wohlstandsgefälle zwischen den Partnern abzubauen. Andererseits ist der Grad der Interdependenz (Handel, Investitionen und Technologie) der NAFTA-Partner schon jetzt weitaus höher als zwischen irgendwelchen Ländern Lateinamerikas. Von daher gesehen dient NAFTA in erster Linie der Formalisierung, Regulierung, Vertiefung und gegenseitigen Absicherung bereits bestehender Beziehungen.

Beide Wesenmerkmale machen NAFTA zu keinem geeigneten Modell für die nach ihren Zielen wie Voraussetzungen anders gearteten Integrationsbestrebungen in Lateinamerika.

3. NAFTA als Rahmen für einen Beitritt weiterer lateinamerikanischer Staaten mit dem Ziel einer gesamtamerikanischen Freihandelszone, wie in der Bush-Initiative angedeutet. Mehrere Länder und Gruppierungen haben Interesse gezeigt, sich entweder multilateral oder bilateral anzuschließen, um den Zugang zum nordamerikanischen Markt zu verbessern und abzusichern, auch mit dem Ziel, ihre Attraktivität für ausländische Investitionen zu erhöhen. Obwohl die US-Regierung in jüngster Zeit mit vielen Staaten Rahmenverträge abgeschlossen hat, sind Chancen für einen Beitritt derzeit noch gering. Chile scheint am ehesten Aussichten auf ein Freihandelsabkommen mit den USA zu haben. Die meisten übrigen Länder dürften die inoffiziell genannten Voraussetzungen[14] (u.a. Währungstabilität, bereits bestehende Handels- und Investititonsbeziehungen mit den USA, Regelung des Arbeitsmarktes sowie des Umweltschutzes) noch nicht erfüllen. Im übrigen darf nicht übersehen werden, daß Mexiko für die auswärtigen Beziehungen der USA in vielerlei Hinsicht ein Sonderfall ist[15].

4. Zugang zu NAFTA über Abkommen mit Mexiko. Dieser Weg wird von mehreren Ländern bereits beschritten wie die zahlreichen bilateralen und multilateralen Verträge – angefangen von Chile bis zum G-3-Abkommen und den Vereinbarungen mit den zentralamerikanischen Ländern – zeigen. Mit diesen Abkommen gerät Mexiko in eine Sonderrolle im Rahmen der NAFTA; es erhält und gewährt Präferenzen, die es zwar eingeschränkt durch die jeweiligen Ursprungsregelungen, im Verkehr mit seinen NAFTA-Partnern nutzen kann.

---

[14] s. Schott/Hufbauer 1992.

[15] s. Roett R. 1993 Why Integration now? US Interest and Purposes in: Smith, P.H. (Hg.) The Challenge of Integration, New Brunswick.

VI. Ausblick

Die Diskussion über die Integration in Lateinamerika wirft derzeit mehr Fragen auf, als sie zu beantworten vermag. Wie gezeigt wurde, verläuft die Entwicklung nicht nur mehrspurig, sondern auch mit unterschiedlichen Geschwindigkeiten und mit wechselnden Partnern. Ob sie zu einem lateinamerikanischen gemeinsamen Markt oder zu einer ganz Amerika umfassenden Freihandelszone führen wird, ist noch nicht erkennbar. Bilden die zahlreichen bilateralen und multilateralen Handels- und Kooperationsverträge ein konstruktives Netzwerk mit konvergierenden Tendenzen oder bewirken sie eine Fragmentierung, und welche Rollen spielen dabei NAFTA und externe Akteure, namentlich die USA? Das ist ein langwieriger und komplexer Prozeß, aber es gibt Grund zur Hoffnung, daß dabei auf dem Gebiet der Wirtschaft das bekräftigt wird, was Lateinamerika im Bereich der Kultur bereits seit langem positiv von anderen Weltregionen abhebt, nämlich ein offener Regionalismus (van Klaveren 1993).

So sehr aber die Förderung des Handels und der Zusammenarbeit zwischen den Ländern zu begrüßen ist, so darf doch nicht übersehen werden, daß es dabei Gewinner und Verlierer gibt und sich das bereits jetzt bedrohliche Gefälle zwischen den besser gestellten und den ärmeren Ländern und Regionen noch vergrößert. Die zu beobachtenden Tendenzen zur Ausgrenzung einzelner Länder sowohl in Zentralamerika als auch im Andenraum sollte zu denken geben. Neue Spannungen können die Beständigkeit der Demokratien bedrohen. Langfristig werden daher die Integrationssysteme materielle Ausgleichsmachanismen benötigen zugunsten derjenigen, die von ihnen nicht oder viel weniger als die anderen profitieren.

Zur Wirtschaftsintegration gehört der auf breiter Basis bestehende politische Wille. Integration und Demokratie können sich gegenseitig stabilisieren. In dieser Hinsicht sind in Lateinamerika in jüngster Zeit eindrucksvolle Erfolge erzielt worden. Doch darf die Begeisterung der Politiker den Realitäten nicht allzu sehr vorauseilen, sonst verlieren die Integrationsbestrebungen ihre Glaubwürdigkeit, und der entscheidende Punkt, von dem an die Integration irreversibel wird, bleibt in der Ferne.

Literatur

BOUZAS, Roberto, HIRST, Mónica, STREB, M.L. (Hrsg.), 1993:
Los procesos de integración económica en América Latina, Madrid (CEDEAL).

BRAND, Diana, 1991:
Freihandel in Lateinamerika, ein erfolgversprechender Weg aus der Krise? In: ifo schnelldienst, München.

ESSER, Klaus, 1990:
Lateinamerika, Welt und Regionalmarktorientierung. In: Empfehlungen zuur regionalen Kooperation und Integration, Berlin.

GLEICH, Albrecht von, 1992:
Prospects for Mercosur: Questions and Observations, in: Irela (Hrsg.), Prospects for the Processes of sub-regional Integration in Central and South America, Madrid.

GRATIUS, Susanne, 1993:
El MERCOSUR y la Comunidad Europea: una guía para la investigación, Madrid (IRELA).

IRELA (Hrsg.), 1992:
Prospects for the Processs of sub-regional Integration in Central and South America, Madrid.

IRELA (Hrsg.), 1993:
Integration and cooperation in Latin America: new issues, multiple efforts, Madrid.

IMF-DIRECTION OF TRADE STATISTICS (Hrsg.), 1991:
Annual 1991

KLAVEREN, Alberto van, 1993:
Why Integration now? Options for Latin America, in: SMITH, P.H. (Hrsg.), The Challenge of Integration, New Brunswick (USA).

MÁRMORA, Leopoldo; MESSNER, Dirk, 1990:
Regionenbildung in der Dritten Welt: Entwicklungssackgasse oder Sprungbrett zum Weltmarkt? Überlegungen am Beispiel Argentinien, Brasilien und Uruguay, in: Nord-Süd Aktuell Nr. 4, Hamburg.

MOLS, Manfred, 1991:
Regionale Gruppierungen und Organisationen, in: KRUMWIEDE, Heinrich Wilhelm; WALDMANN Peter (Hrsg.), Politisches Lexikon Lateinamerika, München.

PEÑA, Felix, 1992:
The MERCOSUR and its Prospects: An Option for Competitive Insertion in the World Economy, in: IRELA (Hrsg.), Prospects for the Process of subregional Integration in Central and South America, Madrid.

ROETT, Riordan, 1993:
Why Integration now? US Interest and Purposes, in: Smith, P.H. (Hrsg.), The Challenge of Integration, New Brunswick

ROSENTHAL, Gert, 1993:
Treinta años de integración en América Latina: un examen crítico, in: Estudios Internacionales, Santiago/Chile, Nr. 101, Jan.-März 1993

SALGADO, Germánico, 1991:
Integración latinoamericana y apertura externa. In: Síntesis 14, Madrid.

SANGMEISTER, Hartmut, 1992:
MERCOSUR: Stand und Perspektiven der wirtschaftlichen Integration im Cono Sur. In: Diskussionsschriften, Universität Heidelberg.

Tabelle 1

Die wirtschaftliche Offenheit Lateinamerikas
Außenhandelskoeffizienten in Prozent

	weltweit[1]			intraregional[2]		
	1985	1990	Veränderungen	1985	1990	Veränderungen
Lateinamerika insges.	22.4	20.7	-1.7	---	---	---
MCCA	36.0	41.8	5.8	4.8	5.0	0.2
Andenpakt	30.3	34.0	3.7	1.2	1.4	0.2
Mercosur	18.0	12.4	-5.6	1.3	1.4	0.1
Chile	43.6	58.0	14.4	---	---	---
Mexiko	19.3	26.4	7.1	---	---	---

[1] Gesamtausfuhren und Gesamteinfuhren in Prozent des BIP
[2] Ausfuhren und Einfuhren innerhalb der betr. Region in Prozent des BIP

Quelle: IRELA, Prospects for the Processes of Subregional Integration in Central and Southamerica, Madrid 1992, S. 218/19

Tabelle 2

Senkung der Importzölle in Lateinamerika

	Beginn der Liberalisierung	Maximaler Zollsatz zu Beginn 1992	Maximaler Zollsatz Ende 1992	Anzahl der Zollgruppen zu Beg. 1992	Anzahl der Zollgruppen Ende 1992	Durchschnittszölle zu Beg. 1992	Durchschnittszölle Ende 1992
Argentinien[a]	1989	65	30	---	8	39[b]	15[b]
Bolivien	1985	150	10	---	2	12[c]	7[c]
Brasilien	1990	105	35	29	7	32[d]	21[d]
Kolumbien[a]	1990	100	20	14	4	44[c]	12[c]
Costa Rica	1986	100	27	---	---	27[d]	20[d]
Chile[a]	1973	220	10	57	1	94[d]	10[d]
	1985	35	11	1	1	35[d]	11[d]
Mexiko	1985	100	20	10	3	24[b]	12[b]
Peru[a]	1990	108	25	56	2	66[d]	18[d]
Venezuela	1989	135	20	41	4	35[c]	10[c]

[a] einschließlich Zusatzzöllen
[b] gewogen gemäß Volumen der Inlandsproduktion
[c] gewogen gemäß Einfuhrvolumen
[d] Durchschnitt der Zollpositionen

Quelle: Agosin, M. u. Ffrench-Davis, R. (1993): La liberalización comercial en América Latina, in: Revista de la CEPAL Nr. 50, Santiago de Chile

Tabelle 3

Partnerländer subregionaler Zusammenschlüsse und bilateraler Verträge in Lateinamerika

	Subregionale Zusammenschlüsse	Bilaterale Verträge
Argentinien	MERCOSUR, La Plata Becken-Vertrag	Bolivien, Kolumbien, Chile, Mexiko, Venezuela
Bolivien	Andenpakt, Amazonaspakt, La Plata Becken-Vertrag	Argentinien, Kolumbien, Mexiko, Venezuela, Peru
Brasilien	MERCOSUR, Amazonaspakt, La Plata Becken-Vertrag	Mexiko, Venezuela
Costa Rica	Zentralamerikanischer Gemeinsamer Markt (MCCA)	Mexiko
Chile		Argentinien, Mexiko, Uruguay, Venezuela
Ekuador	Andenpakt, Amazonaspakt	Kolumbien
El Salvador	MCCA, Zentralamerikanisches Integrationssystem (SICA)	Guatemala, Honduras
Guatemala	MCCA, SICA	Honduras, El Salvador
Honduras	MCCA, SICA	
Kolumbien	Andenpakt, Gruppe der Drei (G-3), Amazonaspakt	Argentinien, Bolivien, Venezuela, Ekuador
Mexiko	NAFTA, G-3	Argentinien, Bolivien, Brasilien, Chile, Costa Rica, Guatemala, Honduras, Nikaragua, El Salvador
Nikaragua	MCCA, SICA	
Panama	SICA	
Paraguay	MERCOSUR, La Plata Becken-Vertrag	
Peru	Andenpakt, Amazonaspakt	Bolivien
Uruguay	MERCOSUR, La Plata Becken-Vertrag	Chile
Venezuela	Andenpakt, G-3, Amazonaspakt	Argentinien, Brasilien, Chile, Kolumbien, Costa Rica, El Salvador, Guatemala, Honduras, Nikaragua

Quelle: UNCTAD, Handbook of International Trade and Development Statistics 1990 und IRELA, 1993[a]

Tabelle 4

Grössenverhältnisse der subregionalen Integrationssysteme (1992)

	Fläche km²	%	Bevölkerung Millionen	%	Bruttoinlandsprodukt Millionen US $(1988)	%	Pro Kopf US $(1988)
MCCA	422.720	2.1	28.0	6.4	26.312	2.9	940
Costa Rica	50.700	0.3	3.2	0.7	5.344	0.6	1.690
El Salvador	21.040	0.1	5.5	1.3	5.944	0.7	1.080
Guatemala	108.890	0.5	9.7	2.2	8.901	1.0	913
Honduras	112.090	0.6	5.5	1.3	4.175	0.5	764
Nikaragua	130.000	0.7	4.1	0.9	1.949	0.2	471
Panama	77.080	0.4	2.5	0.6	5.526	0.6	2.197
Andenpakt	4.718.320	23.7	96.3	22.1	176.528	19.7	1.833
Bolivien	1.098.580	5.5	7.7	1.8	7.061	0.8	913
Kolumbien	1.138.910	5.7	34.3	7.8	49.440	5.5	1.443
Ekuador	283.560	1.4	11.1	2.5	14.200	1.6	1.277
Perú	1.285.220	6.5	22.5	5.1	29.309	3.3	1.305
Venezuela	912.050	4.6	20.7	4.7	76.519	8.6	3.691
G-3	4.023.510	20.2	139.8	32.0	321.529	35.9	2.300
Kolumbien	1.138.910	5.7	34.3	7.8	49.440	5.5	1.443
Mexiko	1.972.550	9.9	84.8	19.4	195.570	21.9	2.307
Venezuela	912.050	4.6	20.7	4.7	76.519	8.6	3.691
MERCOSUR	11.861.826	59.6	197.0	45.1	445.085	49.8	2.259
Argentinien	2.766.888	13.9	33.1	7.6	97.022	10.8	2.931
Brasilien	8.511.968	42.8	156.3	35.8	331.847	37.1	2.124
Paraguay	406.750	2.0	4.5	1.0	6.920	0.8	1.531
Uruguay	176.330	0.9	3.1	0.7	9.296	1.0	2.970
Chile	756.950	3.8	13.6	3.1	38.654	4.3	2.839
Dominikan. Republik	48.730	0.2	7.5	1.7	5.177	0.6	693
Haiti	27.750	0.1	6.8	1.6	1.554	0.2	229
Lateinamerika insges.	19.885.926	100.0	436.5	100.0	894.405	100.0	2.049

Quelle: UNCTAD, Handbook of International Trade and Development Statistics 1990 und IRELA, 1993[a]

Tabelle 5

Der Außenhandel der regionalen Gruppierungen Lateinamerikas (1991)

Prozentuale Verteilung nach Zielregion /-land

	Gesamtaus-fuhren in Mio. US$	MERCOSUR	Chile[2]	Andenpakt	MCCA	Mexiko[2]	LA-insgesamt[1]	USA	EG	Japan
MERCOSUR	46.470	12.2	2.5	2.9[2]	0.5[2]	1.1	17.6	16.8	31.9	7.2
Chile	8.929	6.8[2]	-	3.2	0.3[2]	0.6	14.1	17.7	31.9	18.2
Andenpakt	29.404	3.0[2]	1.8	5.3	2.2[2]	0.5	14.7	43.3	14.7	3.5
Mexiko	27.121	0.9	0.3	0.6	1.0	-	3.6	74.5	8.6	4.1
MCCA	4.385	1.5	0.02	2.2[2]	10.2[2]	2.4	16.9	42.2	25.5	3.9
Lateinamerika insgesamt[1]	121.284						12.5	41.3	21.2	6.0
Lateinamerika-Anteil an den jeweiligen Gesamteinfuhren		20.6	26.2	18.5	23.2	2.9	14.0	12.3	5.3[3]	3.9

[1] einschl. Dominikanischer Republik, Haiti und Panama
[2] Anteile für 1990
[3] Anteile an den Einfuhren aus Drittländern

Quellen: CEPAL 1992, IRELA 1993[a], 1993[b], I.Schott/G.C.Hufbauer: Free Trade Areas, the Enterprise of the Americas Initiative, and the Multilateral Trading System, in: Bradford, Colin (ed.): Strategic Options for Latin America. Paris: OECD 1991

Patricio Meller[1]

Wirtschaftspolitische Reformen in Lateinamerika und ihre Auswirkungen auf die internationale Wettbewerbsfähigkeit

I. Überblick über die wirtschaftspolitischen Reformen

Während der achtziger Jahre haben die lateinamerikanischen Länder tiefgreifende wirtschaftspolitische Reformen in Gang gesetzt, die dem Marktmechanismus und dem privaten Sektor eine größere Rolle zuweisen; die alte Strategie der Importsubstitution (d.h. "binnenorientierte Entwicklung") ist durch eine exportorientierte Strategie (d.h. "außenorientierte Entwicklung") ersetzt worden. Zwar gibt es zwischen den lateinamerikanischen Ländern Unterschiede im Hinblick auf den Grad und auf die Vorgehensweise bei der Durchführung dieser Wirtschaftsreformen, aber es besteht eine große Übereinstimmung in dem generellen Ansatz.

Williamson (1990) hat das Schema dieser Wirtschaftsreformen unter dem Begriff *Washingtoner Konsensus* zusammengefaßt. Der sogenannte *Washingtoner Konsensus* betont die folgenden (wirtschafts-)politischen Reformen[2]:

---

[1] Wirtschaftswissenschaftler; Geschäftsführender Direktor des Wirtschaftsforschungsinstituts CIEPLAN, Santiago de Chile. Der Beitrag beruht auf einem Vortrag, gehalten im Rahmen des Seminars "Latin America's Competitive Position in the Enlarged European Market", veranstaltet vom HWWA-Institut für Wirtschaftsforschung, Institut für Iberoamerikakunde und IRELA, Hamburg, 24.-25. März 1993, anläßlich der Jahresversammlung 1993 der Interamerikanischen Entwicklungsbank. Der Autor dankt für die Kommentare von Rosemary Thorp, Miguel Rodríguez und Teilnehmern des Seminars.

[2] Für eine ernsthafte Kritik dieses Washingtoner Konsensus vgl. Fanelli/Frenkel/Rozenwurcel 1990.

- (1) Reformen des Staates, die (a) zu größerer finanzpolitischer Disziplin führen und (b) die Privatisierung der staatlichen Unternehmen einschließen.

Ad (a):
Das Haushaltsdefizit der öffentlichen Hand sollte 1-2% des Bruttoinlandsprodukts (BIP) nicht übersteigen. Dieses Ziel läßt sich kurzfristig am leichtesten durch (reale und relative) Kürzungen der öffentlichen Ausgaben erreichen. Darüber hinaus sollte eine Steuerreform die Aufkommenseffizienz verbessern, um der Regierung zusätzliche Einnahmen zu verschaffen; dies erfordert eine breite Steuererhebungsbasis mit niedrigen Grenzsteuersätzen.

Ad (b):
Die Effizienz des privaten Sektors als Güterproduzent wird höher eingeschätzt als die des öffentlichen Sektors. Darüber hinaus dürfte es bei einer geringeren Anzahl staatlicher Unternehmen leichter werden, das Ziel der finanzpolitischen Disziplin zu erreichen.

- (2) Liberalisierung und Deregulierung, die den internen Wettbewerb fördern. Dazu gehören:

(a) Liberalisierung des nationalen Kapitalmarktes einschließlich der Freigabe der Zinssätze; die realen Zinssätze sollten positiv sein, aber relativ niedrig. In diesem Zusammenhang ist eine staatliche Aufsicht über die Finanzierungsinstitutionen empfehlenswert.

(b) Liberalisierung des Außenhandels, wobei mengenmäßige Restriktionen und diskretionäre Eingriffe durch Zolltarife ersetzt werden sollten; außerdem sollten die Zolltarife gesenkt werden.

(c) Beseitigung von Hemmnissen für ausländische Investitionen, um erforderliches Kapital, Fertigkeiten und technisches *know how* zu erhalten.

- (3) Hohe und stabile (reale) Wechselkurse, um durch Erhöhung der internationalen Wettbewerbsfähigkeit die Exporte zu fördern.

Im folgenden werden summarisch die Ergebnisse dargestellt, die bei den Reformen des Außenhandels und der Wechselkursregime sowie mit den makroökonomischen Stabilisierungsprogrammen erzielt wurden[3].

1. Die lateinamerikanische Handels- und Leistungsbilanz

Zu Beginn der achtziger Jahre hatte Lateinamerika Handelsbilanzdefizite in Größenordnungen von US-$ 1,9 Mrd. (im Jahre 1980) bzw. US-$ 1,6 Mrd. (1981); diese Defizite beliefen sich im Durchschnitt auf 1,5% des lateinamerikanischen BIP. Nach dem offenen Ausbruch der Verschuldungskrise im Jahre 1982 gelang es Lateinamerika, für den Rest des Jahrzehnts (1983-90) beachtliche Handelsbilanzüberschüsse in Höhe von rund US-$ 25 Mrd. pro Jahr zu erzielen. In den neunziger

---

[3] Für eine detailliertere Darstellung vgl. Williamson 1990 und Meller 1992a.

Jahren, insbesondere ab 1992, hat sich diese Situation allerdings wieder geändert, und Lateinamerikas Handelsbilanz zeigt erneut ein Defizit. Offensichtlich hat Lateinamerika nach dem Verschuldungsschock einen bedeutsamen Anpassungsprozeß durchgemacht, der sowohl zu einem über sechsjährigen Rückgang der Importe führte, als auch zu einer beachtlichen Ausweitung der Exporte während der gesamten achtziger Jahre.

Die Entwicklung des lateinamerikanischen Leistungsbilanzdefizits ist ein weiterer Indikator für die erfolgreiche außenwirtschaftliche Anpassung der Region. Zu Beginn der achtziger Jahre hatte das Defizit der lateinamerikanischen Leistungsbilanz 5,5% des BIP erreicht, um für den Rest der Dekade (1982-90) auf 1,5% des BIP zurückzugehen. Allerdings hat sich die Situation zu Beginn der neunziger Jahre auch hier geändert, da bedeutende (Netto-)Kapitalzuflüsse nach Lateinamerika mit einer Erhöhung der zentralen Währungsreserven und entsprechend höheren Leistungsbilanzdefiziten einhergehen.

2. Reformen des Außenhandels[4]

Bis zu den achtziger Jahren hatte in Lateinamerika die Strategie der importsubstituierenden Industrialisierung (ISI) vorgeherrscht; Industriepolitik war hauptsächlich (Außen-)Handelspolitik, d.h. Abschottung der Binnenmärkte durch hohe Zölle und nichttarifäre Hemmnisse. Über die Ineffizienz, die durch die ISI-Strategie geschaffen wurde, sind viele Horrorgeschichten geschrieben worden; eines der grundsätzlichen Probleme hatte mit den Preisverzerrungen zu tun, die den Binnenmarkt begünstigen sollten, aber den Export belasteten[5]. In der Periode 1960-80 nahmen die lateinamerikanischen Ausfuhren durchschnittlich nur um 3,2% pro Jahr zu; während der achtziger Jahre stiegen die jährlichen Zuwachsraten auf 5,4%.

Immerhin war der (reale) jährliche Zuwachs des lateinamerikanischen BIP während der Periode der ISI-Strategie (1960-80) mit durchschnittlich 5,7% durchaus angemessen. Einige Länder konnten während der ISI-Strategie auch eine bemerkenswerte Steigerung ihrer Ausfuhren erzielen, wie beispielsweise Brasilien, dessen Exporte sich in der Periode 1960-80 um 8,6% p.a. erhöhten, oder Mexiko, das im Zeitraum 1970-80 seine Ausfuhren im Durchschnitt um 10,2% pro Jahr steigerte. Ein ganz anderer Fall ist Chile, wo schon während der siebziger Jahre eine drastische Liberalisierung des Außenhandels stattfand; die jährlichen Wachstumsraten der chilenischen Exporte nahmen von 3,5% während der sechziger Jahre auf 6,9% im Durchschnitt der Periode 1970-90 zu.

Es besteht inzwischen in Lateinamerika weitgehende Übereinstimmung darüber, daß die ISI-Strategie gegen Ende der siebziger Jahre obsolet geworden war; die

---

[4] Vgl. hierzu Meller 1992a.

[5] In einigen lateinamerikanischen Ländern hatten die Verzerrungen zu Lasten der Ausfuhren damit zu tun, daß die traditionellen (natürlichen) Ausfuhrprodukte von ausländischen Unternehmen oder nationalen Oligarchien kontrolliert wurden.

Verschuldungskrise hat diese Einsicht beschleunigt. Während der achtziger Jahre ist es in den meisten lateinamerikanischen Ländern zu einem profunden Paradigmenwechsel gekommen: Die ISI-Strategie wird durch eine exportorientierte Strategie ersetzt. Vorbild sind die außerordentlich erfolgreichen asiatischen Exportländer. "Motor" des wirtschaftlichen Wachstums sollen die Ausfuhren werden, die daher zu fördern sind. Angesichts ihrer relativ geringen Größe – so die neue vorherrschende Überlegung – sollen sich die lateinamerikanischen Volkswirtschaften nach außen öffnen; durch Integration der nationalen Wirtschaften in den Weltmarkt läßt sich Effizienz erreichen und verbessern.

Das Außenhandelsregime, das in Lateinamerika während der ISI-Strategie gegeben war, hatte eine hochkomplexe Struktur; es gab unterschiedliche Typen nicht-tarifärer Hemmnisse (wie z.B. Importlizenzen, Importverbote, Einfuhrquoten) sowie hohe und stark differenzierte Zölle, Zusatzgebühren etc.; darüberhinaus gab es spezielle Regelungen und spezielle Ausnahmen, einige für bestimmte Regionen, andere für bestimmte (öffentliche) Unternehmen. Während der achtziger Jahre setzte sich ein eindeutiger Trend in Richtung auf eine Rationalisierung der Außenhandelspolitik durch; dazu gehören die Vereinfachung und der Abbau der Verwaltungsvorschriften für Ein- und Ausfuhren, die Beseitigung der meisten nichttarifären Hemmnisse, die Reduzierung spezieller Regelungen und spezieller Ausnahmen. In vielen Ländern der Region zeigt sich die Tendenz, die Zolltarife zu vereinfachen; Argentinien und Peru haben das Tarifsystem auf lediglich drei Zollkategorien reduziert, Mexiko und Brasilien auf sechs bzw. sieben Kategorien. Sowohl die Durchschnitts- als auch die Spitzenzölle sind erheblich abgebaut worden. Nominale Zollsätze über 30% werden in Lateinamerika heute als hoch betrachtet; dies ist eine bemerkenswerte Veränderung gegenüber den sechziger und siebziger Jahren, als Zolltarife unter 30% als zu niedrig galten. Die *Enterprise for the Americas*-Initiative des früheren US-Präsidenten Bush und sein Vorschlag zur Schaffung einer die gesamten Hemisphäre umfassenden Freihandelszone haben in vielen lateinamerikanischen Ländern als starker Anreiz zur Rationalisierung und Liberalisierung des Außenhandels gewirkt.

Zwar herrscht in Lateinamerika grundsätzliche Übereinstimmung über die Notwendigkeit, den Außenhandel zu rationalisieren, aber es gibt deutliche Unterschiede zwischen den Anhängern gradueller und abrupter Veränderungen. Brasilien und Kolumbien verfolgen einen gradualistischen Ansatz, während Bolivien, Chile und Mexiko ein relativ schnelles Liberalisierungsprogramm durchgeführt haben. Zwei Einwände lassen sich gegen diese Vorgehensweise formulieren:

- Erstens im Hinblick auf die Beziehung zwischen Einfuhrliberalisierung und Exportausweitung. Zwar gibt es eine allgemeine Übereinstimmung hinsichtlich der Notwendigkeit, alle Arten von Hemmnissen und Zöllen für diejenigen Importe (Vorleistungsgüter und Maschinen) schnellstens zu beseitigen, die der Exportsektor benötigt; aber inwiefern sollte die Einfuhr von Konsumgütern zu der Ausweitung der Exporte beitragen?

- Zweitens: wie läßt sich – angesichts der bestehenden Asymmetrie zwischen rascher Ausweitung der Einfuhren und relativ langsamen Exportwachstums – kurz- bis mittelfristig eine tragfähige Handelsbilanzsituation gewährleisten? Wie wirkt sich die Liberalisierung der Importe auf das Antiinflationsprogramm aus? Und wie werden sich die Zollsenkungen auf die öffentlichen Einnahmen auswirken, bedenkt man die gegebene große Bedeutung der Zolleinnahmen für das gesamte Steueraufkommen?

3. Wechselkurspolitik [6]

Während der ISI-Periode bestanden in vielen lateinamerikanischen Ländern gespaltene Wechselkurse zur Ergänzung der komplexen Außenhandelsregime; nur in wenigen Ländern gab es ein duales Wechselkursregime, mit einem kontrollierten offiziellen Wechselkurs für den Warenverkehr und einem freien Wechselkurs für den Kapitalverkehr. Seit Beginn der neunziger Jahre herrscht in den meisten Ländern der Region jedoch ein einheitliches Wechselkurssystem vor. Die strengen Devisenkontrollen, die vor 1980 in den meisten lateinamerikanischen Staaten alltäglich waren, sind fast überall erheblich gelockert worden. Devisentransaktionen und Dollar-Einlagen sind inzwischen ganz legale Operationen, zu denen die meisten wirtschaftlichen Akteure in vielen Ländern leichten Zugang haben.

Veränderungen der Wechselkurssysteme hängen mit der wirtschaftspolitischen Bedeutung zusammen, die den Wechselkursen beigemessen wird. Dabei gibt es sehr unterschiedliche Bedeutungen, wie etwa die Bedeutung des Wechselkurses als Mechanismus für die Veränderung der relativen Preise (zwischen Außenhandelsgütern und nichthandelbaren Gütern) oder die Bedeutung des Wechselkurses als nominaler Anker für das allgemeine Preisniveau einer Volkswirtschaft. Iem Prozeß der Außenhandelsliberalisierung und Ausfuhrexpansion spielen die Wechselkurse eine wichtige Rolle bei der unumgänglichen Reallokation der Ressourcen. Die Anpassungskosten des Reallokationsprozesses werden minimiert, wenn die Importliberalisierung mit einer ausgleichenden (realen) Abwertung einhergeht. Geht man davon aus, daß der Abbau der Zolltarife und der nicht-tarifären Hemmnisse im allgemeinen ein längerdauernder Prozeß ist, dann muß die Einfuhrliberalisierung von einer entsprechenden Währungsabwertung begleitet werden.

Nach dem Schock der Auslandsverschuldung haben viele lateinamerikanische Länder während der achtziger Jahre substantielle Abwertungen ihrer Währungen durchgeführt. Nimmt man 1980-81 als Referenzperiode, dann haben Länder wie Argentinien, Chile, Kolumbien und Venezuela in der Periode 1985-90 eine anhaltende (reale) Abwertung ihrer Währungen von mehr als 50% vorgenommen; die (reale) Abwertung lag in Mexiko bei durchschnittlich 30%, in Brasilien und Bolivien bei etwa 20%. Es ist interessant zu beobachten, daß von dem Anstieg des Kapitalzuflusses nach Lateinamerika während der letzten Jahre ein deutlicher Aufwertungsdruck auf die Währungen ausgeht; diese Entwicklung der (realen) Wechselkurse wirkt sich jedoch nachteilig auf die lateiamerikanische Wettbewerbsfähigkeit aus.

---

[6] Dieser Abschnitt beruht teilweise auf Meller 1992a.

4. Makroökonomische Stabilisierungsanstrengungen

Nach dem Ausbruch der Verschuldungskrise sahen sich die lateinamerikanischen Regierungen einer sehr schwierigen Situation gegenüber: sie mußten die finanzpolitischen Ungleichgewichte abbauen, während sich die soziale Situation in ihren Ländern verschlechterte. Gleichzeitig gingen die Steuereinnahmen zurück, während sich der Schuldendienst (für die interne und externe Verschuldung der öfffentlichen Hand) erhöhte. Hinzu kam, daß Auslandskredite zur Finanzierung der Haushaltsdefizite nicht mehr verfügbar waren[7]. Dieses komplexe Dilemma steht hinter den dramatisch hohen Inflationsraten – bis hin zur Hyperinflation –, die Lateinamerika während der achtziger Jahre hinnehmen mußte[8].

Tabelle 1:
Inflation und Haushaltsdefizite in ausgewählten lateinamerikanischen Ländern[a], 1980-92

Land	Jährliche Inflationsrate[b] (in%)			Öffentliches Haushaltsdefizit (in% des BIP)		
	1980-81	1982-90	1991-92	1980-81	1982-90	1991-92
Argentinien	108,3	507,0	47,3	11,5	8,8	2,2[c]
Bolivien	24,5	207,8	12,9	7,7	9,7	3,0
Brasilien	93,3	354,8	742,1	6,6	5,0	..
Chile	19,9	19,0	15,7	-3,4	2,7	-1,8
Kolumbien	26,6	20,6	26,2	2,9	3,6	0,2
Mexiko	29,2	57,4	15,8	11,3	13,6	-2,6
Peru	66,6	393,8	93,5	6,6	6,2	0,8
Venezuela	15,2	24,2	32,2	-0,3	-2,1	3,2

a) Die acht ausgewählten Länder repräsentieren annähernd 90% des lateinamerikanischen BIP, der Bevölkerung und der Exporte.
b) Dezember bis Dezember.
c) 1991.
.. Nicht verfügbar.

Quelle: CEPAL für alle Inflationsraten sowie die Haushaltsdefizite 1990-91; Meller 1992a für die Haushaltsdefizite der anderen Perioden.

Zu Beginn der achtziger Jahre hatten fünf von acht ausgewählten lateinamerikanischen Ländern jährliche Inflationsraten unter 30% (vgl. Tabelle 1); lediglich in Ar-

---

[7] Fanelli et al. (1990) haben darauf hingewiesen, daß das unterschiedliche Ausmaß der externen Finanzierung des öffentlichen Sektors ein wichtiger Faktor zur Erklärung differierender makroökonomischer Effekte des Haushaltsdefizits zwischen den lateinamerikanischen Ländern ist.

[8] Für eine umfassende Übersicht und Diskussion der antiinflationären Stabilisierungstheorien sowie der Stabilisierungsprogramme, die in Lateinamerika durchgeführt wurden, vgl. Taylor 1991; Ocampo 1987; Kiguel/Liviatan 1991.

gentinien und Brasilien lagen die jährlichen Inflationsraten bei 100% und in Peru betrug die Preissteigerungsrate mehr als 66% p.a.. Nach dem Ausbruch der Verschuldungskrise wurden in der Region drei- und vierstellige jährliche Inflationsraten üblich; nur in wenigen Ländern blieb die Preissteigerung unter 20% pro Jahr. Wie Tabelle 2 zeigt, hatten zu Beginn der neunziger Jahre (1992) elf von 17 lateinamerikanischen Volkswirtschaften jährliche Inflationsraten unter 20%, während lediglich in vier Staaten (Brasilien, Ekuador, Peru, Uruguay) die gesamtwirtschaftlichen Preissteigerungsraten 1992 über 50% lagen.

Die deutliche Verringerung der öffentlichen Haushaltsdefizite war ein entscheidender Faktor, der zum Abbau der Inflation beitrug. Hatten die meisten lateinamerikanischen Länder während der achtziger Jahre Defizite des öffentlichen Sektors von mehr als 6% des BIP, so gelang es bis zum Beginn der neunziger Jahre, dieses Ungleichgewicht überwiegend auf weniger als 3% des BIP abzubauen. Viele lateinamerikanische Länder haben strikte Kontraktionsstrategien zur Einschränkung der öffentlichen Ausgaben verfolgt, und in einigen Ländern haben Privatisierungsprogramme zu erheblichen Einnahmen geführt.

Tabelle 2: Inflationsraten in Lateinamerika[a], 1980-92

Periode	Anzahl der Länder mit jährlichen Inflationsraten[b] von			
	weniger als 20%	20-50%	50-100%	über 100%
1980-81	7	7	2	1
1982-90	4	7	2	4
1992	11	2	3	1

a) Argentinien, Bolivien, Brasilien, Chile, Costa Rica, Ekuador, El Salvador, Guatemala, Honduras, Kolumbien, Mexiko, Nicaragua, Panama, Paraguay, Peru, Uruguay, Venezuela.
b) Median der Inflationsraten.
Quelle: CEPAL.

In einigen lateinamerikanischen Ländern wurden die Wechselkurse im Kampf gegen die Inflation eingesetzt. So wird beispielsweise in Argentinien die nominale Fixierung des Wechselkurses gegenüber dem US-Dollar als der wichtigste Teil des Stabilisierungsprogramms angesehen. Die Verwendung des Wechselkurses als nominalem Anker hat deutliche Vorteile gegenüber einer entsprechenden Verwendung geldpolitischer Größen; für jeden wirtschaftlichen Akteur ist es einfacher, einen festen Wechselkurs zu beobachten (und zu verstehen), als die Veränderungen monetärer Aggregate, wie etwa die Geldmengengrößen M_1, M_2 oder M_3. Die Glaubwürdigkeit des Stabilisierungsprogramms wird mit der Aufrechterhaltung des nominalen Wertes des Wechselkurses verbunden.

Geht man davon aus, daß der Abbau der Inflation Zeit benötigt, dann ergibt sich zwischenzeitlich möglicherweise eine Aufwertung der Währung. Die Verwendung des Wechselkurses als Instrument der Inflationsbekämpfung steht dann im Konflikt zu dem Ziel der Exporterhöhung, d.h., ein binnenwirtschaftliches Ungleichgewicht wird um den Preis eines zunehmenden außenwirtschaftlichen (Handels-)Ungleichgewichts abgebaut. Wird das inländische Zinsniveau für die Inflationsbekämpfung erhöht, während gleichzeitig der Wechselkurs für Zwecke der Exportförderung eingesetzt wird, dann geht von den durch Zinsunterschiede ausgelösten externen Kapitalzuflüssen ein Aufwertungsdruck aus; hinzu kommt, daß der mit externen Kapitalzuflüssen verbundene interne Geldmengeneffekt die Bemühungen zur Preisniveaustabilisierung kompliziert. Diese Situation konnte 1991 und 1992 in vielen lateinamerikanischen Ländern beobachtet werden, als externe Kapitalzuflüsse zu Aufwertungen der Wechselkurse führten.

5. Externe Transferleistungen Lateinamerikas

Lateinamerika hat die längst schon überfälligen Wirtschaftsreformen unter höchst schwierigen Umständen in Angriff genommen; die Krise der Auslandsverschuldung hat die Region gezwungen, die wirtschaftspolitischen Rahmenbedingungen zu aktualisieren. Während die lateinamerikanischen Länder diese tiefgehenden strukturellen Veränderungen durchführten, mußten sie via Schuldendienst hohe Transferleistungen an das Ausland erbringen.

Tabelle 3 zeigt die jährliche Entwicklung der finanziellen Transfers, die Lateinamerika seit 1982, seit dem offenen Ausbruch der Verschuldungskrise, erbringen mußte. Hatte Lateinamerika vor 1982 positive externe Nettofinanzierungsbeiträge verbuchen können, so waren während der achtziger Jahre finanzielle Transfers an die entwickelten Länder zu leisten, die einer jährlichen Steuer in Höhe von 4% des lateinamerikanischen BIP entsprachen.

Man muß auf die Schwierigkeiten hinweisen, die diese finanziellen Transferleistungen an das Ausland für die Durchführung interner wirtschaftspolitischer Reformen verursachen. Allerdings unterscheidet sich dabei die Situation der lateinamerikanischen Länder mit nennenswerten exportorientierten öffentlichen Unternehmen (wie z.B. die staatlichen Ölunternehmen in Mexiko und Venezuela oder das chilenische Kupferunternehmen des Staates) völlig von der Situation in Ländern, in denen es diese Art öffentlicher Unternehmen nicht gibt (wie z.B. in Brasilien).

Angesichts des Tatbestandes, daß der überwiegende Teil der lateinamerikanischen Auslandsschulden auf den staatlichen Sektor entfällt[9], müssen die lateinamerikani-

---

[9] Zwar wurde in vielen lateinamerikanischen Ländern ein hoher Anteil der Auslandsschulden vom privaten Sektor übernommen, aber im Zuge der Umschuldungsverhandlungen mit den ausländischen Geschäftsbanken (die von IWF und Weltbank unterstützt wurden), ist ein beachtlicher Teil der privaten Auslandsschulden in öffentliche Verpflichtungen umgewandelt worden.

schen Regierungen über Devisen verfügen, um ihren Schuldendienstzahlungen nachkommen zu können. Ist der öffentliche Sektor kein Exporteur, d.h., gibt es keine staatlichen Unternehmen, die Güter ausführen, dann muß die Regierung intern Devisen von privaten Wirtschaftssubjekten erwerben. Kommt es in diesem Falle zu einer Abwertung, dann erhöht sich der interne Transfer entsprechend, und es kommt zu einer Erhöhung der Regierungsausgaben, so daß durch die Abwertung das Haushaltsdefizit vergrößert wird. Hinzu kommt, daß sich die wirtschaftspolitischen Instanzen mit dem Problem konfrontiert sehen, wie sie den mit dem Devisenerwerb verbundenen Geldmengeneffekt neutralisieren; mit diesem Problem hat die Ausweitung der internen Staatsverschuldung in Lateinamerika zu tun. Ganz anders ist die Situation, wenn es staatliche Unternehmen gibt, die Güter exportieren; in diesem Falle trägt die (reale) Abwertung zum Abbau des Haushaltsdefizits und zur Beseitigung des außenwirtschaftlichen Ungleichgewichts bei. Mit anderen Worten: Exportierende staatliche Unternehmen erleichtern das interne Transferproblem, und die Abwertung wirkt wie ein steuerliches Instrument zur Erhöhung der öffentlichen Einnahmen. Darüber hinaus ist es vergleichsweise einfacher, den Geldmengeneffekt zu neutralisieren, wenn Devisen von öffentlichen Unternehmen erworben werden; dies läßt sich beispielsweise – ohne Ausweitung der internen Staatsverschuldung – durch einen speziellen Stabilisierungsfonds erreichen.

II. Die Entwicklung der lateinamerikanischen Ausfuhren

Die Exportentwicklung läßt sich als bester Indikator für die internationale Wettbewerbsfähigkeit einer Volkswirtschaft betrachten. Bemerkenswert ist dabei die Relation zwischen den Wachstumsraten des BIP und der Ausfuhren für Lateinamerika insgesamt während der Jahre 1960-90. Blieben die Wachstumsraten der lateinamerikanischen Ausfuhren während der sechziger und siebziger Jahre deutlich hinter der Zunahme des BIP zurück, so konnte während der achtziger Jahre genau das umgekehrte Verhältnis beobachtet werden. Die jährlichen Wachstumsraten der lateinamerikanischen Exporte waren zudem während der achtziger Jahre mindestens doppelt so hoch wie in der vorangegangenen Dekade (vgl. Tabelle 4).

Das veränderte Verhältnis zwischen Wirtschaftswachstum und Steigerung der Exporterlöse hat sich in einem deutlich erhöhten Anteil der Ausfuhren am BIP niedergeschlagen; für ganz Lateinamerika stieg der Anteil der Exporte am BIP von weniger als 13% zu Beginn der achtziger Jahre auf 19% zu Beginn der neunziger Jahre. In vielen lateinamerikanischen Ländern hat der Exportsektor eine wichtige Rolle in der Volkswirtschaft erhalten, auch wenn es sich dabei noch um ein neues Phänomen handelt. Insgesamt ist aber das gegenwärtige Niveau der lateinamerikanischen Pro-Kopf-Ausfuhren noch sehr niedrig; nur zwei Länder der Region (Chile und Venezuela) erzielen jährliche Exporte *per capita* von mehr als US-$ 600.

Die Zusammensetzung der lateinamerikanischen Ausfuhrpalette hat sich deutlich verändert. 1970 entfielen 81% der regionalen Exporte auf Rohstoffe, Erdöl und Agrarprodukte, während verarbeitete Erzeugnisse lediglich 10% der gesamten Ausfuhren ausmachten; 1990 machten diese Produkte nahezu 35% der lateinamerika-

Tabelle 3: Externe Finanzierungsbeiträge Lateinamerikas, 1973-92

Jahr	Externe Nettofinanzierungsbeiträge[a]		in% des BIP
	in Mrd.US-$		
	in lfd. US-$	in US-$ von 1990	
1973	3,7	9,6	2,0
1974	6,4	13,9	2,7
1975	8,7	17,3	3,3
1976	11,1	21,1	3,8
1977	9,0	16,1	2,8
1978	16,0	26,6	4,4
1979	15,5	22,9	3,5
1980	13,1	17,0	2,5
1981	11,3	13,4	1,9
1982	-18,7	-21,7	-3,2
1983	-31,6	-36,2	-5,5
1984	-26,9	-30,1	-4,4
1985	-32,2	-36,2	-5,1
1986	-22,6	-26,2	-3,5
1987	-16,1	-18,2	-2,4
1988	-28,7	-31,2	-4,1
1989	-28,0	-29,0	-3,7
1990	-14,4	-14,4	-1,8
1991	8,4	8,4	1,0
1992	27,4	27,2	3,3

Der externe Nettofinanzierungsbeitrag ergibt sich aus dem Kapitalzufluß (Nettokreditaufnahme, ausländische Nettodirektinvestitionen, öffentliche Finanzierungszuschüsse) abzüglich Zinszahlungen und (Netto-)Gewinnüberweisungen an das Ausland.

Quelle: CEPAL.

Tabelle 4: Wirtschaftswachstum und Exportsteigerung in Lateinamerika, 1960-90

Periode	Durchschnittliche jährliche Wachstumsrate in %	
	Bruttoinlandsprodukt	Ausfuhrerlöse
1960-70	5,7	3,9
1970-80	5,6	2,6
1980-90	1,3	5,4

Quelle: CEPAL.

nischen Exporte aus (vgl. Tabelle 5). Dennoch erreichten die lateinamerikanischen Ausfuhren verarbeiteter Produkte während der Periode 1985-90 lediglich 2,1% des Welthandels; zudem wird der überwiegende Teil des Exports verarbeiteter Erzeugnisse aus Lateinamerika von lediglich drei Ländern (Brasilien, Mexiko, Argentinien) getätigt.

Auch innerhalb der Gruppe der exportierten Naturprodukte haben sich bemerkenswerte Strukturveränderungen vollzogen; inzwischen haben lateinamerikanische Länder bei einer Reihe nicht-traditioneller Ausfuhrprodukte internationale Wettbewerbsfähigkeit gezeigt. Dazu gehören beispielsweise Fischereierzeugnisse (Fisch, Fischmehl), Früchte (Pampelmuse, Äpfel, Ananas, Orangensaft) und Forsterzeugnisse (Schnittholz, Papiermasse), die 1990 Ausfuhrerlöse in Höhe von mehr als US-$ 9 Mrd. erbrachten[10].

Tabelle 5: Lateinamerikas Ausfuhren nach Warengruppen, 1970-90

Warengruppe	1970	1980	1990
	Anteil am Gesamtexport in%		
Rohstoffe	28,6	13,7	16,5
Erdöl	21,3	35,9	22,3
Landwirtschaftl. Erzeugnisse	31,3	21,6	18,8
Bearbeitete Erzeugnisse	10,7	26,2	34,4
Sonstige Waren	8,2	2,7	8,0

Quelle: CEPAL, Estudios Económicos de América Latina.

Inwieweit die Steigerung der Exporte als "Wachstumsmotor" einer Volkswirtschaft fungiert, läßt sich unterschiedlich erklären (vgl. UNCTAD 1992; World Bank 1987, 1991). Der in Lateinamerika entwickelte strukturalistische Ansatz geht davon aus, daß durch eine Ausfuhrsteigerung der Devisenengpaß überwunden wird, der die Einfuhr von Technologie und modernen Maschinen verhindert; der neoklassische Ansatz stellt den internen Produktivitätszuwachs in den Vordergrund, der unter dem Druck des internationalen Wettbewerbs erreicht wird; die "keynesianische" Argumentation betont die Multiplikatoreffekte der Exportsteigerung für die binnenwirtschaftliche Produktion. Die empirische Evidenz in acht ausgewählten lateinamerikanischen Ländern während der Jahre 1985-92 deutet auf eine positive Korrelation zwischen den beiden Variablen Exportsteigerung und Wirtschaftswachstum hin, d.h. höhere Wachstumsraten der Ausfuhren können zu einer schnelleren Steigerung des BIP führen.

---

[10] Für eine detaillierte Aufgliederung vgl. CEPAL 1992.

Eine eindeutige Kausalität läßt sich für den positiven Zusammenhang zwischen dem Wachstum der Exporte und des BIP allerdings nicht bestimmen. So kann beispielsweise argumentiert werden, daß wirtschaftliches Wachstum und die damit einhergehenden Verbesserungen der Angebotsfähigkeiten eher zu einem beschleunigten Wachstum der Ausfuhren führen als umgekehrt (UNCTAD 1992:102). Meines Erachtens nach war im Falle Lateinamerikas während der achtziger Jahre makroökonomische Stabilität der Schlüsselfaktor für höhere Wachstumsraten des BIP und der Exporte, d.h., zunehmend stabilere makroökonomische Rahmenbedingungen führen zu höheren Wachstumsraten des gesamtwirtschaftlichen Produktionsergebnisses und der Ausfuhren. Die relative Bedeutung der mikroökonomischen Marktsignale vermindert sich unter turbulenten makroökonomischen Rahmenbedingungen (Helleiner 1992). In denjenigen lateinamerikanischen Ländern, in denen während der Jahre 1985-90 höhere (niedrigere) Inflationsraten registriert wurden, waren die Wachstumsraten des BIP und der Exporte während der Periode 1985-92 niedriger (höher)[11]; von dieser allgemeinen Regel gibt es Ausnahmen, wie beispielsweise Bolivien, wo BIP und Ausfuhren nur langsam wuchsen, trotz der Erfolge bei der Inflationsbekämpfung.

Welche Faktoren haben auf der mikroökonomischen Ebene zu der Ausweitung der Exporte beigetragen? Die Effekte von zwei Variablen sollen berücksichtigt werden: das Ausmaß der realen Abwertung und die Senkung der Zolltarife, d.h. der Einfuhrliberalisierung. Die empirische Evidenz in acht lateinamerikanischen Ländern[12] deutet auf folgende Zusammenhänge hin:

(1) Die lateinamerikanischen Länder mit einer vergleichsweise niedrigeren Abwertung hatten eine geringere Wachstumsrate der Exporte als die Länder mit höheren Abwertungen; dies schließt jedoch nicht aus, daß ein Land auch bei hohen (realen) Abwertungen nur eine bescheidene Ausweitung seiner Ausfuhren erzielen kann.

(2) Es besteht kein eindeutiger Zusammenhang zwischen Struktur und Höhe der Importzölle sowie der Ausweitung der Gesamtexporte. Berücksichtigt man statt der Gesamtexporte nur die Ausfuhr verarbeiteter Produkte, dann wird ein gewisser Trend erkennbar: die lateinamerikanischen Länder mit relativ niedrigen Importzöllen zeigten höhere Wachstumsraten des Exports verarbeiteter Erzeugnisse. Wegen des geringen Anteils der Erzeugnisse der verarbeitenden Industrie an den lateinamerikanischen Gesamtausfuhren hat dieses Ergebnis jedoch nur begrenzte Aussagekraft.

---

[11] Unterschiedliche Referenzperioden für die Inflationsrate einerseits (1985-90) und für die Wachstumsraten des BIP und der Ausfuhren andererseits (1985-92) wurden unter der Annahme gewählt, daß der produktive Sektor mit einer gewissen zeitlichen Verzögerung auf das Erreichen makroökonomischer Stabilität reagiert.

[12] Argentinien, Bolivien, Brasilien, Chile, Kolumbien, Peru, Mexiko, Venezuela.

III. Lateinamerika in der Weltwirtschaft [13]

Die internationale Wettbewerbsfähigkeit eines Landes kann von der Zugehörigkeit zu einem bestimmten Handelsblock abhängig sein. In Lateinamerika herrscht große Besorgnis, daß die Region von den neuen Wirtschaftsblöcken ausgeschlossen bleiben könne, die sich in nächster Zukunft formieren.

1. Lateinamerikas Handelsbeziehungen

Während der neunziger Jahre sind die Absatzmärkte der lateinamerikanischen Exporte weitgehend identisch mit denjenigen der sechziger Jahre. 1960 machten die Warenlieferungen in die USA und Kanada 45% der lateinamerikanischen Gesamtausfuhren aus, ein Anteil, der 1970 und 1980 auf unter 34% fiel, um in den neunziger Jahren wieder auf über 44% anzusteigen. Die Ausfuhren Lateinamerikas in die EG stiegen von 18% (1960) auf fast 32% (1970), und fielen dann wieder auf 23% (1990) der Gesamtexporte; die intraregionalen Exporte Lateinamerikas betrugen 1960 lediglich 8%, stiegen auf über 17% in den Jahren 1970 und 1980, und fielen in den frühen neunziger Jahren wieder auf 12%; nach Japan und Südostasien[14] gingen 1960 etwa 3% der lateinamerikanischen Ausfuhren, 1990 fast 9%.

Die regionale Lieferstruktur der lateinamerikanischen Einfuhren entspricht weitgehend der regionalen Absatzstruktur der Ausfuhren. Allerdings gab es während der achtziger Jahre einige bemerkenswerte Veränderungen; zum einen stieg die Bedeutung der intraregionalen Importe (über 15% der lateinamerikanischen Gesamteinfuhren) sowie der Importe aus Japan und Südostasien (1990 über 13% der Gesamteinfuhren).

Die Entwicklung der regionalen Liefer- und Absatzstrukturen weist darauf hin, daß der nordamerikanische Markt (USA und Kanada) seine frühere Bedeutung wiedergewonnen hat. In absoluten und relativen Größen entspricht der nordamerikanische Markt den zusammengefaßten Märkten der EG, Lateinamerikas sowie Japans und Südostasiens. Allerdings ist die Bedeutung der einzelnen Märkte für die lateinamerikanischen Länder ganz unterschiedlich. Über 75% der mexikanischen Exporte gehen in die USA; die drei anderen Staaten, für die der US-Markt die größte Bedeutung als Absatzgebiet hat, sind Venezuela (57,8%), Kolumbien (47,2%) und Ekuador (47,1%). Die vier Länder, die den MERCOSUR bilden (Argentinien, Brasilien, Paraguay und Uruguay), liefern hingegen weniger als 26% ihrer Ausfuhren in die USA; für Chile ist die Situation ähnlich.

---

[13] Ausführlich hierzu Meller 1992b.

[14] Taiwan, Südkorea, Hongkong, Singapur.

2. Lateinamerika in einer Welt der Wirtschaftsblöcke

Eine Welt der Wirtschaftsblöcke ist ein internationales Szenario, das für die späten neunziger Jahre charakteristisch sein könnte, und in dem Lateinamerika agieren müßte. Die Bildung eines Wirtschaftsblocks bedeutet, daß die Handelsschranken zwischen den Mitgliedsländern beseitigt werden. Auch wenn für Nicht-Mitgliedsländer keine neuen Handelsschranken errichtet werden, bringt der Abbau bestehender Barrieren die Mitgliedsländer in eine günstigere Position. Nicht-Mitgliedsländer haben größere Schwierigkeiten, Waren in einen Wirtschaftsblock zu exportieren, die mit den Produkten eines Mitgliedslandes konkurrieren. Andererseits kann die Gründung eines Wirtschaftsblocks das interne Wirtschaftswachstum beschleunigen und damit auch das Wachstum der Importnachfrage; für diejenigen Länder, die nichtkonkurrierende Güter in einen Wirtschaftsblock exportieren, bedeutet dies einen entsprechenden Zuwachs.

Die Einrichtung eines Wirtschaftsblocks stimuliert den Intrahandel; dies mag zu Lasten des Außenhandels mit Nicht-Mitgliedsländern gehen. In einer Welt der Wirtschaftsblöcke ergäbe sich das Dilemma, daß es zu einer verstärkten Integration oder zu einer größeren Fragmentierung des Welthandels käme. Ein Wirtschaftsblock verletzt das Prinzip der Nichtdiskriminierung zwischen den Ländern; darüber hinaus kann die relative Größe der Wirtschaftsblöcke ihnen erlauben, ihre Verhandlungsmacht zu einer Veränderung der *terms of trade* zu ihren Gunsten einzusetzen – eine Situation, die Vergeltungsmaßnahmen anderer Wirtschaftsblöcke herausfordern könnte. Ein Handelskrieg zwischen Wirtschaftsblöcken führt möglicherweise zu einer Situation, in der es keine Gewinner gibt, und in der die Entwicklungsländer (einschließlich Lateinamerikas) die Hauptverlierer wären.

Die empirische Evidenz zeigt einen systematischen Zuwachs der relativen Bedeutung des Intra-EG-Handels, der kürzlich die Marke von 60% der gesamten EG-Ausfuhren erreicht hat. Die Bildung der *North American Free Trade Agreement* (NAFTA) könnte als Antwort (oder Warnzeichen) der USA auf die Bildung der EG verstanden werden. Andererseits stellt sich die Frage, ob durch die Bildung von Wirtschaftsblöcken (EG und NAFTA) der Marktzutritt japanischer (und anderer asiatischer) Güter tatsächlich verhindert werden kann. Werden Japan und Südostasien mit der Schaffung eines eigenen Wirtschaftsblocks reagieren? Gibt es rationale Kriterien für die Art von Wirtschaftsblock, der gebildet werden sollte?

Parallel zu der Debatte über die Wirtschaftsblöcke besteht eine wirtschaftliche und politische Diskussion. In einer kommerziell integrierten Welt des Wettbewerbs bedeutet die Begünstigung nationaler Unternehmen durch ihre Regierungen die Schaffung eines Wettbewerbsvorteils gegenüber ausländischen Unternehmen; dies scheint gängige Praxis der europäischen und japanischen Regierungen zu sein. Die interne Debatte in den USA hat die passive Rolle der US-Regierung als Herausforderung verstanden; eine strategische Handelspolitik sei erforderlich, bei der die Regierung eine aktive Rolle übernehmen müsse, um den US-Unternehmen bessere Chancen im Wettbewerb mit japanischen und europäischen Unternehmen einzuräumen.

Das eigentliche Problem, das hinter der Debatte über die Wirtschaftsblöcke und strategische Handelspolitiken steht, ist die Frage, welche Länder im 21. Jahrhundert die Führung übernehmen werden; diese Frage wird jetzt, in den neunziger Jahren, beantwortet. Die Bildung von Wirtschaftsblöcken und eine strategische Handelspolitik könnten der Weg sein, um diese kontroverse Frage günstig zu entscheiden.

Welche Alternativen stehen Lateinamerika in diesem internationalen Umfeld zur Verfügung? Auf der einen Seite gibt es die lange gehegten Erwartungen auf eine lateinamerikanische Integration (d.h. die Errichtung einer lateinamerikanischen Wirtschaftsgemeinschaft à la EG), die bislang allerdings in erster Linie eine rhetorische Angelegenheit geblieben ist; der intraregionale Handel erreicht in Lateinamerika kaum über 12% der Gesamtausfuhren. Die außerregionalen Märkte bleiben für Lateinamerika weiterhin die wichtigsten Absatzgebiete (Vgl. hierzu den Beitrag von Albrecht von Gleich in diesem Band).

Eine neue Alternative ist die Enterprise for the Americas-Initiative, die auf eine lateinamerikanische Handelsintegration zusammen mit den USA und Kanada abzielt. Die Beteiligung und die aktive Rolle der USA könnten helfen, das zu erreichen, was bislang nicht möglich war. Dabei ist der bevorzugte Zugang zu dem nordamerikanischen Markt für Lateinamerika ein attraktiver Anreiz. Man muß allerdings sehen, daß diese Option für einige lateinamerikanische Länder wirtschaftlich vorteilhafter ist als für andere. Dies gilt beispielsweise für Mexiko; da Mexiko der NAFTA angehören wird, werden ausländische Direktinvestitionen vorzugsweise in dieses Land fließen, und Mexiko wird auch den Vorteil wahrnehmen können, das erste lateinamerikanische Mitgliedsland der NAFTA zu sein.

Auch wenn NAFTA und die mögliche Einbeziehung anderer lateinamerikanischer Staaten nicht das Allheilmittel für alle wirtschaftlichen Probleme sein kann, so würde doch jedes Land Lateinamerikas von dem Versuch profitieren, NAFTA beizutreten[15]. Ein kleines Land, das eine wirtschaftliche Integration mit einem größeren Land eingeht, sichert sich einen relativ höheren Wohlstandszuwachs als das größere Land. Der Beitritt eines lateinamerikanischen Landes zu NAFTA wirkt zudem auf Investoren als positives Signal hinsichtlich des Fortschritts und der Stabilität seiner wirtschaftlichen Reformen – ein Signal, das so ähnlich wirkt wie die Zustimmung des IWF zu dem makroökonomischen Programm eines Landes.

Die lateinamerikanischen Länder müssen jedoch auch andere Optionen prüfen. Kleinen asiatischen Staaten ist es gelungen, ihre Exporte auszuweiten, ohne einem Wirtschaftsblock anzugehören und ohne von einer Enterprise for the Americas-Initiative profitieren zu können. Dies läßt vermuten, daß die internationalen Rahmenbedingungen zwar wichtig sind, daß aber auch bestimmte interne Bedingungen erfüllt sein müssen, um einen Exportboom auszulösen. Auch wenn einem lateinamerikanischen Land der Beitritt zu NAFTA gelingt, ist dadurch nicht automatisch ein Zuwachs seiner Ausfuhren gewährleistet; erforderlich sind wirtschaftliche Akteu-

---

[15] Dieser Beitrag wäre vergleichbar einer Mitgliedschaft im IWF, in der Weltbank und im GATT.

re, die in der Lage sind, international wettbewerbsfähige Güter zu produzieren und zu exportieren.

Schließlich zeigt auch die Zunahme bilateraler und subregionaler Handelsabkommen in der jüngsten Zeit, daß eine neue, flexiblere und dynamische Option genutzt werden kann. Es gibt durchaus Unterschiede in der Exportpalette lateinamerikanischer Volkswirtschaften, je nachdem, ob es sich bei dem Abnehmermarkt um ein entwickeltes Land handelt oder um ein anderes Land Lateinamerikas; dies gilt in besonderem Maße für Chile, das hauptsächlich Rohstoffe in die Industrieländer ausführt und verarbeitete Produkte in die lateinamerikanischen Staaten. Geht man davon aus, daß Budgetrestriktionen bestehen (d.h., daß es unmöglich ist, alles zu tun, und zudem alles richtig), dann ist es notwendig, bestimmte bilaterale oder subregionale Handelsabkommen zu bevorzugen, während andere vernachlässigt werden müssen; dabei ist offensichtlich die Geographie die entscheidende Größe, die bestimmt, welche Handelsabkommen Priorität erhalten sollen. Im chilenischen und im argentinischen Falle scheint sich der private Wirtschaftssektor dieser Situation bewußt zu sein. Die privaten Investitionen chilenischer und argentinischer Anleger in dem jeweiligen Nachbarland haben sich deutlich erhöht; dies läßt für die Zukunft einen größeren Zuwachs des bilateralen Handels erwarten. Damit sich jedoch diese Ausweitung des Handels realisieren läßt, muß der Grenzzugang für beide Seiten erleichtert werden; die Überquerung der Anden sollte so kurz oder so lange dauern wie der Halt vor einer Ampel auf der *Calle Alameda* oder der *Calle 9 de Julio* (den beiden Hauptstraßen in Santiago de Chile und Buenos Aires). Hierfür sind Infrastrukturinvestitionen an den Landesgrenzen erforderlich sowie eine Vereinfachung oder Beseitigung der Bürokratie.

Wenn der Überland-Transport zwischen zwei benachbarten lateinamerikanischen Ländern teurer ist als See- oder Luftfracht in die USA oder nach Europa, dann ist dies ein Zeichen für tiefgreifende Verzerrungen. Zur Beseitigung dieser Verzerrungen sollten multilaterale Organisationen (IDB, Weltbank) günstige Mittel für Infrastrukturprojekte bereitstellen; diese könnten Teil eines speziellen Investitionsprogramms sein und/oder Teil eines sektoralen oder strukturellen Anpassungsprogramms, das die Deregulierung des (bilateralen und wechselseitigen) Land-, See- und Lufttransports beinhalten würde. Außerdem müßten die lateinamerikanischen Länder die bürokratischen Hemmnisse für den Landtransport von Menschen und Waren beseitigen; die Zoll- und Grenzkontrollstellen sollten das ganze Jahr über 24 Stunden lang ununterbrochen geöffnet sein.

Dies alles würde dazu beitragen, bessere Beziehungen zwischen den lateinamerikanischen Ländern herzustellen. Zu einer Zeit, in der Europa dabei ist, die zwischenstaatlichen Grenzen aufzuheben, ist es unlogisch, in Lateinamerika weiterhin über Grenzen zu debattieren und damit Ressourcen zu verschwenden und Spannungen zu schaffen – über Grenzlinien, die in hundert Jahren ohnehin wunderliche Relikte sein werden, die nur noch auf alten Landkarten zu finden sind.

IV. Schlußbemerkungen

Während der achtziger Jahre hat der Subkontinent einen tiefgehenden wirtschaftlichen Reformprozeß durchlaufen, so daß sich das Lateinamerika der neunziger Jahre grundlegend von dem der siebziger Jahre unterscheidet. Trotzdem herrscht immer noch das Bild der siebziger Jahre vor. Die Wirtschaftsreformen waren allerdings mit hohen sozialen Kosten verbunden. Das lateinamerikanische Pro-Kopf-Einkommen lag 1990 um fast 10% unter dem Niveau von 1980; dies hat dazu geführt, die achtziger Jahre in Lateinamerika als die "verlorene Dekade" zu bezeichnen. Aber die tiefe Krise hat – wie gezeigt wurde – Lateinamerika auch zu grundlegenden politischen Veränderungen veranlaßt.

Ein Ergebnis dieser politischen Reformen ist eine veränderte Haltung der politischen Akteure; makroökonomische Stabilität und Exportsteigerung haben höchste politische Priorität erhalten. Lateinamerika steigert seine Ausfuhren, und es zeigt internationale Wettbewerbsfähigkeit sowohl bei traditionellen Primärprodukten als auch bei neuen, nicht-traditionellen Ausfuhrgütern. Auch die lateinamerikanischen Exporte verarbeiteter Produkte beginnen zu wachsen, allerdings von einem recht niedrigem Niveau aus.

Nach einem überraschenden Stimmungsumschwung tritt Lateinamerika für Freihandel sowie Multilateralismus ein, und seine Hauptsorge ist derzeit, daß die entwickelten Länder durch den verstärkten Einsatz nicht-tarifärer Hemmnisse noch protektionistischer werden könnten. Mehr Handel statt Hilfe – das ist es, was Lateinamerika von der entwickelten Welt will.

Aus dem Englischen übersetzt von Marie-Louise Sangmeister-Plehn

Literatur:

CEPAL (Comisión Económica para América Latina y el Caribe) 1992:
La exportación de productos básicos no tradicionales de América Latina (= Documento 92-6-918), Santiago de Chile.

FANELLI, J.M/FRENKEL, R./ROZENWURCEL, G. 1990:
Growth and Structural Reform in Latin America. Where we Stand? (= Documento CEDES, 57), Buenos Aires.

HELLEINER, G. 1992:
Trade Policy and Industrialization in Turbulent Times, University of Toronto/WIDER Project (vervielfältigtes Manuskript).

KIGUEL, M./LIVIATAN, N. 1991:
Lessons from the Heterodox Stabilization Programs (= World Bank Working Papers, 671), Washington, D.C..

MELLER, P. 1992a:
Latin American Adjustment and Economic Reforms: Issues and Recent Experiences (= UNCTAD Discussion Papers, 53), New York.

MELLER, P. 1992b:
A Latin American Perspective of NAFTA. CIEPLAN, Santiago de Chile (vervielfältigtes Manuskript).

OCAMPO, J.A. (Hrsg.) 1987:
Planes inflacionarios recientes en la América Latina, in: El Trimestre Económico, Vol.LIV, Número Especial, Mexico D.F..

TAYLOR, L. 1991:
Varieties of Stabilization Experience, Oxford.

UNCTAD (United Nations Conference on Trade and Development) 1992:
Trade and development report 1992, New York.

WILLIAMSON, J. (Hrgs.) 1990:
Latin American adjustment. How much has happened?, Institute for International Economics, Washington, D.C.

WORLD BANK 1987:
World development report 1987, New York.

WORLD BANK 1991:
World development report 1991, New York.

Hartmut Sangmeister

Grundbedürfnisbefriedigung und soziale Sicherung in Lateinamerika

1. Wirtschaftskrise und Massenarmut

Nachdem die Volkswirtschaften Lateinamerikas während der sechziger und siebziger Jahre ein eindrucksvolles wirtschaftliches Wachstum erzielt hatten, konnte zu Beginn der achtziger Jahre durchaus mit einer gewißen Berechtigung davon ausgegangen werden, daß in allen Ländern der Region – vielleicht mit Ausnahme Haitis – die administrativen, personellen und finanziellen Voraussetzungen längst gegeben wären, um die absolute Armut zu beseitigen (Eßer 1982:176). Eine Bestandsaufnahme der Grundbedürfnisbefriedigung kam zur selben Zeit allerdings zu dem Ergebnis, daß in den meisten lateinamerikanischen Ländern beachtliche Defizite in der Versorgung der Bevölkerung mit den Gütern des Grundbedarfs fortbestünden, was (auch) einen gravierenden Mangel an Ernsthaftigkeit und Eigenanstrengungen der jeweiligen Regierungen belegte, die zur Beseitigung der Massenarmut erforderlichen strukturellen und institutionellen Voraussetzungen zu schaffen (Sangmeister 1984:22).

Inzwischen hat Lateinamerika eine *"década perdida"* hinter sich – die verlorene Dekade der achtziger Jahre. Die wirtschaftspolitischen Strukturanpassungsprogramme, die in vielen lateinamerikanischen Volkswirtschaften im Zuge der Verschuldungskrise in Gang gesetzt wurden, hatten erhebliche rezessive Effekte (die durch die konjunkturelle Schwäche der Weltwirtschaft in der ersten Hälfte der achtziger Jahre noch verstärkt wurden), so daß sich das Wachstum des Bruttoinlandsprodukts (BIP) in der Region deutlich verlangsamte, auf 1,6% p.a. im Durchschnitt der Jahre 1980-90 (vgl. Tabelle 1). Bei einem demographischen Wachstum von 2,1% p.a. bedeutete dies zeitweilig einen ausgeprägten Einkommensrückgang. Am Ende der *década perdida* lag das Bruttosozialprodukt (BSP) pro Kopf der Bevölkerung in mehreren Ländern der Region (in Chile, Costa Rica, in der Dominikanischen Republik, in Ekuador, Guatemala, Guyana, Honduras, Paraguay, Trinidad & Tobago, Uruguay und Venezuela) unter dem Niveau von 1980 (vgl. Tabelle 2). Im statistischen Durchschnitt erreichten die jährlichen (preisbereinigten) privaten Konsumausgaben zu Beginn der neunziger Jahre mit US$ 1.170 pro Kopf der lateinamerikanischen Bevölkerung lediglich noch rund 90% des Niveaus von 1980 (World Bank 1991b:13).

Tabelle 1: Bevölkerungswachstum und wirtschaftliche Entwicklung in Lateinamerika 1980-90

Land	Durchschnittliche jährliche Wachstumsrate		
	Bevölkerung 1980-90	BIP 1980-90	BSP pro Kopf 1980-90
Argentinien	1,3	-0,4	-1,8
Belize	2,8	5,3	2,5
Bolivien	2,5	-0,1	-2,6
Brasilien	2,2	2,7	0,6
Chile	1,7	3,2	-1,1
Costa Rica	2,4	3,0	0,6
Dominikan. Republik	2,2	2,1	-0,4
Equador	2,4	2,0	-0,8
El Salvador	1,4	0,9	-0,6
Guatemala	2,9	0,8	-2,1
Guyana	0,5	-3,3	-3,2
Haiti	1,9	-0,6	-2,3
Honduras	3,4	2,3	-1,2
Jamaica	1,3	1,6	-0,4
Kolumbien	2,0	3,7	1,1
Mexiko	2,0	1,0	-0,9
Nicaragua	3,4	-2,2	-5,6
Panama	2,1	0,2	-2,0
Paraguay	3,2	2,5	-1,3
Peru	2,3	-0,3	-2,0
Surinam	2,5	-0,9	-5,0
Trinidad & Tobago	1,3	-4,7	-6,0
Uruguay	0,6	0,3	-0,9
Venezuela	2,7	1,0	-2,0
LATEINAMERIKA	2,1w	1,6w	-0,5w

w Mit der Bevölkerungszahl gewogenes arithmetisches Mittel.

Quelle: World Bank 1991a, 1991b, 1992.

Obwohl die in Lateinamerika überwiegend präferierten gesamtwirtschaftlichen Wachstumsstrategien während einiger Dekaden durchaus als relativ "erfolgreich" gelten konnten, war Massenarmut für die meisten Länder der Region auch schon vor der Wirtschaftskrise der achtziger Jahre ein charakteristisches Merkmal. Nach Schätzungen der Weltbank lebte zu Beginn der achtziger Jahre jeder siebte Lateinamerikaner in absoluter Armut (World Bank 1980:90); Untersuchungen der UN-Wirtschaftskommission für Lateinamerika, die sich auf zehn Staaten bezogen, kamen zu dem Ergebnis, daß 1981 in diesen Ländern 35% der Bevölkerung (ca. 104 Millionen Menschen) unterhalb der Armutsgrenze lebten, davon allein in Brasilien ca. 52 Millionen und in Mexiko etwa 21 Millionen (Molina 1982:89).

Tabelle 2: Bevölkerung und Bruttosozialprodukt pro Kopf 1980 und 1990

Land	Bevölkerung in Mio.		Bruttosozialprodukt pro Kopf in US-$	
	1980	1990	1980	1990
Argentinien	28,24	32,29	1.970	2.370
Belize	0,14	0,19	1.170	1.990
Bolivien	5,58	7,17	490	630
Brasilien	121,29	150,37	2.060	2.680
Chile	11,15	13,17	2.100	1.940
Costa Rica	2,22	2,81	1.960	1.900
Dominikan. Republik	5,69	7,07	1.090	830
Equador	8,12	10,28	1.260	980
El Salvador	4,53	5,21	750	1.110
Guatemala	6,92	9,20	1.120	900
Guyana	0,76	0,80	720	330
Haiti	5,37	6,47	250	370
Honduras	3,66	5,11	640	590
Jamaica	2,13	2,42	1.130	1.500
Kolumbien	26,53	32,35	1.190	1.260
Mexiko	70,42	86,15	2.320	2.490
Nicaragua	2,77	3,85	650	840[a]
Panama	1,96	2,42	1.630	1.850
Paraguay	3,15	4,31	1.340	1.110
Peru	17,30	21,66	990	1.160
Surinam	0,35	0,45	2.420	3.050
Trinidad & Tobago	1,08	1,24	4.610	3.610
Uruguay	2,91	3,09	2.710	2.560
Venezuela	15,02	19,74	4.070	2.560
LATEINAMERIKA	**347,29w**	**427,82w**	**1.920w**	**2.180w**

a) Schätzwert.
w Mit der Bevölkerungszahl gewogenes arithmetisches Mittel.

Quelle: IBEROSTAT 1992; World Bank 1992a.

Die wirtschaftliche Dauerkrise der achtziger Jahre hat die Massenarmut in Lateinamerika weiter anwachsen lassen. Ein drastisches Beispiel ist Mexiko, wo der Anteil der Armen, der 1970 bei 34% der Gesamtbevölkerung gelegen hatte, zu Beginn der achtziger Jahre auf 29% abgesunken war, um im Zuge der rigiden Strukturanpassungspolitik bis 1986 auf 51% hochzuschnellen (Cardoso/Helwege 1992:230). In mehreren Staaten Lateinamerikas stellen die Armen über ein Viertel der Gesamtbevölkerung und teilweise sogar die Bevölkerungsmehrheit (z.b. 35% in Paraguay, 44% in der Dominikanischen Republik, 51% in Ekuador, 71% in Guatemala, 76% in Haiti). Von der ländlichen Bevölkerung Boliviens (ca. 3,7 Millionen) gelten 80% als arm, in Honduras leben 84% der 1,9 Millionen Armen auf dem Lande (UNDP 1992:-160f.). In Peru leben nach Angaben des UN-Kinderhilfswerks UNICEF 13 Millionen der 21 Millionen Einwohner in "extremer Armut"; etwa ein Viertel der Kinder in den Städten und die Hälfte der Kinder auf dem Lande, insgesamt rund 1 Million, leiden unter chronischer Unterernährung (vgl. Süddeutsche Zeitung Nr.32 vom 9.02.1993).

Die Weltbank rechnet, daß 1990 etwa 108 Millionen Lateinamerikaner unterhalb der Armutsgrenze eines jährlichen Einkommens von US$ 420 (ausgedrückt in Kaufkraftparitäten von 1985) lebten; dies bedeutet gegenüber 1985 einen Zuwachs von 21 Millionen (World Bank 1992b:30). Andere Untersuchungen kamen zu dem Ergebnis, daß Mitte der achtziger Jahre etwa jeder fünfte Lateinamerikaner mit einem Einkommen unterhalb der "oberen" Armutslinie von US$ 31 je Monat auskommen mußte und jeder achte sogar mit einem Einkommen unterhalb der "unteren" Armutslinie von US$ 23 pro Monat (Ravallion/Datt/van de Walle 1991:354).

2. Messung der Grundbedürfnisbefriedigung

Eine einkommensorientierte Messung von Armut vermag zwar Kaufkraftdefizite aufzuzeigen, läßt aber nicht erkennen, welche materiellen und nicht-materiellen Bedürfnisse mit einem Einkommen tatsächlich befriedigt werden (können), das über oder unter einer bestimmten "Armutsgrenze" liegt. Zwar ist es prinzipiell möglich, ein Güterbündel des Grundbedarfs mit Preisen zu bewerten und daraus ein "Grundbedürfnis-Einkommen" als Zielgröße für Individuen oder Haushalte zu kalkulieren; aber auch ein solches "Mindesteinkommen" gewährleistet den Beziehern nicht die Befriedigung ihrer Grundbedürfnisse, wenn diese durch Marktunvollkommenheiten oder soziale Partizipationsschranken am Zugang zu Produktionsfaktoren, Waren und Dienstleistungen gehindert werden. Die Aussagefähigkeit einer einkommensorientierten Messung von Armut wird bei drei- bis vierstelligen Inflationsraten, wie sie in mehreren lateinamerikanischen Volkswirtschaften während der achtziger Jahre gegeben waren, zusätzlich beeinträchtigt.

Eine Alternative zu der einkommensorientierten Messung von Armut stellt die Beschreibung zielgruppenspezifischer Defizite der (materiellen) Grundbedürfnisbefriedigung mit Hilfe sozialer Indikatoren dar. Entsprechend der Definition der *International Labour Organization* (ILO), die Mitte der siebziger Jahre das Konzept grundbedürfnisorientierter Entwicklungsstrategien exemplarisch formulierte, umfaßt die Befriedigung von Grundbedürfnissen zwei wesentliche Komponenten (ILO 1976:31ff.):

1. Eine Mindestausstattung mit Gütern des privaten Verbrauchs, vor allem angemessene Ernährung, Kleidung und Wohnung sowie bestimmte Haushaltsgeräte und Möbel;
2. den Zugang zu grundlegenden öffentliche Dienstleistungen, wie Trinkwasserversorgung, sanitäre Anlagen, Transport, Gesundheitsdienste und Erziehung.

Darüberhinaus wird politische Partizipation als (immaterielles) Grundbedürfnis verstanden.

Grundbedürfnisbefriedigung bedeutet also in einem umfassenden Sinne das Vorhandensein körperlichen, sozialen und mentalen Wohlbefindens in einer lebenswerten Umwelt, und dies wiederum verstanden als Voraussetzung für Selbstverantwortlichkeit und Partizipationsfähigkeit der Menschen.

Zielgruppen des Grundbedürfniskonzeptes sind diejenigen Personen(-gruppen) einer Bevölkerung, deren individueller und/oder gruppenspezifischer Konsum privater und/oder öffentlicher Grundbedarfsgüter einen absoluten oder relativen Standard nicht erreicht.

Grundbedürfnisse wie Gesundheit, Ernährung, Bildung, politische Partizipation etc. sind komplexe theoretische Konstrukte, die als solche nicht direkt beobachtbar oder meßbar sind. Um die theoretischen Konstrukte empirisch erfassen und quantifizieren zu können, ist ihre Operationalisierung erforderlich. Diese Operationalisierung der theoretischen Konstrukte erfolgt mittels adäquater Indikatoren, welche durch geeignete Daten gemessen werden können. Inwieweit verschiedene mögliche Indikatoren den Bedeutungsinhalt der einzelnen Grundbedürfnisbereiche adäquat widerspiegeln – oder zumindest als jeweils beste verfügbare Näherungsgrößen gelten können –, ist in der Literatur ausführlich dokumentiert (z.B. Hicks/Streeten 1979, Sangmeister 1983, United Nations 1989, Nohlen/Nuscheler 1992).

Abbildung 1 zeigt ein einfaches Indikatorenmodell für die vier materiellen Grundbedürfnisbereiche Ernährung, sanitäre Versorgung, (Aus-)Bildung und Gesundheit; dieses Modell enthält ein Set von Indikatoren, mit deren Hilfe sich ein "minimales Makrodesign" der Grundbedürfnisbefriedigung beschreiben und analysieren läßt (vgl. Abel/Sangmeister 1986). Dieses Indikatorenmodell ist vorrangig für eine statisch-komparative Beschreibung und Analyse der Grundbedürfnisbefriedigung großer Bevölkerungsgruppen ganzer Länder oder Regionen konzipiert. Dabei ist allerdings zu berücksichtigen, daß nicht Nationen oder Bevölkerungsgruppen unter Defiziten der Grundbedürfnisbefriedigung leiden, sondern Individuen; aber die individuelle Perzeption von Armut und gesellschaftlicher Deprivation wird entscheidend (mit-)bestimmt von dem kollektiven Versorgungsstandard und von dem Wertesystem, an dem sich der Einzelne orientiert.

Als zentrale Indikatoren dienen in dem Modell zur Messung der materiellen Grundbedürfnisbefriedigung die Säuglingssterblichkeitsziffer (I_1), die Lebenserwartung bei der Geburt (I_2) sowie die Alphabetisierungsquote (I_3); diese drei Indikatoren sind einerseits Output-Größen der Grundbedürfnisbereiche Bildung, Ernährung und sanitäre Versorgung, andererseits Input-Größen des Grundbedürfnisbereichs Gesundheit. Die Indikatoren des Modells haben unterschiedliche Informationsstrukturen. Die Indikatoren des Pro-Kopf-Typs (z.B. I_6, I_{10}) sind in ihrer Aussage "verteilungsneutral", d.h., sie lassen nicht erkennen, inwieweit Individuen oder bestimmte Bevölkerungsgruppen (z.B. Frauen, Kinder) an der Versorgung mit Grundbedarfsgütern beteiligt sind; bei diesen Indikatoren kann der nationale Durchschnittswert zu unangemessenen Interpretationen führen, sofern einzelne Bevölkerungsgruppen bei der Versorgung mit Grundbedarfsgütern systematisch benachteiligt werden. Bei den "zweiwertigen" Indikatoren (z.B. I_3, I_4, I_8) vermittelt die Angabe des jeweiligen Indikatorenwertes gleichzeitig auch die korrespondierende Information über den Anteil der Bevölkerung der nicht an dem Grundbedarfsgut partizipiert, also z.B. der Bevölkerungsteil, der nicht eingeschult oder nicht alphabetisiert ist. Unabhängig von der distributiven Informationsstruktur des jeweiligen Indikators haben nationale Durchschnittswerte den wesentlichen Nachteil, daß sie regionale Disparitäten der Grundbedürfnisbefriedigung innerhalb eines Landes nicht erkennen lassen.

Abbildung 1: Indikatormodell für vier Grundbedürfnis-Bereiche

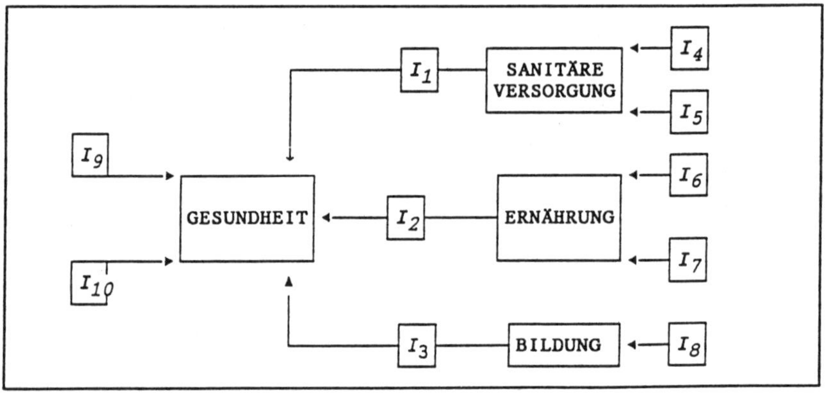

I_1 = Säuglingssterblichkeitsziffer
I_2 = Lebenserwartung bei der Geburt
I_3 = Alphabetisierungsquote
I_4 = Urbanisierungsgrad
I_5 = Trinkwasserversorgung
I_6 = Nahrungsmittelproduktion pro Kopf
I_7 = Tägliches Kalorienangebot pro Kopf in % des Mindestbedarfs
I_8 = Einschulungsquote Grundschule
I_9 = Einwohner je Arzt
I_{10} = Bruttosozialprodukt pro Kopf

Unter Berücksichtigung der Verzerrungs- und Täuschungseffekte nationaler Durchschnittswerte lassen sich aus dem verfügbaren Datenmaterial, trotz der recht engen

Grenzen seiner Aussagefähigkeit, dennoch einige nützliche Erkenntnisse über Ausmaß bzw. Defizite der materiellen Grundbedürfnisbefriedigung in den lateinamerikanischen Ländern gewinnen; vergleicht man die grundbedürfnisrelevanten Daten am Ende der achtziger Jahre mit den entsprechenden Ergebnissen der Vordekade (Sangmeister 1984), dann wird erkennbar, inwieweit das zurückliegende Jahrzehnt tatsächlich eine "verlorene Dekade" war.

3. Dimensionen der Grundbedürfnisbefriedigung in Lateinamerika

Für Lateinamerika als Makroregion zeigen die nationalen Durchschnittswerte der grundbedürfnisrelevanten Indikatoren im Jahre 1990 insgesamt eine stetige Verbesserung der materiellen Grundbedürfnisbefriedigung gegenüber 1970 und 1980 an. Deutliche Fortschritte in den Bereichen Ernährung, sanitäre Versorgung, Ausbildung und Gesundheit sind also auch während des "Krisenjahrzehnts" 1980-90 erzielt worden (vgl. Tabelle 3). Die Säuglingssterblichkeitsziffer ist im Verlaufe der achtziger Jahre um rund 20 Todesfälle je 1000 Lebendgeburten gesunken, gegenüber einem Rückgang um nur 10 Todesfällen je 1000 Lebendgeburten während der Vordekade. Allerdings betrug die Säuglingssterblichkeit zu Beginn der neunziger Jahre im lateinamerikanischen Durchschnitt noch immer mehr als das Sechsfache des Standards, der in den OECD-Ländern gegeben ist (für alle Daten der OECD-Länder vgl. World Bank 1992b).

Die im Vergleich zu den westlichen Industrieländern nach wie vor relativ hohe Säuglingssterblichkeit in Lateinamerika trägt mit dazu bei, daß die Lebenserwartung eines Lateinamerikaners bei seiner Geburt mit 65 Jahren um 9 Jahre niedriger ist als die eines Bürgers der OECD-Staaten; die durchschnittliche Lebenserwartung einer Lateinamerikanerin beträgt bei der Geburt 71 Jahre und liegt damit ebenfalls um 9 Jahre unter dem entsprechenden OECD-Standard. Während der achtziger Jahre stieg die durchschnittliche Lebenserwartung in Lateinamerika um 5 Jahre an, ein Zuwachs, der deutlich ausgeprägter war als während der Vordekade (+ 2 Jahre). *But a longer life may not be a better one ...*

Als ein wesentlicher Faktor, der zu dem Rückgang der Säuglingsmortalität und zur Verlängerung der Lebenserwartung beigetragen hat, gilt die Verbesserung der Wasserversorgung und -entsorgung. Insgesamt wurden im Bereich der sanitären Infrastruktur während der achtziger Jahre deutlich größere Zuwächse erzielt als in dem Jahrzehnt zuvor. 1970 war nur für etwa die Hälfte der lateinamerikanischen Bevölkerung eine unbedenkliche Trinkwasserversorgung gewährleistet, während zu Beginn der neunziger Jahre fast 80 von Hundert Lateinamerikanern innerhalb akzeptabler Entfernungen und mit vertretbarem Zeitaufwand Zugang zu einwandfreiem Wasser hatten. Erhebliche Defizite bestehen nach wie vor in der sanitären Entsorgung; Ende der achtziger Jahre war nur für 65% der Lateinamerikaner eine sachgerechte Entsorgung von Brauchwasser und Fäkalien vorhanden (UNDP 1992: 178). Die Maßnahmen zur Verbesserung der sanitären Infrastruktur konnten in vielen Ländern der Region mit dem unkontrollierten Wachstum der urbanen Siedlungskonzentrationen kaum Schritt halten, in denen das Riskio von Erkrankungen und die Häufigkeit von Krankheitsübertragungen infolge nicht sachgerechter Wasserversorgung und -entsorgung tendenziell steigt. Daß die Cholera in einer Reihe südamerikanischer Staaten während der achtziger Jahren wieder endemisch geworden ist, und die Inzidenzraten auch bei anderen durch Wasser übertragene Krankheiten relativ hoch sind, vor allem bei der Bevölkerung mit niedrigem Einkommen, weist auf erhebliche Defizite der sanitären Infrastuktur hin, die auch nach den beachtlichen Fortschritten der zurückliegenden Dekade noch bestehen.

Im Ernährungsbereich zeigt der Index der Nahrungsmittelproduktion, daß das Angebot an Nahrungsmitteln pro Kopf und Tag zwischen 1980 und 1990 um 7 Prozentpunkte ausgeweitet wurde. Im lateinamerikanischen Durchschnitt stand Ende der achtziger Jahre ein tägliches Angbot *per capita* von 2720 Kalorien) zur Verfügung; dies bedeutete gegenüber dem OECD-Niveau von Kalorien pro Kopf und Tag ein Minus von knapp 700 Kalorien pro Kopf/Tag, während die "Kalorienlücke" Lateinamerikas gegenüber den westlichen Industrieländern Ende der sechziger Jahre täglich knapp 650 Kalorien pro Einwohner betragen hatte. Immerhin gelang es im lateinamerikanischen Durchschnitt, das Kalorienangebot pro Kopf und Tag von 111% der Mindestbedarfsnorm im Jahre 1980 auf 116% im Jahre 1990 zu steigern. Allerdings kann dieser Zuwachs nicht ohne weiteres mit einem entsprechenden Abbau von Unterernährung gleichgesetzt werden; denn angesichts der bestehenden Einkommensungleichverteilung muß das tägliche Pro-Kopf-Kalorienangebot im Landesdurchschnitt 110-125% der Bedarfsnorm erreichen, wenn der Mindestverbrauch auch für die untersten Einkommensklassen gesichert sein soll (Sangmeister 1984:17).

Für das Bildungswesen wenden die lateinamerikanischen Staaten durchschnittlich weniger als ein Fünftel der gesamten öffentlichen Ausgaben auf, das entspricht etwa 3,5% ihres BSP (1960: 2,1%); in den OECD-Ländern erreichten die öffentlichen Bildungsausgaben zu Beginn der sechziger Jahre 4,6% und 1986 über 6% des BIP (UNDP 1992:189). Angesichts der vergleichsweise niedrigen Investitionen in die Humankapitalbildung kann es nicht überraschen, daß die bildungsrelevanten Indikatoren - Alphabetisierungsquote und Einschulungsquote - nach wie vor auf erhebliche Defizite im lateinamerikanischen (Aus-)Bildungssektor hindeuten. Allerdings ist der Aussagegehalt von (Brutto-)Einschulungsquoten relativ begrenzt; auch eine Einschulungsquote von 100% besagt nicht notwendigerweise, daß alle Kinder im schulpflichtigen Alter Zugang zu dem Primarschulsystem haben und sie läßt nicht erkennen, wieviele der Eingeschulten über das 1.Schuljahr hinauskommen. So erreichten beispielsweise in Mexiko – bei einer Bruttoeinschulungsquote von 108% – von den 1985 eingeschulten Jungen 94% das Ende des vierten Schuljahres, von den Mädchen aber nur 73% (World Bank 1992b:281).

Die in zahlreichen Ländern Lateinamerikas registrierten Bruttoeinschulungsquoten von über 100% sind u.a. das Ergebnis hoher Reprobationsraten; für Brasilien – und ähnlich wohl auch für andere lateinamerikanische Länder – läßt sich zeigen, daß die Reprobationsraten bei Kindern aus sozioökonomisch benachteiligten Bevölkerungsgruppen signifikant höher sind als bei anderen Schülergruppen (Freitag 1991:89). Besonders benachteiligt innerhalb der formalen Bildungssysteme Lateinamerikas sind Kinder armer Eltern, die auf dem Lande wohnen. Untersuchungen im ländlichen Nordosten Brasiliens ergaben für die siebziger Jahre, daß in den Familien der untersten Einkommensklasse, die 63% der ländlichen Bevölkerung stellten, 81% der Kinder im schulpflichtigen Alter (6-14 Jahre) lebten; von diesen Kindern besuchten aber nur 29% die Schule, gegenüber 71% der schulpflichtigen Kinder aus den ärmsten Familien in den Städten des brasilianischen Südostens (Birdsall 1982:7). Eine kärgliche Ausstattung der (öffentlichen) Schulen, mangelhafte Ernährung, ein prekärer Gesundheitszustand und fehlende häusliche Betreuung tragen dazu bei, daß Kinder aus armen Familien die Schule häufig vorzeitig verlassen bzw. Klassen wiederholen müssen. In den städtischen Gebieten sind die Einschulungsquoten meist deutlich höher als auf dem Lande. Dort ist Kinderarbeit noch verbreiteter, die Zugangsmöglichkeiten zur Schule sind schwieriger, und es herrschen besonders unzureichende Unterrrichtsbedingungen, da es an der erforderlichen materiellen Grundausstattung der Schulen mangelt und die Lehrer häufig selber nur über eine Primarschulausbildung verfügen. So zählt beispielsweise in Argentinien ein erheblicher Teil der Grundschullehrer mit einem Monatsverdienst von umgerechnet ca. DM 300 zu den Armen des Landes (vgl. Süddeutsche Zeitung Nr.80 vom 6.04.-1993).

Bemerkenswerterweise ist die weibliche Einschulungsquote in der Mehrzahl der lateinamerikanischen Staaten – anders als in vielen Entwicklungsländern Afrikas und Asiens – genauso hoch oder nur unwesentlich niedriger als die männliche Einschulungsquote. Noch Ende der siebziger Jahre deuteten Differenzen zwischen den geschlechtsspezifischen Einschulungsquoten in Höhe von 7 bis 12 Prozentpunkten in Ländern wie Bolivien, Guatemala, Haiti und Honduras auf eine systematische Benachteiligung der Mädchen hinsichtlich des Zugangs zu einer Primarschulbildung hin; dieser Abstand zwischen männlichen und weiblichen Einschulungsquoten hat sich inzwischen wesentlich verringert oder ist sogar völlig beseitigt. Im lateinamerikanischen Durchschnitt erreichen die weiblichen Einschulungsquoten im Primarschulbereich 99% des männlichen Vergleichswertes, im sekundären Bildungsbereich 98%, auf der Ebene der tertiären Bildung 92% (UNDP 1992:177).

Mit einer Alphabetisierungsquote der erwachsenen Bevölkerung von 84% (Frauen: 81%) im Jahre 1990 ist Lateinamerika noch immer erheblich von dem durchschnittlichen OECD-Standard (96%) entfernt; allerdings zeigt auch in diesem Bereich die Statistik eine deutliche Verbesserung gegenüber 1980 an, als lediglich 78% Erwachsene mit Lese- und Schreibkenntnissen registriert worden waren. Die statistischen Angaben zur Alphabetisierung sollten jedoch zurückhaltend interpretiert werden, da ihnen in verschiedenen Ländern teilweise eine recht "großzügige" Definition des zu messenden Tatbestandes zugrunde liegt.

Tabelle 3: Indikatoren der materiellen Grundbedürfnisbefriedigung in Lateinamerika 1970-90

Indikator	1970	1975	Jahr 1980	1985	1990
Säuglingssterblichkeitsziffer[a]	83,4	78,1	72,7	63,2	51,7
Lebenserwartung bei der Geburt[b] (in Jahren)	60,5	61,6	62,6	64,5	67,4
Alphabetisierungsquote[c] (in %)	74	74	78	83	84
Urbanisierungsgrad[d] (in %)	57,3	61,1	64,9	65,4	72,0
Trinkwasserversorgung der Bevölkerung[e] (in %)	54	56	58	73	79
Nahrungsmittelproduktion pro Kopf (1979/81=100)	90	93	99	101	106
Kalorienangebot pro Kopf/Tag in % des Mindestbedarfs[f]	106	107	111	113	116
Einschulungsquote Grundschule[g] (in %)	98[h]	..	106	108	107
Einwohner je Arzt	2029	..	1804	930	..
Säuglingsimpfquote[i] (in %)	..	..	52	..	77
Bruttosozialprodukt pro Kopf (in US-$)	590	1120	1920	1730	2180

a) Anzahl der Säuglinge, die je 1000 Lebendgeburten pro Jahr vor Vollendung des ersten Lebensjahres sterben.
b) Anzahl der Jahre, die ein Neugeborenes leben würde, wenn es während seines ganzen Lebens den gleichen altersspezifischen Sterblichkeitsrisiken ausgesetzt wäre, wie sie zum Zeitpunkt seiner Geburt im Querschnitt der Bevölkerung vorherrschen.
c) Prozentualer Anteil der Bevölkerung im Alter von (in der Regel) 15 Jahren und darüber mit Lese- und Schreibkenntnissen an der Gesamtbevölkerung dieser Altersklasse.
d) Prozentualer Anteil der städtischen Bevölkerung an der Gesamtbevölkerung.
e) Prozentualer Anteil der Bevölkerung mit angemessenem Zugang zu unbedenklichem Trinkwasser; Trinkwasserversorgung gilt als gegeben, wenn innerhalb der Städte in akzeptabler Entfernung (200 Meter) und auf dem Lande mit vertretbarem Zeitaufwand Zugang zu einer unbedenklichen Wasserversorgung besteht, die gereinigtes Oberflächenwasser oder ungereinigtes, aber unverseuchtes Wasser - etwa aus Bohrlöchern, Quellen und Leitungsanschlüssen - einschließt.
f) Kaloriengegenwert des Nahrungsmittelangebots dividiert durch die Bevölkerungszahl. Für Lateinamerika wird die Mindestbedarfsnorm von 2380 Kalorien pro Kopf und Tag zugrunde gelegt; dieser Mindestbedarf wird als erforderlich erachtet, um ein normales Niveau der wirtschaftlichen Aktivität und Gesundheit in der Bevölkerung aufrechtzuerhalten, unter Berücksichtigung der demographischen Alters- und Geschlechtsstruktur, des durchschnittlichen Körpergewichts sowie des landesspezifischen Klimas.
g) Gesamtzahl der Grundschüler aller Altersstufen in % der Bevölkerung im Grundschulalter (in der Regel 6-11 Jahre); diese Bruttoeinschulungsquote kann in Ländern mit hohen Wiederholungsquoten den Wert 100 übersteigen.
h) 1965.
i) Anteil der Säuglinge im Alter bis zu einem Jahr, die von der Vierfachimpfung des *Universal Child Immunization Programme* erfaßt werden.
.. Nicht verfügbar

Quelle: CEPAL 1991, 1992; Sangmeister 1984; World Bank 1989, 1990, 1991b.

Tabelle 4: Korrelation zwischen Wirtschaftswachstum, Bevölkerungswachstum und sozialen Indikatoren in Lateinamerika

Indikator[a]	Durchschnittl. jährliche Wachstumsrate	
	BIP 1980-90	Bevölkerung 1980-90
	Korrelationskoeffizienten[b]	
Säuglingssterblichkeitsziffer 1990	-0,13	0,31
Lebenserwartung bei der Geburt 1990	0,21	-0,24
Alphabetisierungsquote 1990	0,002	-0,36
Urbanisierungsgrad 1990	0,11	-0,21
Trinkwasserversorgung 1990	-0,04	-0,27
Nahrungsmittelproduktion pro Kopf 1988-90	0,51	-0,09
Tägliches Kalorienangebot pro Kopf in % des Mindestbedarfs 1989-90	0,09	-0,16
Netto-Einschulungsquote Grundschule 1990[c]	0,03	-0,26
Bruttosozialprodukt pro Kopf 1990	-0,09	-0,23

a) Indikatorendefinition gemäß Tabelle 3.
b) Pearsonsche Korrelationskoeffizienten für den Zusammenhang zwischen den 24 Länderwerten der Indikatoren und der Wachstumsraten.
c) Gesamtzahl der Grundschüler im Primarschulalter (in der Regel 6-11 Jahre) in% der Gesamtbevölkerung dieser Altersgruppe.

Die ärztliche Versorgung der Bevölkerung ist in den meisten Ländern Lateinamerikas noch weit von dem Standard der westlichen Industrieländer entfernt. Die staatlichen Gesundheitsausgaben betragen in Lateinamerika mit (1987) 1,8% des BIP weniger als ein Fünftel der öffentlichen Ausgaben, die in den OECD-Ländern für das Gesundheitssystem aufgewendet werden. Den statistischen Angaben zufolge sollen Gesundheitsdienste für knapp 90% der städtischen Bevölkerung Lateinamerikas innerhalb einer Stunde zu Fuß oder mit den örtlichen Transportmitteln erreichbar sein, aber lediglich für 45% der Menschen, die auf dem Lande wohnen (UNDP 1992:177). Mitte der achtziger Jahre entfielen im lateinamerikanischen Durchschnitt auf jeden Arzt mehr als doppelt soviele Einwohner wie in den OECD-Staaten; lediglich in Argentinien und Uruguay entsprach die Arztdichte dem OECD-Vergleichswert. Für die medizinische Versorgung der Bevölkerung ist allerdings nicht allein die Zahl der Ärzte und des medizinischen Hilfspersonals entscheidend, sondern auch die Funktionsweise des Gesundheitssystems. Charakteristisch für lateinamerikanische Gesundheitssysteme ist die starke Dominanz kurativer gegenüber präventiver Maßnahmen sowie die Konzentration von medizinischen Einrichtungen und Personal in den großen Städten. Ein Indiz für die allmähliche Verstärkung vorbeugender und vorsorgender Gesundheitsmaßnahmen ist die deutliche Erhöhung der lateinamerikanischen Säuglingsimpfquote (d.h. des prozentualen Anteils der Säuglinge im Alter bis zu einem Jahr, die von der Vierfachimpfung des *Universal Child Immunization* Programme erfaßt werden) auf 77% in den Jahren 1989-90, gegenüber lediglich 52% zu Beginn der achtziger Jahre (UNDP 1992:177).

Trotz der schweren Wirtschaftskrise der achtziger Jahre zeigen die hier verwendeten sozialen Indikatoren für Lateinamerika insgesamt eine Verbesserung der materiellen Grundbedürfnisbefriedigung während der zurückliegenden Dekade. Dieser Befund bedeutet, daß soziale Fortschritte auch ohne hohes wirtschaftliches Wachstum möglich sind, wie umgekehrt ausgeprägte Wachstumsraten des Sozialprodukts keine Garantie für Verbesserungen der sozialen Indikatoren darstellen. Die Korrelationsanalyse zeigt keinen signifikanten (linearen) Zusammenhang zwischen der wirtschaftlichen Wachstumsdynamik der achtziger Jahre (gemessen durch die durchschnittliche jährliche Wachstumsrate des BIP 1980-90) und dem Niveau, das die grundbedürfnisrelevanten Indikatoren (gemäß Abbildung 1) in den 24 untersuchten lateinamerikanischen Ländern am Ende dieser Dekade erreicht hatten; der höchste Wert ergibt sich für den Pearsonschen Korrelationskoeffizienten mit lediglich 0,51 für den Zusammenhang zwischen Wachstumsrate des BIP p.a und dem Index der Nahrungsmittelproduktion *per capita* (vgl. Tabelle 4). Auch zwischen demographischem Wachstum (gemessen durch die durchschnittliche jährliche Wachstumsrate der Bevölkerung 1980-90) und den 1990 erreichten Standards der sozialen Indikatoren sind die Korrelationskoeffizienten statistisch nicht hinreichend aussagefähig. Die verfügbare empirische Evidenz deutet zumindest darauf hin, daß wirtschaftliches Wachstum auf breiter Basis zwar notwendig ist, um das (Geld-)Einkommen der Armen zu verbessern, aber Defizite der materiellen Grundbedürfnisbefriedigung können auch in Zeiten der Rezession mittels einer sachgerechten, zielgruppenorientierten Politik abgebaut werden (World Bank 1990:51). Eine simple Kausalrelation zwischen Wirtschaftskrise und sozialen Mißständen in Lateinamerika reicht als Erklärung nicht aus.

Wenn die nationalen Durchschnittswerte wichtiger sozialer Indikatoren *relative* Fortschritte während der achtziger Jahre signalisieren, so darf dabei nicht übersehen werden, daß das *absolute* Ausmaß von Armut und Defiziten der Grundbedürfnisbefriedigung in Lateinamerika nach wie vor alarmierende Größenordnungen erreicht. Die statistische Buchhaltung der lateinamerikanischen Armut registrierte zu Beginn der neunziger Jahre:

- mehr als 70 Millionen erwachsene Analphabeten;
- etwa 18 Millionen Kinder im schulpflichtigen Alter, die keine Schule besuchen;
- mindestens 95 Millionen Lateinamerikaner ohne angemessenen Zugang zu unbedenklichem Trinkwasser;
- etwa 18 Millionen Kinder im schulpflichtigen Alter, die keine Schule besuchen;
- mindestens 95 Millionen Lateinamerikaner ohne angemessenen Zugang zu einwandfreiem Trinkwasser;
- über 100 Millionen Menschen, die innerhalb akzeptabler Wegzeiten keinen Zugang zu Gesundheitsdiensten haben;
- mindestens 5,8 Millionen unterernährte Kleinkinder im Alter bis zu 5 Jahren, davon allein in Mexiko 1,6 Millionen und in Brasilien 1,3 Millionen.

Allein in Brasilien leben schätzungsweise 35 Millionen Kinder am Rande der Gesellschaft, für die sich die weiteren (Über-)Lebensperspektiven zunehmend verengen auf Straßenraub, Glücksspiel, Drogenhandel, Prostitution und schließlich Gewaltkriminalität. Kinderarbeit, obwohl praktisch in allen Staaten der Region offiziell geächtet, ist beispielsweise in Haiti der amtlichen Statistik zufolge für mindestens 25% der Zehn- bis Vierzehnjährigen bittere Realität, in Honduras für 13% dieser Altersgruppe, wobei vermutlich eine außerordentlich hohe Dunkelziffer angesetzt werden muß (CEPAL 1991:34).

4. Differenzierung der Grundbedürfnisbefriedigung

Bei der Beschreibung der materiellen Grundbedürfnisbefriedigung läßt sich der lateinamerikanisch-karibische Großraum hypothetisch als Einheit auffassen, um so durch Informationsbündelung die Grundtendenzen der sozialen Entwicklung in der Region zu fokusieren. Dieses Bild bleibt jedoch ohne zusätzliche länderdifferenzierende Darstellung unvollständig. Die sozioökonomische Entwicklung in Lateinamerika verlief während des "Krisenjahrzehnts" ja keineswegs einheitlich, und die Ausgangssituation war in den einzelnen Ländern zum Teil höchst unterschiedlich in bezug auf Einkommensniveau, Beschäftigung, Ausmaß der sozialen Sicherung etc.. Wenn auch praktisch keine lateinamerikanische Volkswirtschaft von der wirtschaftlichen Krise verschont blieb, so waren doch deren soziale Auswirkungen nicht überall gleich.

Als einfaches Instrument zur Bestimmung der Streuungsbreite in den grundbedürfnisrelevanten Indikatorenwerten für die lateinamerikanischen Länder kann der Variationskoeffizient verwendet werden, der die Relation zwischen Standardabweichung der Länderwerte und deren arithmetischem Mittel angibt (vgl. Tabelle 5).

Tabelle 5: Variationskoeffizienten sozialer Indikatoren in Lateinamerika 1980 und 1990

Indikator[a]	Variationskoeffizient[b] in %	
	1980	1990
Säuglingssterblichkeitsziffer	45,7	49,2
Lebenserwartung bei der Geburt	8,8	7,1
Alphabetisierungsquote	22,1	14,1
Urbanisierungsgrad	31,7	28,5
Trinkwasserversorgung	37,9	26,3
Nahrungsmittelproduktion pro Kopf	3,5	13,9
Kalorienangebot pro Kopf/Tag	10,7	11,0
(Brutto-)Einschulungsquote Grundschule	15,7	13,5
Einwohner je Arzt	90,9	..
Säuglingsimpfquote	41,1	16,6
Bruttosozialprodukt pro Kopf	66,4	55,5

a) Indikatorendefinition gemäß Tabelle 3.
b) Standardabweichung der Länderwerte geteilt durch deren arithmetisches Mittel.

Die höchste relative Streuung der Länderwerte, gemessen durch den Variationskoeffizienten, zeigte sich 1990 bei den Indikatoren Bruttosozialprodukt pro Kopf und Säuglingssterblichkeitsziffer. Am geringsten "streuten" die Länderwerte bei der Lebenserwartung sowie bei den beiden ernährungsrelevanten Indikatoren Index der Nahrungsmittelproduktion und tägliches Kalorienangebot pro Kopf, so daß in diesem Grundbedürfnisbereich von eher einheitlichen Verhältnissen in der untersuchten Region gesprochen werden kann. Auch bei den bildungsrelevanten Indikatoren, Alphabetisierungsquote und Einschulungsquote, deuten die vergleichsweise niedrigen Variationskoeffizienten auf weniger stark ausgeprägte Unterschiede zwischen den lateinamerikanischen Staaten hin. Bei einem intertemporalen Vergleich der Datendispersion zeigt sich 1990 gegenüber 1980 eine stärkere Differenzierung zwischen den Ländern Lateinamerikas lediglich bei der Nahrungsmittelproduktion pro Kopf sowie bei der Säuglingsmortalität; für fast alle übrigen grundbedürfnisrelevanten Indikatoren waren die Variationskoeffizienten 1990 niedriger als 1980.

Die Tendenz zu einer Angleichung sozioökonomischer Tatbestände in Lateinamerika, soweit diese durch die hier verwendeten Indikatoren adäquat wiedergegeben werden, gilt auch für die Einkommenssituation. Hatte die Spannweite zwischen höchstem und niedrigstem BSP pro Kopf in der Region 1980 über US$ 4.000 betragen, so war dieser Abstand 1990 auf US$ 3.280 gesunken. Die Wirtschaftskrise der achtziger Jahre hat sich also im interregionalen Vergleich nivellierend auf die gesamtwirtschaftliche Wertschöpfung *per capita* ausgewirkt. Innerhalb vieler lateinamerikanischer Volkswirtschaften hat sich allerdings die Konzentration der personellen Einkommensverteilung im Verlaufe des Krisenjahrzehnts und der wirtschaftspolitischen Anpassungsprozesse weiter verschärft. Ein besonders krasses Beispiel ist Brasilien, wo der Anteil der ärmsten 20% der Haushalte am Gesamteinkommen von 2,7 Pozent im Jahre 1981 auf 2,0% am Ende der achtziger Jahre gesunken ist; die 10% der Haushalte an der Spitze der Einkommenspyramide konnten hingegen während dieses Zeitraums ihren Anteil am Gesamteinkommen von 46,6% auf 53,2% steigern (IBGE 1990:79).

Durch Zusammenfassung grundbedürfnisrelevanter statistischer Maßzahlen zu einem Index lassen sich die in den sozialen Indikatoren enthaltenen Informationen weiter bündeln. Der *Human Development Index* (HDI), der von dem Entwicklungsprogramm der Vereinten Nationen seit 1990 berechnet wird, setzt sich aus den sozialen Leitindikatoren Lebenserwartung bei der Geburt, Alpabetisierungsquote, durchschnittliche Dauer des Schulbesuchs sowie dem realen BIP pro Kopf zusammen (UNDP 1991:90). Die empirischen Länderwerte I_i für diese Indikatoren werden linear auf das Intervall [0,1] transformiert, indem der "beste" zum jeweiligen Beobachtungszeitpunkt in einem Entwicklungsland registrierte Wert (I_{max}) gleich 1 und der "schlechteste" Länderwert (I_{min}) gleich Null gesetzt wird. Die transformierten Länderwerte I_i^* ergeben sich als $I_i^* = (I_{max} - I_i)/(I_{max} - I_{min})$. Der HDI wird dann als Abweichung des arithmetischen Mittels der transformierten Länderwerte I_i^* von dem Wert 1 berechnet; er läßt sich insofern auch als "Deprivationsindex" interpretieren, da er zum Ausdruck bringt, wie groß die Abweichung von dem Maximalwert 1 ist.

Tabelle 6: Human Development Index 1990

Land	Human Development Index 1990	Rangplatz[a] HDI 1990	Rangplatz[a] BSP pro Kopf 1990	Rangplatzdifferenz BSP - HDI
Länder mit hohem HDI				
Uruguay	0,880	1.	4.	+3
Trinidad & Tobago	0,876	2.	1.	-1
Chile	0,863	3.	9.	+6
Costa Rica	0,842	4.	10.	+6
Argentinien	0,833	5.	7.	+2
Venezuela	0,824	6.	5.	-1
Mexiko	0,804	7.	6.	-1
Länder mit mittlerem HDI				
Kolumbien	0,758	8.	13.	+5
Surinam	0,749	9.	2.	-7
Brasilien	0,739	10.	3.	-7
Panama	0,731	11.	11.	0
Jamaica	0,722	12.	12.	0
Belize	0,665	13.	8.	-5
Equador	0,641	14.	17.	+3
Paraguay	0,637	15.	15.	0
Peru	0,600	16.	14.	-2
Domihikan. Republik	0,595	17.	20.	+3
Guyana	0,539	18.	24.	+6
Länder mit niedrigem HDI				
El Salvador	0,498	19.	16.	+3
Nicaragua	0,496	20.	19.	-1
Guatemala	0,485	21.	18.	-3
Honduras	0,473	22.	22.	0
Bolivien	0,394	23.	21.	-2
Haiti	0,276	24.	23.	-1

a) Rangplatz innerhalb Lateinamerikas.

Quelle: UNDP 1992, World Bank 1992b.

Wie Tabelle 6 zeigt, ergaben sich 1990 im internationalen Vergleich für sieben der hier untersuchten 24 lateinamerikanisch-karibischen Länder hohe HDI-Werte; sie stellen damit fast die Hälfte der 16 Entwicklungsländer umfassenden Gruppe, die nach der UNDP-Klassifikation *high human development* erreicht hat. Uruguay nimmt mit einem HDI von 0,88 den Spitzenplatz innerhalb Lateinamerikas ein. Elf Staaten der Region sind in die Gruppe mit mittlerem HDI eingestuft (insgesamt 46 Entwicklungsländer), und sechs (überwiegend zentralamerikanische) Länder mit niedrigen HDI-Werten finden sich, zusammen mit 59 weiteren Entwicklungsländern Afrikas und Asiens, in der *low-human-development*-Gruppe. Haiti, das innerhalb des iberoamerikanisch-karibischen Großraums mit einem HDI von 0,276 an letzter Stelle steht, erreicht im internationalen Vergleich in der *low-human-development*-Gruppe den 29.Rang, annähernd gleichauf mit Staaten wie Tansania und Zaire, die als LLDCs gelten, als am wenigsten entwickelte Länder.

Gewiß ist die Umsetzung des Konzeptes der menschlichen Entwicklung in den HDI nicht befriedigend gelöst worden (vgl. Nohlen/Nuscheler 1992:92f.), aber dieser aggregierte Armuts- oder Wohlfahrtsindex macht zumindest deutlich, daß das Pro-Kopf-Sozialprodukt zur Klassifizierung der Länder nach sozioökonomischen Gesichtspunkten nicht ausreicht. Bei einem *Ranking* der lateinamerikansichen Staaten nach ihrem HDI erhalten neun Länder einen höheren Rangplatz als bei einer Klassifizierung nach dem BSP *per capita*. So lag beispielsweise Chile 1990 mit einem Pro-Kopf BSP von US$ 1.940 in der lateinamerikanischen Sozialproduktshierarchie auf dem 9.Platz, erreichte aber mit seinem HDI von 0,863 den 3.Platz. Brasilien rangierte hingegen in der HDI-Klassifikation um 7 Plätze niedriger als in dem BSP-*Ranking*. Belize, dessen Pro-Kopf-BSP 1990 mehr als doppelt so hoch war wie in Ekuador, lag in der HDI-Hierarchie nur einen Platz vor diesem Land. Insgesamt war die Rangkorrelation zwischen HDI und Pro-Kopf-BSP (gemessen durch den Spearmanschen Rangkorrelationskoeffizienten r_s = 0,86) 1990 für die lateinamerikanischen Staaten etwas stärker ausgeprägt als der Zusammenhang zwischen den absoluten Werten der beiden Variablen (gemessen durch den Pearsonschen Korrelationskoeffizienten r = 0,83). Auch für Lateinamerika gilt, daß ein höheres Pro-Kopf-Einkommen für sich alleine genommen keine Garantie für eine bessere "menschliche Entwicklung" ist.

5. Nach der Krise: Rekonstruktion der sozialen Sicherungssysteme

Trotz der Fortschritte, die wichtige soziale Indikatoren signalisieren, bleibt das Ausmaß der sozialen Defizite in den meisten lateinamerikanischen Gesellschaften unter entwicklungspolitischen Gesichtspunkten völlig inakzeptabel. Nach den wirtschaftlichen Reformen, die in zahlreichen Staaten Lateinamerikas als notwendige Reaktion auf die Verschuldungskrise der achtziger Jahre in Gang gesetzt wurden, muß eine grundlegende Neuordnung der sozialen Sicherungssysteme erfolgen, ohne die sich die "soziale Schuld" der lateinamerikanischen Gesellschaften zu einem mindestens ebenso dramatischen Problem auszuwachsen droht wie zuvor die externe und interne Verschuldung.

Zwar gibt es in mehreren lateinamerikanischen Staaten eine vergleichsweise lange Tradition gesetzlicher Sozialversicherung (z.B. in Chile seit 1924, in Ekuador seit 1935, in Costa Rica und Panama seit 1941, in Mexiko seit 1943, in Argentinien seit 1944), aber die sachliche und personelle Reichweite des Versicherungsschutzes sind begrenzt. So werden beispielsweise in Mexiko lediglich 40% der Erwerbsbevölkerung von der gesetzlichen Sozialversicherung erfaßt, in Kolumbien und Peru jeweils etwa 30%, in Bolivien und Honduras sogar nur 17 bzw. 12% (Mesa-Lago 1991:186). Diese geringe personelle Reichweite der lateinamerikanischen Sozialversicherungssysteme ist Ergebnis ihres historischen Entstehungsprozesses: entgegen den Prioritäten objektiver Schutzbedürfnisse wurde der gesetzliche Sozialversicherungsschutz vorrangig für vergleichsweise privilegierte Gesellschaftsgruppen etabliert, die sich politisch entsprechend artikulieren und durchsetzen konnten, wie beispielsweise die Angehörigen des öffentlichen Dienstes und der Armee oder die Arbeitnehmer der staatlichen Industriekonzerne. Ein die gesetzliche Sozialversicherung ergänzendes und funktionsfähiges System staatlicher Sozialhilfe, das nach dem Finalitätsprinzip soziale Unterstützung leistet, fehlt praktisch überall in der Region ebenso wie berufsständische Selbsthilfeorganisationen.

Fehlende Selbstverwaltungstradition und mangelnde Demokratisierung der Sozialversicherungsträger haben eine ineffiziente, zweckfremde Verwendung ihrer Mittel begünstigt. So erreichte beispielsweise in den Jahren 1983-86 der Verwaltungskostenanteil der gesetzlichen Sozialversicherung an den Gesamtausgaben in Nikaragua 28%, in Ekuador 22,5%, in der Dominikanischen Republik 22% - gegenüber nur 3,4% in Argentinien (Mesa-Lago 1991:202). Die finanziellen Defizite der Sozialversicherungsträger, die aus dem Staatshaushalt abgedeckt werden müssen, beliefen sich Mitte der achtziger Jahre in einigen südamerikanischen Ländern (z.B. in Argentinien, Chile, Uruguay) auf über 2% des BIP (Mesa-Lago 1991:193). Nach Jahr(zehnt)en der Mißwirtschaft und makroökonomischer Instabilität droht vielen Trägerinstitutionen der gesetzlichen Sozialversicherung in Lateinamerika der finanzielle Kollaps. Und bei den diversen "Stabilisierungs-Paketen" und Währungsreformen heterodoxer Provenienz haben die Renten- und Krankenversicherten in mehreren Ländern der Region (zumindest *de facto*) eine Erosion ihrer Leistungsansprüche hinnehmen müssen - im Unterschied etwa zu den deutschen Währungsreformen 1923 und 1948, bei denen die Ansprüche der Sozialversicherten gerade nicht angetastet worden waren (Nitsch 1992:9). So wird beispielsweise in Argentinien vielen Rentnern derzeit nur rund die Hälfte ihres nominalen Rentenanspruchs ausgezahlt, während sie in Höhe des Differenzbetrages lediglich *bocones* erhalten, eine Art Schuldscheine, die der Staat nach zehnjähriger Laufzeit zum Nennwert einzulösen verspricht.

Das "Münchhausen-Dilemma" der Sozialversicherungsträger Lateinamerikas - wie sie sich angesichts leerer Staatskassen aus eigener Kraft aus dem finanziellen und administrativen Desaster befreien sollen - wird gegenwärtig durchaus kontrovers diskutiert. Dabei geht es unter ordnungspolitischen Gesichtspunkten vor allem um die Grundfrage, wie in den sozialen Sicherungssystemen die Leistungsseite mit der Finanzierungsseite verknüpft werden soll, ob durch Umlageverfahren oder Kapitaldeckungsverfahren. Bei dem (reinen) Umlageverfahren werden die laufenden Ausgaben durch die laufenden Beitragseinnahmen finanziert, so daß ein Budgetausgleich stattfindet. In dem Maße, in dem die individuellen Beiträge und Leistungen wertmäßig voneinander abweichen, gibt es Nettozahler und Nettoempfänger; zwischen den Versicherten kann also ein interpersoneller Solidarausgleich herbeigeführt werden, indem Beiträge und Leistungen so gestaltet werden, daß die wirtschaftlich relativ schwachen Mitglieder Nettoempfänger sind und die wirtschaftlich relativ besser Gestellten Nettozahler. Voraussetzung für einen solchen interpersonellen Solidarausgleich ist u.a. staatlicher Sicherungszwang in der Form einer Pflichtversicherung für einen hinreichend großen Versichertenkreis. Bei dem (reinen) Kapitaldeckungsverfahren wird aus den Beiträgen der Versicherten ein "persönlicher" Kapitalstock zur Finanzierung des individuellen Leistungsanspruchs bzw.

zur Deckung des individuellen Risikos gebildet. Dieses Verfahren ist insofern marktkonform, als es Leistung und Gegenleistung unmittelbar verknüpft, und es hat zudem den Vorteil, die gesamtwirtschaftliche Kapitalbildung zu verstärken. Bislang ist allerdings auch theoretisch noch keineswegs eindeutig geklärt, welches der beiden Verfahren unter Effizienzgesichtspunkten zur Finanzierung gesetzlicher Sozialversicherungen angemessener ist (vgl. Seidl 1988, Homburg 1988).

Neben der Notwendigkeit einer finanziellen Konsolidierung sehen sich die gesetzlichen Sozialversicherungen Lateinamerikas – und vor allem die Rentenversicherungen – vor die Aufgabe gestellt, dem veränderten Altersaufbau der Bevölkerung Rechnung tragen. Bei zunehmender Lebenserwartung und sinkenden Fertilitätsraten wird sich der Altenquotient der lateinamerikanischen Bevölkerung, d.h. die Relation der über 65jährigen zu der Zahl der wirtschaftlich aktiven Personen, von 13,5% im Jahre 1990 auf 21,3% im Jahre 2025 erhöhen, in Ländern wie Argentinien und Chile sogar auf fast 30% (Lloyd-Sherlock 1992:7). Dieser demographische Alterungsprozeß bedeutet beispielsweise im Falle Brasiliens, wo die Altenquote von 12,7% im Jahre 1990 auf 23,4% im Jahre 2025 steigen wird, daß die Beitragslast in der Rentenversicherung um über 80% steigen müßte, wenn Umlagefinanzierung und gegebenes Leistungsniveau beibehalten werden.

Als Alternative zu dem Auf- und Ausbau umfassender staatlicher Systeme sozialer (Ver-)Sicherung wurde in vielen lateinamerikanischen Staaten die gesetzliche Verpflichtung der Arbeitgeber zur Abdeckung der "klassischen" Arbeitnehmerrisiken Invalidität, Krankheit und Alter gewählt. Allerdings widerspricht eine solche Arbeitgeberverpflichtung einem Fundamentalsatz der Wohlfahrtsökonomik, wonach unter Effizienzgesichtspunkten eine strikte Trennung von Marktsystem und Transfersystem erforderlich ist; auch die Sozialpolitik muß demnach die Binnenlogik des Marktsystems, bei Strafe seiner sonstigen Paralyse, weitgehend unangetastet lassen. Hinzu kommt, daß die Unternehmen von der Notwendigkeit sozialpartnerschaftlicher Beziehungen mit den Arbeitnehmern überzeugt sein müssen, um die ihnen übertragenen sozialpolitischen Aufgaben zu akzeptieren. Ist dies nicht der Fall – und dafür gibt es überall in Lateinamerika handfeste Belege – kann der Staat nur mittels umfassender Kontrollen und Strafandrohungen die gesetzlichen Auflagen durchzusetzen versuchen – ein Versuch, der den ineffizienten, korruptionsanfälligen öffentlichen Verwaltungen Lateinamerikas meist mißlingt. Wo moralische Motive für Gesetzesgehorsam fehlen, bleibt das Kalkül mit der Furcht vor staatlichen Sanktionen folgenlos. Mehrheitlich akzeptierte sozialstaatliche Rechtsnormen gehen über moralische Gebote hinaus; sie müssen mit Moralprinzipien verträglich sein, aber zudem auch die in einer Gesellschaft vorhandenen verteilungspolitischen Leitbilder, Werte und Interessen fair berücksichtigen sowie prozedurale Rationalität gewährleisten. Die rationale Vermittelbarkeit ethischer Normen ist für die (sozial-)staatlichen Institutionen wesentliche Legitimationsbasis.

Diese Überlegungen weisen darauf hin, daß eine institutionell-administrative Neuordnung der sozialen Sicherungssysteme in Lateinamerika nicht ausreichend ist, um der gesellschaftlichen Desintegration wirkungsvoll zu begegnen. Erforderlich ist eine grundlegende Neuordnung der Instanz Staat, die den wechselseitigen Verzicht der Gesellschaftsmitglieder auf die schrankenlosen Freiheiten eines Naturzustandes um des allseitigen Vorteils willen mit Hilfe des Rechts verwaltet und bewacht. Der traditionelle Typus des lateinamerikanischen Staates läßt sich - pointiert formuliert - als ein Produkt des hemmungslosen Egoismus "aufgeklärter Teufel" (im Sinne des berühmten Satzes von Kant in seinem philosophischen Entwurf "Zum ewigen Frieden") zwar durchaus rational plausibel machen; aber nicht für alle ihm unterworfene Staatsbürger ist dies eine hinreichende Legitimation.

Einige lateinamerikanische Länder (vor allem in Zentralamerika) befinden sich derzeit noch immer in einem prekären Prozeß der Demokratisierung bzw. der Überwindung von Hemmnissen, die der vollen Geltung demokratischer Mechanismen im Wege stehen; aber der Großteil der lateinamerikanischen Länder hat die Phase des Übergangs vom Autoritarismus zur Demokratie abgeschlossen (Nohlen/Thibaut 1993:6). Die Demokratisierung der politischen Systeme ist jedoch nicht nur eine Frage der Institutionenordnung, sondern auch eine Frage der effektiven Einlösung sozialer (Bürger-)Rechte. Der demokratische Rechtsstaat beruht auf moralischen, sozialintegrativen und pragmatisch-politischen Prinzipien, die seine Funktion mit der Verantwortung für das Allgemeinwohl legitimieren. Dieser Verantwortung werden die Staatsapparate Lateinamerikas in ihrer gegenwärtigen Form (noch) nicht gerecht. Nur wenn der Staat selbst erkennbar der Solidarität verpflichtet ist, kann er zur Solidarität verpflichten. Und: eine funktionsfähige innergesellschaftliche Sozialordnung ist eine der Voraussetzungen für eine effizienzorientierte Wirtschaftsordnung (Sautter 1992:7).

Eine neue, an spezifischen Zielgruppen orientierte Sozialpolitik gewinnt erst in wenigen Staaten Iberoamerikas Konturen, und rasche Erfolge sind angesichts begrenzter Verteilungsspielräume in den öffentlichen Haushalten kaum zu erwarten. Eine Politik zur Förderung der Verteilungsgerechtigkeit und der Armutsbekämpfung muß sich hauptsächlich zielgruppenorientierter Umschichtungen der öffentlichen Ausgaben innerhalb des gegebenen Budgetrahmens bedienen. Immerhin würde es genügen, einige wenige% der Staatsausgaben so umzuschichten, daß diese gezielt den Personengruppen mit den größten Defiziten der Grundbedürfnisbefriedigung zugute kommen, um die Situation der Ärmsten Lateinamerikas zu verbessern. Nach Schätzungen der Weltbank wären beispielsweise in Brasilien Transferzahlungen (ohne Verwaltungskosten und "Sickerverluste") in Höhe von 1,1% des BIP ausreichend, um die Armut zu eliminieren (World Bank 1990:51).

Staatliche Armutsbekämpfung in Lateinamerika mag unter einem Mangel an öffentlichen Mitteln leiden; mehr aber noch wird sie durch die Fehlleitung der knappen Mittel beeinträchtigt. Anstatt beispielsweise staatlicherseits Krankenhäuser und Universitäten zu subventionieren, deren Nutznießer vorrang Angehörige mittlerer und oberer Einkommensschichten sind, oder anstatt die Nahrungsmittelpreise für alle staatlich zu bezuschussen, könnten die freiwerdenden Mittel für medizinische Basisversorgung, Grundschulausbildung und Ernährungshilfen für diejenigen verwendet werden, die sie wirklich benötigen. Eine solche Reallokation der öffentlichen Ausgaben zugunsten der wirtschaftlich und sozial schwächsten Bevölkerungsgruppen ist politisch jedoch nicht einfach, da sie auf den Widerstand vielfältiger Interessengruppen stößt, für die die bisherige Verwendungsstruktur der Staatsausgaben Quelle relativ gesicherter "Renteneinkommen" war.

Im Jahre 2000 werden voraussichtlich 515 Millionen Menschen in Lateinamerika und der Karibik leben; Schätzungen der Weltbank zufolge wird sich dann die Zahl der Armen in der Region auf 126 Millionen erhöht haben (World Bank 1992b:30). Demnach wird also mindestens ein Viertel der lateinamerikanischen Gesellschaften vorerst in dem Reproduktionsmechanismus der Armut gefangen bleiben, in einigen Staaten sogar mehr als die Hälfte der Bevölkerung. Die "soziale Zeitbombe" tickt weiter in Lateinamerika.

Literatur:

ABEL, Peter/SANGMEISTER, Hartmut 1986:
Modellierungsprobleme des Grundbedürfniskonzeptes, in: Jahrbuch für Sozialwissenschaften, 37, S.40-61.

BIRDSALL, Nancy 1982:
Child schooling and the measurement of living standards (= Living Standards Measurement Study Working Paper, 14), Washington, D.C..

CARDOSO, Eliana/HELWEGE, Ann 1992:
Latin America's economy: diversity, trends, and conflicts, Cambridge/Mass.-London.

CEPAL (Comisión Económica para América Latina y el Caribe) 1991:
Anuario estadístico de América Latina y el Caribe 1990, Santiago de Chile.

– 1992:
Anuario estadístico de América Latina y el Caribe 1991, Santiago de Chile.

ESSER, Klaus 1982:
Industrialisierung und Entwicklung in Lateinamerika, in: Lindenberg, Klaus (Hrsg.), Lateinamerika: Herrschaft, Gewalt und internationale Abhängigkeit, Bonn, S.167-190.

FREITAG, Barbara 1991:
Wirtschaftsentwicklung und Bildung in Brasilien, in: Lateinamerika. Analysen, Daten, Dokumentation, 16, S.87-102.

HICKS, Norman/STREETEN, Paul 1979:
Indicators of development: the search for a baisc needs yardstick, in: World Development, 7, S.567-580.

HOMBURG, Stefan 1988:
Umlage- versus Kapitaldeckungsverfahren, in: Wirtschaftswissenschaftliches Studium, 17, S.605-609.

IBEROSTAT 1992:
Kennziffern zur demographischen, sozialen und wirtschaftlichen Entwicklung in Lateinamerika, hrsg. von H. Sangmeister, in: Lateinamerika Jahrbuch, Frankfurt 1992 ff.

IBGE (Instituto Brasileiro de Geografia e Estatística) 1990:
Síntese de indicadores da pesquisa básica da PNAD de 1981 a 1989, Rio de Janeiro.

IDB (Inter-American Development Bank) 1991:
Economic and social progress in Latin America 1991 report, Washington, D.C..

ILO (International Labour Office) 1976:
Employment, growth and basic needs: a one world problem. (Tripartite World Conference on Employment, Income Distribution and Social Progress and the International Division of Labour.) Report of the Director-General of the International Labour Office and Declaration of Principles and Programme of Action adopted by the Conference. Geneva.

LLOYD-SHERLOCK, Peter 1992:
Social insurance reform in an ageing world: the case of Latin America (= Development Economics Research Programme Discussion Papers, 39), London School of Economics, London.

MESA-LAGO, Carmelo 1991:
Social security in Latin America, in: IDB 1991, S.179-216.

MOLINA S., Sergio 1982:
Poverty: Description and analysis of policies for overcoming it, in: CEPAL Review, 18, S.87-110.

NITSCH, Manfred 1992:
Reichtum und Armut in Lateinamerika: Geldwirtschaft und Wohlfahrtsstaat an der Peripherie des Weltsystems. Vortrag im Rahmen der wissenschaftlichen Sendereihe RIAS-Funkuniversität "Die Entdeckung der Neuen Welt", Berlin (vervielfältigtes Manuskript).

NOHLEN, Dieter/NUSCHELER, Franz 1992:
Indikatoren von Unterentwicklung und Entwicklung, in: Nohlen, Dieter/Nuscheler, Franz (Hrsg.), Handbuch der Dritten Welt, Band 1: Grundprobleme, Theorien, Strategien, 3.Auflage, Bonn, S.76-108.

NOHLEN, Dieter/THIBAUT, Bernhard 1993:
Trotz allem: Demokratie. Zur politischen Entwicklung Lateinamerikas heute (= Arbeitspapier, 5), Institut für politische Wissenschaft der Universität Heidelberg, Heidelberg.

RAVALLION, Martin/DATT, Gaurav/VAN DE WALLE, Dominique 1991:
Quantifying absolute poverty in the developing world, in: Review of Income and Wealth, 37, S.345-361.

SALINAS, Alejandra 1992:
Seguridad social: concepciones y desafíos, in: Contribuciones, 9, Nr.3, S.115-122.

SANGMEISTER, Hartmut 1983:
Statistical problems of a development policy orientated to basic needs, in: Economics, 27, S.90-108.

SANGMEISTER, Hartmut 1984:
Wirtschaftswachstum und Grundbedürfnisbefriedigung in Lateinamerika, in: Aus Politik und Zeitgeschichte (= Beilage zur Wochenzeitung Das Parlament), B 13, S.3-23.

SAUTTER, Hermann 1992:
Probleme einer intergesellschaftlichen Sozialordnung (= Diskussionsbeiträge des Ibero-Amerika Instituts für Wirtschaftsforschung derl Universität Göttingen, 55), Göttingen.

SEIDL, Christian 1988:
Das Sozialversichungsparadoxon, in: Wirtschaftswissenschaftliches Studium, 17, S.305-308.

UNDP (United Nations Development Programme) 1991:
Human development report 1991, New York-Oxford.

– 1992:
Human development report 1992, New York-Oxford.

UNITED NATIONS 1989:
Handbook on social indicators (= Studies in Methods, Series F, 49), New York.

WORLD BANK 1980:
World development report 1980, Washington, D.C..

– 1989:
Social indicators of development 1989, Baltimore-London.

– 1990:
World development report 1990, New York-Oxford.

– 1991a:
World Bank atlas 1991, Washington, D.C..

– 1991b:
World tables 1991 update, Baltimore-London.

– 1992a:
World Bank atlas 25th anniversary edition, Washington, D.C..

– 1992b:
World development report 1992, New York-Oxford.

Monika Queisser[1]

Soziale Sicherung in der Krise: Die chilenische Rentenreform als Modell für Lateinamerika ?

I. Einleitung

Die wirtschaftliche Krise und die zahlreichen Versuche der Stabilisierung und Strukturanpassung in Lateinamerika in den achtziger Jahren haben schwerwiegende soziale Auswirkungen gehabt. Der Anteil der Armen an der Gesamtbevölkerung ist über die Dekade stark angewachsen; die UN-Wirtschaftskommission für Lateinamerika schätzt, daß bereits Mitte der achtziger Jahre 37 % aller Haushalte und 43 % der gesamten Bevölkerung Lateinamerikas unterhalb der Armutsgrenze lebten (CEPAL 1991); im Jahr 1990 lebten knapp 46% der Lateinamerikaner in Armut. Die Lebensbedingungen der Bevölkerung haben sich dramatisch verschlechtert, während gleichzeitig die Fähigkeit der Staaten, eine kompensierende armutsorientierte Sozialpolitik zu betreiben, stark abgenommen hat. Deutlich wird die Verschlechterung in allen sozialen Sektoren; die sozialen Netze sind immer weniger in der Lage, der Bevölkerung ausreichenden Schutz vor den Risiken des Einkommensverlustes durch Alter, Invalidität, Krankheit und Arbeitslosigkeit zu bieten. Die Krise der sozia-

---

[1] Dipl.-Volkswirtin; 1990-93 wiss. Mitarbeiterin in der Abteilung Entwicklungsländer des ifo Instituts für Wirtschaftsforschung, München; seit September 1993 bei der Weltbank in Washington. – Dieser Beitrag basiert auf einem Kurzgutachten für die GTZ vom September 1992; eine ausführliche Studie der politischen Rahmenbedingungen sowie der wirtschaftlichen Auswirkungen der chilenischen Rentenreform wird in Kürze beim ifo Institut erscheinen.

len Sicherung wurde dabei jedoch nicht nur von der desolaten gesamtwirtschaftlichen Lage ausgelöst, sondern ist auch die Folge grundsätzlicher struktureller Probleme, die in der Rezession umso stärker in Erscheinung treten. Zum Verständnis dieser Strukturmängel soll im folgenden die historische Entwicklung der sozialen Sicherung in Lateinamerika kurz skizziert werden; diese Betrachtung zeigt außerdem, weshalb die chilenische Rentenreform so große Bedeutung für die Reformdiskussion in Lateinamerika besitzt.

Die Anfänge sozialer Sicherung in Lateinamerika reichen bis in die zwanziger Jahre dieses Jahrhunderts zurück. Schon früh wurden Programme sozialer Sicherung nach dem Modell der Bismarckschen Sozialversicherung eingeführt; in den folgenden Jahren wurden diese Programme sukzessive sowohl horizontal, d.h. in bezug auf die geschützten Personenkreise, als auch vertikal, d.h. bezüglich ihrer Leistungskataloge ausgeweitet. Die Länder Lateinamerikas können nach Stand und Entwicklung ihrer sozialen Sicherungssysteme in Pionierländer, intermediäre Länder und Nachzüglerländer eingeteilt werden (Mesa-Lago 1991). Zu den "Pionieren" sozialer Sicherung gehören Argentinien, Brasilien, Chile und Uruguay; in diesen Ländern entwickelten sich die Systeme sozialer Sicherung hauptsächlich als Folge politischen Drucks durch die verschiedenen Interessen- und Berufsgruppen, wobei die politisch mächtigsten und generell am wenigsten schutzbedürftigen Gruppen die großzügigsten Sicherungsleistungen für sich durchsetzen konnten.

Zunächst wurden Militär und Beamte gesichert, dann die Arbeitnehmer in den wichtigsten Branchen der Privatwirtschaft; mit zunehmender Industrialisierung und wachsendem sozialem Organisationsgrad forderten immer mehr Gruppen gleichwertigen sozialen Schutz ein. Die Struktur der politischen Systeme in den meisten lateinamerikanischen Ländern begünstigte die Erfüllung dieser Forderungen insofern, als die verschiedenen politischen Gruppierungen stark von den einzelnen Interessengruppen abhingen; großzügige sozialpolitische Zusagen wurden als Gegenleistung für politischen Rückhalt gewährt. Da die soziale Sicherung schon bald den größten Teil der Bevölkerung erreichte, wurde die Finanzierung dieser Zusagen immer problematischer. Die starke Fragmentierung der Systeme verursachte überdurchschnittlich hohe Verwaltungskosten, zahlreiche Leistungsüberschneidungen, Quersubventionen und damit große Effizienzverluste. Bei sinkenden Raten des Bevölkerungswachstums in den Pionierländern werden die Sicherungssysteme auch zunehmend durch die demographische Entwicklung belastet.

Die in bezug auf soziale Sicherung "intermediären" Länder[2] führten ihre Sicherungssysteme mit einer Verzögerung von rund 20 Jahren ein und konnten daher von den Erfahrungen der Pionierländer sowie von verstärkten Bemühungen in der Beratung auf internationaler Ebene profitieren. Obwohl sich die soziale Sicherung in

---

[2] Mesa-Lago rechnet zu diesen Ländern Mexiko, Bolivien, Kolumbien, Costa Rica, Ecuador, Panama, Paraguay, Peru und Venezuela. Costa Rica hat mittlerweile durch die Einführung von Sozialrenten für die gesamte Bevölkerung universelle Reichweite erlangt und zählt nach diesem Kriterium eigentlich zu der Gruppe der Pionierländer.

diesen Ländern zunächst ebenso überwiegend für privilegierte Gruppen entwickelte, wurden die einzelnen Programme früher vereinheitlicht; die Sicherungssysteme sind daher heute weniger fragmentiert. Der Schutz, den diese Systeme leisten, ist geringer sowohl im Hinblick auf die gesicherten Personenkreise als auch bezüglich der gewährten Leistungen. Bei einer im Durchschnitt jüngeren Bevölkerung und geringeren Verwaltungskosten ist die Finanzierungskrise dieser Systeme weniger akut; jedoch hat die wirtschaftliche Krise auch hier zu einer Verschlechterung der finanziellen Situation geführt.

Die "Nachzüglerländer" schließlich setzen sich zusammen aus den weniger entwickelten lateinamerikanischen und den karibischen Ländern. In den meisten zentralamerikanischen Ländern und der spanischsprachigen Karibik wurden soziale Sicherungssysteme erst in den fünfziger und sechziger Jahren eingeführt; die Systeme sind noch beschränkter als die der intermediären Länder, die Bevölkerungen sind noch jünger und die Finanzierungssituation ist daher noch solider. Das primäre Problem der sozialen Sicherung in diesen Ländern ist die Ausweitung des Schutzes auf größere Bevölkerungsgruppen. Die englischsprachigen Länder der Karibik besaßen schon vor der Unabhängigkeit von Großbritannien nationale Gesundheitsdienste nach britischem Vorbild; in den sechziger und siebziger Jahren wurden Krankenversicherungssysteme eingeführt, die heute praktisch die gesamte Bevölkerung abdecken.

Sowohl in den Pionierländern als auch in den meisten intermediären Ländern wurden bereits zahlreiche politische Vorstöße zur organisatorischen und finanziellen Reform der Alterssicherungssysteme unternommen. Da die politischen Widerstände der durch die Systeme privilegierten Gruppen jedoch nicht überwunden werden konnten, blieben wirkliche Reformen aus. Es wurde mit den verschiedensten Teilreformen experimentiert; diese waren im allgemeinen zum Scheitern verurteilt, da die Grundmängel der Systeme nicht behoben wurden. Großzügige sozialpolitische Zusagen, die im Rahmen populistischer Kampagnen an die Wähler gemacht wurden, konnten *de facto* nicht geleistet werden. In einigen Ländern ist der Staat bei den Rentnern hoch verschuldet; ausgezahlt werden lediglich Mindestrenten bzw. staatliche Schuldverschreibungen. Die Folge der jahrelangen Versäumnisse in der Rentenpolitik ist der Verlust jeglichen Vertrauens in die Sicherungssysteme auf seiten der Bevölkerung. Die Hinterziehung der Beiträge ist zu einem allgemein verbreiteten Phänomen geworden.

Vielen Wirtschaftspolitikern erscheint eine radikale Reform als einzig gangbarer Weg; Korrekturen der bestehenden Systeme unter Beibehaltung der bisherigen Grundprinzipien werden als untauglich angesehen. In der politischen Diskussion in Lateinamerika verkürzt sich die Rentenproblematik derzeit häufig auf eine Debatte über alternative Finanzierungsverfahren in der Alterssicherung. Dafür gibt es zahlreiche Gründe, die nicht nur sozialpolitisch motiviert sind, sondern auch andere wirtschafts- und finanzpolitische Ziele betreffen. Als Modellfall gilt in dieser Diskussion die chilenische Rentenreform, die weltweit den ersten und bisher einzigen Fall einer vollständigen Transformation von einem staatlichen, im Umlageverfahren finanzierten System zu einer privat verwalteten, nach dem individuellen Kapitaldeckungsverfahren finanzierten Alterssicherung darstellt.

Das chilenische Modell wird gegenwärtig in zahlreichen Ländern als favorisierte Alternative diskutiert; konkrete Vorschläge werden in Mexiko, Kolumbien, Peru, Argentinien, Costa Rica, Bolivien und Uruguay debattiert. Die Pläne reichen von einer undifferenzierten Übertragung des Modells bis zu kombinierten Strukturen aus einem umlagefinanzierten Teil und einer kapitalgedeckten Aufstockung der Renten. Die große Anziehungskraft des chilenischen Modells beruht unter anderem auf folgenden Überlegungen: Die Wirtschaftspolitiker hoffen, mit dem Verweis auf das erfolgreiche Vorbild das Vertrauen der Bevölkerung in ein funktionierendes Rentensystem wiederherstellen zu können. Die Akkumulation von Sparkapital durch ein kapitalgedecktes System, die in Chile mittlerweile die Größenordnung von US-$ 17 Mrd. überschritten hat, wird als Lösung der dauernden Investitions- und Finanzkrise in Lateinamerika betrachtet. Daß das Kapital des chilenischen Alterssicherungssystems auch bei der Privatisierung von staatlichen Unternehmen eingesetzt wurde, erhöht seine Attraktivität zusätzlich. Immer wieder wird argumentiert, daß so die Verzerrungen auf dem Arbeitsmarkt verringert werden könnten. Einige Länder versprechen sich außerdem von der Einführung des chilenischen Modells eine beschleunigte Entwicklung des Finanzsektors; vielfach herrscht die Vorstellung, ein Kapitalmarkt könne sich auf diese Weise quasi über Nacht entwickeln. Angesichts der bürokratischen Ineffizienzen und der maroden staatlichen Verwaltung stößt die Übertragung der Rentenverwaltung an private Institutionen auf starke Resonanz; insbesondere nach dem Zusammenbruch der planwirtschaftlichen Systeme in Osteuropa festigt sich in Lateinamerika die Überzeugung, daß Effizienz und Zuverlässigkeit ausschließlich durch privatwirtschaftliches Handeln gewährleistet werden könnten.

II. Entwicklung des sozialen Sicherungssystems in Chile

Soziale Sicherung im Rahmen eines Sozialversicherungssystems wurde in Chile bereits 1924 eingeführt; damit ist Chile zu den Pionierländern außerhalb Europas zu rechnen. Das System bestand aus mehr als 35 verschiedenen Rentenkassen, die sich im Umlageverfahren, d.h. Deckung der Leistungen aus laufenden Beitragseinnahmen, aus Beiträgen von Arbeitgebern und Arbeitnehmern finanzierten. Die Vorschriften über Leistungsumfang und Voraussetzungen für die Leistungsgewährung wie Altersgrenzen und Arbeitszeit variierten stark zwischen den einzelnen Kassen (Cheyre 1991). Die politisch und wirtschaftlich mächtigsten Gruppen konnten die großzügigsten Leistungen für sich durchsetzen, während die Bezieher niedrigerer Einkommen im allgemeinen nur relativ geringe Renten bei strengeren Bezugsbedingungen erhielten. Die starke Fragmentierung des Systems führte zu administrativer Ineffizienz, Beitragshinterziehung und diskretionärer Leistungsgewährung. Außerdem erleichterte die dezentrale Organisation des Systems den Mißbrauch der Rentenkassen für politische Zwecke wie z.B. großzügige Wahlgeschenke für die jeweiligen Interessengruppen.

Wie alle "gereiften" Sicherungssysteme wurde auch die chilenische Sozialversicherung zunehmend durch die demographische Entwicklung belastet, die sich in einem sinkenden Verhältnis von Beitragszahlern zu Rentnern ausdrückte. Dieses strukturelle, dem Modell der Sozialversicherung inhärente Problem wurde durch einige Faktoren verschärft und bewirkte steigende Defizite bei den Rentenkassen. So begünstigte beispielsweise die Methode der Rentenberechnung, die die Einkommen der letzten drei bis fünf Arbeitsjahre zur Grundlage nahm, eine Untertreibung der Arbeitseinkommen bei der Beitragszahlung und eine künstliche Aufblähung der Einkommen kurz vor dem Rentenzugang. Hinzu kamen die oben beschriebenen verwaltungstechnischen Ineffizienzen und die politisch bedingten Ausgabensteigerungen. Dadurch verschlechterte sich die finanzielle Situation der Rentenkassen rapide. Die Finanzierung dieser Defizite erfolgte zum einen über die Inflationssteuer, indem weder die Basisgehälter zur Rentenberechnung noch die Renten selbst an die Preisentwicklung angepasst wurden, zum anderen über sukzessive Erhöhungen der Beitragssätze für Arbeitnehmer und Arbeitgeber.

Die primäre Funktion der sozialen Sicherung war nicht eine sozialpolitische; vielmehr wurde die Sozialversicherung im politischen System als Instrument zum Erwerb und Erhalt politischer Macht eingesetzt. Nicht die Absicherung einkommensbedingter sozialer Risiken stand im Vordergrund, sondern die Möglichkeit, im Rahmen des Sicherungssystems Einkommen als Gegenleistung für politische Unterstützung umzuverteilen. Vorrangige Zielsetzung war die Verteilung von Renten – verstanden allerdings nicht im Sinne von Einkommensersatzleistungen im Alter, sondern im Sinne von politischen Renten. Die Folge dieser Entwicklung war, daß die mächtigsten Gruppen "übergesichert" waren, während die große Mehrheit der Arbeiterschaft lediglich minimale Sicherungsleistungen erhielt. Noch schlechter war die Sicherung für die Ärmsten, die ohne regelmäßige Beschäftigung auch keine Organisationen zur Vertretung ihrer Interessen hatten.

Mehrere Ansätze zu einer strukturellen Reform des Sicherungssystems scheiterten; der staatliche Zuschuß zur Deckung des Defizits betrug 1978 rund ein Drittel der gesamten Staatsausgaben. Bis Mitte der siebziger Jahre konzentrierte sich die Diskussion vor allem auf die Möglichkeiten einer administrativen und finanziellen Reform, die das Modell der Sozialversicherung in seinen Grundzügen prinzipiell unangetastet ließ, aber das System auf eine einheitlichere und solidere finanzielle Basis stellen sollte. Die Vorschläge reichten von einer Sanierung des einfachen Umlageverfahrens bis zur Einführung eines abschnittsfinanzierten Teilkapitaldeckungsverfahren mit festgelegten Rentenleistungen (Acuña/Iglesias 1991). Diese Alternativen wurden jedoch von den neoliberalen Wirtschaftspolitikern der Militärregierung aus politischen und technischen Gründen verworfen. Die politischen Argumente gegen eine Beibehaltung der Sozialversicherung bezogen sich vor allem auf das Solidaritätsprinzip, das gemäß der ideologischen Überzeugung der Wirtschaftspolitiker als unrealistisch und nur der Beitragshinterziehung förderlich angesehen wurde; eine Entkoppelung von Beiträgen und Leistungen wurde daher grundsätzlich abgelehnt (Piñera 1991). Die technischen Einwände gegen die Sozialversicherung stellten die Abhängigkeit des Umlageverfahrens von der demographischen Entwicklung in den Vordergrund. Als bevorzugte Alternative wurde daher ein Alterssicherungssystem vorgeschlagen, das nach dem Kapitaldeckungsverfahren mit individueller Kontenführung organisiert ist und von privaten Fondsverwaltungen administriert wird.

Die Reform des chilenischen Alterssicherungssystems kann nicht losgelöst von der allgemeinen wirtschaftspolitischen Strategie der Regierung unter General Pinochet untersucht werden, sondern muß im Zusammenhang mit der Politik der "sieben Modernisierungen" betrachtet werden. Dieses Konzept war die theoretische Grundlage einer weitreichenden Transformation der chilenischen Gesellschaft, an deren Ende Chancengleichheit für alle und persönliche Entscheidungsfreiheit für jeden einzelnen bei minimaler Staatsintervention stehen sollte. Zur Erreichung dieser Ziele wurden sieben zentrale Gebiete "modernisiert": die Arbeitsgesetzgebung, die Rentenversicherung, die Krankenversicherung, das Schulwesen, das Justizwesen, die Landwirtschaft sowie die Regionalverwaltung. Vorrangige Gestaltungsprinzipien bei allen sieben Modernisierungen waren Subsidiarität und Dezentralisierung; auf diese Weise wurde die neoliberale Strategie, die zur Stabilisierung und Reform der Wirtschaft verfolgt worden war, auf andere Bereiche ausgedehnt (Délano/Traslaviña 1989; Silva 1991). Unter den wirtschaftspolitischen Akteuren bestand weitgehende Einigkeit über die Angemessenheit dieser Strategie; nur auf diese Weise war eine so radikale Reform der Alterssicherung möglich. Da die Militärregierung selbst außer der kategorischen Ablehnung sozialistischer Strukturen keine konkreten wirtschaftspolitischen Vorstellungen hatte, ergab sich für die neoliberalen Technokraten die Möglichkeit, dieses Vakuum mit ihren eigenen – bzw. mit den von ihren neoliberalen Vorbildern Hayek und Friedman übernommenen – Ideen zu füllen. Die Globalisierung des Neoliberalismus (Vergara 1985) begünstigte die Fortsetzung ihres wirtschaftspolitischen Experimentes; durch die Übertragung von Marktregelmechanismen auf rechtliche und soziale Bereiche wurde die Gesellschaft atomisiert, so daß die gemeinschaftliche öffentliche Artikulation von Gegenstimmen erschwert, wenn nicht verhindert wurde.

III. Grundstrukturen des neuen sozialen Sicherungssystems

In der Rentenreform von 1981 wurde das chilenische Alterssicherungssystem vereinheitlicht und vollständig reorganisiert; die einzige Ausnahme macht dabei die Alterssicherung des Militärs, die bis heute von einem separaten System mit speziellen Vorschriften verwaltet wird. Das neue Alterssicherungssystem basiert auf dem individuellen Kapitaldeckungsverfahren; es besteht aus privatwirtschaftlichen Institutionen, den *Administradoras de Fondos Previsionales (AFP)*, deren Aufgabe die Anlage und Verwaltung der in den Alterskonten angesparten Mittel der Rentenversicherten ist. Die AFP werden zugelassen und überwacht von der staatlichen Aufsichtsbehörde *Superintendencia de AFP*, die auch die gesetzlichen Vorschriften über die Investition der Sicherungsgelder erläßt.

Die Mitgliedschaft im AFP-System ist gesetzlich vorgeschrieben für alle Arbeitnehmer, die erstmals eine abhängige Beschäftigung aufnehmen; Selbständige können den AFP freiwillig beitreten. Arbeitnehmer, die bisher im alten Rentenversicherungssystem versichert waren, wurde der Wechsel zum neuen System freigestellt; von dieser Möglichkeit machten zahlreiche Versicherte Gebrauch, da der Beitragssatz im neuen System unter dem des alten Systems lag. Bereits erworbene Ansprüche werden beim Übergang zum neuen System durch Ausgabe von staatlichen Schuldverschreibungen (*bonos de reconocimiento*) berücksichtigt.

Alle Arbeitnehmer können frei wählen, welcher AFP sie beitreten wollen, den Arbeitgebern ist Einflußnahme auf diese Entscheidung explizit untersagt. Die AFP ihrerseits stehen unter Kontrahierungszwang und dürfen daher keinen Arbeitnehmer ablehnen. Wechsel von einer AFP zur anderen sind möglich und erwünscht, um die Konkurrenz anzuregen und so die Effizienz zu steigern. Das Sparkapital der Mitglieder geht nicht in den Besitz der AFPs über, sondern wird nur von ihnen verwaltet. Auf diese Weise soll der Verlust des Sicherungskapitals im Falle eines AFP-Konkurses verhindert werden.

Die AFPs finanzieren sich zum größten Teil durch die Erhebung von Gebühren für die Kontenverwaltung. Sie sind befugt, eine prozentuale und/oder fixe Gebühr auf die Beitragszahlung, eine Gebühr beim Transfer des Kapitals von einer AFP zur anderen, eine anteilige und/oder fixe Gebühr auf die Rentenzahlung sowie eine Gebühr bei der Auflösung von freiwilligem Sparkapital zu erheben. Zusätzliches Einkommen erhalten die AFP aus der Investition einer gesetzlich vorgeschriebenen Mindestreserve. Die Erträge aus der Anlage des Sicherungskapitals werden auf den Mitgliederkonten gutgeschrieben; die AFP selbst erhält diese Mittel nicht. Die Vorschriften zur Investition des Sicherungskapitals sind sehr restriktiv, um einen ausreichenden Schutz des Kapitals zu gewährleisten.

Der Beitragssatz für die Alterssicherung liegt für alle Arbeitnehmer bei einheitlich 10% des Einkommens und wird bis zu einer Beitragsbemessungsgrenze berechnet. Die Beiträge werden ausschließlich von den Arbeitnehmern eingezahlt und auf individuellen Konten angespart und verzinst. Die Arbeitgeber sind verpflichtet, die Beiträge von Löhnen und Gehältern abzuziehen und bei der jeweiligen AFP einzuzahlen. Eine freiwillige Aufstockung der Konten auf bis zu 20% des Einkommens ist erlaubt. Ein weiterer Beitrag in Höhe von 3,5% des Einkommens wird für die Invaliditäts- und Hinterbliebenenversicherung erhoben. Die jeweilige AFP schließt damit Rückversicherungen ab, die die Rentenzahlungen im Falle von Invalidität oder Hinterbliebenschaft sichern.

Das Rentenzugangsalter wurde bereits 1979 einheitlich für beide Alterssicherungssysteme auf 65 Jahre für Männer und 60 Jahre für Frauen festgelegt. Beim Eintritt in den Ruhestand können AFP-Mitglieder entweder eine Auflösung des angesparten

Kapitals durch regelmäßige Rentenzahlungen mit der AFP vereinbaren, einen Vertrag mit einer privaten Versicherung über die Zahlung einer Lebensrente abschließen oder aber eine Kombination aus beidem wählen. AFP-Mitglieder mit zu geringen Kontenständen erhalten eine staatlich finanzierte Mindestrente. Sollte ein AFP-Mitglied eine gestaffelte Auflösung seines Kapitals vereinbart haben und nach einigen Jahren doch monatliche Renten unter dem Mindestniveau erhalten, springt der Staat mit einer Zuzahlung bis zur Mindestrente ein. Der Staat garantiert außerdem eine relative Mindestverzinsung, die sich an der durchschnittlich erreichten Rentabilität des AFP-Gesamtsystems orientiert. Unterschreitet eine AFP diese Mindestgrenze dauerhaft, wird sie liquidiert, wobei der Staat die Mitglieder für die Zinseinbußen kompensiert. Auch die Invaliditäts- und Hinterbliebenenrenten sind für den Fall des Konkurses einer privaten Versicherungsgesellschaft staatlich garantiert.

Das AFP-System hat sich rasch zu beträchtlichen Dimensionen entwickelt: Die Mitgliederzahl liegt mittlerweile bei 4,3 Millionen, das Sicherungskapital hat die Grenze von US-$ 17 Mrd. überschritten und damit knapp ein Drittel des BIP erreicht. Die Investitionserträge sind mit einer durchschnittlichen Verzinsung von 14,6% im Jahr (1981-1991) beachtlich gewesen. Das Rentenkapital wurde zunächst vor allem in Staats- und Zentralbankanleihen investiert, seit Mitte der achtziger Jahre aber immer mehr auch in Unternehmensanleihen und Aktien. Letztere sind für die hohe Rentabilität in den letzten Jahren vor allem verantwortlich; die Börse von Santiago hat einen Boom erlebt, von dem die AFPs profitieren konnten. In der mittleren und längeren Frist ist deshalb eine niedrigere Verzinsung des Kapitals zu erwarten. Bei der Privatisierung staatlicher Unternehmen spielten die AFP-Mittel eine wichtige Rolle; ihre Anteile an den privatisierten Unternehmen liegen zwischen 10% und 35%. Daß die Mittel bewußt in diese Verwendung gelenkt wurden, läßt sich daran erkennen, daß die Anteile an privatisierten Unternehmen nahezu 90% aller AFP-Unternehmensbeteiligungen ausmachen (Vittas/Iglesias 1992).

IV. Stärken und Schwächen des sozialen Sicherungssystems

Bei der Diskussion von Vor- und Nachteilen eines Alterssicherungssystems nach dem chilenischen Modell muß zwischen den Wirkungen der Reform als solcher und den Auswirkungen des neuen Modells selbst auf die relevanten Indikatoren unterschieden werden. In der Diskussion über die Gestaltung von Alterssicherung werden die transitorischen Wirkungen einer solchen Reform häufig mit strukturellen Aspekten vermischt. An dieser Stelle sollen deshalb zunächst die Folgen der Reform untersucht werden, bevor die gängigen Argumente für das chilenische Modell einer kritischen Analyse unterzogen werden. Im Vordergrund sollen dabei zunächst ausschließlich die sozialpolitischen Aspekte des chilenischen Modells stehen. Die makroökonomischen Auswirkungen wie die gesamtwirtschaftliche Kapitalbildung und die Entwicklung der Finanzmärkte werden erst später im Zusammenhang mit der rentenpolitischen Diskussion in Lateinamerika untersucht, da hier weniger konkret überprüfbare systemspezifische Eigenschaften sondern eher wissenschaftliche Kontroversen eine Rolle spielen.

1. Defizit durch Systemwechsel

Die Kosten eines Übergangs der Rentenfinanzierung vom Umlage- zum Kapitaldeckungsverfahren werden in der internationalen Diskussion im allgemeinen als der größte Nachteil eines Systemwechsels zum Kapitaldeckungsverfahren betrachtet. Diese Kosten entstehen zum einen dadurch, daß heutige Renten nicht mehr aus heutigen Beiträgen finanziert werden können, da letztere zum Aufbau des Kapitalstocks benötigt werden und infolgedessen auf staatliche Mittel zurückgegriffen werden muß. Zum anderen müssen die im Umlageverfahren durch Beitragszahlungen bereits erworbenen Ansprüche in verzinster Form berücksichtigt werden. Der Wechsel der Finanzierungsverfahren kann dabei gleitend gestaltet werden, indem der umlagefinanzierte Teil der Renten sukzessive in dem Maß abgebaut wird, in dem ein Kapitalstock für spätere Renten aufgebaut wird. In Chile jedoch wurde der Übergang vergleichsweise abrupt vollzogen, indem alle Berufsanfänger zur Mitgliedschaft im neuen System gesetzlich verpflichtet wurden. Allen im alten System Versicherten wurde ein Wechsel freigestellt. Da die Mitgliedschaft im neuen System aufgrund des relativ niedrigeren Beitragssatzes aber mit einer Ersparnis in Höhe von ca. 10% des Nettoeinkommens verbunden war, wechselten vor allem jüngere Versicherte das System in großer Zahl.

Das durch den Übergang bedingte Finanzierungsdefizit hat starke Auswirkungen auf Ersparnis, Investition und Fiskalpolitik sowie Verteilungswirkungen je nachdem, welches Instrument zur Defizitfinanzierung eingesetzt wird. In Chile wurde das Defizit der Rentenversicherung zunächst nahezu ausschließlich vom Überschuß der Rentenzahlungen über die Beitragszahlungen im alten System bestimmt. Das gesamte Defizit stieg von 1,2% des BSP im Reformjahr 1981 auf rund 4,1% im Jahr 1990 (Arrau 1992). Die *Bonos* sind Finanzierungsinstrumente, die von der alten Rentenversicherung emittiert werden; ihre Berechnung basiert auf einer fiktiven Rente, die der Versicherte zum Zeitpunkt des Wechsels aufgrund seiner geleisteten Beiträge erhalten hätte. Sie werden verzinst, an die Inflation angepaßt und zum Zeitpunkt des Rentenzugangs ausgezahlt.

Finanziert wird das Defizit der Sozialversicherung aus verschiedenen Quellen: Steuer- und Beitragserhöhungen, Einsparungen an anderer Stelle des Staatshaushaltes, Verkauf von Aktiva der Rentenkassen sowie Verschuldung. Schätzungen zufolge wurde rund die Hälfte des Defizits der Sozialversicherung durch Staatsverschuldung finanziert. Bei der Schuldenfinanzierung spielten die neugeschaffenen AFPs eine wichtige Rolle, da das Sicherungskapital zu Beginn vor allem in Staatstiteln angelegt wurde. 1983 finanzierten die AFPs auf diese Weise knapp ein Drittel des Defizits. Die Schuldenfinanzierung kann unter intergenerationellen Verteilungsaspekten als gerechtfertigt gelten, da die Belastung auf die jüngeren Generationen verschoben wird, die ja von der Reform unmittelbar durch eine Erhöhung ihres verfügbaren

Nettoeinkommens profitierten. Da Chile im Reformjahr 1981 noch über einen Haushaltsüberschuß verfügte, waren die Opportunitätskosten der Rentenfinanzierung anfänglich noch relativ gering, müssen aber in der folgenden tiefen Rezession hoch angesetzt werden. Die zukünftige Belastung durch die Rentenreform hängt von der allgemeinen wirtschaftlichen Entwicklung ab, über die an dieser Stelle jedoch nur spekuliert werden kann. Hochrechnungen zufolge wird das Defizit nach dem Jahr 2000 deutlich zurückgehen; weniger optimistische Experten beurteilen diese Projektionen als unrealistisch (Marcel/Arenas 1991; Gillión/Bonilla 1992).

2. Wirksamkeit des AFP-Systems

Die Reichweite des AFP-Systems lag 1991 bei rund 86% der aktiven Bevölkerung, jedoch nur knapp 52% der aktiven Bevölkerung waren beitragszahlende AFP-Mitglieder (Arrau 1992). Dieser Unterschied ist darauf zurückzuführen, daß die Konten von Arbeitnehmern, die arbeitslos werden oder in den informellen Sektor abwandern, auch ohne laufende Einzahlungen weiter als Mitgliedskonten geführt werden. Daher muß der angebliche Vorteil einer Ausweitung des Deckungsgrades im AFP-System differenziert betrachtet werden. Als Anteil an den gesamten AFP-Mitgliedern ist die Zahl der Beitragszahler von 65% im Jahr 1983 beständig auf 53% im Jahr 1990 gefallen (Arrau 1992). Es ist folglich anzunehmen, daß zahlreiche Konten beim Rentenzugang zu geringe Stände aufweisen werden, um eine effektive Alterssicherung gewährleisten zu können; aufgrund der staatlichen Garantie einer Mindestrente können diese Mitglieder jedoch zumindest mit einem Minimalschutz im Alter rechnen, immer unter der Voraussetzung, daß sie 20 Jahre lang Beiträge geleistet haben. Die am schwierigsten in das AFP-System zu integrierende Gruppe sind die Selbständigen; nur wenige von ihnen haben bisher die Möglichkeit eines freiwilligen Beitritts zum AFP-System genutzt. Neben einer zu hohen Belastung des monatlichen Einkommen durch den Beitritt ist dies teilweise auch auf mangelndes Vertrauen in die Leistungen des Systems zurückzuführen; weitere Gründe sind die Existenz von alternativen Sicherungsformen bei Selbständigen wie beispielsweise ihr Betriebskapital oder Grundbesitz sowie zum Teil noch intakte informelle Sicherungsmechanismen. Sonderregelungen für diese Bevölkerungsgruppe sind derzeit in der Diskussion.

Als wesentlicher Vorteil des AFP-Systems gegenüber der früheren umlagefinanzierten Rentenversicherung wird immer wieder die enge Koppelung von Beiträgen und späteren Rentenleistungen genannt. Die Zurechenbarkeit der Beiträge auf die einzelnen Mitglieder und die Dokumentation des angesparten Kapitals in individuellen Sparbüchern trage zur Verminderung der Hinterziehung von Beiträgen bei. Auf diese Weise sei auch eher gewährleistet, daß die Arbeitnehmer ihre Arbeitgeber tatsächlich dazu anhielten, die Beiträge an die AFP abzuführen. Dieses Argument erscheint jedoch nur solange plausibel, wie ein grundsätzliches Vertrauen in die Dauerhaftigkeit und Wirksamkeit des Systems in einem stabilen wirtschaftlichen Kontext besteht. Vergleichsuntersuchungen aus anderen Ländern legen jedoch die Vermutung nahe, daß konjunkturelle Fluktuationen die weitaus wichtigeren Bestimmungsfaktoren für Deckungsgrad und Beitragshinterziehung in sozialen Sicherungssystemen sind (Mesa-Lago 1989; Queisser/Panadeiros/Larrañaga 1993). Weder bei Arbeitslosigkeit, bei einem Anwachsen des informellen Sektors, noch bei steigender Insolvenz der Arbeitgeber oder mangelndem Vertrauen in die wirtschaftliche Entwicklung können deutliche Vorteile des individuellen Kapitaldeckungsverfahrens gegenüber einem umlagefinanzierten System identifiziert werden. Häufen sich die Perioden wirtschaftlicher Instabilität, so werden immer mehr Mitglieder zu Empfängern der Mindestrente bzw. nimmt die Zahl derjenigen zu, die nicht einmal mehr die Mindestrente erhalten. Letzteren bleibt nur noch die Möglichkeit, eine Sozialrente zu beantragen, die jedoch sehr niedrig ist und nur unter stark restriktiven Bedingungen gewährt wird (Vgl. Gillión/Bonilla 1992).

Die Wirksamkeit des AFP-Systems in Hinsicht auf die Höhe der ausgezahlten Renten ist nach nur 12 Jahren noch schwierig zu beurteilen. Es existieren zahlreiche Projektionsrechnungen, die auf unterschiedlichsten Annahmen über Wirtschaftswachstum, Inflation, nominale Verzinsung und Einkommensentwicklung über die Lebensarbeitszeit eines repräsentativen AFP-Mitglieds basieren. Wenig sinnvoll ist es, Vergleiche zwischen der Rentenhöhe im alten umlagefinanzierten System und den AFP Renten zu ziehen; zum einen hat noch keine Generation das AFP-System von Arbeitsbeginn bis Rentenzugang vollständig durchlaufen, zum anderen tragen solche Vergleiche aufgrund der völlig unterschiedlichen Struktur, Leistungen und Finanzierungsart der Systeme kaum zu einer Versachlichung dieser ohnehin stark ideologisch geprägten Diskussion bei. Dasselbe gilt auch für die Risiko der Erosion des Sicherungskapitals durch inflationäre Preisentwicklung. Das Alterssicherungssystem in Chile ist wie praktisch die gesamte chilenische Wirtschaft noch inflationsindexiert. In Zeiten relativ konstanter oder sinkender Inflationsraten kann das Kapital auf diese Weise wirksam geschützt werden; bei rasch steigender Inflation kann Indexierung jedoch keinen ausreichenden Schutz mehr bieten, wie die zahlreichen hyperinflationären Phasen in anderen lateinamerikanischen Ländern belegen. Optimistische Beobachter rechnen weiter mit einer niedriginflationären stabilen wirtschaftlichen Entwicklung in Chile; trifft dieses Szenario zu, so wäre das Sicherungskapital kaum gefährdet. Tatsache bleibt jedoch, daß kapitalgedeckte Sicherungssysteme potentiell stärker von Inflation bedroht sind.

Völlig konträre Ansichten herrschen über die Anfälligkeit kapitalgedeckter Sicherungssysteme gegenüber politischem Druck. Aufgrund ihrer Erfahrung mit der hochgradigen Politisierung der alten Rentenversicherung sehen die chilenischen Reformer in der individuellen und dezentralisierten Kontoführung ein wirksames Instrument zum Schutz des Sicherungskapitals vor politischem Mißbrauch. Einer Fehlinvestition in aufwendige und wenig profitable Prestigeobjekte soll durch entsprechende Gesetzgebung vorgebeugt werden. Dabei wird jedoch implizit unterstellt, daß alle folgenden Regierungen ebenso sorgfältig und sachgerecht mit der Verantwortung für dieses Kapital umgehen. Durch den Erlaß von Investitionsvorschriften wird in starkem Maße wirtschaftliche Macht ausgeübt, die jedoch politischen Entscheidungen unterliegt. Fälle politischen Mißbrauchs von Sicherungskapital können an zahlreichen eindrucksvollen Beispielen, nicht nur in Entwicklungsländern, belegt werden.

3. Kosten und Effizienz des AFP-Systems

Ein wichtiges Gestaltungsprinzip der chilenischen Rentenreform war die Einführung staatlich regulierter, aber privat verwalteter Rentenfonds, die untereinander um Mitglieder konkurrieren. Auf diese Weise sollten bürokratische Reibungsverluste minimiert und Anreize für eine möglichst gewinnbringende Anlage des Sicherungskapitals gegeben werden. Bei genauerer Betrachtung zeigt sich jedoch, daß diese Ziele – wenn überhaupt – dann nur teilweise erreicht wurden.

Als deutliches Indiz für die Effizienzsteigerung im neuen System wird immer wieder der gegenüber dem alten System reduzierte Beitragssatz genannt. Der niedrigere Beitragssatz ist jedoch im wesentlichen auf die Erhöhung des Rentenalters im Jahr 1979 zurückzuführen; während die dadurch bedingte Entlastung im AFP-System voll an die Mitglieder weitergegeben wurde, blieb der Satz im alten System hoch, um einerseits einen Anreiz zum Wechsel ins neue System zu bieten und um andererseits die Finanzierungslücke im alten System nicht noch zu vergrößern. Wenn auf die große Akzeptanz des neuen Systems in der Bevölkerung als Erfolgsindikator verwiesen wird, darf der spürbare monetäre Vorteil eines Wechsels nicht unerwähnt bleiben. Im übrigen gelten auch hier die oben geäußerten Bedenken, ob ein Satz von 10% ausreichende Renten wird gewährleisten können.

Weiterhin ist fraglich, ob tatsächlich eine echte Konkurrenzsituation zwischen den verschiedenen AFPs besteht. Bei genauerer Betrachtung zeigt sich, daß der Grad staatlichen Eingriffs in diesem als privat propagierten System erheblich ist. Zudem erstrecken die staatlichen Garantien nicht nur auf die Gewährung der Mindestrente, sondern auch auf eine vorgegebene Mindestverzinsung der Sparkonten, sowie auf die Gewährung von ausreichenden Invaliditäts- und Hinterbliebenenrenten. Die Investitionsvorschriften für das mittlerweile zu bedeutenden Dimensionen angewachsene Sicherungskapital sind so detailliert und restriktiv, daß von einer Dominanz von Marktlösungen zumindest auf dem Kapitalmarkt kaum die Rede sein kann, obwohl eingeräumt werden muß, daß die Investitionsmöglichkeiten in den letzten Jahren sukzessive erweitert und liberalisiert wurden. Außerdem ist der Grad der Konzentration beträchtlich: Von den insgesamt 14 AFPs im Jahr 1990 verfügten die drei größten gemeinsam über 66% aller Mitglieder und 63% des Sicherungskapitals; diese AFPs verfügen über Größenvorteile gegenüber kleineren AFPs und geben auf diese Weise eine generelle Investitionspolitik vor, von denen die übrigen AFPs im allgemeinen nur wenig abweichen (vgl. Vittas/Iglesias 1992). Die starke Konzentration wird als Problem erkannt; allerdings besteht ein Zielkonflikt zwischen einer zuverlässigen Sicherung des Sparkapitals und der Liberalisierung von Investitionsvorschriften und Eintrittsbarrieren für AFP Neugründungen.

Außerdem zeigt sich, daß die Nachfrage nach Mitgliedschaft in einer bestimmten AFP relativ unelastisch auf Gebühren und Rentabilität der Kapitalanlagen reagiert. Gründe sind die Opportunitätskosten eines AFP-Wechsels sowie Informations- und Verständnisprobleme seitens der Mitglieder. Viele der AFP-Wechsel sind eher auf Werbeaktionen und -geschenke der AFP-Vertreter zurückzuführen als auf souveräne Konsumentenentscheidungen, die sich an wirtschaftlichen Signalen orientieren. Die verstärkten Werbebemühungen in den letzten Jahren haben sich in einem Anstieg der Kontenwechsel niedergeschlagen; 1990 wechselten rund 10% aller Mitglieder die AFP. Vor allem für kleinere Arbeitgeber können häufige Kontenwechsel der Angestellten erheblichen administrativen Aufwand verursachen. Problematisch ist außerdem, daß die Arbeitnehmer zu viel Gewicht auf kurzfristige Rentabilitätsunterschiede legen, während Rentenfinanzen einer langfristigen Planung bedürfen.

Ein weiterer Kritikpunkt am AFP-System besteht in der regressiven Wirkung der Gebühren, die die AFPs für die Kontenführung erheben. Die Pauschalgebühr für den Beitragseinzug wird von den Beträgen direkt abgezogen, während die übrigen Gebühren von Lohneinkommen zusätzlich abgezogen werden. Besonders in der Anfangsphase des neuen Systems waren diese Gebühren zum Teil sehr hoch, wodurch vor allem die Konten von Niedrigverdienern stark belastet wurden, besonders wenn die verzinste Belastung in der langen Frist betrachtet wird (Arrau 1992). In den letzten Jahren hat sich die Gebührenerhebung jedoch stark verringert; einige AFPs erheben überhaupt keine Pauschalgebühren mehr, so daß die regressiven Umverteilungswirkungen sich verringert haben.

V. Auswirkungen des "chilenischen Modells" auf die Reformdiskussion in Lateinamerika

In den zwölf Jahren seines Bestehens kann das chilenische Alterssicherungssystem als erfolgreich bezeichnet werden. Diese positive Einschätzung kann sich bis jetzt jedoch noch nicht auf die Erreichung des Sicherungsziels, sondern nur auf die Akkumulation und ertragreiche Investition des Sparkapitals beziehen. Eine erste Beurteilung darüber, ob das System tatsächlich wirksame Alterssicherung zu leisten vermag, ist erst dann möglich, wenn mindestens eine Generation das System vollständig durchlaufen hat. Indikatoren des bisherigen Erfolges sind eine Mitgliederzahl von 4,3 Millionen Personen im AFP-System (die notwendige Relativierung dieser Zahl durch die Unterscheidung zwischen Mitgliedern und Beitragszahlern wurde oben erläutert), die Akkumulation eines Kapitalstocks von über US-$ 17 Mrd. sowie eine durchschnittliche Realverzinsung von fast 15%.

Bei einer Erörterung der Möglichkeiten und Gefahren einer Übertragung des chilenischen Modells auf andere lateinamerikanische Länder sollte eine wichtige Rahmenbedingung stets berücksichtigt werden: Die wirtschaftliche Entwicklung Chiles ist seit 1987 von positiven Wachstumsraten, sinkender Inflation, sanierten Staatshaushalten und rasch sinkender Auslandsverschuldung gekennzeichnet gewesen. In der rentenpolitischen Diskussion in Lateinamerika wird auf unzulässige Weise zu häufig vom gesamtwirtschaftlichen Kontext des Modellfalls abstrahiert und damit die Illusion erweckt, ein System nach dem chilenischen Beispiel könne als Allheilmittel zur Lösung gleich mehrerer wirtschaftlicher Probleme dienen.

Von zentraler Bedeutung ist die gesamtwirtschaftliche Situation zunächst für die generelle Realisierbarkeit einer Rentenreform. Große staatliche Defizite, die durch die Finanzierung der Rentenansprüche zusätzlich belastet werden, bergen die Gefahr von beschleunigter Inflation und Zahlungsbilanzproblemen in sich. Die Finanzierung über staatliche Schuldtitel, wie im chilenischen Fall, ist nur möglich, wenn solche Schuldverschreibungen auch plazierbar sind. Aufgrund der Erfahrungen in Lateinamerika sind deshalb starke Zweifel an der Finanzierbarkeit laufender Renten und erworbener Ansprüche im Falle einer radikalen Reform angebracht.

Ein weiteres Hindernis für eine radikale Reform sind die im allgemeinen großen politischen Widerstände. In dieser Hinsicht kann der chilenische Kontext weder als repräsentiv noch als Vorbild gelten. Wie bereits erwähnt, war die chilenische Rentenreform ein Bestandteil der neoliberalen Wirtschaftsstrategie der Militärdiktatur. Erstaunlich erscheint in diesem Zusammenhang, daß es den Planern der Rentenreform gelang, die private Verwaltung der Rentenfonds gegen den Widerstand des Militärs durchzusetzen. Tatsächlich bestanden innerhalb der Regierung starke Bedenken dagegen, die Kontrolle über das Kapital aus der Hand zu geben; nur durch Intervention von Pinochet, der den Architekten des neuen Systems freie Bahn gab, konnte das Modell per Dekret verabschiedet werden. Die politischen Probleme zeigen sich auch daran, daß es bis heute in Chile nicht gelungen ist, die Alterssicherung des Militärs in das neue System einzugliedern.

Gelingt es nicht, einen politischen Konsens über die Gestaltung eines kapitalgedeckten Alterssicherungssystems zu finden und dauerhaft abzusichern, so kann dies weitreichendere Auswirkungen haben als in umlagefinanzierten Systemen. Der Anreiz, die Kontrolle über einen Kapitalstock von beträchtlicher Höhe zu erlangen, ist größer als die Versuchung, "nur" laufende Beitragszahlungen abzuzweigen. Bei der Reformdiskussion in den meist klientelistisch strukturierten lateinamerikanischen Ländern zeigt sich jetzt schon, daß die Gewerkschaften und andere Interessengruppen versuchen, die freie Wahl der Rentenfonds durch die Versicherten einzuschränken und die Verwaltung der Mittel unter ihre Kontrolle zu bringen. Ähnliches gilt für die Vertreter großer Banken und Versicherungen, die großes Interesse an der Einrichtung des chilenischen Modells anmelden. Die völlig unkontrollierte Expansion und der darauf folgende Zusammenbruch des Finanzsektors Anfang der achtziger Jahre in mehreren Ländern Lateinamerikas hat deutlich gemacht, wie gefährlich eine mangelnde Regulierung dieses Bereichs ist.

Aber selbst wenn, wie in Chile, die Regierung restriktive Investitionsvorschriften erläßt und die Rentenfonds einer strengen Aufsicht unterstellt, besteht weiter die Gefahr von Fehlinvestitionen. Solche Fehlinvestitionen können aus rein politischen Gründen ebenso wie aus mangelnder Sachkenntnis und falscher Einschätzung der

Lage erfolgen. Das Argument, das Kapital sei vor Mißbrauch schon dadurch geschützt, daß die AFP-Mitglieder ihre Kontenstände überwachen und ihre Konten gegebenenfalls zu einer anderen AFP transferieren können, erscheint angesichts der Komplexität und mangelnden Transparenz von Finanztransaktionen wenig überzeugend. Der Informationsstand der Mitglieder ist überwiegend gering, und die Entscheidungskriterien für den Beitritt sind oft nicht rational. Daran ändert auch die 1988 erlassene Verpflichtung zur laufenden Publikation der Rentabilität der Anlagen wenig.

Langfristige politische Gefahren sind vor allem die Nutzung bzw. Plünderung der Rentenfonds zur Deckung von Defiziten an anderer Stelle, die Verpflichtung zur Investition der Fonds bei der Privatisierung unrentabler staatlicher Unternehmen und die Investition in politische Prestigeobjekte. Diese Gefahr ist umso größer, je niedriger der Entwicklungsstand der Kapitalmärkte ist. Selbst in Chile hat die so rasche Anhäufung von Kapital die Kapazität der heimischen Finanzmärkte überfordert. Anfang 1992 wurde deshalb die Investition der AFP-Mittel in ausländische Anlagen freigegeben. Dieser Schritt hat große Kontroversen ausgelöst, da darin eine Schwächung der heimischen Wirtschaft durch Export der nationalen Ersparnis gesehen wurde.

Eher einleuchtend ist der Schutz des Sicherungskapitals durch die Trennung von Sparkapital und Geschäftskapital der AFPs. Während der Rezession in den Jahren 1982 und 1983 mußten zwei AFPs Bankrott anmelden; das Sicherungskapital blieb erhalten, die Konten wurden zu anderen AFPs transferiert. Unabhängig davon stellen jedoch hohe oder sogar hyperinflationäre Preissteigerungsraten eine große Gefahr für kapitalgedeckte Sicherungssysteme dar. Wäre die wirtschaftliche Situation Chiles zu Beginn der Krise schlechter gewesen, hätten die Probleme vermutlich nicht so rasch gemeistert werden können. Bei einer anhaltenden Krise aber wären vermutlich auch Kapitalverluste zu verzeichnen gewesen. Bisher weisen nur sehr wenige Länder Lateinamerikas eine relativ stabile Preisentwicklung auf, die jedoch Bedingung für eine wirksame Indexierung zum Schutz des Sparkapitals ist.

Nach wie vor heftig umstritten ist die Frage, ob durch ein Alterssicherungssystem nach dem chilenischen Modell die gesamtwirtschaftliche Ersparnis erhöht werden kann. Mehrere Studien (Arellano 1985; Arrau 1991; Marcel/Arenas 1992) zeigen, daß keinerlei empirische Hinweise auf eine Erhöhung der Sparquote durch den Systemwechsel zu finden sind. Vielmehr entstand durch den Systemwechsel in der Alterssicherung ein Defizit, das die durch das neue System bedingte Kapitalakkumulation kompensiert oder sogar überkompensiert, da die bisherigen Defizitprognosen vermutlich erheblich nach oben korrigiert werden müssen. Zusätzlich beinhaltet der Wechsel zu einem kapitalgedeckten Sicherungssystem die Gefahr einer Vergrößerung des staatlichen Defizits: Staatliche Ausgaben, die im allgemeinen von einer kurz- bis mittelfristigen Planung geleitet sind, werden dann unter Verwendung des akkumulierten Sicherungskapitals finanziert (Thompson 1983). Zur Entwicklung der chilenischen Kapital- und Finanzmärkte hat der Systemwechsel in der Alterssicherung jedoch deutlich beigetragen. Das chilenische Beispiel zeigt die Möglichkeiten, ein kapitalgedecktes Alterssicherungssystem mittels einer umfangreichen Gesetzgebung und sorgfältigen Aufsicht erfolgreich bei der Entwicklung dieser Märkte einzusetzen. Der Beitrag der Kapital- und Finanzmarktentwicklung zur Erhöhung der wirtschaftlichen Wachstumsrate ist schwer quantifizierbar; neuere Wachstumstheorien weisen ihm jedoch beträchtliche Bedeutung zu (vgl. Valdés/Cifuentes 1990; Holzmann 1992)

Zusammenfassend zeigt sich daher, daß der wirtschaftliche Kontext eine zu große Rolle spielt, als daß eine eindeutige Position für oder gegen die Einführung des chilenischen Modells bezogen werden kann. Einer der größten Vorteile einer radikalen Reform wäre sicherlich in vielen Ländern die Wiederherstellung des Vertrauens in die sozialpolitischen Institutionen. Ob dies durch einen Systemwandel wirklich gelingt, bleibt jedoch offen. Solange die Bevölkerung davon überzeugt ist, für geleistete Beiträge niemals eine Rentenzahlung zu erhalten, kann weder ein umlagefinanziertes noch ein kapitalgedecktes System funktionieren.

Zudem muß die Konzeption des Alterssicherungssystems in die generelle sozialpolitische Strategie eingebettet sein. Gerade in Ländern mit einem relativ großen informellen Sektor und geringem Deckungsgrad der Systeme muß eine Grundsatzentscheidung getroffen werden, ob die Systeme möglichst schnell horizontal auf die gesamte Bevölkerung ausgeweitet werden sollen oder ob sie nur für die im formellen Sektor Beschäftigten gelten sollen. Im ersten Fall müßten redistributive Elemente eingebaut werden, im zweiten Fall könnte ein System nach dem chilenischen Muster sinnvoll sein, wenn die übrige Bevölkerung durch andere, steuerfinanzierte Leistungen geschützt werden könnte. Abzulehnen sind in jedem Fall Systeme, die nur wenige schützen und stark aus dem (indirekten) Steueraufkommen subventioniert werden. Angesichts der vielfältigen sozialen Probleme in Lateinamerika ist stark zu bezweifeln, daß das chilenische Modell für viele Länder Vorbildcharakter besitzen kann. Ein individualisiertes Zwangssparsystem kann nur dann wirksame Sicherung leisten, wenn die Bevölkerung zur Vermögensbildung überhaupt in der Lage ist. Schon in Chile kann die Wirksamkeit keinesfalls als gesichert angesehen werden; dabei sind die wirtschaftlichen Rahmenbedingungen dort erheblich günstiger als in den meisten lateinamerikanischen Ländern. Problematisch ist auch die Aufhebung des Versicherungsprinzips in der Alterssicherung nach dem chilenischen Modell; daß private Versicherungslösungen hier eine adäquate Alternative schaffen, ist unter Berücksichtigung des niedrigen Entwicklungsstandes privater Versicherungsmärkte in lateinamerikanischen Ländern stark zu bezweifeln.

Mit der Diskussion um den Systemwechsel in der Alterssicherung verschiebt sich die Perspektive weg von einem integrierten sozialpolitischen Ansatz, der auf nachhaltige Armutsverminderung ausgerichtet ist, hin zu einer einseitigen Betonung des Finanzierungsverfahrens, der im allgemeinen nicht sozialpolitische, sondern wirtschaftliche und wachstumspolitische Interessen zugrundeliegen. Wenn die primären Zielsetzungen der Rentenpolitiker wachstumspolitisch motiviert sind, so sollten andere Instrumente eingesetzt werden, die besser zur Zielerreichung beitragen und die Erreichung des Alterssicherungsziels nicht gefährden. Damit die bisher in Lateinamerika vorherrschende politische Instrumentalisierung der Alterssicherung nicht durch eine wirtschaftliche Instrumentalisierung ersetzt wird, bedarf es zum einen einer Offenlegung der Zielhierarchien der an der Reformdiskussion beteiligten Gruppen, zum anderen aber auch einer Anpassung der Reformkonzepte an die länderspezifischen Gegebenheiten. Der chilenische Fall kann hilfreiches Anschauungsmaterial, besonders in technischen Fragen, liefern; für die politische Gestaltung und Durchsetzbarkeit wird jedes Land einen eigenen Weg finden müssen.

Literatur

ARELLANO, J.P. 1985:
The Impact of Social Security on Savings and Development, in: Mesa-Lago, C. (Hrsg.): The Crisis of Social Security and Health Care in Latin America, Pittsburgh.

CEPAL 1991:
La equidad en el panorama social de América Latina durante los años ochenta, Santiago.

CHEYRE VALENZUELA, H. 1991:
La previsión en Chile ayer y hoy. Impacto de una reforma, Santiago.

DELANO, M./TRASLAVIÑA, H. 1989:
La herencia de los Chicago Boys, Santiago.

GILLION, C./BONILLA, A. 1992:
Estudio de la privatización de un régimen nacional de pensiones. El caso chileno, Doc.18/OIT/-Departamento de Seguridad Social, Genf.

HOLZMANN, R. 1992:
Retirement Programs in Formerly Socialist Countries, World Bank, Washington (restricted).

MARCEL, M./ARENAS, A. 1991:
Reformas a la seguridad social en Chile, BID Monografia No.5, Washington.

MESA-LAGO, C. 1989:
Ascent to Bankruptcy. Financing Social Security in Latin America, Pittsburgh.

MESA-LAGO, C. 1991:
Social Security and Prospects for Equity in Latin America, World Bank Discussion Paper No. 140, Washington.

QUEISSER, M./PANADEIROS, M./LARRAÑAGA, O. 1993:
Economic Recession, Adjustment and Social Development in Latin America, Manuskript in Druckvorbereitung.

SILVA, P. 1991:
Technocrats and Politics in Chile: From the Chicago Boys to the CIEPLAN monks, in: Journal of Latin American Studies, Vol. 23, Part 2, 385-410.

THOMPSON, L. 1983:
The Social Security Reform Debate, in: Journal of Economic Literature, Vol. XXI:1425-1467.

VALDÉS PRIETO, S./CIFUENTES, R. 1990:
Previsión obligatoria para vejez y crecimiento económico, Instituto de Economía, Pontificia Universidad Católica de Chile, Santiago.

VERGARA, P. 1985:
Auge y caída del neoliberalismo en Chile, Santiago.

VITTAS, D./IGLESIAS, A. 1992:
The Rationale and Performance of Personal Pension Plans in Chile, World Bank Policy Research Paper 867, Financial Policy and Systems, Washington.

Teil II

Entwicklungen
in Ländern und Regionen

MERCADO COMUN CENTROAMERICANO - MCCA
(Gemeinsamer Zentralamerikanischer Markt)

Mitgliedsländer	Entstehung / Zielsetzung / Verlauf	Jahresrückblick 1992
* Costa Rica (seit 1962) * El Salvador * Guatemala * Nikaragua Honduras (bis 1970; seitdem Beobachterstatus)	Gegründet am 13.12.1960 in Managua, Nikaragua. Mit Unterstützung der CEPAL entstandenes politisches und ökonomisches Bündnis, das bis 1963 zu einem Abbau der intraregionalen Zollschranken auf fast alle Produkte geführt hatte. Kapital- und Arbeitsmarkt waren teilweise liberalisiert. Der Integrationsprozeß begann jedoch Ende der 60er Jahre aufgrund von Zahlungsbilanzproblemen sowie Verteilungsproblemen zulasten der schwächeren Staaten Honduras und Nicaragua zu stagnieren. Im Juni 1969 spitzten sich die Spannungen zwischen El Salvador und Honduras zum militärischen Konflikt zu (sog. "Fußballkrieg") und brachten die Integrationsbemühungen vollständig zum Erliegen. Nachdem sich der MCCA in den 80er Jahren auf den mittelamerikanischen Friedensprozeß konzentrierte, schreiten in den 90er Jahren die Bemühungen um wirtschaftliche und politische Integration voran, erleiden aber auch Rückschläge v.a. durch Costa Rica's Weigerung, sich politisch zu integrieren.	(29.-31.1.) Erstes Treffen der Wirtschaftsminister von CARICOM und MCCA in San Pedro Sula (Honduras): * Errichtung einer gemeinsamen Freihandelszone; gemeinsame Strategie gegenüber Uruguay-Runde (GATT) und Bush-Initiative; * Gründung eines Konsultationsforums. (24.-25.2.) San José VII-Konferenz in Lissabon. (12.5.) Treffen der Präsidenten El Salvadors, Guatemalas und Honduras' in Nueva Ocotepeque (Honduras): Übereinkunft über verstärkte wirtschaftliche Zusammenarbeit der drei Länder des "Triángulo del Norte" (als Reaktion auf Costa Rica's zögerliche Haltung). (20.8.) Treffen der zentralamerikanischen Wirtschaftsminister in Managua (Nikaragua): * Schaffung einer Freihandelszone mit Mexiko bis 1996 (zunächst unter Ausschluß Panamas). 30.10.) Erneutes Gipfeltreffen der Präsidenten von Guatemala, El Salvador und Honduras: * Vorantreiben der Integration im Rahmen des "Triángulo del Norte"; * Gründung regional zu koordinierender Nationaler Kommissionen. Anfang 1993: Gründung des "Sistema de Integración Centroamericano" (SICA).

GRUPO ANDINO (auch: Acuerdo de Cartagena)
(Andenpakt / Abkommen von Cartagena)

Mitgliedsländer	Entstehung / Zielsetzung / Verlauf	Jahresrückblick 1992
* Bolivien * Ekuador * Kolumbien * Peru +) * Venezuela (seit 1973) Chile (bis 1976) --- +) Seit dem 26.8.92 ruht die Mitgliedschaft Perus (bis Ende 1993).	Gegründet am 26.5.1969 in Cartagena de Indias, Kolumbien zur Förderung der regionalen Entwicklung und des wirtschaftlichen Wachstums durch Integration und Kooperation. Nachdem der Integrationsprozeß in den 80er Jahren stagnierte, kennzeichnete die Wiederaufnahme regelmäßiger Präsidententreffen seit 1989 den Beginn einer Reaktivierung des Paktes. Neben der Liberalisierung des interandinen Handels wird in jüngerer Zeit verstärkt die Integration der Region in den Weltmarkt gefördert. Bis 1995 soll ein gemeinsamer Markt gebildet werden. Formal besteht seit dem 1.1.1992 eine andine Freihandelszone. Durch die innenpolitische Entwicklung in Peru gerät das Bündnis im Jahresverlauf in eine schwere Krise. Sitz der "Junta del Acuerdo de Cartagena" ist Lima (Peru).	(1.6.) Der für dieses Datum festgelegte VII. Präsidenten-Gipfel auf den Galápagos-Inseln (Ekuador) fällt aus. (15.-17.6.) Sondersitzung der Kommission in Quito (Ekuador). Zentrales Thema: Beratung der krisenhaften Entwicklung nach dem "autogolpe" von Präsident Fujimori (s. Chronologie Peru, S. 206 ff.), dem Abbruch der diplomatischen Beziehungen zwischen Kolumbien und Peru und der Wiedereinführung von Handelsbeschränkungen. Trotz gegenteiliger Beteuerungen kommt es faktisch zum Scheitern der Zusammenkunft. (26.6.) Kooperationsvertrag mit der EG: * enge Zusammenarbeit auf den Gebieten Handel, Wissenschaft und Technik; * gemeinsame Bekämpfung des Drogenhandels; * Beibehaltung der Zollpräferenzen (mit Ausnahme von Venezuela). (26.8.) Die peruanische Regierung erklärt ihren zeitweiligen Austritt aus dem Andenpakt. (30.9.) Bolivien und Ekuador treten der Freihandelszone bei (Übergangsregelungen für Ekuador bis zum 31.1.1993). (31.10.) Verwirklichung eines gemeinsamen Außenzolls für alle Paktmitglieder (für Bolivien besteht Übergangsregelung bis Dezember 1993).

CARIBBEAN COMMUNITY AND COMMON MARKET - CARICOM
(Karibische Gemeinschaft und Gemeinsamer Markt)

Mitgliedsländer	Entstehung / Zielsetzung / Verlauf	Jahresrückblick 1992
* Antigua & Barbuda * Bahamas (seit 1983) * Barbados * Belize * Dominica * Grenada * Guyana * Jamaika * Montserrat * Saint Kitts-Nevis * Saint Lucia * Saint Vincent * Trinidad & Tobago	Gegründet am 4.7.1973 als wirtschaftliches und politisches Bündnis der 13 englischsprachigen, unabhängigen (Ausnahme: Montserrat) Staaten im Karibischen Raum. Ziele sind die wirtschaftliche Integration durch einen Gemeinsamen Markt sowie die Koordinierung einer gemeinsamen Außenpolitik. Obgleich im regionalen Freihandel bei besonderer Unterstützung der weniger entwickelten Länder große Erfolge erzielt wurden, mußte die Bildung eines Gemeinsamen Marktes immer wieder verschoben werden.	(29.31.1.) Ersten Treffen der Wirtschaftsminister von CARICOM und MCCA (–> MCCA, S. 113). (29.6.-2.7.) Gipfeltreffen der Staatschefs in Port-of-Spain (Trinidad): * Neufestsetzung eines gemeinsamen Außenzolls ab Juni 1993, nachdem sich bisher erst 8 Mitgliedsländer an die geltende Regelung halten; * Aussprache über den "Bericht zur Lage der Karibik", der in 2 Jahren von der Westindischen Kommission ausgearbeitet wurde; * Forderung nach Freizügigkeit für Arbeitskräfte; * die Schaffung einer karibischen Währungsunion wird auf das Jahr 2000 verschoben; vorerst Abstimmung der Geldpolitik und Wechselkurse. (2.9.) Venezuela unterzeichnet Abkommen mit den CARICOM-Staaten über Zollpräferenzen für Waren aus dieser Region (evtl. Ausweitung auf die anderen G3-Staaten Mexiko und Kolumbien). (31.10.-1.11.) Sonderkonferenz der CARICOM-Regierungschefs in Port-of-Spain (Trinidad): * Bildung eines "Büros der Regierungschefs"; * Senkung der Außenzölle auf 5%-20% (bis 1997); * engere Kooperation mit den Anrainerstaaten des karibischen Beckens; * Vorschlag für eine UNO-Resolution, die Karibik zur "nuklearfreien Zone" zu erklären. Anlaß: französisch-japanische Plutoniumtransporte.

ORGANISATION OF EASTERN CARIBBEAN STATES - OECS
(Organisation ostkaribischer Staaten)

Mitgliedsländer	Entstehung / Zielsetzung / Verlauf	Jahresrückblick 1992
* Antigua & Barbuda * Dominica * Grenada * Montserrat * Saint Kitts-Nevis * Saint Lucia * Saint Vincent & Grenadinen	Gegründet 1981 in Basseterre, St.Kitts-Nevis. Wirtschaftliche und politische Schwierigkeiten im Karibischen Raum während der 70er Jahre führten zu einer Annäherung der 7 ostkaribischen Kleinstaaten, die bereits seit 1968 im Eastern Caribbean Common Market (ECCM) zusammengeschlossen waren. Neben einer ökonomischen und politischen Kooperation und Integration wollten die Staaten mit der Gründung der OECS insbesondere ihre Position in der CARICOM-Region stärken. 1983 unterstützte die OECS die US-Invasion in Grenada. Das seit 1987 angestrebte Ziel einer politischen Union wurde bislang noch nicht erreicht. St. Kitts will daran nicht teilnehmen. Zum Einigungsprozeß der Windward Inseln im Rahmen der Windward Islands Regional Constituent Assembly vgl. die Chronologie "Karibischer Raum" (S. 267 ff.).	(21.-25.1.) 4. Regionale Verfassunggebende Versammlung der Windward Islands in St. George's (Grenada), mit der die vier Inseln St. Lucia, St. Vincent, Dominica und Grenada ihre politische und wirtschaftliche Einheit vorantreiben wollen: man einigt sich auf Vorschläge für ein föderales Präsidialsystem mit einem Zwei-Kammer-Parlament. Im Anschluß treffen sich die OECS-Staatschefs in Grenada, um sich über neue Entwicklungstrategien, ein gemeinsames Zollsystem und einen Gemeinsamen Markt zu beraten. (30.-31.1.) Folgetreffen der Staatschefs der OECS in Castries (St. Lucia) zu Beratungen über den Gemeinsamen Markt der Ostkaribik, ein Steuersystem und über das neue Außenzoll-Abkommen.

SISTEMA ECONOMICO LATINOAMERICANO (SELA)
Lateinamerikanisches Wirtschaftsbündnis

Mitgliedsländer	Entstehung / Zielsetzung / Verlauf	Jahresrückblick 1992
26 lateinamerikan. und karib. Staaten: Argentinien, Bolivien, Brasilien, Chile, Ekuador, Kolumbien, Mexiko, Paraguay, Peru, Uruguay, Venezuela Costa Rica, El Salvador, Guatemala, Honduras, Nikaragua, Panama Barbados, Dominikanische Republik, Grenada, Guyana, Haiti, Jamaika, Kuba, Surinam, Trinidad und Tobago	Am 17.10.1975 auf Initiative Mexikos und Venezuelas in Panama-Stadt gegründet. Ziele: Förderung der regionalen Zusammenarbeit im Wirtschafts- und Sozialbereich, Unterstützung der Integrationsprozesse in Lateinamerika, Vorbereitung und Durchführung wirtschaftlicher und sozialer Entwicklungsprojekte, Vertretung gemeinsamer Positionen gegenüber Drittländern, Ländergruppen sowie gegenüber internationalen Foren und Organisationen. – SELA war als lateinamerikanischer Akteur nach einer aktiven Anfangsphase in den 80er Jahren etwas in den Hintergrund getreten, gewann aber unter der neuen Führung wieder an Bedeutung. SELA ist die einzige lateinamerikanische Organisation, die bei internationalen Konferenzen vertreten ist (z.B. seit 1976 Beobachterstatus bei der UNCTAD). Oberstes Organ ist der Lateinamerikanische Rat. Sitz des Ständigen Sekretariats ist Caracas (Venezuela)	(11.-13.3.) Arbeitssitzung von führenden Vertretern des SELA und der EG-Kommission in Caracas (Venezuela) zum Thema Stärkung der Beziehungen zwischen Lateinamerika und der EG aus Anlaß der wachsenden weltwirtschaftlichen Bedeutung der EG bei gleichbleibend geringem Importanteil lateinamerikanischer Waren (2.2%). (10.-11.9.) XVIII. Treffen des Lateinamerikanischen Rats in Caracas. Zentrale Themen: die außenwirtschaftlichen Beziehungen der lateinamerikanischen Länder und der zunehmende Protektionismus seitens der Industriestaaten. Die im Rahmen der ökonomischen Anpassungsprogramme stattfindende Öffnung der lateinamerikanischen Volkswirtschaften steht im krassen Gegensatz zu dieser Tendenz. (12.10.) Das Ständige Sekretariat des SELA kritisiert in einer Presseerklärung, daß die "Bush-Initiative" bisher wenig ermutigende Entwicklungen zeige, v.a. da der US-Kongreß aus wahltaktischen Gründen die Freigabe prinzipiell bewilligter Mittel für die Auslandshilfe blockiere.

ASOCIACION LATINOAMERICANA DE INTEGRACION (ALADI)
(Lateinamerikanische Integrationsvereinigung)

Mitgliedsländer	Entstehung / Zielsetzung / Verlauf	Jahresrückblick 1992
* Argentinien * Bolivien * Brasilien * Chile * Ekuador * Kolumbien * Mexiko * Paraguay * Peru * Uruguay * Venezuela	Gegründet im August 1980 als Nachfolgeorganisation der 'Asociación Latinoamericana de Libre Comercio (ALALC)'. ALADI soll zur Herbeiführung eines gemeinsamen lateinamerikanischen Marktes beitragen, sieht dafür aber –anders als die ambitionierte Vorgängerorganisation – keinen festen Zeitplan vor. Angestrebt wird die Bildung einer allgemeinen Präferenzzone durch bi- und multilaterale sowie subregionale Abkommen. Sonderklauseln sehen die Unterstützung der ökonomisch schwächsten Mitgliedsstaaten (v.a. Paraguay und Bolivien) vor. Oberstes Organ ist der "Consejo de Ministros". Sitz ist Montevideo, wo die in Uruguay akkreditierten Botschafter der Mitgliedsländer ein "Comité de Representantes" bilden. Der unter den Regelungen von ALADI abgewickelte Handel beläuft sich auf nur etwa 10% des gesamten Exportwertes der Mitgliedsländer. Zwischen ALADI und der Rio-Gruppe gibt es seit neuerem eine starke Annäherung, wobei sich die Rio-Gruppe als der politische Arm der ALADI versteht.	(30.11.) Auf Vorschlag Mexikos wird auf einer Sitzung der lateinamerikanischen Außenminister beschlossen, die Integrationsvereinigung ALADI von Grund auf zu modernisieren und zu restrukturieren. Dies gibt der mexikanische Außenminister Fernando Solana am Vorabend des VI. Präsidentengipfels der Rio-Gruppe in Buenos Aires (Argentinien) bekannt. ALADI habe nach übereinstimmender Meinung aller Beteiligten mit den neueren Entwicklungen nicht Schritt gehalten und drohe zu einer obsoleten Einrichtung zu werden. Bis zur nächsten Ministertagung im März 1993 sollen von einer Arbeitsgruppe konkrete Schlüsse gezogen werden.

TRATADO DE COOPERACION AMAZONICA
Tratado de Cooperação Amazônica (TCA) – (Amazonas Pakt)

Mitgliedsländer	Entstehung / Zielsetzung / Verlauf	Jahresrückblick 1992
* Bolivien * Brasilien * Ekuador * Guyana * Kolumbien * Peru * Surinam * Venezuela	Gegr. am 3.7.1978 in Brasilia; in Kraft seit dem 2.8.1980. Der Amazonas-Pakt ist kein ökonomisches oder auf Handelsbeziehungen konzentriertes Abkommen. Er stellt lediglich einen intergouvernementalen Rahmenvertrag dar. Der Verpflichtungscharakter ist gering. Ziel der Vertragspartner ist es, ihre jeweiligen territorialen Anteile am Amazonas-Becken zu fördern und zu entwickeln (Erhaltung der Umwelt, Bewahrung und rationelle Nutzung der natürlichen Ressourcen). Im Vordergrund stehen Infrastrukturmaßnahmen, Nutzung der Wasserressourcen, Tourismus, Gesundheit, wissenschaftliche Zusammenarbeit und die Durchführung von Gemeinschaftsprojekten. Die wichtigsten Gremien sind die Versammlung der Außenminister und ein Rat für Zusammenarbeit (politische Umsetzung der Beschlüsse). Eine stärker institutionalisierte Umsetzung der Beschlüsse in Form von Projekten und Programmen ist geplant. Sitz des vorläufigen TCA-Sekretariats ist seit Jahren Quito (Ekuador).	(9.2.) Präsidenten-Gipfel der Anrainerstaaten des Amazonas-Beckens in Manaus (Brasilien). Im Mittelpunkt der Zusammenkunft steht die Formulierung einer gemeinsamen Strategie für die im Juni stattfindende UN-Umweltkonferenz in Rio de Janeiro. Die Präsidenten beschließen, die Debatte über Umweltprobleme auf jeden Fall mit der Frage der Finanzressourcen zu verknüpfen, die zum Schutz der Region erforderlich sind. Von den Industrieländern wird wirtschaftliche Hilfe gefordert, in Kompensation für die Mitschuld an den bisherigen Umweltschäden. Die Abschlußerklärung betont die Interdependenz zwischen Unterentwicklung und Umweltverschmutzung. Gefordert wird im einzelnen: * besserer Zugang zu finanziellen und technischen Ressourcen; * gerechte "Terms of Trade"; * realistische Bedingungen zur Lösung des Verschuldungsproblems. (22.9.) Unterzeichnung des ersten Vertrages zwischen TCA und EG über die finanzielle Förderung von Schutzmaßnahmen im Amazonasgebiet in Höhe von US$ 8 Mio.

GRUPO DE RIO (Rio-Gruppe)
(auch: Mecanismo Permanente de Consulta y Concertación Política)

Mitgliedsländer	Entstehung / Zielsetzung / Verlauf	Jahresrückblick 1992
* Argentinien * Bolivien (seit 1990) * Brasilien * Chile (seit 1990) * Ekuador (seit 1990) * Kolumbien * Mexiko * Paraguay (seit 1990) * Uruguay * Venezuela Panama (bis 1990) Peru (1992 wegen Staatsstreich ausgeschlossen)	Gegründet im Dezember 1986 in Rio de Janeiro, Brasilien, zur Aufnahme eines regelmäßigen politischen Meinungsaustausches zwischen den lateinamerikanischen Staats- und Regierungschefs. Hervorgegangen aus der Contadora und ihrer Unterstützergruppe, die sich im Rahmen des zentralamerikanischen Friedensprozesses gebildet hatten, versteht sich "Grupo de Rio" heute als institutioneller Rahmen zur Festlegung gemeinsamer außenpolitischer Richtlinien und der Repräsentation Lateinamerikas auf internationaler Ebene. Themen: Beziehungen zu anderen Staaten und Blöcken (enge Kontakte zur EG), Verschuldung, Drogen- und Umweltpolitik, internationale und regionale Konflikte (Kuba, Golfkrieg). Die starke Ausrichtung auf die Präsidenten-Gipfel führt zu einer informellen, flexiblen, von persönlichen Beziehungen bestimmten Arbeitsweise der Gruppe. – Das vorläufige Sekretariat der Rio-Gruppe ist für jeweils ein Jahr im Außenministerium eines Mitgliedslandes angesiedelt (1993: Chile; 1994: Brasilien).	(26.-27.3.) Außenministertreffen in Buenos Aires (Argentinien). Zentrale Themen: die besondere Situation Kubas und Haitis sowie weitere regionale Probleme Lateinamerikas, zu denen v.a. der Kampf gegen Rauschgift, der Umweltschutz und die regionale Integration zählen. Ferner wird die gemeinsame Haltung der Rio-Gruppe für die im Mai stattfindenden Verhandlungen mit der EG abgestimmt. (29.-30.5.) Zweites gemeinsames Treffen der Außenminister der EG-Staaten und der Rio-Gruppe in Santiago de Chile. (1.-2.12.) VI. Präsidenten-Gipfel in Buenos Aires (eingeladen: Honduras und Jamaika). Aufgrund der aktuellen Ereignisse in Venezuela (vgl. Chronologie Venezuela, S. 222) steht erstmals das Thema Korruption als Gefahr für die jungen Demokratien auf der Tagesordnung. Weiteres zentrales Thema ist die Suche nach Strategien zur Überwindung der wachsenden Armut. Es zeigen sich deutliche Meinungsunterschiede zwischen Befürwortern und Gegnern der neoliberalen Anpassungsprogramme. Eine gemeinsame Haltung gegenüber Kuba kommt nicht zustande; es bleibt beim Schwanken zwischen Nichteinmischung (die Mehrheit) und Sanktionsmaßnahmen (Argentinien).

GRUPO DE LOS TRES (G-3)
(Dreier-Gruppe)

Mitgliedsländer	Entstehung / Zielsetzung / Verlauf	Jahresrückblick 1992
* Kolumbien * Mexiko * Venezuela	Informeller Zusammenschluß der drei Staaten seit März 1990. Ziel ist die politische und ökonomische Annäherung (Errichtung einer Freihandelszone) innerhalb der Mitgliedsstaaten sowie die Ausdehnung der Integrationsbemühungen auf den gesamten zentralamerikanischen und karibischen Raum. Angestrebt wird eine gemeinsame zentralamerikanische Energiepolitik, bei der die Erdgas- und Kohlevorräte der drei Staaten im Mittelpunkt stehen. – Politisch steht die G-3 mit ihrer Unterstützung des zentralamerikanischen Friedensprozesses in der Tradition der Contadora-Gruppe. Besondere Anstrengungen gelten der Verbesserung der Beziehungen zu Kuba. Die G-3 könnte auch den Rahmen für weitergehende Integrationsbestrebungen im zentralamerikanischen und karibischen Raum abgeben. – Der für Ende 1992 anvisierte Abschluß eines Freihandelsabkommens kommt vorerst nicht zustande.	(20.6.) Chile bekundet Interesse, dem G-3-Bündnis beizutreten. Bilaterale Handelsabkommen wie das mit Mexiko sollen den Weg für einen Beitritt ebnen. (19.-21.8.) Expertentreffen der Dreier-Gruppe in Mexiko-Stadt. Im Hinblick auf die angestrebte Freihandelszone werden v.a. folgende Punkte geklärt: * Herkunfts- und Qualitätsnormen; technische und Wettbewerbsnormen; Sicherheitsvorschriften; * Investitionen, staatliche Nachfrage und Subventionen.

MERCADO COMUN DEL SUR - MERCOSUR
(Gemeinsamer Markt der Länder des Cono Sur)

Mitgliedsländer	Entstehung / Zielsetzung / Verlauf	Jahresrückblick 1992
* Argentinien * Brasilien * Paraguay * Uruguay	Gegründet am 26.3.1991 in Asunción, Paraguay. Ab Mitte der 80er Jahre verstärkten Argentinien und Brasilien ihre Bemühungen um eine wirtschaftliche Integration und Kooperation. Mit der Gründung des MERCOSUR wurden die Integrationsbemühungen auf Paraguay und Uruguay ausgeweitet. Ziel ist die Errichtung eines Gemeinsamen Marktes bis zum 1.1.1995. Boliviens Antrag auf Mitgliedschaft wurde aufgrund seiner Zugehörigkeit zum Andenpakt bisher nicht stattgegeben.	(1.1.) Senken der Zollsätze um 7% als nächste Etappe auf dem Weg zur Freihandelszone. (20.2.) Präsidententreffen in Canela (Brasilien): Abstimmung der gemeinsamen Strategie für die UN-Umweltkonferenz im Juni. Deutlich schwächere Schuldzuweisungen als in der "Manaus-Charta" des Amazonas-Pakts. (22.5.) III. Treffen der Wirtschaftsminister in Buenos Aires zur Anpassung der makroökonomischen Rahmendaten in den Mitgliedsländern. (1.6.) Unterzeichnung eines Bildungsabkommens: u.a. Förderung der zweisprachigen Erziehung (spanisch/portugiesisch) und verstärkter Wissenschaftsaustausch. (26.-27.6.) III. Präsidenten-Gipfel in Las Leñas (Argentinien). Als Gäste: Chile und Bolivien. * Festlegung eines verbindlichen Zeitplans für gemeinsamen Außenzoll; * Vereinbarung einer sog. "Demokratie-Klausel"; * Bolivien stellt Antrag auf Aufnahme in den MERCOSUR. (27.-28.12.) Präsidenten-Gipfel in Montevideo (Uruguay): * Gemeinsamer Außenzoll ab 1995 (Richtwert: 20%, "sensible" Branchen: 35%); * Wichtige Klärung betr. Handelsbilanzdefizite zwischen den Ländern auf Juni 1993 vertagt.

NORTH AMERICAN FREE TRADE AGREEMENT - NAFTA
TRATADO DE LIBRE COMERCIO – TLC
(Nordamerikanisches Freihandelsabkommen)

Mitgliedsländer	Entstehung / Zielsetzung / Verlauf	Jahresrückblick 1992
* Kanada * Mexiko * Vereinigte Staaten von Amerika (USA)	Geplante trilaterale Freihandelszone: Im Frühjahr 1990 stimmte Mexiko den wiederholten US-amerikanischen Initiativen für die Schaffung einer gemeinsamen Freihandelszone in Nordamerika zu. Kanada, das bereits 1987 ein Freihandelsabkommen mit den USA unterzeichnet hatte, schloß sich im Herbst des Jahres den vorbereitenden Gesprächen an. Die Verhandlungen begannen 1991 und führten 1992 zu einem Vertragsabschluß.	(12.8.) Die Verhandlungskommissionen unter dem Vorsitz von Carla Hill (USA), Michael Wilson (Kanada) und Jaime Serra Puche (Mexiko) einigen sich auf einen vorläufigen Vertragstext: * Beseitigung von Zöllen auf nahezu alle zwischen den drei Ländern gehandelten Waren (Übergangsfristen im Agrarbereich 10-15 Jahre); * Einrichtung von Handelshemmnissen gegen europäische und asiatische Unternehmen, die US-Zölle durch Handel über Mexiko umgehen; * Öffnung des mexikanischen Bank- und Versicherungswesens für nordamerikanische Wettbewerber; * Schaffung einer Schlichtungsstelle für Handelsstreitigkeiten und Umweltschutz (18.9.) Abkommen zwischen USA und Mexiko zur Vermeidung von Doppelbesteuerung und Steuerflucht. (16.10.) Veröffentlichung des Vertragswerks. (3.11.) Der neugewählte US-Präsident Bill Clinton deutet Nachbesserungen im NAFTA-Vertrag an. (17.12.) Unterzeichnung des NAFTA-Vertrages durch US-Präsident George Bush, Kanadas Premier Brian Mulroney und Mexikos Staatspräsident Carlos Salinas de Gortari.

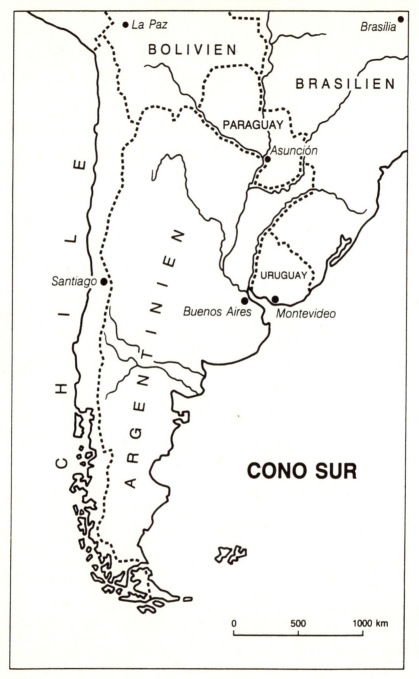

Argentinien

> Amtlicher Name: República Argentina
> Präsident: Dr. Carlos Saúl MENEM
> Im Amt seit: 8. Juli 1989
> Nächste Präsidentschaftswahlen: Juli 1995
>
> Regierungspartei: Partido Justicialista (PJ); politische Zusammenarbeit mit der Unión del Centro Democrático (UCeDé)
>
> Kabinett (Stand: August 1993): Äußeres: Guido DI TELLA; Inneres: Carlos RUCKAUF; Wirtschaft: Domingo Felipe CAVALLO.
>
> Oppositionsparteien im Parlament: Unión Cívica Radical (UCR); Fuerza Republicana (FR); Partido Renovador (PR); Movimiento por la Dignidad y la Independencia (MODIN); Grupo de los Ocho (G-8).
>
> Sitzverteilung im Parlament:
> *Abgeordnetenhaus* (257 Sitze) ab 10.12.93 aufgrund der Nachwahlen vom 3.10.93: PJ: 127; UCR: 83; UCeDé: 9; MODIN: 9; Provinzparteien insges.: 25; sonstige: 7.
> *Senat* (48 Sitze): PJ: 30; UCR: 11; andere: 7.

Chronologie 1992

Zu den wirtschaftspolitisch bedeutsamen Ereignissen zählt der Abschluß eines Umschuldungsabkommens mit den Gläubigerbanken im Rahmen des BRADY-Planes. Auch mit den im Pariser Club zusammengeschlossenen Gläubigerländern wird ein Übereinkommen erzielt. Der *Plan Cavallo* zur wirtschaftlichen Stabilisierung ist weiterhin erfolgreich: die Inflation geht weiter zurück; die Wirtschaft wächst wie bereits 1991 kräftig (6,0%); der Anteil der Armen verringert sich; allerdings bleibt die Arbeitslosenquote (7%) hoch. Mit 17,5% erreicht die Jahresinflationsrate 1992 den niedrigsten Wert seit 1970. Die Wirtschaftspolitik (wie auch Wirtschaftsminister CAVALLO) finden bis zur Jahresmitte eine breite Zustimmung (52%), danach gehen die Zustimmungswerte zurück, sie bleiben aber immer noch relativ hoch (34,4% zum Ende des Jahres). Probleme bereitet das wachsende Defizit in der Handelsbilanz, vor allem im Handel mit Brasilien. Argentinien beteiligt sich jedoch weiterhin aktiv am Aufbau des MERCOSUR.

Die argentinische Regierung bekräftigt den Hoheitsanspruch auf die Malwinen, der allerdings auf friedlichem Wege eingelöst werden soll. In der Innenpolitik wird das Land auch 1992 von Korruptionsskandalen erschüttert. Die Korruption wird in Meinungsumfragen als eines der dringendsten Probleme des Landes identifiziert. Die Popularität von Präsident MENEM sinkt von 54% zu Beginn des Jahres auf 37,4% im Dezember. Nach einer Umfrage (CEOP) zum Thema Pressefreiheit betrachtet die Mehrzahl der Argentinier die Pressefreiheit als Verfassungsrecht und die Kritik an der Regierung als Beitrag zur Stärkung der Demokratie. Die Radikale Partei gewinnt die Senatorenwahl in Buenos Aires (Hauptstadtbezirk). Der Wahlsieger DE LA RÚA ist einer der potentiellen Präsidentschaftskandidaten der Partei. Der peronistische Gewerkschaftsdachverband CGT vereinigt sich wieder und schwankt zwischen einer Politik der kritischen Solidarität mit der Regierung und Protestmaßnahmen, einschließlich eines Generalstreiks. Nach Angaben der Weltgesundheitsorganisation sind 1992 in Argentinien insgesamt 451 Fälle von Cholera bei 15 Todesfällen zu verzeichnen.

Januar

1.1. Der Peso löst den Austral als argentinische Währung ab. Der Wechselkurs des Peso gegenüber dem US-Dollar wird auf 1:1 festgelegt.

2.1. Ein Gesetz tritt in Kraft (Ley 24.043), das Entschädigungszahlungen für während der Militärherrschaft erlittene Haft vorsieht.

15.1. Wegen Korruptionsverdacht treten ein Privatsekretär Menems und der Stellvertretende Innenminister zurück.

20.1. Die argentinische Regierung erklärt sich bereit, bis zu 100.000 Einwanderer aus Osteuropa (vor allem in Estland und Lettland lebende Russen) aufzunehmen, fordert aber von der EG einen finanziellen Beitrag zur Lösung des Wohnungsproblems in Höhe von US$ 20.000 pro Person.

Februar

3.2. Durch ein Dekret des Präsidenten werden die argentinischen Archive für Nachforschungen über nach Argentinien geflüchtete Nazis geöffnet.

4.2. Nachdem aufgrund eines Patts im Wahlmännergremium in der Provinz Corrientes keine Einigung bei der Wahl des Gouverneurs erreicht werden kann, interveniert die Zentralregierung die Exekutive der Provinz. Ziel sind Neuwahlen, die idealerweise nach einer Reform der Verfassung der Provinz (Direktwahl des Gouverneurs mit Stichwahl) stattfinden sollten, um einer ähnlichen Situation in der Zukunft vorzubeugen.

11.- Europareise von Präsident MENEM zum Europarlament in Straßburg (12.2.),
19.2. zur EG-Kommission in Brüssel (13.2.) und zu einem Staatsbesuch in Frankreich (17.-19.2.). In seiner Rede vor dem Europaparlament bekundet MENEM die Bereitschaft seines Landes, zwischen 200.000 und 300.000 Auswanderer aus Osteuropa aufzunehmen. Die EG solle hierzu pro Person einen Eingliederungsbeitrag beisteuern.

20.- Besuch des amerikanischen Verteidigungsministers CHENEY in Buenos
21.2. Aires. Die argentinische Marine soll zwei Eisbrecher und zwei Transportflugzeuge des Typs Hercules C-130 erhalten.

März

1.3. Die Regierung erhöht die Mehrwertsteuer von 16% auf 18%.

17.3. Bei einem Bombenanschlag arabischer Terroristen auf die israelische Botschaft in Buenos Aires kommen 29 Personen ums Leben, 252 werden verletzt.

19.3. Zwischen 70.000 und 100.000 Menschen – darunter der frühere Präsident ALFONSÍN - nehmen in Buenos Aires an einem Demonstrationszug gegen das Attentat auf die israelische Botschaft teil, zu dem jüdische Organisationen aufgerufen hatten.

25.-26.3. Staatsbesuch der nikaraguanischen Präsidentin, Violeta BARRIOS DE CHAMORRO, in Argentinien.

26.3. Nach 2½ Jahren Spaltung schließen sich die beiden Flügel des Gewerkschaftsdachverbandes CGT wieder zusammen. Am Vereinigungskongreß nehmen 1507 Delegierte aus 115 Einzelgewerkschaften teil. Die wiedervereinigte CGT wird von einem fünfköpfigen Direktorium geleitet.

31.3. Der IWF gewährt Argentinien in den kommenden drei Jahren einen erweiterten Kredit *(extended fund facility)* in Höhe von US$ 2,945 Mrd., um damit Argentinien den nötigen finanziellen Spielraum für Umschuldungsverhandlungen im Rahmen des BRADY-Planes zu verschaffen (Finanzierung von Sicherheiten).

April

1.4. Eine Steuerreform tritt nach ihrer Verabschiedung durch den Senat in Kraft (u.a. Steuererhöhung auf Unternehmensgewinne von 20% auf 30%, Einführung einer Aktiensteuer von 1%. Besteuerung des Besitzes von Argentiniern im Ausland, Steuerermäßigungen bei Rückführung von Kapital).

2.4. Auf einer Gedenkveranstaltung zum Malwinen-Krieg erklärt Präsident MENEM, daß Argentinen über kurz oder lang, vielleicht sogar vor dem Jahr 2000 die Souveränität über die Malvinen ohne Blutvergießen auf diplomatischem Weg zurückgewinnen werde.

7.4. Argentinien und ein Ausschuß der mehr als 300 Gläubigerbanken erreichen ein Abkommen im Rahmen des BRADY-Planes. Davon betroffen sind US$ 23 Mrd. mittel- und langfristige Kapitalschulden und US$ 8 Mrd. aufgelaufene Zinsrückstände. Die gesamte Auslandschuld Argentiniens belief sich am 31.12.1991 auf US$ 58,2 Mrd.. Das Abkommen räumt den Gläubigerbanken zwei Optionen ein: a) den Umtausch der Schuldpapiere gegen neue mit einem Abschlag *(Discountbonds)* von 35% bei den Kapitalforderungen, einer Laufzeit von 30 Jahren und einem Zinssatz von 13/16% über dem LIBOR-Satz; b) den Umtausch gegen Schuldpapiere vom gleichen Nennwert mit einer Laufzeit von 30 Jahren und einem reduzierten Zinssatz (Niedrigzinsbonds) von zunächst 4%, der bis zum siebten Jahr auf 6% (Maximum) steigt. Beide Varianten werden durch sogenannte Zero-Bonds des US-Schatzamtes abgesichert. Die argentinische Regierung kündigt an, die Zinszahlungen ab sofort von monatlich US$ 60 Mio. auf 70 Mio. zu erhöhen und eine einmalige Abschlagszahlung in Höhe von US$ 400 Mio. an rückständigen Zinsen zu leisten sowie argentinische "Zero-Bonds" im Marktwert von US$ 300 Mio. und sechs Jahren Laufzeit bereitzustellen, die mit Schatzbriefen der amerikanischen Regierung gedeckt werden. Diese wird die argentinische Regierung mit Geldern internationaler Finanzinstitutionen kaufen. Die verbleibenden aufgelaufenen Zinszahlungen werden in eine unbesicherte Anleihe (US-Dollar-Bond) mit 12-Jahren Laufzeit (bei drei Freijahren) mit 13/16 % über LIBOR umgewandelt.

12.4. Der argentinische Außenminister DI TELLA schlägt die Suspendierung der Mitgliedschaft Perus in der Rio-Gruppe bis zu Wiederherstellung der Demokratie vor.

27.4. Präsident MENEM unterzeichnet ein Dekret, mit dem der Export von nuklearem und ballistischem Material und von Technologien, die der Herstellung von Massenvernichtungsmitteln dienen, verboten wird. Gleiches gilt für chemische Substanzen. Bereits abgeschlossene Verträge über nukleare Exporte werden innerhalb von 30 Tage einer Revision unterzogen.

Mai

Die Transaktionen an der Börse von Buenos Aires ereichen eine Rekordhöhe, dis bis Anfang Juni anhält.

3.-14.5. Reise von Präsident MENEM in den Nahen Osten, die ihn nach Saudi-Arabien, Kuwait, in die Türkei und nach Ägypten führt. In Saudi-Arabien unterzeichnen die Außenminister (5.5.) einen Vertrag zur wirtschaftlichen Zusammenarbeit und politischen Verständigung. In der Türkei unterzeichnet MENEM (8.5.) vier Abkommen über den Schutz von Investitionen und die Zusammenarbeit im wirtschaftlichen und kulturellen Bereich sowie beim Tourismus.

Juni

2.-5.6. Reise von Präsident MENEM nach Zentralamerika, wo er zunächst (2.-3.6.) Guatemala besucht, um danach (4.-5.6.) als Ehrengast am 12. Gipfeltreffen der zentralamerikanischen Staatschefs in Managua (Nikaragua) teilzunehmen.

3.6. Das Abgeordnetenhaus verabschiedet ein Gesetz, mit dem die Häfen privatisiert und der Transport zu Wasser dereguliert werden.

9.6. Mit einem Dekret (Nr.879), das die Erhebung der Mehrwertsteuer auf finanzielle Transaktionen (Kredite), die Wasserversorgung und -entsorgung und den Warentransport ausdehnt sowie verschiedene andere Steuereinnahmen (Gewinnsteuer) anteilig der Sozialversicherung zuweist, wird ein erster Schritt zur Sanierung der Sozialversicherung eingeleitet. Dazu werden auch die Mittel aus dem Bund-Länder-Ausgleich *(coparticipación)* reduziert. Ziel ist es, mittelfristig die Renten in der gesetzlich vorgesehenen Höhe (82% bzw. 70% des Durchschnittseinkommens der besten drei Jahre während der letzten zehn Arbeitsjahre) auszuzahlen.

9.-11.6. Kurzer Staatsbesuch des Emirs von Kuwait in Argentinien. Als Gastgeschenk hinterläßt er die Zusage, präferentielle Kredite für zwei bis drei öffentliche Bauvorhaben zu gewähren.

11.6. Im Rahmen eines Staatsbesuchs (10.-11.6.) des armenischen Präsidenten PETROSIAN in Argentinien unterzeichnen die Außenminister beider Länder ein Kooperationsabkommen.

25.- Treffen der Präsidenten der Mitgliedsländer des MERCOSUR in Las Leñas
27.5. (Argentinien). Am Rande der Zusammenkunft unterzeichnet der argentinische Präsident (26.6.) ein Amnestiedekret für die Staatsbürger der Nachbarstaaten, die illegal im Lande weilen. Davon sind vermutlich 200.000-400.000 Personen betroffen.

28.6. Der Kandidat der Radikalen Partei Fernando DE LA RÚA gewinnt mit 50,1% der Stimmen die Senatorenwahl im Wahlbezirk Buenos Aires. Auf den Kandidaten eines Bündnisses aus Peronisten und UCeDe, Avelino PORTO, entfallen 31,8% der Stimmen. Für den Filmregisseur Fernando SOLANAS stimmen 7,4%, für die Partei von Aldo RICO 5,6% und für den Kandidaten der Unidad Socialista 3,1% (sonstige 2,1%; ungültig/Enthaltung 2,1%).

30.6. Wirtschaftsminister CAVALLO kündigt an, daß die Steuerfreibeträge für untere und mittlere Einkommensbezieher angehoben werden und die Schecksteuer abgeschafft wird. Auf Einfuhren – mit Ausnahme von Kapitalgütern – wird eine 3%ige Zusatzsteuer erhoben.

Juli

3.7. Ein nationaler Schulstreik gegen die Bildungspolitik der Regierung wird in weiten Teilen des Landes von über 90% der Lehrer unterstützt. Vorausgegangen waren bereits mehrere Streiks und Protestaktionen von Schülern und Studenten (10./11., 16./17., 19., 25.6.). Zu den Forderungen gehören die Sicherstellung einer kostenlosen Ausbildung in öffentlichen Bildungseinrichtungen, höhere Löhne für die Lehrer und eine Verbesserung des staatlichen Schulniveaus. Aufgrund der schlechten Bezahlung sollen seit März in der Provinz Buenos Aires 7.500 Lehrer ausgeschieden sein. Von den 200.000 der nationalen Regierung zugeordneten Lehrerstellen sollen rd. ein Fünftel nicht besetzt sein.

4.7. Im Alter von 71 Jahren stirbt in Buenos Aires der Tango-Komponist und Bandoneonspieler Astor PIAZZOLLA.

9.7. Auf einer Pressekonferenz in Tucumán erklärt Präsident MENEM mit Blick auf die Demonstrationen im Bildungssektor, daß er zwar nicht gegen Demonstrationen sei, er warne aber die Eltern, ihre Kinder auf Demonstrationen zu schicken, da sie dort Opfer subversiver Akte werden könnten. Er warne vor einer Situation, in der erneut Menschen auf der Plaza de Mayo nach ihren Kindern fragen könnten.

15.7. Erneuter Streik gegen die Bildungspolitik mit 90%iger Beteiligung der Lehrer. Nach Berechnungen des *Centro de Estudios Unión para la Nueva Mayoría* entfallen 38,1% aller Streiks im Juni auf den Erziehungssektor.

21.7. Nach Aussagen des argentinischen Wirtschaftsministers CAVALLO vor einem Parlamentsausschuß und in einer Pressekonferenz kontrolliert der argentinische Staat erneut 43% des Aktienkapitals (einschließlich 10% Belegschaftsaktien) der Fluggesellschaft *Aerolíneas Argentinas*, die ein Jahr zuvor bis auf einen Anteil von 5% des Staates privatisiert worden war. In der Zukunft will der Staat seine Beteiligung wieder reduzieren.

22.7. Argentinien und die im Pariser Club zusammengeschlossenen Gläubigerländer schließen ein Umschuldungsabkommen über US$ 2,9 Mrd. seiner bilateralen Schulden (insgesamt US$ 8,8 Mrd.) ab, die im Zeitraum bis März 1995 fällig werden. Das Abkommen enthält vier Freijahre und die Streckung der Rückzahlungen auf 16 Jahre.

29.7. Die Aktienkurse sind gegenüber dem 1. Juni um fast 40% und gegenüber Anfang Juli um 25% gefallen.

August

In der argentinischen Presse erscheinen Berichte über angebliche Hinrichtungen von argentinischen Kriegsgefangenen (bzw. von in argentinischen Diensten stehenden Söldnern) während des Malwinenkrieges durch englische Soldaten. Auslöser der Diskussion waren gleichlautende Behauptungen im Buch eines englischen Kriegsteilnehmers.

7.8. Ex-Präsident ALFONSÍN gründet eine neue innerparteiliche Fraktion in der Radikalen Partei, den *Movimiento por la Democracia Social* (Modeso), die sich als "progressive Linie" innerhalb der Partei versteht.

12.8. Die Zentralregierung weitet die Intervention der Provinz Corrientes von der Exekutive auf die Justiz aus. Als Begründung werden die fehlende Rechtssicherheit in der Provinz und das Fehlen einer unabhängigen Rechtssprechung genannt. Die für den 27.September vorgesehenen Neuwahlen für den Gouverneursposten werden auf unbestimmte Zeit verschoben.

12.8. Die Zentralregierung und die Regierungen der argentinischen Provinzen unterzeichnen ein neues Abkommen über den Finanzausgleich *(coparticipación)*, das die Rentenzahlung in der gesetzlich vorgeschriebenen Höhe ermöglichen soll. Nach dem Abkommen, das vom 1.9.1992 bis 31.12.1993 gilt, werden 15% des gemeinsamen Aufkommens von Bund und Ländern für die Rentenzahlungen und den Ausbau der Steuerverwaltung aufgewendet. Außerdem wird ein Fonds zum Ausgleich regionaler Ungleichgewichte in Höhe von monatlich 44 Mio. Peso eingerichtet.

24.8. Die Börse von Buenos Aires verzeichnet erneut einen starken Einbruch (um 8,8%). Die Börsenkurse gingen damit im August um bisher 31% zurück, gegenüber dem 1.Juni sogar um 46%.

26.8. Der Senat verabschiedet ein Gesetz zur Reform des Gerichtswesens, das die mündliche Verhandlung (JUICIO ORAL) einführt und in dessen Folge 170 neue Gerichte geschaffen und 262 neue Richter ernannt werden müssen. Das Gesetz tritt am 5.9. in Kraft.

27./28.8. Staatsbesuch von Präsident MENEM in Chile. Die chilenische Regierung unterstützt erstmals in einem gemeinsamen Dokument die argentinischen Forderungen hinsichtlich der Malwinen, St.George- und Sandwichinseln.

September

3.9. Argentinien und die USA unterzeichnen ein Kooperationsabkommen zur friedlichen Nutzung der Atomenergie (beteiligt sind das argentinische Staatsunternehmen INVAP und die nordamerikanische *General Atomics*).

5.9. Eine Strafrechtsreform tritt in Kraft. Demnach müssen Festgenommene sofort über ihre Rechte (z.B. zur Aussageverweigerung) informiert werden, und sie können sofort Kontakt zu ihrem Anwalt aufnehmen. Innerhalb von sechs Stunden müssen sie einem Haftrichter vorgeführt werden. Die Häftlinge dürfen außer in Ausnahmesituationen nur in Gegenwart eines Richters oder von Zeugen durchsucht werden.

8.9. Justizminister León ARSLANIAN tritt zurück. Auslöser ist die Ernennung der 13 Richter für das Oberste Berufungsgericht in Strafverfahren. Nach Meinung von ARSLANIAN, der auf die fachliche Kompetenz und die Unabhängigkeit der Justiz Wert legt, wählte Präsident MENEM Kandidaten aufgrund ihrer politischen Ausrichtung und persönlicher Beziehungen aus. Nachfolger als Justizminister wird Jorge MAIORANO.

16.9. Auf dem 19. Kongreß der Sozialistischen Internationalen in Berlin wird der Partido Socialista Popular (PSP) als Vollmitglied aufgenommen.

22.9. Wirtschaftsminister CAVALLO gibt bekannt, daß sich die Gläubigerbanken im Rahmen des im April beschlossenen Umschuldungsabkommens zu 65% (= US$ 13,550 Mrd.) für die Schuldtitel mit einem festen Zinssatz und zu 35% (= US$ 7,3 Mrd.) für die Schuldtitel mit einem Abschlag entschieden haben. Damit verringern sich die Auslandschulden um US$ 2,572 Mrd., dies sind 12,2% der Schulden, über die verhandelt wurde. Beim gegenwärtigen internationalen Zinsniveau muß Argentinien im Jahresdurchschnitt US$ 1,6 Mrd. für den Schuldendienst aufwenden.

23.9. Der Senat verabschiedet ein Gesetz, mit dem die Zentralbank von der Regierung unabhängig wird.

24.9. Das Abgeordnetenhaus verabschiedet das Gesetz über die Privatisierung des staatlichen Erdölunternehmens YPF. Dafür stimmen 119 Abgeordnete, dagegen 10. Die Radikale Partei boykottiert die Abstimmung. Nach dem

Gesetz wird das Kapital von YPF anteilig verteilt auf die Zentralregierung (51%), die Provinzen, in denen Öl produziert wird (39%), und auf die Belegschaft (10%). Zentralregierung und Provinzen müssen bis 1995 die Hälfte ihrer Aktien an private Intressenten veräußern.

Oktober

1.-9.10. Europareise von Präsident MENEM. Beim Besuch in Deutschland (1.-3.10.) führt MENEM Gespräche mit dem Bundespräsidenten, dem Bundeskanzler und Vertretern der Wirtschaft. Er besucht das VW-Werk in Wolfsburg und nimmt als Ehrengast am Iberoamerikatag des Iberoamerika Vereins in Hamburg teil. Während des anschließenden Staatsbesuchs in Italien wird er vom Papst in Privataudienz empfangen.

3.10. Der inhaftierte Führer der *Carapintados*, Oberst SEINELDÍN, gründet eine neue Partei, den *Movimiento por la Identidad Nacional e Integración Iberoamericana* (Mineiin).

14.-16.10. Staatsbesuch von Präsident Menem in Mexiko, in dessen Verlauf mehrere Abkommen zur wissenschaftlichen, kulturellen und technischen Zusammenarbeit unterzeichnet werden.

17.-18.10. Staatsbesuch von Präsident MENEM in der Dominikanischen Republik.

26.10. Saúl BOUER wird vom Innenminister zum Nachfolger von Carlos GROSSO als Bürgermeister (intendente) von Buenos Aires ernannt, der seinen Rücktritt eingereicht hatte. Auslöser waren die hohen Schulden der Stadt.

28.10. Vor dem Hintergrund des wachsenden Handelsbilanzdefizits (vor allem mit Brasilien) verkündet Wirtschaftsminister CAVALLO ein Paket von zoll- und steuerpolitischen Maßnahmen, die die Exporte begünstigen und die Importe verteuern sollen: So wird die Mehrzahl der verbliebenen Exportzölle entweder ganz abgeschafft oder deutlich gesenkt (so bei Ölsaaten und Häuten); die Gebühr zur Finanzierung des Instituts für Agrartechnologie (INTA) in Höhe von 1,5% wird abgeschafft; bei Exporten wird ein Teil der indirekten Steuern zurückerstattet; die sogenannte statistische Gebühr bei Importen wird von 3% auf 10% erhöht, was einer Erhöhung der Importsteuern gleichkommt. Darüber hinaus werden die Steuern für Treibstoff gesenkt und direkte Subventionen für die einheimische Industrie abgebaut. Die Maßnahmen führen im Ergebnis zu einer verdeckten Abwertung der argentinischen Währung in Höhe von 5-10%.

26.10. Laut Pressemeldungen haben seit dem 20.8. mehr als 26 Rentner aus wirtschaftlicher Not Selbstmord begangen.

29.-30.10. Staatsbesuch von Präsident MENEM in Asunción. In der Abschlußerklärung des argentinischen und des paraguayischen Präsidenten wird der Wille bekräftigt, den Zeitplan zur Errichtung des MERCOSUR einzuhalten. Insgesamt werden während des Besuches 15 Abkommen unterzeichnet.

November

Bei den Studentenwahlen, die im Oktober und November an der Universidad von Buenos Aires (UBA) abgehalten werden, kann die Studentenorganisation der Radikalen Partei *Franja Morada* ihre führende Position mit 51% der Stimmen ausbauen (1991: 46,4%). Für mit MENEM identifizierte peronistische Gruppierungen stimmen gerade 2,9% (1991: 8,2%).

1.-2.11. Streik der in der *Federación Agraria Argentina*, der CONINAGRO und den *Confederaciones Rurales Argentinas* zusammengeschlossenen kleinen und mittleren Landwirte gegen die steuerliche Belastung und die unzureichende Kreditvergabe im Agrarsektor. Zwei Tage lang werden die Märkte weder mit Vieh noch mit Getreide beliefert. Der Verband der Großagrarier, die Sociedad Rural, beteiligt sich nicht am Streik.

4.-10.11. Besuch von Außenminister DI TELLA in China, in dessen Verlauf ein Investitionsschutzabkommen unterzeichnet wird. Anschließend zweitägige Zwischenstation in Hongkong.

5.11. In einer Radiosendung erklärt Wirtschaftsminister CAVALLO, daß er neben seinem Ministergehalt in Höhe von 1.800 Pesos von der FUNDACIÓN MEDITERRANÉA, die ihn beurlaubt hat, monatlich 7.200 pesos erhalte, um so auf das nach seinen Angaben für seinen Lebensstil notwendige Mindesteinkommen von 10.000 Pesos (bzw. US$ 10.000) zu erreichen. Spätere Veröffentlichungen in der argentinischen Presse (Página/12) zeigen, daß ähnliche "Aufstockungen" des Gehalts auch bei anderen staatlichen Funktionsträgern üblich sind.

9.11. Erster Generalstreik der CGT gegen die peronistische Regierung. Er richtet sich gegen die Wirtschafts-, Arbeits- und Sozialpolitik. Nach Regierungsangaben liegt die Streikbeteiligung bei 35-40%, nach Gewerkschaftsangaben bei rd. 80% (Industrie 90%, Dienstleistungen/Verkehr 70%). Eine hohe Streikbeteiligung gibt es bei der Eisenbahn und im produzierenden Gewerbe.

14.11. Als alternativer Gewerkschaftsdachverband zur CGT wird in Buenos Aires der Congreso de Trabajadores Argentinos (CTA) gegründet, der in eindeutiger Opposition zur Regierung MENEM steht. Am Gründungskongreß nehmen mehr als 3.000 Delegierte teil. Wichtige Sektoren sind die Staatsbediensteten (ATE) und die Lehrer (CTERA), obgleich die Mitgliedschaft im Dachverband individuell ist.

19.11. Bei Bombenanschlägen gegen zwei Bankfilialen in Buenos Aires werden zwei Polizisten verletzt. Zu den Anschlägen bekennt sich eine *Organización Revolucionaria del Pueblo* (ORP).

26.11. Das argentinische Kabinett entscheidet auf Druck der amerikanischen Regierung, die materiellen Reste (darunter 14 Triebwerke) des umstrittenen Raketenprojektes Cóndor II nach Spanien zu schicken, um sie dort für zivile Zwecke umrüsten zu lassen.

28.11.-   Offizieller Argentinien-Besuch des Präsidenten der autonomen Region
2.12.   Katalonien, Jordi PUJOL, der in Begleitung einer großen Unternehmerdelegation anreist.

30.11.   Argentinien und die EG unterzeichnen ein Fischereiabkommen.

Dezember

        Die Preisteigerungsrate im Dezember (0,3%) ist die niedrigste seit Januar 1974 als es eine Deflation von -5,7% gab.

4.12.   Nach dem Rücktritt des Innen-, des Arbeits- und des Erziehungsministers kommt es zu einer Kabinettsumbildung. Als neue Minister werden vereidigt: Gustavo BÉLIZ (Innenminister), Enrique RODRÍGUEZ (Arbeitsminister) und Jorge Alberto RODRÍGUEZ (Erziehungsminister).

6.12.   Das im April beschlossene Umschuldungsabkommen im Rahmen des BRADY-Plans wird mit den Gläubigerbanken in Buenos Aires definitiv unterschrieben. Zum Kauf von Sicherheiten muß die argentinische Regierung US$ 3,217 Mrd. aufwenden. Bei den während der Laufzeit des Abkommens fälligen Zinsen erhofft sich die Regierung (abhängig von der Entwicklung des internationalen Zinsniveaus) Zinsersparnisse in Höhe von US$ 4,760 Mrd.. Die gesamten Auslandschulden belaufen sich nach den Umschuldungsverhandlungen und der Privatisierung von Staatsunternehmen (gegen Schuldtitel) auf rd. US$ 54 Mrd..

20.12.   Bei Neuwahlen in der Provinz Corrientes entfallen bei der Wahl des Gouverneurs (bzw. der Wahlmänner) 40,2% der gültigen Stimmen auf die Peronisten, 14% auf die Radikalen und 44% auf die Regionalpartei *Pacto Autonomista Liberal* (PAL); Sonstige 1,8%. Im Wahlmännergremium erlangen die Peronisten aber eine Mehrheit von 12 Sitzen gegenüber 11 Sitzen des PAL und 3 Sitzen der Radikalen.

23.12.   Großbritannien und Argentinien erzielen ein vorläufiges Übereinkommen zur Begrenzung des Fischfangs im Südatlantik und für gemeinsame Studien über den Fischbestand und eine gemeinsame Überwachung der Zone.

29.12.   Der BID gewährt Argentinien einen Kredit in Höhe von US$ 775 Mio.. Davon sind 400 Mio. sind für die Finanzierung des Umschuldungsprogramms vorgesehen, 350 Mio. zur Förderung von privaten Investitionen und 25 Mio. zur Vorbereitung von Investitionsvorhaben im öffentlichen Sektor.

Detlef Nolte

IBEROSTAT					
Stand: 8,93			Berichtsjahr (BJ):		1991
		ARGENTINIEN			
Hauptstadt:	Buenos Aires				
Fläche (in qkm):	2.766.889				
Währung:	Argentinischer Peso		Jahr		

1. DEMOGRAPHISCHE KENNZIFFERN	1970	1980	1990	1991
Bevölkerungszahl (in Mio.)	23,75	28,13	32,29	32,646
davon: unter 15 Jahren (in %)	30,2	29,2	29,9	29,4
davon: im Alter von 15-64 Jahren (in %)	63,6	63,2	61,2	62,2
Städtische Bevölkerung (in %)	78,4	82,7	86,3	86,6
Geburtenrate	21,4	24,7	21,7	20,3
Fertilitätsrate	3,1	3,2	2,8	2,8
Erwerbspersonen in der Landwirtschaft (in %)	16	13		
Erwerbspersonen in der Industrie (in %)	34,2	33,8		
Erwerbspersonen im Dienstleistungssektor (in %)	50,7	53,1		

Geschätzte Bevölkerung im Jahre 2025 (in Mio.)		43
Durchschnittliche jährliche Wachstumsrate		
der Bevölkerung (in %)	1965-80:	1,6
	1980-BJ:	1,3

2. SOZIALE KENNZIFFERN				
Bevölkerung mit Zugang zu Trinkwasser (in %)	55	66		
Tägl. Kalorienangebot (in % der Mindestbedarfsnorm)		125	131	
Säuglingssterblichkeitsziffer (0-1 Jahr)	51,8	38	29,1	25
Kindersterbeziffer (0-5 Jahre)			35	34
Lebenserwartung bei der Geburt (in Jahren)	66,8	69,3	71,2	71,2
Einwohner je Arzt	512	370	374	
Alphabetisierungsquote (in %)	92,6	93	95,3	

3. WIRTSCHAFTLICHE KENNZIFFERN				
Bruttoinlandsprodukt (in Mio. USD)	9000	56788	78098	114344
Bruttosozialprodukt pro Kopf (in USD)	920	1970	2380	2790
Ausfuhr von Waren u. Dienstleistungen (in Mio. USD)	2148	11202	15098	14815
Einfuhr von Waren u. Dienstleistungen (in Mio. USD)	2308	15999	13266	17344
Leistungsbilanz (in Mio. USD)	-163	-513	1903	-2832
Kapitalbilanz (in Mio. USD)	248	2465	875	5803
davon: ausl. Direktinvestitionen (in Mio. USD)	11	568	2008	2439
Bestand an Währungsreserven (in Mio. USD)	682	9297	6222	8073
Privater Verbrauch (in % des BIP)	68,2	66,8	81,3	81
Staatsverbrauch (in % des BIP)	10,7	11,7		4
Bruttoinlandsinvestitionen (in % des BIP)	21,6	22,2	8,4	12
Bruttoinlandsersparnis (in % des BIP)	21,6	20	15,8	15
Anteil der Landwirtschaft am BIP (in %)	13,2	12,5	13	15
Anteil der Industrie am BIP (in %)	38,1	36,9	41	40
davon: Verarbeitendes Gewerbe (in %)	27	24,5	28	
Anteil des Dienstleistungssektors am BIP (in %)	48,5	49,7	45	45
Auslandsverschuldung (in Mio.USD)	5171	27157	61928	63707
davon: öffentliche Verschuldung (in Mio. USD)	1880	16774	46931	45388
Schuldendienst (in Mio. USD)	1110	4182	5949	7121
davon: Zinszahlungen (in Mio. USD)	338	2329	2504	3699
Schuldendienst in % der Exporterlöse	21,6	37,3	39,4	48,1

Durchschnittl. jährl. Wachstumsrate des BIP (in %)		
	1965-80:	3,3
	1981-BJ:	-0,4
Durchschnittl. jährl. Inflationsrate (in %)		
	1980-BJ:	416,9

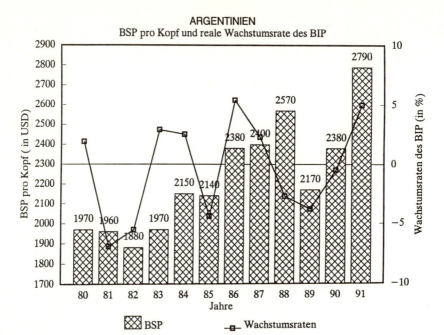

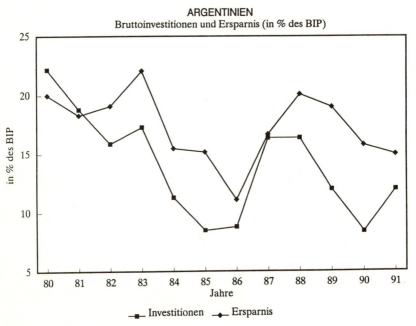

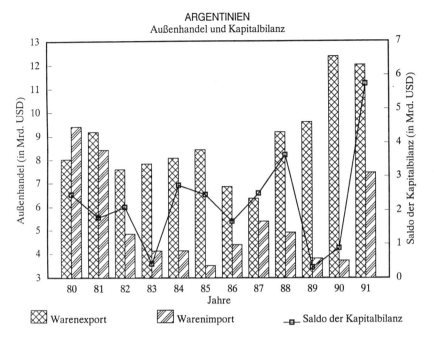

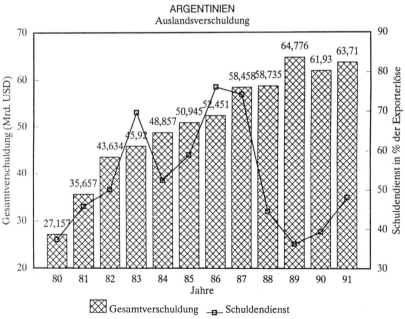

Chile

Amtlicher Name: República de Chile
Präsident: Patricio AYLWIN AZOCAR
Im Amt seit: 11. März 1990
Nächste Präsidentschaftswahlen: 11.12.1993

Regierungskoalition: "Concertación de Partidos por la Democracia" bestehend aus: Partido Demócrata Cristiano (PDC), Partido Socialista (PS), Partido Radical (PR), Partido por la Democracia (PPD)

Kabinett (Stand: August 1993): Äußeres: Enrique SILVA CIMMA (PR); Inneres: Enrique KRAUSS RUSQUE (PDC); Finanzen: Alejandro FOXLEY R. (PDC); Wirtschaft: Jorge MARSHALL (PPD).

Oppositionsparteien im Parlament: Renovación Nacional (RN), Unión Democrática Independiente (UDI), Partido Humanista (PH).

Sitzverteilung im Parlament:
Abgeordnetenhaus (120 Sitze): PDC: 38; PPD: 16; PR: 5; PH: 1; RN: 29; UDI: 11; Unabhäng. Wahlbündis (PPD1, PS-A, PSD1, PAC1): 10; sonstige Unabhängige: 10.
Senat (47): PDC: 13; PPD 5; PR; 2; RN: 5; UDI: 2; Unabhäng. Wahlbündnis: 3; sonst. Unabhängige: 8. 9 weitere Senatoren durch letzte Regierung und Oberstes Gericht ernannt.

Chronologie 1992

Außenpolitisch dokumentiert sich die internationale Verflechtung Chiles und das gewachsene Ansehen des Landes u.a. in einer Vielzahl von Auslandsreisen des chilenischen Präsidenten, die ihn in die USA, nach Europa und Asien führen. Der Aufenthalt des ehemaligen Staatsratsvorsitzenden der DDR, Erich HONECKER, in der chilenischen Botschaft in Moskau führt zu diplomatischen Konflikten mit der Bundesrepublik Deutschland und innenpolitischen Kontroversen. Innenpolitisch sind folgende Entwicklungen erwähnenswert: Der Rückhalt der Regierung in der Bevölkerung (März 75,8%) geht zur Jahresmitte zwar auf 48,7% zurück, bleibt im lateinamerikanischen Vergleich aber hoch (Dez. 60,1%). Bei den Kommunalwahlen im Juli siegen die Regierungsparteien mit deutlicher Mehrheit. Der Anstieg der Kriminalität wird in der Bevölkerung (nach Meinungsumfragen) zunehmend als zentrales Problem wahrgenommen. In einigen Gerichtsverfahren zu spektakulären Fällen von Menschenrechtsverletzungen während der Militärherrschaft werden Fortschritte erzielt. Zum Jahresende wird im Abgeordnetenhaus gegen vier Richter am Obersten Gerichtshof ein Amtsenthebungsverfahren eingeleitet. Es kommt zu mehreren politischen Skandalen, in die die militärischen Geheimdienste involviert sind. Die Rechte sieht sich zum Jahresende durch interne Querelen weitgehend gelähmt. Die

Regierung bemüht sich weiterhin um eine Reform der undemokratischen Elemente in der geltenden Verfassung. Diesen Initiativen ist aufgrund der Mehrheitsverhältnisse im Parlament kein Erfolg beschieden. Im Süden Chiles kommt es zu gewaltsamen Protesten der indianischen Ureinwohner *(Mapuches)*.

Das Jahr 1992 weist die beste wirtschaftliche Bilanz der vergangenen 30 Jahre auf. Das BIP wächst kräftig (10,4%) bzw. 8,6% pro Kopf der Bev.), die Arbeitslosenquote (Okt.-Dez. 4,4% − niedrigster Stand seit 20 Jahren) und die Inflationsrate (12,7%) gehen zurück. Nach einem Bericht von Finanzminister Foxley hat die Zahl der Armen seit 1990 um 700.000 Personen abgenommen. Die Reallöhne steigen und die Investitionen erreichen einen Anteil von 23,0% am BIP. Das *Comité de Inversiones Extranjeras* berichtet, daß die getätigten ausländischen Investitionen 1992 mit US-$ 1,389 Mrd. einen neuen Rekordwert erreichen und um 21,8% höher lagen als 1991. Durch den Zufluß von Devisen wird die Regierung zu verschiedenen finanzpolitischen Anpassungsmaßnahmen gezwungen (Abwertung des Peso, Erleichterung von Kapitaltransfers ins Ausland). Die Auslandsverschuldung steigt 1992 um US-$ 1,788 Mrd. auf US-$ 18,204 Mrd.. Die Exporte nehmen 1992 mit einem Wert von US-$ 10,125 Mrd. gegenüber dem Vorjahr um 12,3% zu, die Importe um 22,2%.

Januar

1.1. Das am 22.9.1991 unterzeichnete Freihandelsabkommen zwischen Mexiko und Chile tritt in Kraft.

11.1. Die sog. Bryan-Kommission, die sich auf der Grundlage des Bryan-Suaréz Mujica-Vertrages von 1916, der Verfahren zur Konfliktregelung zwischen den USA und Chile festlegt, am 3.10.1991 konstituiert hatte, legt die Höhe der Entschädigungen fest, die der chilenische Staat an die Familienangehörigen des bei einem Attentat am 21.9.1976 in Washington ums Leben gekommenen ehemaligen chilenischen Außenministers, Orlando LETELIER, und seiner Sekretärin, Ronni MOFFITT, zu zahlen hat. Die Summe beläuft sich auf US-$ 2,6 Mio..

23.1. Die Zentralbank wertet den Peso um 5% gegenüber dem US-Dollar auf. Zukünftig kann der Wechselkurs um eine Bandbreite von 10% (bisher 5%) nach oben bzw. unten um die neue Parität schwanken. Die Maßnahme ist eine Reaktion auf den starken Zufluß von Geldern aus dem Ausland, der die Antiinflationspolitik der Regierung gefährdet. Die angesammelten Devisenreserven belaufen sich auf 6,6 Mrd. US $. Finanzminister FOXLEY kündigt außerdem an, daß es zukünftig ausländischen Unternehmen gestattet sei, bereits nach einem Jahr (bisher 3 Jahre) ihr Kapital zu retransferieren.

31.1. Präsident AYLWIN unterzeichnet in einem feierlichen Akt ein Gesetz zur Entschädigung der Opfer von Menschenrechtsverletzungen während der Militärherrschaft. Nach diesem Gesetz erhalten die Angehörigen der Opfer eine monatliche Rente, kostenlose medizinische Versorgung und Erziehungsbeihilfen. Die Söhne der Opfer werden vom Militärdienst freigestellt. Außerdem wird eine "Nationale Stiftung der Wiedergutmachung und Versöhnung" geschaffen, die sich weiter mit der Aufklärung des Schicksals von "Verschwundenen" befassen will.

Februar

1.2. Nach 145 Tagen Gefangenschaft wird der Sohn des Direktors und Eigentümers der Zeitung 'El Mercurio', Cristian EDWARDS, nach der Zahlung eines Lösegeldes (vermutlich US-$ 1,5 Mio.) von seinen Entführern freigelassen. Diese gehören vermutlich zur linken Stadtguerilla *Frente Patriótico Manuel Rodríguez* (FPMR).

6.2. Der neue kubanische Generalkonsul trifft im Rahmen der im vergangenen Jahr beschlossenen Wiederaufnahme der diplomatischen Beziehungen zwischen Kuba und Chile in Santiago ein.

24.2. Außenminister SILVA CIMMA unterzeichnet als Vertreter von Präsident AYLWIN in Canela (Brasilien) zusammen mit den Präsidenten von Argentinien, Brasilien, Uruguay und Paraguay eine gemeinsame Erklärung ("Erklärung von Canela") über Umweltschutz und Entwicklung.

27.2. Der chilenische Finanzminister und der amerikanische Botschafter unterzeichnen ein Abkommen, wonach Zinszahlungen der chilenischen Regierung für Schulden gegenüber der US-amerikanischen Regierung in einen Fonds für Umweltschutz eingezahlt werden.

März

3.3. Die chilenische Delegation bei der 48. Sitzungsperiode der UN-Menschenrechtskommission stimmt einer Resolution zu, in der die Menschenrechtsverletzungen in Kuba und die Weigerung der kubanischen Regierung, mit dem offiziellen Berichterstatter der Vereinten Nationen zusammenzuarbeiten, verurteilt werden.

6.3. Als Höhepunkt des Staatsbesuches des costarikanischen Präsidenten Rafael CALDERÓN in Chile werden insgesamt 11 bilaterale Abkommen unterzeichnet.

11.3. In einer Pressekonferenz übernimmt Präsident AYLWIN die volle Verantwortung für die Aufnahme von Erich HONECKER in der chilenische Botschaft in Moskau. Er schließt jedoch die Gewährung politischen Asyls und einen Daueraufenthalt in der Botschaft aus und plädiert für eine juristische Lösung. Außenminister SILVA CIMMA und der chilenische Botschafter in Moskau, Clodomiro ALMEYDA, werden in ihren Ämtern bestätigt.

18.3.- Eine private Reise von General PINOCHET, die ihn nach Ekuador und Brasilien führt, ruft internationale Verwicklungen hervor. Der ekuadorianische Präsident (18.3.) erklärt den Besucher als nicht willkommen. Die chilenische Regierung protestiert offiziell gegen diese Erklärung, da sie sich gegen einen Repräsentanten des chilenischen Staates richte.

21.- Staatsbesuch von Präsident AYLWIN in Uruguay, in dessen Verlauf mehrere
24.3. Wirtschaftsabkommen unterzeichnet werden.

27.3. Zur Aufklärung eines Skandals setzt das Parlament einen Untersuchungsausschuß ein, nachdem zwei Abgeordnete der UDI Beweise präsentiert haben, daß die Polizei Politiker der Opposition, aber auch Militärs bespitzelt hat. Die Affäre führt zum Rücktritt des Polizeichefs, sie offenbart aber auch, daß die Oppositionsparteien über Material des militärischen Geheimdienstes verfügt haben, der seinerseits – ohne die zivilen Stellen (Verteidigungsminister) zu unterrichten – schon im voraus über die Aktionen der Polizei informiert war.

28.3. Staatsbesuch der nikaraguanischen Präsidentin, Violeta BARRIOS DE CHAMORRO, in Chile.

April

Anfang Nach einer Umfrage (CEP-ADIMARK) übertrifft Eduardo FREI erstmals in seinen Zustimmungswerten (73,4%) Präsident AYLWIN (71,1%).

11.4. Mit der Verabschiedung ihrer neuen Statuten in Anwesenheit von Inspektoren des Arbeitsministeriums schließt der Gewerkschaftsdachverband *Central Unitaria de Trabajadores* CUT den Prozeß seiner Legalisierung ab.

22.4. Durchführung des 16. Nationalen Bevölkerungszensus. Nach vorläufigen Ergebnissen (25.5.) ist die Bevölkerung zwischen 1982 und 1992 von 11.329.736 auf 13.231.803 Personen gewachsen (jährlich um 1,56%). Auf die Hauptstadtregion entfallen 5.170.293 Einwohner.

Mai

4.5. Die Regierung, der Gewerkschaftsdachverband (CUT) und der Dachverband der Unternehmer (CPC) unterzeichnen erneut einen Sozialpakt zur Erhöhung der Mindestlöhne (um 20%) und der Familienzuweisungen, der bis Mai 1993 gilt.

6.5. Präsident AYLWIN verkündet ein neues Gesetz, das dem staatlichen Kupferunternehmen CODELCO die Möglichkeit gibt, sich zur Erschließung und Ausbeutung neuer Minen und anderer (privaten) Unternehmen zu verbinden.

10.- Staatsbesuch von Präsident AYLWIN in den USA, u.a. in Los Angeles, San
17.5. Diego, Washington, Chicago. Nach Gesprächen mit dem amerikanischen Präsidenten erklärt dieser, daß die Verhandlungen über ein Freihandelsabkommen mit Chile erst nach Abschluß der Verhandlungen zwischen den USA, Mexiko und Kanada über die NAFTA zu Ende geführt würden.

13.5. Der ehemalige Leiter des Einsatzkommandos der chilenischen Geheimpolizei, Alvaro CORVALÁN, wird wegen Verdacht auf Beteiligung an der Ermordung von Juan ALEGRÍA MUNDACA (Juli 1983) verhaftet. Dieser Mord wurde mit großer Wahrscheinlichkeit zur Ablenkung der laufenden Ermittlungen in dem Mordfall von Tucapel JIMÉNEZ, einem bekannten Gewerkschaftsführer, begangen.

14.5. Nach Angaben des Verbandes der Exporteure gingen bis zu diesem Tag mehr Exporte aus der Erntesaison 1991/92 nach Europa (45,2%) als in die USA (42,4%). Mit 47,8% blieben Tafeltrauben wichtigstes Exportprodukt, gefolgt von Äpfeln (14,4%), Kiwi (11,1%), Birnen (5,7%), Pflaumen (5,5%) und Nektarinen (4,4%).

21.5. Zwischen den Börsen von Buenos Aires und Santiago wird ein Integrationsvertrag für Börsentransaktionen und zum Informationsaustausch unterschrieben, um die wechselseitigen Beziehungen zwischen beiden Märkten auf eine formale Grundlage zu stellen.

28.5. Präsident AYLWIN eröffnet in Santiago die II. Zusammenkunft der Außenminister der Rio-Gruppe und der Europäischen Gemeinschaft, die zwei Tage dauert. Er kritisiert protektionistische Tendenzen in der EG und verweist darauf, daß die Einschränkung der Exporte in die EG die Bekämpfung der Armut in der Dritten Welt erschwere.

Juni

Anfang Wegen der Studiengebühren und -stipendien kommt es zu Protestaktionen und zu gewaltsamen Auseinandersetzungen mit der Polizei mit Studenten in Santiago, Valparaíso und in Südchile.

In Valparaíso und Santiago verüben linksextreme Gruppen mehrere Bombenanschläge auf öffentliche Einrichtungen.

In der IX.Region kommt es zu mehreren Landbesetzungen durch *Mapuche*, die eine Rückgabe dieser Ländereien fordern, die ihnen in der Vergangenheit geraubt worden seien. Die Regierung läßt die besetzten Gebiete räumen, und mehrere Führer der Mapuche werden verhaftet.

1.6. Die Regierung bringt ein Gesetz zur Modifizierung von 30 Verfassungsartikeln im Abgeordnetenhaus ein, das Präsident AYLWIN bereits in seinem jährlichen Bericht an die Nation (21.5.) angekündigt hatte mit dem Ziel, die Verfassung zu reformieren, um die politischen Institutionen zu demokratisieren und effizienter zu gestalten. Dazu gehören: eine Beschleunigung des Gesetzgebungsprozesses; die Erweiterung der Rechte des Präsidenten bei der Ernennung und Ablösung von Offizieren, einschließlich der Abberufung der Oberkommandierenden; die Erweiterung des Nationalen Sicherheitsrates um den Präsidenten der Abgeordnetenkammer; die Abschaffung der ernannten Senatoren und die demokratische Wahl des gesamten Senats; die Einführung eines Verhältniswahlrechts; eine Modifizierung der Kompetenzen und der Zusammensetzung des Verfassungsgerichts; die Modifierung der Voraussetzungen für die Wahl zum Wahlgericht; die Herabsetzung des Quorums für Verfassungsreformen von 2/3 auf 3/5; und die Verankerung der Gleichstellung der Frau in der Verfassung.

9.6. Einbringung eines weiteren Gesetzes im Abgeordnetenhaus zur Modifizierung des Wahl- und Parteiengesetzes, um ein Verhältniswahlsystem einzuführen und die ernannten Senatoren abzuschaffen. Die augenblicklichen Amtsinhaber sollen allerdings noch bis zum Ablauf ihrer Amtszeit (1998) im Amt verbleiben dürfen.

10.- Staatsbesuch von Präsident AYLWIN in Paraguay, in dessen Verlauf die Au-
11.6. ßenminister u.a. ein Abkommen zur wissenschaftlichen und technischen Zusammenarbeit unterzeichnen.

12.- Teilnahme von Präsident AYLWIN am Umweltgipfel in Rio de Janeiro. In
13.6. seiner Rede kritisiert er die Industrieländer, die unter Berufung auf den Umweltschutz Handelsbarrieren aufbauten.

13.6. Wegen Verwicklung in einen politischen Mordfall sind bis heute 22 ehemalige Mitglieder der Polizei (Carabineros) wegen Mordes angeklagt worden. Es handelt sich um den Fall dreier kommunistischer Funktionäre, die im März 1985 verhaftet worden waren und deren Leichen später mit durchschnittenen Kehlen gefunden wurden. Morddrohungen und die Aufdeckung eines Planes für ein Attentat gegen sein Leben führen dazu, daß die Polizei eine Sonderbewachung für den Untersuchungsrichter anordnet. Das Verfahren gegen das ehemalige Juntamitglied (bis 1985), General MENDOZA, der auch in diesem Zusammenhang unter dem Vorwurf verhaftet worden war, eine illegale Vereinigung gedeckt zu haben, wird später (2.12.) eingestellt.

14.- Gesuch des schwedischen Regierungschefs BILDT in Santiago, in dessen
16.6. Verlauf u.a. ein Abkommen zur Vermeidung der doppelten Besteuerung unterzeichnet wird.

26.6. Der chilenische Präsident trifft mit seinen Amtskollegen aus den Ländern des MERCOSUR und Bolivien in Las Leñas (Argentinien) zusammen. In einer gemeinsamen Erklärung *(Declaración del Cono Sur)* wird die Entscheidung des Obersten Gerichtshofs der USA kritisiert, die die Entführung von Personen im Ausland, um sie vor ein nordamerikanisches Gericht zu stellen, für rechtens erklärt. Die versammelten Präsidenten fordern den Ständigen Rat der OAS auf, von dem Rechtsausschuß der Organisation *(Comité Jurídico Interamericano)* eine rechtliche Stellungnahme erarbeiten zu lassen.

Darüber hinaus Verabschiedung eines Dekrets durch den argentinischen Präsidenten zur Erleichterung einer ständigen Aufenthaltsgenehmigung für in Argentinien lebende Bürger aus den Nachbarländern. Davon werden rd. 100.000 illegal in Argentinien lebende Chilenen (von insgesamt 500.000) begünstigt.

28.6. Die Kommunalwahlen in Chile führen zu folgendem Ergebnis: Auf das Regierungsbündnis "Concertación" entfallen 53,3% der Stimmen (davon: Christdemokraten 29,0%; Radikale 4,9%; PPD 9,2%; Sozialisten 8,5%; Sonstige 5,6%), auf das rechte Oppositionsbündnis 29,3% (davon: Renovación Nacional 13,4%; UDI 10,2%), auf die Unión Centro-Centro (UCC) 8,1%, auf das von den Kommunisten geführte Wahlbündnis MIDA 6,6% und auf Unabhängige 2,1%. Die Wahlbeteiligung lag bei 90%, 9% der abgegebenen Stimmen waren ungültig.

Juli

6.7. Der Wechselkurs des chilenischen Peso richtet sich nach einer Entscheidung des Zentralbankrats ab heute nicht mehr allein am US-Dollar aus, sondern an einem Währungskorb, der sich wie folgt zusammensetzt: US-$ 50%, DM 30% und Yen 20%.

12.- Europareise von Präsident AYLWIN – begleitet von vier Ministern, Vertre-
26.7. tern der Opposition, der Gewerkschaften und Unternehmern – nach Frankreich, Belgien, Portugal und Spanien. In Frankreich und Belgien jeweils Unterzeichnung eines Investitionsabkommens. Mit der EG-Kommission wird vereinbart, eine Arbeitsgruppe zur Analyse bilateraler Handelsprobleme einzurichten. Der chilenische Außenminister und der für die Beziehungen mit Lateinamerika zuständige EG-Kommissar Mattutes unterzeichnen mehrere Kooperationsabkommen zu den Bereichen Tourismusentwicklung, Kampf gegen den Drogenhandel und technische Ausbildung der Gemeinde- und Regionalregierungen. Finanzminister Foxley erklärt (17.7.) nach einem Gespräch mit Vertretern der Europäischen Investitionsbank, daß diese in der Zukunft zur Vergabe von Krediten an Chile berechtigt sei. In Madrid nimmt Präsident AYLWIN am II. Iberoamerikanischen Gipfel (23./24.7.) teil.

29.7. Erich HONECKER verläßt, nachdem ihm die chilenische Regierung das Gastrecht entzogen hat, die chilenische Botschaft in Moskau und kehrt nach Deutschland zurück. Seine Ehefrau Margot Honecker trifft am 31.7. in Santiago de Chile ein, wo ihre Tochter lebt.

August

27.- Staatsbesuch des argentinischen Präsidenten MENEM in Chile. Erstmals
28.8. unterstützt Chile in einem gemeinsamen Dokument die argentinischen Forderungen zu den Malwinen-, Georgien- und Sandwichinseln.

September

1.9. Die oppositionelle Mehrheit im Senat lehnt wie bereits im Vorjahr die Abschaffung des 11. Septembers als Feiertag ab.

10.9. Am Vortag des Jahrestages des Militärputsches von 1973 kommt es zu Unruhen und Anschlägen (u.a. auf ein Büro der Oppositionspartei *Renovación Nacional* in Concepción und auf eine Metrostation). Bei einem Anschlag auf ein Polizeifahrzeug werden drei Polizisten und ein Angreifer getötet.

16.9. Der Oberste Gerichtshof erklärt die Entscheidung der Regierung vom 31.1.1991, der Colonia Dignidad wegen Rechtsverstößen den Status einer juristischen Person abzuerkennen, für verfassungswidrig, weil darüber die Gerichte entscheiden müßten. Der von der Regierung eingelegte Widerspruch wird vom Obersten Gerichtshof zurückgewiesen (28.10.).

16.9. Der Senat verabschiedet das Gesetz zur Schaffung regionaler Regierungen.

22.9. Im chilenischen Fernsehen wird über telefonische Abhöraktionen des Geheimdienstes des Heeres gegenüber Abgeordneten und Regierungsmitgliedern berichtet. Die Regierung fordert die Heeresführung zu einer Klärung der Vorwürfe auf. Der stellvertretende Oberbefehlshaber des Heeres, General LÚCAR versetzt das Heer in Alarmbereitschaft, angeblich um militärische Einrichtungen zu schützen. Die Heeresführung weist die Vorwürfe zurück (23.9.) und veröffentlicht eine Erklärung (24.9.), in der sie von "aufrührerischen Ränken" und einer Beeinträchtigung der Nationalen Sicherheit spricht. Der militärische Staatsanwalt erhebt gegen das nationale Fernsehen und die Zeitung "La Nación" Anklage (28.9.) wegen Verdachts auf Anstiftung zum Aufruhr und Spionage.

22.9.-
1.10. Urlaub von General PINOCHET in Argentinien, wo er mit hohen argentinischen Militärs zusammentrifft und von Präsident MENEM empfangen wird.

24.9. Der Erzbischof von Santiago, Carlos OVIEDO, veröffentlicht einen Hirtenbrief mit dem Titel "Die Armen können nicht warten", in dem auf das fortbestehende Armutsproblem in der chilenischen Gesellschaft und den moralischen Imperativ zu seiner Bewältigung verwiesen wird.

25.9. Chile und die Republik Vietnam nehmen wieder diplomatische Beziehungen auf.

28.9. Chile und Nordkorea nehmen wieder diplomatische Beziehungen auf.

28.9. Kabinettsumbildung. Vier Minister scheiden aus dem Kabinett aus, weil sie sich um Wahlämter bewerben wollen. Neuer Wirtschaftsminister wird Jorge MARSHALL (PPD), neuer Bergbauminister Alejandro HALES (unabhängig), neuer Erziehungsminister Jorge ARRATE (PS) und neuer Transportminister Germán MOLINA (PPD).

Oktober

2.10. Der ehemalige Erziehungsminister LAGOS verkündet offiziell seine Kandidatur für die Präsidentschaft.

10.10. Bei einem bewaffneten Fluchtversuch von sieben Häftlingen der linksextremen Organisationen *Frente Patriótico Manuel Rodríguez* und *Lautaro* kommen drei der Ausbrecher ums Leben, zweien gelingt die Flucht.

19.- 20.10. Besuch des paraguayischen Staatspräsidenten RODRÍGUEZ in Chile, in dessen Verlauf drei Abkommen unterzeichnet werden, die den Handel und die Investitionen fördern und die doppelte Besteuerung von Transportunternehmen (im internationalen Transport zu Lande und in der Luft) verhindern sollen. Außerdem wird ein gemeinsamer Wirtschaftsrat *(Consejo Conjunto de Economía y Comercio entre Chile y Paraguay)* geplant.

29.10. Mehrere Anschläge auf Einrichtungen der Polizei in Santiago, nachdem die Stromversorgung durch Sprengstoffanschlag auf zwei wichtige Strommasten unterbrochen wurde.

30.10. Nach Arbeitskonflikten im staatlichen Gesundheitswesen reicht Gesundheitsminister Jorge JIMÉNEZ seinen Rücktritt ein. Nachfolger wird Julio MONTT.

November

4.11. Die sterblichen Überreste des ehemaligen Ministers der *Unidad Popular*, Orlando LETELIER, der 1976 in Washington ermordet wurde, werden von Caracas nach Santiago gebracht und dort in einer feierlichen Zeremonie, an der auch Präsident AYLWIN teilnimmt, beigesetzt.

7.11. Die Abgeordnete Evelyne MATTHEI (Renovación Nacional) zieht ihre Kandidatur für die Nominierung als Präsidentschaftskandidatin ihrer Partei zurück, weil sie durch Manipulation eines Militärs in eine Abhöraffaire verwickelt wurde. Als Folge muß der Leiter der Telekommunikationsabteilung des Heeres, General Ricardo CONTRERAS, in den vorzeitigen Ruhestand gehen. Das oberste Parteigericht von RENOVACIÓN NACIONAL suspendiert die Mitgliedsrechte der Abgeordneten Matthei für zehn Jahre, andere in den Skandal verwickelte Parteimitglieder bekommen ihre Mitgliedsrechte für einen kürzeren Zeitraum (1 bis 3 Jahre) suspendiert.

10.- 23.11. Asienreise von Präsident AYLWIN, begleitet u.a. von sechs Ministern und führenden Unternehmern. In Malaysia wird ein Übereinkommen zur wechselseitigen Förderung und zum Schutz von Investitionen sowie ein Kulturabkommen unterzeichnet. In China wird ein Abkommen über die Zusammenarbeit im Bergbau abgeschlossen. In Japan kündigt die Regierung an, daß sie Chile im kommenden Jahr nicht mehr unter die Risikoländer für Investitionen einordnen wird. Dies wird die Gewährung von Bankkrediten in Japan für Investitionen in Chile erleichtern.

22.11. Der ehemalige Verkehrsminister Germán CORREA, ein Vertreter des Erneuerungsflügels, wird mit rd. 38% der Stimmen zum neuen Präsidenten der Sozialistischen Partei gewählt, Vizepräsidentin wird Isabel Allende und Generalsekretär Luis Maira. Ein Vertreter des radikalen Flügels, Camilo Escalona, erreicht mit rd. 31% der Stimmen bei der Präsidentenwahl die zweithöchste Stimmenzahl. Im 90-köpfigen Zentralkomitee entfallen auf seine Anhänger rd. 45% der Sitze, gegenüber 35% der Anhänger von Correa.

27.11. Das Solidaritätsvikariat des Erzbistums von Santiago, das während der Militärherrschaft zum Schutz der Menschenrechte gegründet worden war, stellt nach 17 Jahren seine Arbeit ein. Verschiedene Einrichtungen werden die Arbeit der *Vicaría de Solaridad* fortsetzen. Ab Januar 1993 wird ein Sozialvikariat *(Vicaría de Pastoral Social)* seine Arbeit aufnehmen. Das Archiv der Vicaría wird der neu gegründeten *Fundación Solidaridad* unterstellt. Andere Menschenrechtsorganisationen übernehmen noch laufende Verfahren und Prozesse wegen Menschenrechtsverletzungen.

Dezember

12.12. Die sterblichen Überreste von Pablo NERUDA (und seiner Ehefrau) werden 19 Jahre nach seinem Tod (23.9.1973) in Anwesenheit führender Politiker von Santiago zu seinem letzten Wohnsitz in Isla Negra umgebettet. Die Grabesrede hält Präsident AYLWIN.

13.12. Eduardo FREI RUIZ-TAGLE wird offiziell als Präsidentschaftskandidat der Christdemokratischen Partei für die im Dezember 1993 anstehenden Wahlen nominiert.

14.12. Ein am 31.12.92 auslaufendes Abkommen zwischen Argentinien und Chile zur Gewährung von Handelspräferenzen wird bis zum 31.12.1994 verlängert.

15.12. Wegen schwerer Amtsverfehlungen im Zusammenhang mit Verfahren über Menschenrechtsverletzungen während der Militärherrschaft stellen zehn Abgeordnete der *Concertación* im Abgeordnetenhaus den Antrag auf Verfassungsklage gegen drei Richter des Obersten Gerichtshofs und den obersten Militärrichter. Der Oberste Gerichtshof erklärt die Klage für verfassungswidrig und gegen die Grundlagen der institutionellen Ordnung gerichtet. Daraufhin fordert der Präsident des Obersten Gerichtshofs mit Zustimmung des Oberkommandierenden des Heeres, General PINOCHET, die Einberufung des Nationalen Sicherheitsrates. Nachdem sie ihrer Besorgnis über den Konflikt zwischen zwei Verfassungsorganen Ausdruck verliehen hat, erklärt die Mehrheit des Nationalen Sicherheitsrates dessen Unzuständigkeit gegenüber der Arbeit des Abgeordnetenhauses. Am 9.1.1993 stimmt die Mehrheit des Abgeordnetenhauses (mit 66 gegen 39 Stimmen) der Verfassungsklage gegen die Richter des Obersten Gerichtshofs zu. Und am 19.1. stimmt der Senat mit den Stimmen der Regierungsparteien und dreier Senatoren von *Renovación Nacional* mit 25 gegen 20 Stimmen der Amtsenthebung eines der drei Richter, Hernán CERECEDA, zu. Die anderen Anträge werden mehrheitlich abgelehnt.

Detlef Nolte

IBEROSTAT
Stand: 8,93   Berichtsjahr (BJ):   1991
                              CHILE
Hauptstadt: Santiago
Fläche (in qkm):   756.945
Währung: Chilenischer Peso   Jahr

1. DEMOGRAPHISCHE KENNZIFFERN	1970	1980	1990	1991
Bevölkerungszahl (in Mio.)	9,36	11,1	13,18	13,36
davon: unter 15 Jahren (in %)	40,1	36,8	30,5	30,6
davon: im Alter von 15-64 Jahren (in %)	54,9	57,8	63,6	63,3
Städtische Bevölkerung (in %)	75,2	81,2	85,9	86,2
Geburtenrate	26,9	22,2	22,7	23
Fertilitätsrate	4	2,8	2,6	2,5
Erwerbspersonen in der Landwirtschaft (in %)	21	16,5	19,4	
Erwerbspersonen in der Industrie (in %)	27,6	25,1	24,9	
Erwerbspersonen im Dienstleistungssektor (in %)	51,4	58,4	55,5	

Geschätzte Bevölkerung im Jahre 2025 (in Mio.)   19
Durchschnittliche jährliche Wachstumsrate
   der Bevölkerung (in %)   1965-80:   1,7
                                    1980-BJ: 1,7

2. SOZIALE KENNZIFFERN				
Bevölkerung mit Zugang zu Trinkwasser (in %)	56	70	87	89
Tägl. Kalorienangebot (in % der Mindestbedarfsnorm)		114	111	
Säuglingssterblichkeitsziffer (0-1 Jahr)	80	32,2	16,8	16,5
Kindersterbeziffer (0-5 Jahre)			27	20
Lebenserwartung bei der Geburt (in Jahren)	62,4	69,5	72	72
Einwohner je Arzt	2128	1230	1230	
Alphabetisierungsquote (in %)	87,1		93,4	

3. WIRTSCHAFTLICHE KENNZIFFERN				
Bruttoinlandsprodukt (in Mio. USD)	8167	27571	27805	31311
Bruttosozialprodukt pro Kopf (in USD)	840	2100	1950	2160
Ausfuhr von Waren u. Dienstleistungen (in Mio. USD)	1274	6276	10508	11661
Einfuhr von Waren u. Dienstleistungen (in Mio. USD)	1371	8360	11531	11900
Leistungsbilanz (in Mio. USD)	-91	-1971	-598	142
Kapitalbilanz (in Mio. USD)	117	3241	3255	942
davon: ausl. Direktinvestitionen (in Mio. USD)	-79	170	249	576
Bestand an Währungsreserven (in Mio. USD)	392	4128	6784	7700
Privater Verbrauch (in % des BIP)	70,1	70,7	69	66
Staatsverbrauch (in % des BIP)			10	10
Bruttoinlandsinvestitionen (in % des BIP)	16,5	21	20,2	21,6
Bruttoinlandsersparnis (in % des BIP)	17,1	16,8	23,2	24
Anteil der Landwirtschaft am BIP (in %)	7	7		
Anteil der Industrie am BIP (in %)	41	37		
davon: Verarbeitendes Gewerbe (in %)	28			
Anteil des Dienstleistungssektors am BIP (in %)	52	56		
Auslandsverschuldung (in Mio.USD)	2568	12081	19132	17902
davon: öffentliche Verschuldung (in Mio. USD)	2067	4705	10356	10024
Schuldendienst (in Mio. USD)	359	2706	2731	3956
davon: Zinszahlungen (in Mio. USD)	104	1193	1776	2838
Schuldendienst in % der Exporterlöse	19,2	43,1	26	33,9

Durchschnittl. jährl. Wachstumsrate des BIP (in %)
                                    1965-80:   1,9
                                    1981-BJ: 3,6
Durchschnittl. jährl. Inflationsrate (in %)
                                    1980-BJ: 20,5

149

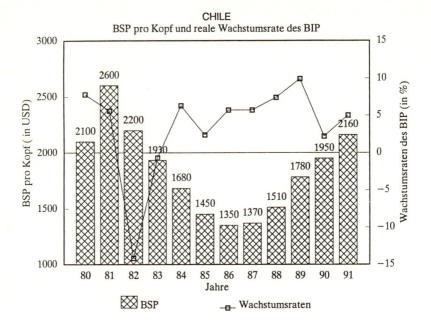

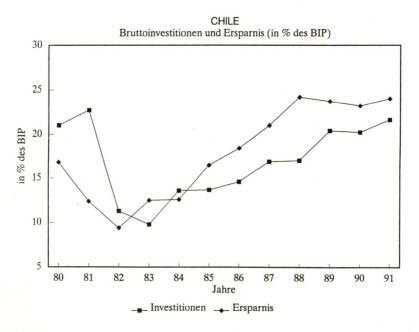

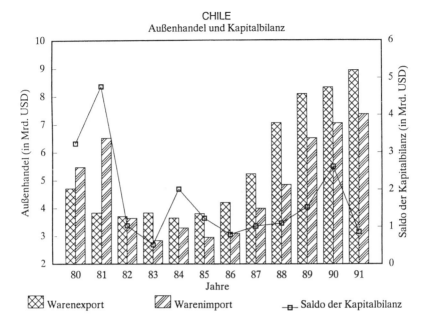

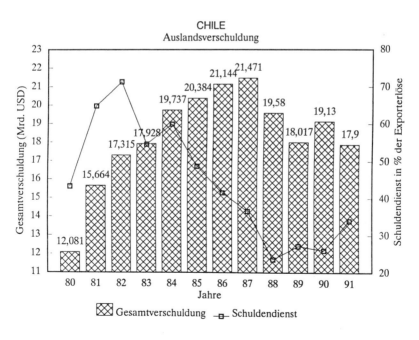

Paraguay

Amtlicher Name:	República del Paraguay
Präsident:	Juan Carlos WASMOSY
Im Amt seit:	15. August 1993
Regierung:	Minderheitsregierung: Nach Spaltung der regierenden Asociación Nacional Republicana (ANR) "Colorado-Partei" während des Wahlkampfes in einen Pro-Wasmosy-Flügel und den "Movimiento Reconciliación Colorada" (MRC) unter Luis María ARGAÑA regiert der Präsident gegen die Mehrheit in beiden Häusern des Kongresses.

Kabinett (Stand: Juli 1993): Äußeres: Diógenes MARTÍNEZ; Inneres: Carlos PODESTÁ; Finanzen: Crispiniano SANDOVAL; Industrie und Handel: Ubaldo SCAVONE

Weitere im Parlament vertretene Parteien: Partido Radical Liberal Auténtico (PRLA) und Encuentro Nacional (EN) (erst im Mai 1993 als neuer Parteiblock konstituiert)

Sitzverteilung im Parlament seit den Wahlen vom 9.5.1993
Abgeordnetenhaus (80 Sitze): ANR-Wasmosy: 16; MRC: 22; PRLA: 33; EN: 9
Senat (45 Sitze): ANR-Wasmosy: 10; MRC: 10; PRLA: 17; EN: 8

Chronologie 1992

Im ersten Halbjahr wurde von der verfassunggebenden Versammlung eine neue demokratische Verfassung erarbeitet, die im Juni in Kraft trat. Bei der Aufarbeitung von Menschenrechtsverletzungen während der STROESSNER-Diktatur wurden Fortschritte erzielt: so wurde der ehemalige Polizeichef von Asunción wegen der Ermordung eines politischen Häftlings verurteilt, und am Jahresende konnte das geheime Archiv der Polizei aus der Zeit der STROESSNER-Diktatur sichergestellt werden. Erstmals wurden mehrere hohe Militärs wegen Straftaten (Veruntreuung öffentlicher Gelder und Schmuggel) vor einem Zivilgericht angeklagt. Die internen Wahlen in der Colorado-Partei zur Nominierung ihres Kandidaten für die Präsidentschaftswahlen im Mai 1993 waren von Unregelmäßigkeiten überschattet und führten bis zum Jahresende zu keinem endgültigen Ergebnis. Nach offiziellen Angaben (Zentralbank, Statistisches Amt) wuchs das BIP 1992 um 1,7% (1991: 2,5%); pro Kopf der Bevölkerung ging es um 1,3% (1991 -0,3%) zurück. Das Pro-Kopf-Einkommen lag Ende 1992 nur noch knapp über dem Niveau von 1988. Die Inflationsrate erreichte am Jahresende 17,8%. Die Auslandsverschuldung belief sich auf US$ 1,3 Mrd.. Nach Angaben des Unternehmerdachverbandes lag die Arbeitslosenquote (national) Ende 1992 bei 16%, nach offiziellen Angaben bei 10%. Der gesetzliche Mindestlohn ging 1992 um 6,7% zurück, die Durchschnittslöhne von Arbeitern um 1,8% (1.Halbjahr).

April Die Regierungspartei ANR tritt der *Conferencia Permanente de Partidos Políticos de América Latina* (COPPAL) bei.

Mai Der ehemalige Leiter der Kriminalpolizei von Asunción, Pastor CORONEL, und drei Untergebene werden wegen Folterungen mit Todesfolge in erster Instanz zu 25 Jahren Gefängnis verurteilt. Es handelt sich um den Fall des 1976 ermordetene Universitätsdozenten Mario SCHAERER.

Juni

10.-12.6. Staatsbesuch des chilenischen Präsidenten AYLWIN in Paraguay, in dessen Verlauf die Außenminister ein Abkommen zur wissenschaftlichen und technischen Zusammenarbeit unterzeichnen.

15.6. Staatsbesuch des Präsidenten von Costa Rica, Rafael CALDERÓN, in Paraguay, in dessen Verlauf sechs Abkommen unterzeichnet werden.

20.6. Die neue Verfassung wird verkündet. Nach den Wahlen zur verfassunggebenden Versammlung vom **1.12.1991** war diese am **27.12.1991** von Präsident Rodríguez eröffnet worden. Am **10.4.1992** legte der Redaktionsausschuß dem Plenum einen Verfassungsentwurf vor, der vom **12.4.** bis **17.6.** diskutiert wurde. Die neue Verfassung löst die Verfassung von 1967 ab. Sie stärkt die rechtsstaatlichen Elemente (Unabhängigkeit der Justiz, Schutz der Individualrechte etc.) und vertieft die Gewaltenteilung. Die Befugnisse des Präsidenten werden eingeschränkt. Paraguay wird als "sozialer Rechtsstaat" definiert, eine Agrarreform als Verfassungsziel genannt und die politische und administrative Dezentralisierung als Staatsziel in die Verfassung aufgenommen. Den Angehörigen der Streitkräfte ist es verboten, sich politischen Organisationen anzuschließen. Der Umweltschutz und die Rechte der indianischen Bevölkerung werden in der Verfassung verankert. Eine Übergangsklausel schließt explizit die Wiederwahl des amtierenden Präsidenten aus. In der Verfassung selbst ist eine entsprechende Klausel für zukünftige Präsidenten enthalten. Präsident Rodríguez wertet die Übergangsklausel als persönlichen Affront und nimmt daraufhin nicht an der Verkündungszeremonie teil, in deren Verlauf er nach einem anderen Übergangsartikel einen Eid auf die neue Verfassung schwören sollte. Dies tut er statt dessen zwei Tage später vor dem Kongress. Diese Parlamentssitzung wird wiederum von der wichtigsten Oppositionspartei, der Liberalen Partei, boykottiert.

August

9.8. Bei den innerparteilichen Wahlen (Vorstand) in der Colorado-Partei siegt der Regierungsflügel *(Tradicionalismo Unido)*. Bei einer Wahlbeteiligung von 34,2% wird Blas N. RIQUELME mit 38,4% der Stimmen zum Parteivorsitzenden gewählt.

Oktober Die Straffreiheit, die führende Militärs in Paraguay bisher genossen hatten, findet in Fällen gewöhnlicher Kriminalität ein Ende. Bereits am **25.9.** hatten 5.000 Personen gegen die Straflosigkeit und Korruption demonstriert. Aufgrund von Aussagen des ehemaligen Kommandierenden der vierten Infantriedivision, Leutnant Catalino GONZÁLEZ ROJAS, der deswegen zunächst von der Militärjustiz verhaftet worden war, wird von der Ziviljustiz Anklage gegen drei aktive Generäle und einen General im Ruhestand erhoben. Sie werden beschuldigt, gestohlene Autos nach Bolivien geschmuggelt zu haben. Abgeordnetenhaus und Senat hatten bereits am **21.9.** einen Untersuchungsausschuß wegen des Schmuggels mit gestohlenen Autos eingesetzt. Unter den Angeklagten befindet sich der Oberkommandierende des Heeres, General Humberto GARCETE, der sich zunächst seiner Pflichten entbinden läßt **(9.10.)** und danach um seine Versetzung in den Ruhestand bittet **(27.10.)**. Am **18.11.** wird er verhaftet. Wegen des Autoschmuggels muß auch Verteidigungsminister, General Angel SOUTO, zurücktreten **(9.10.)**. Zwei weitere Generäle, Lorenzo CARRILLO MELO (i.R.) und Emilio BALBUENA, waren bereits Anfang Oktober in Untersuchungshaft genommen worden. General GARCETE wird außerdem auf der Grundlage eines abgehörten Telefongesprächs beschuldigt, einen Anschlag **(28.9.)** auf den Anwalt von Leutnant GONZÁLEZ ROJAS veranlaßt zu haben, gegen den zu diesem Zeitpunkt ein Disziplinarverfahren eingeleitet worden war. Die Tonbandaufzeichnungen decken eine weitverbreitete Abhörpraxis auf, und deuten auf interne Konflikte im Militär hin. Gegen den ehemaligen Polizeichef von Asunción, General Francisco SÁNCHEZ GONZÁLEZ, wird ein Verfahren wegen Betrugs – es wurden Gehälter für 419 Polizisten kassiert, die gar nicht existierten – sowie Entführung und Erpressung eingeleitet.

Leutnant GONZÁLEZ ROJAS, der den Schmuggel mit gestohlenen Autos aufgedeckt hatte, wird zwar am **26.1.1993** vom Obersten Militärgericht vom Vorwurf der Verleumdung und üblen Nachrede gegenüber seinen Vorgesetzten freigesprochen, zugleich aber zu 90 Tagen Arrest aus disziplinarischen Gründen verurteilt und auf persönliche Anordnung von Präsident RODRÍGUEZ sofort in einer entlegenen Kaserne festgesetzt. Sein Sold wurde um 25% gekürzt und seine Beförderung ausgesetzt.

19.-20.10. Der paraguayische Staatspräsident RODRIGUEZ besucht Chile. Im Verlauf des Staatsbesuchs werden drei Abkommen unterzeichnet, die den Handel und die Investitionen fördern und die doppelte Besteuerung von Transportunternehmen (im internationalen Transport zu Lande und in der Luft) verhindern sollen. Außerdem wird vereinbart, einen gemeinsamen Wirtschaftsrat *(Consejo Conjunto de Economía y Comercio entre Chile y Paraguay)* ins Leben zu rufen.

29.-30.10. Besuch des argentinischen Präsidenten MENEM in Asunción. In der Abschlußerklärung des argentinischen und des paraguayischen Präsidenten wird der Wille bekräftig, den Zeitplan zur Errichtung des MERCOSUR einzuhalten. Insgesamt werden während des Besuches 15 Abkommen unterzeichnet.

November

15.11. Die für diesen Tag vorgesehenen internen Wahlen in der Colorado-Partei zur Nominierung des Präsidentschaftskandidaten werden nach Aufdeckung von Mängeln im Mitgliederregister der Partei (angeblich 1.139.370 Personen) verschoben. Nachdem die Identität vieler Mitglieder (rd. 230.000) nicht hinreichend nachgewiesen werden konnte (z.B. über die Nummer ihres Personalausweises), hatte ein Wahlgericht der Partei der Klage eines Kandidaten am **11.11.** stattgegeben und den genannten Personenkreis von der Wahl ausgeschlossen. Gegen diese Entscheidung klagte wiederum eine andere innerparteiliche Gruppierung vor einem ordentlichen Gericht und forderte die Aufschiebung der Wahlen, mit der Begründung, die Ausgeschlossenen würden ihrer Bürgerrechte beraubt. Am **13.11.** gab das Gericht der Klage statt und ordnete eine Verschiebung der Wahlen an. Am **9.12.** gab der Oberste Gerichtshof die Wahlen frei, mit der Vorgabe, daß nur diejenigen deren Persolausweisnummer in die Mitgliederliste eingetragen war, stimmberechtigt sind. Daraufhin setzte das Wahlgericht der Partei den **27.12.** als Wahltermin fest.

23.11. Kabinettsumbildung. Nach dem Rücktritt von General (i.R.) Orelando MACHUCA wird Hugo ESTIGARRIBIA neuer Innenminister; sein Nachfolger als Justiz- und Arbeitsminister wird Oscar PACIELLO.

Dezember

22.12. Die paraguayische Justiz kann die geheimen Archive der Polizei über die Verfolgung von Oppositionellen während der STROESSNER-Diktatur sicherstellen.

27.12. Bei den parteiinternen Wahlen in der Colorado-Partei, die auf der Grundlage eines bereinigten, aber immer noch aufgeblähten Mitgliederregisters (rd. 950.000 Mitglieder) durchgeführt werden, verliert der Favorit des amtierenden Präsidenten und der Parteiführung, Juan Carlos WASMOSY, mit 43,3% der Stimmen, gegen Luis María ARGAÑA, auf den 49,7% der Stimmen entfallen (Sonstige 6,7%, ungültig 1,3%). ARGAÑA werden Sympathien mit den Anhängern des gestürzten Diktators STROESSNER nachgesagt. Die Wahlbeteiligung lag bei 45,3%. Der unterlegene Kandidat legte vor dem Wahlgericht der Partei Widerspruch gegen das Ergebnis ein (**30.12.**), weil es zu Wahlbetrug durch die siegreiche Liste gekommen sei, der mindestens 20% der abgegebenen Stimmen betreffe.

Detlef Nolte

IBEROSTAT
Stand: 8,93
PARAGUAY   Berichtsjahr (BJ):   1991

Hauptstadt: Asunción
Fläche (in qkm): 406.752
Währung: Guarani   Jahr

1. DEMOGRAPHISCHE KENNZIFFERN	1970	1980	1990	1991
Bevölkerungszahl (in Mio.)	2,35	3,15	4,31	4,441
davon: unter 15 Jahren (in %)	46,4	42,1	40,5	40,3
davon: im Alter von 15-64 Jahren (in %)	50,2	54,5	56	56,7
Städtische Bevölkerung (in %)	37,1	41,7	47,5	48,1
Geburtenrate	37,7	35,6	34,3	33
Fertilitätsrate	6	4,9	4,6	4,6
Erwerbspersonen in der Landwirtschaft (in %)	52,6	48,6		
Erwerbspersonen in der Industrie (in %)	20,2	20,5		
Erwerbspersonen im Dienstleistungssektor (in %)	27,2	30,9		

Geschätzte Bevölkerung im Jahre 2025 (in Mio.) 9
Durchschnittliche jährliche Wachstumsrate
  der Bevölkerung (in %)   1965-80: 2,8
                            1980-BJ: 3,1

2. SOZIALE KENNZIFFERN				
Bevölkerung mit Zugang zu Trinkwasser (in %)	11	13	32	35
Tägl. Kalorienangebot (in % der Mindestbedarfsnorm)		134	116	
Säuglingssterblichkeitsziffer (0-1 Jahr)	58,6	46,6	32	31,5
Kindersterbeziffer (0-5 Jahre)			53	38
Lebenserwartung bei der Geburt (in Jahren)	65,3	66,3	67	67,3
Einwohner je Arzt	2298	1460	1458	
Alphabetisierungsquote (in %)	80,1		90,1	

3. WIRTSCHAFTLICHE KENNZIFFERN				
Bruttoinlandsprodukt (in Mio. USD)	595	4579	5476	6254
Bruttosozialprodukt pro Kopf (in USD)	260	1340	1090	1270
Ausfuhr von Waren u. Dienstleistungen (in Mio. USD)	90	781	1898	
Einfuhr von Waren u. Dienstleistungen (in Mio. USD)	111	1399	1829	
Leistungsbilanz (in Mio. USD)	-16	-613	102	
Kapitalbilanz (in Mio. USD)	30	453	79	321
davon: ausl. Direktinvestitionen (in Mio. USD)	4	30	68	80
Bestand an Währungsreserven (in Mio. USD)	18	783	700	976
Privater Verbrauch (in % des BIP)	77,5	79,4	70,3	75
Staatsverbrauch (in % des BIP)			6	8
Bruttoinlandsinvestitionen (in % des BIP)	14,7	27,9	22	25
Bruttoinlandsersparnis (in % des BIP)	13,5	14,5	23,3	17
Anteil der Landwirtschaft am BIP (in %)	32,1	28,6	28	22
Anteil der Industrie am BIP (in %)	21	25	23	24
davon: Verarbeitendes Gewerbe (in %)	17		23	18
Anteil des Dienstleistungssektors am BIP (in %)	46,9	46,4	49	54
Auslandsverschuldung (in Mio.USD)	112	954	2128	2177
davon: öffentliche Verschuldung (in Mio. USD)	112	630	1734	1779
Schuldendienst (in Mio. USD)	11	145	319	207
davon: Zinszahlungen (in Mio. USD)	3	66	89	91
Schuldendienst in % der Exporterlöse	11,8	18,5	16,8	

Durchschnittl. jährl. Wachstumsrate des BIP (in %)
                            1965-80: 7
                            1981-BJ: 2,7
Durchschnittl. jährl. Inflationsrate (in %)
                            1980-BJ: 25,1

Uruguay

> Amtlicher Name: República Oriental del Uruguay
> Präsident: Luis Alberto LACALLE
> Im Amt seit: 1. März 1990
> Nächste Präsidentschaftswahlen: November 1993
>
> Regierung: Die Regierungspartei Partido Nacional (PN) verfügt im Parlament über keine Mehrheit. Die Regierungspolitik wird nicht von allen innerparteilichen Fraktionen getragen. Demgegenüber unterstützt eine Fraktion des Partido Colorado (PC) die Regierung.
>
> Kabinett (Stand: April 1993): Äußeres: Sergio ABREU; Inneres: Juan Andrés RAMÍREZ; Finanzen und Wirtschaft: Dr. Ignacio DE POSADAS; Industrie und Energie: Eduardo ACHE
>
> Andere Oppositionsparteien: Frente Amplio (FA), Nuevo Espacio (NE)
>
> Sitzverteilung im Parlament seit den Wahlen vom 26.11.1989:
> *Abgeordnetenhaus* (99 Sitze): PC: 30; PN: 39; FA: 21; NE: 9
> *Senat* (30 Sitze): PC: 30; PN: 12; FA: 7; NE: 2

Chronologie 1992

Die politische Unterstützungsbasis der Regierung ist 1992 weiter geschrumpft. Es kam zu Anschlägen rechtsextremer Gruppierungen, die sich vermutlich aus Militärs zusammensetzen. In den Streitkräften mehrten sich aufgrund der schlechten materiellen Situation die Unmutsäußerungen. Offiziere im Ruhestand forderten den Rücktritt des Verteidigungsministers. Die Polizei streikte für höhere Gehälter. Die Beziehungen zwischen der Regierung und den Gewerkschaften blieben spannungsreich, und es kam zu drei Generalstreiks. Die kommunistische Partei spaltete sich. In einer Volksabstimmung wurden wesentliche Artikel des Privatisierungsgesetzes verworfen, auch die Reform der Rentenversicherung scheiterte. Das BIP wuchs kräftig (um 7,4%), das Haushaltsdefizit konnte weiter reduziert werden, die Inflationsrate blieb hoch (58,9%), zeigte aber eine abnehmende Tendenz, und die Reallöhne stiegen (um 2,2%), lagen aber immer noch niedriger als beim Amtsantritt der Regierung Lacalle. Die Arbeitslosenquote erreichte zeitweilig ihren höchsten Stand seit 1986 (11,3%), ging dann aber wieder zurück.

Januar

17.1. Fünfter Generalstreik der PIT-CNT gegen die Regierung LACALLE.

30.1. Nach dem der Parteiflügel der Colorado-Partei, der von Jorge BATTLE geführt wird *(Battlismo Radical)* und der bisher die Regierung unterstützt hatte, am 28.1. entschieden hatte, den Wirtschaftsminister im Senat zu interpellieren, um damit seiner Kritik an der Wirtschaftspolitik, die als zu wenig radikal (im Sinne einer Liberalisierung und Öffnung der Wirtschaft) bewertet wurde, Ausdruck zu verleihen, fordert Präsident LACALLE sein Kabinett zum Rücktritt auf. In den Wochen zuvor war der Präsident bereits aus den eigenen Reihen – u.a. vom Vizepräsidenten Gonzalo Aguirre – wegen der Wirtschaftspolitik kritisiert und mit ultimativen Forderungen konfrontiert worden. Nach dieser Kritik aus den Reihen der Regierungspartei fiel die Wirtschaftspolitik zu liberal aus.

Februar

10.2. Neuer Wirtschafts- und Finanzminister wird Ignacio DE POSADAS von der Regierungspartei, neuer Industrie- und Energieminister Eduardo ACHE, vom Parteiflügel der Colorado-Partei, der von Expräsident PACHECO geführt wird, und Wohnungsbauminister wird José María MIERES MURÓ, gleichfalls von der Regierungspartei – nachdem Hugo BATALLA vom *Partido Por el Gobierno del Pueblo* (PGB) dieses Amt abgelehnt hatte. Nachdem die Fraktion von Jorge BATTLE (Colorado-Partei) seinen Vertreter aus dem Kabinett abberufen und der Regierung die direkte Unterstützung entzogen hat, verfügt Präsident LACALLE im Parlament über keine Mehrheit mehr.

28.2. In einer in Radio und Fernsehen übertragenen Rede verweist Wirtschaftsminister DE POSADAS darauf, daß sich das Land in einer schwierigen wirtschaftlichen Situation befinde und die Gefahr eines wachsenden staatlichen Haushaltsdefizits bestehe, zu dem vor allem das Defizit in der Sozialversicherung beitrage. Als Lösung verkündet er u.a. eine Reform der Sozialversicherung (individuelle Konten statt Umlagesystem), eine Reduzierung der Staatsausgaben über Personaleinsparungen und die Privatisierung von Staatsunternehmen. Die Regierung will sich außerdem aus den Tarifverhandlungen zurückziehen. Zur Inflationsbekämpfung sollen die Löhne desindexiert werden und sektorale Tarifabkommen nur noch für rechtsverbindlich erklärt werden, wenn sie die Vorgaben der Regierung nicht überschreiten.

April

Mit 11,3% erreichte die Arbeitslosenquote in Montevideo im ersten Quartal 1992 den höchsten Stand seit März-Mai 1986 (12%).

In einer nationalen Umfrage (Equipos) sinkt die Zustimmungsrate zu Präsident LACALLE auf den niedrigsten Stand seit seiner Amstübernahme: 13% der Befragten stimmen seiner Amtsführung zu, 63% (Montevideo 67%; Landesinnere 59%) lehnen sie ab (weder/noch 21%). Unter den Anhängern der Regierungspartei liegt die Zustimmungsrate bei 42% (Ablehnung 31%). Die Arbeit des Parlaments findet bei 15% der Befragten

Uruguay

Zustimmung (Dezember 1991 12%) und 40% (Dezember 1991 44%) Ablehnung. Hohe Zustimmungswerte erhält weiterhin der Bürgermeister von Montevideo VÁZQUEZ: 55% der Befragten in Montevideo stimmen seiner Amtsführung zu, nur 17% lehnen sie ab (März 1991 27%). Bei den Parteipräferenzen lieg der Partido Colorado mit 29% vor dem Frente Amplio (25%) in Front (Partido Nacional 14%, Nuevo Espacio 7%). Ein Viertel der Befragten (24%) äußert keine Präferenzen. In Montevideo liegt der Frente Amplio mit 34% der Präferenzen vor dem Partido Colorado (23%) in Front (Nuevo Espacio 7%; Partido Nacional 9%; ohne Präferenz 27%).

6.-19.4. Auslandsreise von Präsident LACALLE, die ihn zunächst zu einem Staatsbesuch nach Spanien (6.-11.4.) führt, wo ein Kooperations- und Freundschaftsvertrag, der für die nächsten fünf Jahre spanische Investitionen und Kredite in Höhe von 30 Mrd. Peseten vorsieht, und ein Investitionsschutzabkommen unterzeichnet werden. Danach (19.4.) Staatsbesuch in Israel und Besuch des uruguayischen Kontingentes bei den UN-Friedenstruppen auf dem Sinai.

29.4. Bombenanschlag auf das Gebäude, in dem sich die Anwaltskanzlei von Ex-Präsident SANGUINETTI befindet. Am 1.5. explodiert auf einer in der Nähe von Minas gelegenen Eisenbahnbrücke eine Bombe. Zu beiden Anschlägen bekennen sie zwei unterschiedliche Kommandos, die vorgeben, sich aus Offizieren zusammenzusetzen. Bereits am 11.1. hatte eine Bombe das Auto des Abgeordneten der *Frente Amplio* CORES zerstört. Der Oberkommandierende des Heeres sieht in dem Bekennerschreiben einen Versuch, die Streitkräfte zu diskreditieren. Auf einer Veranstaltung zu Ehren des Gründers der *Tupamaros*, Raúl SENDIC, erklärt der Führer des MLN-T, FERNÁNDEZ HUIDOBRODO, daß sich die *Tupamaros* auf den Kampf vorbereiten müßten, falls sie zu dem Schluß kämen, daß die jüngsten Attentate ihre Freiheit gefährdeten (8.5.).

Mai

1.5. An der zentralen Kundgebung der PIT-CNT zum 1. Mai in Montevideo nehmen ca. 40.000 Personen teil.

10.5. In Anwesenheit eines Senators, zweier Abgeordneter und zweier Intendentes des Partido Nacional konstituiert sich eine neue innerparteiliche Gruppierung, der POLO PROGRESISTA, die der Regierungspolitik kritisch gegenübersteht.

12.-13.5. 36-stündiger Generalstreik der PIT-CNT gegen die Wirtschafts- und Lohnpolitik der Regierung, der am zweiten Tag breiten Widerhall findet.

15.5. In Montevideo werden 13 Mitglieder der baskischen Separatistenorganisation ETA festgenommen.

15.-17.5. Als Ergebnis eines außerordentlichen Parteitags der Kommunistischen Partei treten die in der Partei verbliebenen Reformer aus. Die Parteiführung wird jetzt vollständig von den Orthodoxen kontrolliert. Bereits am 4.4. war der Generalsekretär der Kommunistischen Partei Uruguays, Jaime PÉREZ, der sich mit seiner Erneuerungspolitik nicht durchsetzen konnte, von seinem Amt zurückgetreten.

21.5. Im Parlament wird der Gesetzentwurf der Regierung zur Reform der Rentenversicherung mit 57 gegen 40 Stimmen abgelehnt.

28./29.5. Die Interpellation des Wirtschafts- und des Arbeitsministers im Senat führt zwar nicht zu einem Mißtrauensvotum. Der Senat verabschiedet aber mit 18 gegen 13 Stimmen eine Resolution, in der die Lohnpolitik der Regierung kritisiert wird, da sie zu einer weiteren Senkung der bereits niedrigen Reallöhne führe. Die Regierung wird aufgefordert, eine Kurskorrektur vorzunehmen.

Juli

Im ersten Halbjahr 1992 wuchs das BIP um 7,3%.

5.7. Abstimmung über die Durchführung eines Referendums über die Aufhebung des Gesetzes zur Privatisierung von Staatsunternehmen, das vom *Frente Amplio* und kleineren Sektoren der *Blancos* und *Colorados* in die Wege geleitet worden waren. Am 3.6. hatte Präsident LACALLE aus Angst, die Abstimmung könnte zu einem Votum gegen die Regierung instrumentalisiert werden, dazu aufgerufen, für die Abhaltung des Referendums zu stimmen. In der Abstimmung sprechen sich allerdings nur 20,5% der Wahlberechtigten für das Referendum aus. Notwendig gewesen wären 25%.

August

3.8. Nach Gerüchten über Unregelmäßigkeiten in der Verwaltung entläßt der Bürgermeister von Montevideo Tabaré VÁZQUEZ vier Referatsleiter. Dies führt zu einer Verschärfung der Konflikte im Frente Amplio zwischen dem gemäßigten, auf eine langfristige Regierungsübernahme auf nationaler Ebene ausgerichteten Flügel und dem radikalen Flügel. Die Stadtverordnetenversammlung (Junta Departamental) setzt eine Untersuchungskommission ein (21.8.).

11.8. Präsident LACALLE nimmt die Demission von Gesundheitsminister Carlos DELPIAZZO an. Nachfolger wird der bisherige Erziehungsminister Guillermo GARCÍA COSTA, dessen Amt übernimmt Antonio MERCADER.

20.8. In einer gemeinsamen Erklärung fordern die Unternehmerverbände die politischen Entscheidungsträger zu einer Kurskorrektur und eindeutigen Schritten zu einer umfassenden Reform des Staates und seiner Finanzen auf.

Uruguay

23.-27.8. Staatsbesuche des bolivianischen Präsidenten PAZ ZAMORA und des argentinischen Präsidenten MENEM anläßlich des 167. Jahrestages der Unabhängigkeitserklärung Uruguays.

September

Nach einer Umfrage (Equipos) in Montevideo, die im Oktober veröffentlicht wird, wurden als wichtigste Probleme des Landes genannt (Summe aus Nennung an 1. oder 2. Stelle der Wichtigkeit): niedrige Einkommen (38%), Inflation (27%), Arbeitslosigkeit (27%), Armut (18%), Wohnungsmangel (14%), Defizite im Gesundheits- und/oder Erziehungswesen (12%), Kriminalität (11%), fehlende Effizienz der Politiker (11%), Staatsreform/Privatisierung von Staatsunternehmen (9%), Streiks (4%), MERCOSUR (3%).

16.9. Der *Partido por el Gobierno del Pueblo* (PGP) wird in die Sozialistische Internationale aufgenommen.

24.9. Auf das Haus des Abgeordneten des Frente Amplio, Hugo CORES, werden Schüsse abgegeben. Es handelt sich bereits um den sechsten politisch motivierten Anschlag während der Präsidentschaft von LACALLE.

Oktober

Der Gewerkschaftsdachverband PIT-CNT veröffentlicht Zahlen, nach denen seine Mitgliederzahl seit 1985 um 30% von 250.000 Mitglieder auf 175.000 Mitglieder zurückgegangen ist; dies entspricht einem Organisationsgrad (der abhängig Beschäftigten) von 18%, im Oktober 1991 hatte der Organisationsgrad noch bei 24% gelegen.

1.10. Im zweiten Anlauf hat das Volksbegehren gegen das Privatisierungsgesetz Erfolg. Für eine Volksabstimmung über das Gesetz sprechen sich 30,2% der Wahlberechtigten aus, 29,6% für eine teilweise Widerrufung (= 690.880 Wähler) und 0,6% für die vollständige Widerrufung.

7.10. Vor 460 Mitgliedern des *Centro Militar*, darunter rd. 200 aktive Offiziere, werden von Rednern, durchweg Offizieren im Ruhestand, die niedrigen Pensionen und der niedrige Sold des Militärs beklagt, die Entwicklung des politischen Systems seit 1985 kritisiert und Vorbehalte gegen die geplante Änderung des Gesetzes über die Streitkräfte vorgetragen. Dem Verteidigungsminister wird das Mißtrauen ausgesprochen und sein Rücktritt gefordert. Die Ausführungen werden von allen Anwesenden mit großem Beifall bedacht. Am folgenden Tag (8.10.) trifft Präsident LACALLE mit den Oberkommandierenden der Teilstreitkräfte zusammen, die in den folgenden Tagen ihre Untergebenen darauf hinweisen, daß es ihnen untersagt sei, politische Erklärungen abzugeben oder Forderungen aufzustellen, und ihnen verbieten an der nächsten Versammlung des Centro

Militar teilzunehmen. Die Regierung veröffentlicht eine Erklärung (14.10.), in der sie u.a. ankündigt, dem Parlament ein Gesetz zuzuleiten, daß eine beschleunigte Anpassung der Offizierspensionen vorsieht. Auf einer weiteren Versammlung von 380 pensionierten Offizieren (19.10.) werden die Forderungen bekräftigt und Kritik an den Entschließungen der vorausgegangenen Versammlung zurückgewiesen. Auf einer gleichzeitigen Versammlung von 250 jungen Offizieren im Círculo Militar wird das Vorgehen des Oberkommandos der Streitkräfte bei Durchsetzung einer höheren Bezahlung unterstützt. Im Sommerhaus des Oberkommandierenden der Marine, Vizeadmiral James Coates, dessen regierungsfreundliche Haltung in den Streitkräften auf Kritik stößt, wird eine Bombe entdeckt und entschärft (29.10.). In einem Interview mit der Wochenzeitung Busqueda (veröffentlicht am 5.11.) kritisiert Coates die Protestaktionen und Resolution im Centro Militar, verteidigt die Kompetenzen der zivilen Regierung, die Oberkommandierenden der Waffengattungen frei auszuwählen, und stellt die Behauptung auf, daß sich Offiziere, die ihre ökonomischen Interessen über die Interessen des Vaterlandes stellten, wie Söldner verhielten. Diese Ausführungen stoßen in den Streitkräften auf massive Kritik.

November

16.-19.11. Streik von 13.000 Polizisten für höhere Einkommen, die in Montevideo in großer Zahl (3.000) kampieren. Am 17.11. ordnet die Regierung an, daß die Streitkräfte in den Straßen patrouillieren. Diese lehnen es ab gegen die streikenden Polizisten vorzugehen. Am 18./19.11. verabschieden Senat und Abgeordnetenhaus unter dem Druck der Ereignisse ein Gesetz, das die Regierung ermächtigt, den Sold bei Polizei und Militär zu erhöhen. Am 18.11. kommt es zu vier Sprengstoffattentaten, die allerdings nur geringen Sachschaden hervorrufen.

Dezember

13.12. Bei einer Wahlbeteiligung von 83% sprechen sich 71,6% der Wähler gegen fünf Artikel des Privatisierungsgesetzes der Regierung aus. Dafür stimmten 27,2%. Diese betreffen u.a. die Möglichkeit, bislang öffentlichen Unternehmen vorbehaltene Dienstleistungen für private Anbieter zu öffnen und die Teilprivatisierung der staatlichen Telefongesellschaft ANTEL.

Detlef Nolte

IBEROSTAT
Stand: 8,93
URUGUAY
Berichtsjahr (BJ): 1991
Hauptstadt: Montevideo
Fläche (in qkm): 177.414
Währung: Peso Uruguayo
Jahr

1. DEMOGRAPHISCHE KENNZIFFERN	1970	1980	1990	1991
Bevölkerungszahl (in Mio.)	2,81	2,91	3,09	3,11
davon: unter 15 Jahren (in %)	27,9	26,8	26,3	25,4
davon: im Alter von 15-64 Jahren (in %)	63,2	61,9	62,7	63,3
Städtische Bevölkerung (in %)	82,1	83,8	85,5	85,6
Geburtenrate	20,9	19,1	18,3	17,1
Fertilitätsrate	2,9	2,7	2,3	2,2
Erwerbspersonen in der Landwirtschaft (in %)	18,6	15,7		
Erwerbspersonen in der Industrie (in %)	29,1	29,1		
Erwerbspersonen im Dienstleistungssektor (in %)	52,3	55,2		

Geschätzte Bevölkerung im Jahre 2025 (in Mio.) 4
Durchschnittliche jährliche Wachstumsrate
  der Bevölkerung (in %)   1965-80: 0,4
                                  1980-BJ: 0,6

2. SOZIALE KENNZIFFERN				
Bevölkerung mit Zugang zu Trinkwasser (in %)		77		
Tägl. Kalorienangebot (in % der Mindestbedarfsnorm)			110	111
Säuglingssterblichkeitsziffer (0-1 Jahr)	46,4	36,6	21	20,6
Kindersterbeziffer (0-5 Jahre)			25	24
Lebenserwartung bei der Geburt (in Jahren)	68,8	70,4	73	73
Einwohner je Arzt	915	513	513	343
Alphabetisierungsquote (in %)	91,1		95,3	

3. WIRTSCHAFTLICHE KENNZIFFERN				
Bruttoinlandsprodukt (in Mio. USD)	2404	10133	8218	9479
Bruttosozialprodukt pro Kopf (in USD)	780	2800	2620	2840
Ausfuhr von Waren u. Dienstleistungen (in Mio. USD)	292	1598	2390	2390
Einfuhr von Waren u. Dienstleistungen (in Mio. USD)	346	2308	2162	2325
Leistungsbilanz (in Mio. USD)	-45	-709	236	105
Kapitalbilanz (in Mio. USD)	53	715	-70	-790
davon: ausl. Direktinvestitionen (in Mio. USD)	0	290	0	0
Bestand an Währungsreserven (in Mio. USD)	186	2401	1467	1146
Privater Verbrauch (in % des BIP)	74,5	75,8	67,3	70
Staatsverbrauch (in % des BIP)			13	13
Bruttoinlandsinvestitionen (in % des BIP)	11,5	17,3	11,8	12,8
Bruttoinlandsersparnis (in % des BIP)	10,1	11,7	19,5	17
Anteil der Landwirtschaft am BIP (in %)	12,9	11,1	11	10
Anteil der Industrie am BIP (in %)	29	33	34	32
davon: Verarbeitendes Gewerbe (in %)	22		28	25
Anteil des Dienstleistungssektors am BIP (in %)	58,1	55,9	55	58
Auslandsverschuldung (in Mio.USD)		298	1660	4335	4189
davon: öffentliche Verschuldung (in Mio. USD)	269	1127	3009	2843
Schuldendienst (in Mio. USD)	97	299	1015	912
davon: Zinszahlungen (in Mio. USD)	17	169	418	279
Schuldendienst in % der Exporterlöse	21,7	18,8	42,5	38,2

Durchschnittl. jährl. Wachstumsrate des BIP (in %)
                                      1965-80: 2,4
                                      1981-BJ: 0,6
Durchschnittl. jährl. Inflationsrate (in %)
                                      1980-BJ: 64,4

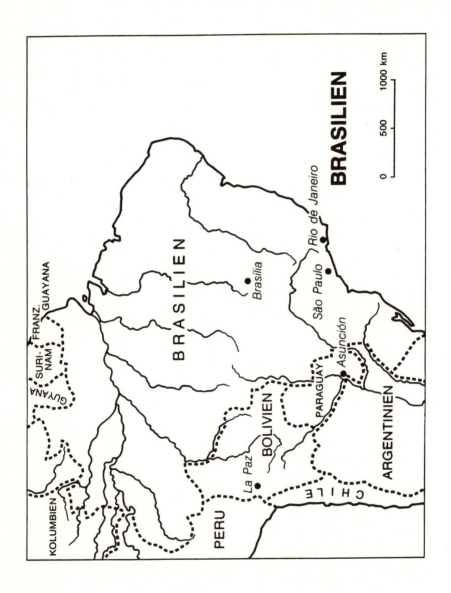

Brasilien

Amtlicher Name:	República Federativa do Brasil
Präsident:	Itamar FRANCO
Im Amt seit:	2. Oktober 1992 (in Ausübung der Präsidentschaft nach Suspendierung des 1990 gewählten Präsidenten Fernando COLLOR DE MELLO; seit dem 30.12.1992 definitive Amtsübernahme bis zu den Neuwahlen im November 1994)
Regierung:	Präsident FRANCO wird durch einen Konsens vieler Parteien unterstützt, die im Kabinett wie folgt vertreten sind: Partido Democrático Trabalhista (PDT), Partido da Social Democracia Brasileira (PSDB), Partido da Frente Liberal (PFL), Partido Social Democrata (PSB), Partido Trabalhista Brasileiro (PTB), Partido do Movimento Democrático Brasileiro (PMDB), Partido dos Trabalhadores (PT).

Kabinett (Stand: August 1993): Äußeres: Celso Luiz NUNES AMORIM; Inneres (und Justiz): Maurício CORREA; Wirtschaft (Industrie, Handel und Tourismus): José Eduardo DE ANDRADE VIEIRA; Finanzen: Fernando Henrique CARDOSO (nach dem Präsidenten einflußreichstes Regierungsmitglied).

Parteien im Parlament: PMDB, PFL, PDT, PSDB, PTB, PSB, PT (s.o.); ferner: Partido Democrático Social (PDS), Partido da Reconstrução Nacional (PRN), Partido Democrata Cristão (PDC), Partido Liberal (PL).

Sitzverteilung im Parlament:
Abgeordnetenhaus (503 Sitze): PMDB: 109; PFL; 83; PDT: 46: PDS: 42: PRN: 41; PSDB: 37; PT: 35; PTB: 34; PDC: 22; PL: 15; PSB: 11; andere: 26
Senat (81 Sitze): PMDB: 26; PFL: 16; PSDB: 10,PTB: 7; PDT: 6; PRN: 5; PDS: 3: PDC: 3; PT: 1; PSB: 1; andere: 3

Chronologie 1992

Die politische Situation Brasiliens steht 1992 im Zeichen des Amtsenthebungsverfahrens gegen Präsident COLLOR. Die Ermittlungen einer parlamentarischen Untersuchungskommission decken seine Verwicklung in das *"Esquema PC"* (eine politische Seilschaft um Paulo César FARIAS) auf und gipfeln Ende des Jahres in einer zur Amtsenthebung anberaumten Senatssitzung, bei der COLLOR durch seinen Rücktritt der Entscheidung zuvorkommt. Vizepräsident Itamar FRANCO übernimmt die Präsidentschaft und stellt ein Kabinett unter breiter Parlamentsbeteiligung zusammen.

Die Wirtschaftsentwicklung zeichnet sich 1992 durch ein Absinken des Bruttoinlandsproduktes (BIP) um 1,5% aus (BIP pro Kopf: -3,1%). Das Wachstum der Industrieproduktion ist mit - 4,7% bereits im dritten Jahr negativ, während die Agrarproduktion um 4,7% wächst.

Die Inflation, summiert sich bis zum Jahresende auf 1.157,95%. Die Großhandelspreise steigen um 1.154,18%, die Produktionsgüter um 1.155,03%, die Verbraucherpreise um 1.156,15%, und für die Baupreise ist ein Anstieg von 1.194,51% zu verzeichnen.

Die Lage auf dem Arbeitsmarkt ist durch eine städtische Arbeitslosigkeit von 5,9% sowie durch das reale Absinken des Mindestlohns um 10,0% im Vergleich zum Vorjahr gekennzeichnet.

Die Investitionsrate nationaler Unternehmer, gemessen am BIP-Anteil, sinkt auf ein Rekordtief von 14,8%; die Investitionen der staatlichen Unternehmen belaufen sich lediglich auf 1,5% des BIP. Die Anzahl stattgegebener Unternehmensschließungen liegt mit 2.339 um 64%, die der beantragten mit 21.242 um 18% über der von 1991.

Dagegen ist 1992 der bisher größte Kapitalzufluß aus dem Ausland zu verzeichnen, der mit US$ 17,638 Mrd. 51,6% über dem von 1991 liegt und das Ergebnis von 1990 um 228,7% übertrifft. Diese Entwicklung ist u.a. auf die Beteiligung ausländischer Unternehmen am brasilianischen Aktienmarkt zurückzuführen, die die Zentralbank mit US$ 3,863 Mrd. beziffert (die ins Ausland geflossenen Gelder abgezogen ergibt sich ein Überschuß von US$ 1,703 Mrd.).

Im Außenhandel wird aufgrund von Rekordexporten (US$ 36,207 Mrd., 15% mehr als im Vorjahr), sowie wegen des Importrückgangs (20,542 Mrd.) ein Überschuß von US$ 15,665 Mrd. erzielt. Die überdurchschnittliche Exportzunahme von Artikeln wie Fleisch, Sojaderivaten, Textilien, Schuhen, Papier und Maschinen, wird von der Automobilindustrie noch übertroffen, die durch den Export von ca. 30% ihrer Gesamtproduktion (1 Mio. Automobile) US$ 2,965 Mrd. erwirtschaftet. Wirtschaftsexperten kritisieren jedoch, daß der Anteil des gesamten Außenhandels verglichen mit dem BIP und den Bewegungen auf dem internationalen Markt sehr gering ist. Weiterhin wird der mangelnde Import an Maschinen beklagt, die für eine Verbesserung von Konkurrenzfähigkeit und Qualität brasilianischer Güter notwendig wäre.

Angesichts der anhaltenden Rezession geht die Anzahl von Streiks – besonders im Privatsektor – erheblich zurück. Die sich verschärfende soziale Lage entlädt sich in einer generellen Zunahme der Gewaltkriminalität, die sich in mehreren Wellen von Supermarktplünderungen, Entführungen, Morden an Straßenkindern durch Todesschwadrone usw. äußert.

Januar

Bei Abschluß der im September 1991 aufgenommenen Verhandlungen sagt der IWF Brasilien einen Kredit in Höhe von US$ 2,1 Mrd. zu, dessen in sieben Raten aufgeteilte Zahlung bis August 1993 abgeschlossen sein wird, sofern Brasilien den Vereinbarungen hinsichtlich der wirtschaftlichen Stabilisierung des Landes nachkommt. Ob die Gelder, wie vorgesehen, ab Februar alle drei Monate bereitgestellt werden, hängt somit z.B. vom Rückgang der Inflation ab.

Der seit Ende November 1991 andauernde Konflikt um rd. 147% Rentenanhebung setzt sich fort: Der Oberste Gerichtshof erklärt die Beschlüsse der Regionalgerichte für rechtswirksam, woraufhin Rentenempfänger in einigen Teilen des Landes die aufgestockten Bezüge erhalten. Präsident COLLOR greift in das Geschehen ein, indem er am 20.1. die Vertagung der Rentenanhebung auf 1993 verfügt. Drei Tage später wird das ursprüngliche Projekt zur Veränderung des Sozialversicherungsgesetzes durch ein neues ersetzt, das lediglich eine Angleichung um rd. 80% vorsieht.

Der Präsident der für die Privatisierung von Staatsunternehmen zuständigen Entwicklungsbank BNDES, Eduardo MODIANO, gibt bekannt, daß die Staatsschulden um US$ 2 Mrd. durch die bisherigen Verkäufe verringert werden konnten. Aufgrund des langsamen Voranschreitens des Privatisierungsprogramms müssen die ursprünglichen Erwartungen in diesem Punkt jedoch revidiert werden.

Aufgrund von Korruptionsvorwürfen gegen mehrere Regierungsmitglieder nimmt Präsident COLLOR Ende des Monats eine Kabinettsumbildung vor: der Minister für Arbeit- und Sozialversicherung, Antônio MAGRI, und die Sozialministerin, Margarida PROCÓPIO, werden durch Ricardo FIURZA bzw. Reinhold STEPHANES ersetzt. Das Amt des bisherigen Gesundheitsministers, Alceni GUERRA, übernimmt vorerst Erziehungs- und Kulturminister José GOLDENBERG. Ferner führt Präsident COLLOR den neuen Aufgabenbereich eines Zivilkabinettschefs ein, der an Jorge BORNHAUSEN geht.

Februar

Nach dreiwöchigen Verhandlungen erreicht Wirtschaftsminister Marques MOREIRA im Februar eine Einigung mit dem *Pariser Club* auf Umschuldung von US$ 11 Mrd., angelegt auf 14 Jahre.

Im Rahmen der Förderungsmaßnahmen für den Außenhandel werden Anfang des Monats erste Importerleichterungen für den Informatiksektor angekündigt, der bisher unter starker Protektion vor internationaler Konkurrenz stand. Die Importtarife werden im Laufe des Jahres für verschiedene Wirtschaftsbereiche gesenkt, wodurch die Wirtschaftsoligopole dazu gezwungen werden sollen, ihre Preissteigerungspolitik zu verändern.

Im Zuge des Rentenskandals kann im Februar noch keine Einigung erreicht werden: Es kommt zur Entlassung leitender Angestellter des Renteninstituts INSS; Regionalgerichte verfügen die Sperrung der Konten des INSS, um eine Auszahlung der Anhebungen zu erzwingen. Der Klage auf Verfassungswidrigkeit, die von der Arbeiterpartei PT zusammen mit dem Antwaltsverband OAB wegen der verfügten Verschiebung der Rentenanhebung eingereicht wurde, gibt der Oberste Gerichtshof nicht statt. Der Generalanwalt spricht sich für eine Rentenanhebung aus.

März

Zur Untersuchung von mutmaßlichen Unterschlagungen im Renteninstitut, in die auch verschiedene Richter verwickelt sein sollen, richten die Bundespolizei und das Arbeitsministerium Untersuchungseinheiten ein. Wegen ähnlicher Vorwürfe werden auch Ermittlungen in der Nationalen Gesundheitsstiftung FNS durchgeführt; dort sollen insgesamt CR$ 60 Mrd. unterschlagen worden sein.

Der Konflikt zwischen Regierung und Automobilindustrie wegen extremer Preissteigerungen der Unternehmen wird in einem Abkommen beigelegt. Beide Seiten einigen sich auf einen Kompromiß, der auch die Interessen der Arbeitnehmerschaft berücksichtigt. Das Ergebnis soll den zukünftigen Verhandlungen mit anderen Sektoren als Beispiel dienen.

Mitte des Monats enthebt COLLOR weitere Personen ihrer Ämter, u.a. Umweltminister José LUTZENBERGER, der die brasilianische Umweltschutzbehörde IBAMA auf einem Vorbereitungstreffen für die UN-Umweltkonferenz in New York der Korruption beschuldigt hatte. Ende des Monats folgen sämtliche Minister COLLORs Rücktrittsaufforderung, lediglich Witschaftsminister Marques MOREIRA sowie die Militärminister werden im Amt bestätigt.

April

Anfang des Monats entläßt die staatliche Erdölgesellschaft PETROBRAS mehrere leitende Angestellte, nachdem ihre Verwicklung in das sog. *"Esquema PP"* – das Netzwerk um Pedro Pablo LEONI RAMOS – festgestellt worden war. RAMOS, Leiter des Sekretariats für Strategische Angelegenheiten (SAE), war schon Ende März Betrug im Zusammenhang mit der PETROBRAS vorgeworfen worden; sein Rücktrittsgesuch hatte Präsident COLLOR abgelehnt. Nachdem die Abgeordnetenkammer die Aufschiebung der Rentenzahlung im März abgelehnt hat, erkennt das Sozialversicherungsministerium den Rentenempfängern die Anhebung der Leistungen rückwirkend zum September um rd. 80% an. Die Bundesregierung erhebt Einspruch.

Mitte des Monats kann Präsident COLLOR sein neues Kabinett vorstellen, das sich im Vergleich zum vorherigen durch eine stärkere Teilnahme der Mitte-Links-Parteien auszeichnet. Mit einer vorläufigen Maßnahme werden das Arbeits- und Sozialversicherungsministerium sowie das Ministerium für Infrastruktur jeweils in zwei Ministerien unterteilt. Die Kabinettsumwandlung stößt auf positive Resonanz in der Öffentlichkeit, wobei besonders die Wiederernennung von Wirtschaftsminister MOREIRA begrüßt wird, da sie als Garantie für Kontinuität der Wirtschaftspolitik ohne Schockmaßnahmen gilt.

Im Laufe des Monats wachsen die öffentlichen Proteste gegen die niedrigen Lohnzahlungen für Militärangehörige, die Anlaß zu der von verschiedenen Seiten geäußerten Befürchtung geben, daß es in Brasilien zu ähnlichen Entwicklungen wie in Venezuela oder Peru kommen könnte. Um eine Eskalation der Militärproteste zu vermeiden, begegnet die Regierung ansatzweise den Forderungen des Militärs nach einer in der Verfassung verankerten gleichen Entlohnung der drei Staatsgewalten. Der Senat verabschiedet einen Gesetzentwurf, der eine Angleichung der Löhne von Militär- und Zivilbeamten um 80% vorsieht.

Mai

Anfang des Monats teilt der Nationale Planungssekretär Pedro PARENTE mit, daß die Zahlung der zweiten Rate des IWF-Kredits bis August aufgeschoben wird, da die Staatsausgaben Brasiliens ein weit größeres Defizit ergeben als in den Kreditvereinbarungen vorgesehen ist.

Wirtschaftsminister MOREIRA verhandelt mit den Gläubigerbanken hinsichtlich der Umschuldung mittel- und langfristiger Kredite in Höhe von US$ 42 Mrd.. Mitte des Monats gibt die Regierung das Zustandekommen der ersten Schuldenumwandlung in ökologische Besitztitel bekannt, die von einer Unternehmensgruppe unter *American Express* mit US$ 850.000 finanziert wird. Das Schuldenpapier im Wert von US$ 2,2 Mio. soll in offizielle Umweltaktien verwandelt werden, die mit 6% jährlich verzinst sind und schließlich der Errichtung eines Nationalparks in Minas Gerais dienen sollen.

Die Presse veröffentlicht am 10.5. einen Bericht von Pedro COLLOR, Bruder des Präsidenten, in dem dieser den ehemaligen Schatzmeister der Präsidentschaftskampagne, Paulo César FARIAS (PC), beschuldigt, verschiedene Firmen und Bankkonten im Ausland zu besitzen. Später werden Einkommenserklärungen von FARIAS publiziert, die im Widerspruch mit dessen Lebensstandard stehen. Am 25.5. erscheint in der Presse das Transkript der Aussagen von Pedro COLLOR zusammen mit der Anschuldigung, daß PC als Strohmann für illegale Geschäfte von Präsident COLLOR diene. Dieser weist die Vorwürfe öffentlich zurück und leitet den Justizminister an, einen Prozeß wegen Rufschädigung gegen Pedro COLLOR zu eröffnen. Dieser war zuvor durch seine Mutter der Leitung der Familienunternehmen in Alagoas enthoben worden.

Juni

Präsident COLLOR eröffnet am 3.6. die elftägige Umwelt- und Entwicklungskonferenz der Vereinten Nationen in Rio de Janeiro (ECO '92), an der Vertreter aus aller Welt teilnehmen.

Trotz des allgemeinen Konsensus über die Gefährdung der Erde durch die Umweltzerstörung, können für die zentrale Rahmenkonvention zum Klimawandel aufgrund des Widerstandes der USA weder definitive Emissionbeschränkungen noch der Zeitpunkt des Inkrafttretens festgelegt werden.

Mitte des Monats gibt Wirtschaftsminister MOREIRA bekannt, daß Brasilien auf der ECO '92 Kreditzusagen in einer Gesamthöhe von US$ 4,1 Mrd. erhalten habe. Laut

Angaben von Vertretern der Tourismusbranche konnte durch die Konferenz ein Gewinn von US$ 60 Mio. erwirtschaftet werden.

Im Rentenstreit wie im Juni schließlich wird der Einspruch des Bundes zurückgewiesen, woraufhin 2,5 Millionen Rentenempfänger von einer Anhebung in der ursprünglich vereinbarten Höhe profitieren.

Vor der Untersuchungskommission, die der Kongress Ende Mai zur Klärung der Korruptionsvorwürfe gegen FARIAS eingerichtet hat, wiederholt Pedro COLLOR seine Anschuldigungen am 3.6. lediglich in abgeschwächter Form. Er beschuldigt den Privatsekretär COLLORs, Claudio VIEIRA, die Informationen über PCs illegale Geschäfte zurückgehalten zu haben. Von einem Unternehmer, der angibt, durch PC erpreßt worden zu sein, erhält die Kommission erste Informationen zum Aufbau des Netzwerks um PC FARIAS (Esquema PC). Die Zentralbank weist sämtliche Finanzinstitutionen an, Unterlagen einzureichen, die Aufschluß über die Konten und Finanzaktionen PCs bezüglich der letzten fünf Jahre geben. Gegenüber der Presse bestätigt der ehemalige Führer der Regierungsfraktion in der Abgeordnetenkammer, Renan CALHEIROS, die Vorwürfe gegen PC. In öffentlichen Ansprachen bringt Präsident COLLOR Ende des Monats seine Entrüstung über die gegen ihn erhobenen Vorwürfe zum Ausdruck; er weist jegliche Verbindung zu PC FARIAS zurück und betont die Absicht, sein Mandat bis zum Ende zu erfüllen.

Juli

Die Polizei nimmt Ermittlungen gegen die Personen auf, die im April von der staatlichen Erdölgesellschaft PETROBRAS entlassen worden waren, um die Vorwürfe der Ämterwirtschaft und Dokumentenfälschung zu überprüfen. Der im Juni zu dem Netzwerk eingesetzte Untersuchungsausschuß erhält Hinweise auf die Verwicklung von Präsident COLLOR in die Vorkommnisse.

Am 9.7. unterzeichnet Brasilien mit den internationalen Geschäftsbanken eine Absichtserklärung, in der wie erwartet die Umschuldung von US$ 42 Mrd. festgelegt wird. Geplant ist die Reduzierung der Kredite um 35%, wobei die verbleibenden Schulden innerhalb einer bestimmten Frist zu einem Zinssatz von höchstens 6% abgezahlt werden müssen. Aufgrund seiner Komplexität – die Kreditbanken haben sechs verschiedene Optionen für die Umwandlung der Kredite in Schuldscheine – wird der Umschuldungsplan von Finanzexperten als Erfolg betrachtet; die tatsächliche Realisierung der Vereinbarungen hängt jedoch u.a. davon ab, inwiefern Brasilien zukünftig die Bedingungen für den IWF-Kredit erfüllen kann.

Das Zustandekommen des Umschuldungsplans wird international begrüßt, da er nicht nur als Vertrauensbeweis für die Wirtschaftspolitik MOREIRAs bewertet wird, sondern vor dem Hintergrund der innenpolitischen Krise als Zeichen für die gelungene Trennung von Wirtschaft und Politik gilt.

Im Laufe des Monats ergeben die Untersuchungen der mit dem Fall PC FARIAS beauftragten Untersuchungskommission weiteren Aufschluß über die Komplexität des Netzwerks von Unternehmen um PC FARIAS, sowie über den von den illegalen Transaktionen profitierenden Personenkreis: Veröffentlichungen in den Wochenzeitschriften *Veja* und *Isto é*, Aussagen von Unternehmern und Politikern und die Verfügung der Bundesjustiz zur Auflösung einschlägiger Bankgeheimnisse treiben die Arbeit der Kommission voran. Im Mittelpunkt der Entwicklungen stehen neben PC FARIAS dessen Geschäftspartner Jorge BANDEIRA DE MELLO, die Sekretärin COLLORS, Ana ACIOLI, und sein Privatsekretär, Claudio VIEIRA. Im Laufe des Monats verstärkt sich der Verdacht, daß die Privatausgaben von Präsident COLLOR über die Konten seiner Sekretärin ACIOLI finanziert wurden. Diese wiederum scheint die Gelder, vermittelt von Claudio VIEIRA bzw. durch sog. Phantomschecks (d.h. unter falschem Namen ausgestellt), aus dem Unternehmerkreis um PC FARIAS erhalten zu haben. PC FARIAS' Consultinggesellschaft EPC, der direkte Einzahlungen auf Konten von Rosane und Leda COLLOR sowie anderen einschlägigen Personen nachgewiesen werden konnten, soll auch ein Teil der Kosten für die am Haus des Präsidenten durchgeführten Arbeiten getragen haben. Ende des Monats erklärt Privatsekretär Claudio VIEIRA, das Geld für den Privathaushalt COLLORS stamme nicht von PC FARIAS, sondern aus einem Kredit über US$ 5 Mio., der 1989 bei einer uruguayischen Firma zur Finanzierung der Präsidentschaftskampagne aufgenommen worden sei. Die Aussage wird durch einen Abgeordneten widerlegt, der eine Zeugin für die Fälschung des vermeintlichen Vertrags vorführen kann.

In verschiedenen Städten des Landes kommt es Mitte des Monats zu ersten öffentlichen Protestaktionen der Bevölkerung, auf denen der Rücktritt COLLORS gefordert wird.

August

Der zuständigen Untersuchungskommission gelingt es, bis Ende des Monats weitere Indizien zum sog. *Esquema PC* zu sammeln, wobei die Ermittlungsergebnisse den Verdacht sowohl gegen PC FARIAS als auch gegen Präsident COLLOR erhärten. Entdeckungen im Zusammenhang mit den im Namen fiktiver Personen ausgestellten Schecks zeigen u.a., daß durch das "PC-Netzwerk" im Verlauf der letzten zwei Jahre umgerechnet US$ 9,1 Mio. auf das Konto von ACIOLI bzw. US$ 506.000 auf das von Rosane COLLOR eingezahlt wurden.

Am 24.8. wird der Abschlußbericht der Untersuchungskommission verlesen, demzufolge COLLOR trotz der Kenntnisse über die illegalen Handlungen von FARIAS nichts gegen diese unternommen habe, sondern mit US$ 6,5 Mio. an den Profiten beteiligt worden sei. In dem Bericht, den der Ausschuß schließlich mit 16 zu fünf Stimmen annimmt, wird COLLORS Verhalten als unvereinbar mit den Pflichten und der Ehre seines Amtes bezeichnet, sowie als strafrechtliches und politisches Verbrechen eingestuft. Die Kommission beschließt, die Ermittlungen fortzuführen und die Arbeit der Bundespolizei zu begleiten.

Durch die Entdeckungen der Kommission und unter dem Eindruck der wachsenden öffentlichen Proteste in der Bevölkerung spricht sich unter dem Druck der bevorstehenden Gemeindewahlen eine zunehmende Zahl von Gouverneuren für die

Eröffnung eines Amtsenthebungsverfahren gegen COLLOR aus. Ende des Monats treten sämtliche Minister den lautgewordenen Rücktrittsgerüchten entgegen, indem sie sich in einer Erklärung dazu verpflichten, ihre Amtsgeschäfte bis zum Abschluß des möglichen Prozesses weiterzuführen, um die Regierbarkeit des Landes zu gewährleisten. Im Folgemonat kommt es dennoch zum Rücktritt von Marco MACIEL (Führer der Regierungsfraktion im Senat), Jorge BORNHAUSEN (Regierungssekretär) und Nelson MARCHEZAN (Sekretariat für Kommunikation).

Die Spekulationen um die Haltung des Militärs – dem COLLOR Anfang des Monats mit der Zusage von Sondervergütungen noch entgegengekommen war – bei einem möglichen Prozeß gegen den Präsidenten finden ein Ende, als die Militärminister am 27.8. öffentlich ihr Vorhaben bekunden, nicht in die politischen Angelegenheiten einzugreifen.

Die eingesetzte Untersuchungskommission, zur Klärung der aufgetretenen Ordnungswidrigkeiten bei der Privatisierung der Fluggesellschaft VASP, erhält Hinweise, daß PC FARIAS den Käufer des Unternehmens, Walter CANHEDO, finanziell unterstützt habe.

September

Die am 9.7. unterzeichnete Absichtserklärung für das Umschuldungsabkommen mit den internationalen Banken, wird am 19.9. in einen offiziellen Vertrag umgewandelt. Bei der Abstimmung der Abgeordnetenkammer sprechen sich am 29.9. die Abgeordneten mit der überwältigenden Mehrheit von 441 Stimmen, 38 Gegenstimmen und einer Enthaltung für die Einleitung eines Amtsenthebungsverfahrens aus (23 Abgeordnete waren bei der Abstimmung nicht anwesend).

Die Einleitung wird von weiteren Entdeckungen zum Netzwerk um PC FARIAS begleitet: Im Zusammenhang mit dem Vorwurf, daß bestimmte Personen vorzeitig Informationen über den COLLOR-Plan erhalten hätten, nimmt die Bundespolizei auf Anweisung des Generalanwalts Anfang des Monats die Ermittlungen gegen PC FARIAS, Ana ACIOLI und Walter CANHEDO auf. Das Finanzamt entdeckt im Computer der Consulting-Gesellschaft von FARIAS eine Datei mit Informationen zu Guthaben, deren Blockade von 1990 illegalerweise frühzeitig aufgehoben wurde. Die Bundespolizei nimmt Mitte des Monats die Ermittlungen wegen des Verdachts auf Bandenbildung, passiver Korruption und ähnlicher Delikte gegen folgende Personen auf: Marta VASCONCELOS (Sekretärin von PC), Jorge BANDEIRA DE MELLO (Pilot und Partner von PC), Ruy AMADO MOURA (engster Mitarbeiter von PC) und Rosinete MELANIAS DE CARVALHO (Sekretärin von PC). Die Anklage gegen PC FARIAS selbst wird am 25.9. in neun Punkten erhoben.

Oktober

Am 2.10. wird Präsident COLLOR von der Abgeordnetenkammer für 180 Tage aus seinem Amt entfernt und erhält eine Vorladung des Senats, um sich im Rahmen des Amtsenthebungsverfahrens zu seiner Verwicklung in das *Esquema PC Farias* zu äußern. Am selben Tag übernimmt der bisherige Vizepräsident, Itamar FRANCO, die Regierungsgeschäfte. Ihm gelingt es bis zum 22.10 ein Kabinett zusammenzustellen, daß sich vor allem durch den hohen Anteil an aktiven Parteimitgliedern und durch die breite Beteiligung der verschiedenen Parteien auszeichnet. An die sozialdemokratischen Parteien PSDB und PSD geht das Amt des Außenministers, des Sozialministers, des Gesundheitsministers, des Ministers für Bergbau und Industrie, des Planungsministers sowie des Ministers für Kultur. Mitglieder der Partei der Demokratischen Bewegung PMDB besetzen die Ressorts für Landwirtschaft, Sozialversicherung, Umwelt und Transportwesen. Den Aufgabenbereich des Ministers für Industrie, Handel und Tourismus übernimmt ein Mitglied der Brasilianischen Arbeiterpartei PTB; das Justizministerium geht an Maurício CORRÊA von der Demokratischen Arbeiterpartei PDT. Die Liberale Partei PFL stellt neben dem Minister für Regionale Integration mit Gustavo KRAUSE auch den Finanzminister.

Nach offiziellen Angaben werden in São Paulo am 2.10., bei dem bisher größten Gefängniskrawall, 111 Inhaftierte durch Polizeimitglieder getötet. Zum Eingreifen der Polizei kam es nach Ausbruch eines Streits zwischen rivalisierenden Gefängnisbanden.

Die Nominierung des relativ unbekannten KRAUSE, die als eine der ersten bereits am 5.10. erfolgte, stößt bei Wirtschafts- und Regierungsvertretern auf Skepsis. KRAUSE äußert die Absicht, unter Verzicht auf wirtschaftliche Schockmaßnahmen die fällige Finanzreform durchführen zu wollen, um u.a. den internationalen Verpflichtungen nachkommen zu können. Gewisse Änderungen hinsichtlich des bisherigen Modernisierungsprogramms behält sich der Minister vor. Zu einem ersten Disput zwischen KRAUSE und Präsident FRANCO kommt es, als der Wirtschaftsminister am 7.10. eine Erhöhung der Kraftstoffpreise um 25% ankündigt. FRANCO gibt daraufhin die Anweisung, zukünftig bei allen Entscheidungen berücksichtigt zu werden. KRAUSEs Vorhaben, sich zur Bekämpfung der Inflation auf einen Dialog zwischen Wirtschaft, Arbeitnehmerschaft, Kongress und Regierung zu stützen, stimmt mit dem Programm des am 19.10. ernannten Planungsministers Paulo HADDAD überein.

Auf einem Treffen von Präsident FRANCO mit den Präsidenten Argentiniens und Uruguays Mitte des Monats in Brasîlia wird der zeitliche Ablauf für die Errichtung des MERCOSUR vereinbart. Als Reaktion auf das drohende Handelsdefizit, das mit der Flut von brasilianischen Billig-Importen zusammenhängt, verkündet der argentinische Wirtschaftsminister Ende des Monats die Erhebung von Importzöllen. Von brasilianischer Seite wird dieser Schritt kritisiert. Zum einen befürchten Vertreter der Wirtschaft einen starken Rückgang der brasilianischen Exporte. Zum anderen vermuten Regierungsmitglieder, daß die Maßnahme Argentiniens Nachahmer unter anderen Mitgliedern des MERCOSUR finden könnte, was einen deutlichen Rückschritt für die Wirtschaftsgemeinschaft bedeuten würde.

November

Die Kommission zur Klärung der Ordnungswidrigkeiten bei der Privatisierung der VASP schließt ihre Untersuchungen wegen Mangel an Beweisen ab. In ihrem Abschlußbericht erlärt sie diese als rechtmäßig.

Nachdem die Ankündigung einer umfassenden Finanzreform durch Präsident FRANCO Ende Oktober auf Kritik seitens führender Vertreter der PMDB gestoßen war, wird dem Kongreß am 6.11. lediglich ein Maßnahmenpaket zur Steuerreform vorgelegt; u.a. werden darin folgende Gesetzes- und Verfassungsänderungen vorgeschlagen: Es soll eine auf 1-2 Jahre befristete "Scheck-Steuer" zu einem Satz von 0,25% erhoben werden, wobei u.a. gewöhnliche Bankkonten ausgenommen sind; eine Mehrwertabgabe von 7% soll den Integrations- und den Sozialfonds PIS und FINSOCIAL ersetzen; es ist die Schaffung einer Betriebsanlagensteuer vorgesehen, die von der jährlichen Einkommenssteuer abzuziehen ist; als Ersatz für die bisherige Steuer auf Ölimporte soll eine selektive Verbrauchersteuer erlassen werden. Geplant ist außerdem eine Erhöhung der Zahl der Steuerbeamten des Finanzamtes; staatlichen Unternehmen soll die Konkursanmeldung ermöglicht werden; ein Verbot soll die Ausstellung neuer öffentlicher Titel durch die Bundesstaaten und Landkreise bis zum Jahr 2000 verhindern; und schließlich ist vorgesehen, daß die Regierung Einblick in laufende Bankkonten bekommen kann.

Im Rahmen des Amtsenthebungsverfahrens wiederholen verschiedene Personen Anfang des Monats vor der Sonderkommission des Senats ihre schon vor dem ehemaligen Untersuchungsausschuß abgegebenen Erklärungen. Staatsanwalt Aristides JUNQUEIRA reicht beim Obersten Gerichtshof eine Anklageschrift ein, in der Fernando COLLOR eines strafrechtlichen Verbrechens beschuldigt wird. Neben ihm angeklagt werden außerdem PC FARIAS, Claudio VIEIRA, Jorge BANDEIRA DE MELLO und zwei Sekretärinnen von PC (12.).

Ende des Monats werden im zweiten Wahldurchgang Bürgermeister und Stadtteilabgeordnete der Orte gewählt, in denen die Kandidaten beim ersten Durchgang im Oktober keine absolute Mehrheit erreicht hatten: In São Paulo gewinnt Paulo MALUF (PDS), in Rio de Janeiro siegt César MAIA (PMDB), und in anderen Landeshauptstädten siegen zumeist Kandidaten der Mitte-Links-Parteien.

Dezember

Im Zusammenhang mit dem Amtsenthebungsverfahren billigt der Senat am 2.12., mit 67 Stimmen dafür und nur drei dagegen, ein Ende November eingereichtes Gutachten, demzufolge Fernando COLLOR wegen politischer Verbrechen anzuklagen ist.

Im Vorfeld des Verfahrens zu COLLORS Amtsenthebung erhalten verschiedene Senatsmitglieder Morddrohungen. Am 21.12. lehnt Fernando COLLOR die zu seiner Verteidigung eingesetzten Anwälte ab, woraufhin der Präsident des STF den für den folgenden Tag vorgesehenen Verhandlungsbeginn auf den 29. verschiebt. COLLOR weist den zuvor von Sanches berufenen Verteidiger Inocêncio Mártires COELHO zurück und überträgt José DE MOURA ROCHA diese Aufgabe. Nachdem das Gesuch ROCHAs auf erneute Vertagung des Prozesses vom STF abgelehnt wurde, verkündet der Verteidiger am Verhandlungstag den Rücktritt COLLORs. Daraufhin wird der amtierende Präsident Itamar FRANCO endgültig vom Kongreß in seinem Amt bestätigt. Nachdem der Senat mit 76 zu 8 Stimmen die Fortführung des Prozesses beschließt, wird COLLOR am Morgen des 30.12. wegen politischer Verbrechen verurteilt und verliert somit das Recht auf Teilnahme an politischen Wahlen, sowie auf Ausführung öffentlicher Ämter für eine Dauer von acht Jahren.

Mitte des Monats verfügt Präsident FRANCO die Vertagung der Privatisierungsvorhaben bis März 1993, um die Anpassung des Programms an neue, noch festzulegende Regeln zu ermöglichen.

Nachdem schon Ende November Präsident FRANCOs Ablehnung des vorgelegten Wirtschaftsprogramms Spekulationen über einen möglichen Rücktritt des Wirtschaftsministers hervorrief, nimmt Gustavo KRAUSE die Aufschiebung des Privatisierungsprogramms endgültig zum Anlaß, sein Amt niederzulegen. Planungsminister Paulo HADDAD, der ebenfalls nicht mit dem Wirtschaftskonzept FRANCOs übereinzustimmen schien, bleibt dagegen im Amt und übernimmt dazu noch den Aufgabenbereich KRAUSEs. Obwohl die Ernennung KRAUSEs anfangs heftig kritisiert worden war, werden nun Befürchtungen laut, daß Präsident FRANCO eine Beendigung des bisherigen Modernisierungprogramms plane, als dessen Verfechter KRAUSE zumindest galt. Stattdessen könnte FRANCO, der in der Vergangenheit als Befürworter von Staatsunternehmen bekannt war, zu einer nationalistischen Wirtschaftsform zurückzukehren. Nach Gesprächen zwischen FRANCO und HADDAD wird Ende des Monats ein Kurswechsel in der Wirtschaftspolitik bekanntgegeben, die zukünftig eher auf Wachstum ausgerichtet sein soll und nicht primär auf die Bekämpfung der Inflation. Als Zeichen für dieses Vorhaben wird ein Programm angekündigt, in dem US$ 4 Mrd. für öffentliche Arbeiten zur Verfügung gestellt werden sollen. Wirtschaftsminister HADDAD nimmt von wirtschaftlichen Schockmaßnahmen, sowie von der Aufgabe des Privatisierungsprogramms öffentlich Abstand. Aufgrund der vorangegangenen Spekulationen über den zukünftigen Wirtschaftskurs der Regierung ist es jedoch bereits als Vorbeugung gegen befürchtete Preiskontrollen zu Preissteigerungen gekommen. Für Dezember wird deshalb eine Inflationsrate von bis zu 30% erwartet.

Elke Bosse / Gilberto Calcagnotto

IBEROSTAT
Stand: 8,93   Berichtsjahr (BJ): 1991
BRASILIEN
Hauptstadt: Brasília
Fläche (in qkm): 8.511.965
Währung: Cruzeiro Real   Jahr

1. DEMOGRAPHISCHE KENNZIFFERN	1970	1980	1990	1991
Bevölkerungszahl (in Mio.)	95,84	121,29	150,4	153,164
davon: unter 15 Jahren (in %)	42,2	37,7	35,3	34,2
davon: im Alter von 15-64 Jahren (in %)	54,3	58,2	60,3	62,8
Städtische Bevölkerung (in %)	55,8	66,2	74,9	75,6
Geburtenrate	34,8	31,2	27,4	24
Fertilitätsrate	4,9	4	3,2	3,1
Erwerbspersonen in der Landwirtschaft (in %)	44,9	31,2		
Erwerbspersonen in der Industrie (in %)	21,8	26,6		
Erwerbspersonen im Dienstleistungssektor (in %)	33,3	42,2		

Geschätzte Bevölkerung im Jahre 2025 (in Mio.)   224
Durchschnittliche jährliche Wachstumsrate
  der Bevölkerung (in %)   1965-80:   2,4
                            1980-BJ: 2

2. SOZIALE KENNZIFFERN

Bevölkerung mit Zugang zu Trinkwasser (in %)	55	62	87	
Tägl. Kalorienangebot (in % der Mindestbedarfsnorm)		109	116	
Säuglingssterblichkeitsziffer (0-1 Jahr)	94,6	74,2	57,5	57,5
Kindersterbeziffer (0-5 Jahre)			83	66
Lebenserwartung bei der Geburt (in Jahren)	59	62,8	66,2	66,2
Einwohner je Arzt	2029	1080	1080	
Alphabetisierungsquote (in %)	66,2	74,5	81,1	

3. WIRTSCHAFTLICHE KENNZIFFERN

Bruttoinlandsprodukt (in Mio. USD)	43614	235287	414060	414061
Bruttosozialprodukt pro Kopf (in USD)	450	2070	2680	2940
Ausfuhr von Waren u. Dienstleistungen (in Mio. USD)	3117	23275	35551	34917
Einfuhr von Waren u. Dienstleistungen (in Mio. USD)	3975	36250	39463	37918
Leistungsbilanz (in Mio. USD)	-837	-12806	-3788	377
Kapitalbilanz (in Mio. USD)	1315	9682	5330	512
davon: ausl. Direktinvestitionen (in Mio. USD)	407	1911	901	1600
Bestand an Währungsreserven (in Mio. USD)	1190	6875	9200	8749
Privater Verbrauch (in % des BIP)	68,6	69,7	60,9	70
Staatsverbrauch (in % des BIP)			16	9
Bruttoinlandsinvestitionen (in % des BIP)	20,5	23,3	21,7	20,6
Bruttoinlandsersparnis (in % des BIP)	20,1	21,1	23,4	30
Anteil der Landwirtschaft am BIP (in %)	13	10	10	10
Anteil der Industrie am BIP (in %)	38	37	39	39
davon: Verarbeitendes Gewerbe (in %)	20		26	26
Anteil des Dienstleistungssektors am BIP (in %)	49	53	51	51
Auslandsverschuldung (in Mio.USD)	5132	71046	116417	116514
davon: öffentliche Verschuldung (in Mio. USD)	3426	40895	83761	87477
Schuldendienst (in Mio. USD)	754	14692	8039	10754
davon: Zinszahlungen (in Mio. USD)	223	7858	2397	5524
Schuldendienst in % der Exporterlöse	12,5	63,1	22,6	30,8

Durchschnittl. jährl. Wachstumsrate des BIP (in %)
    1965-80:   9
    1981-BJ: 2,5
Durchschnittl. jährl. Inflationsrate (in %)
    1980-BJ: 327,6

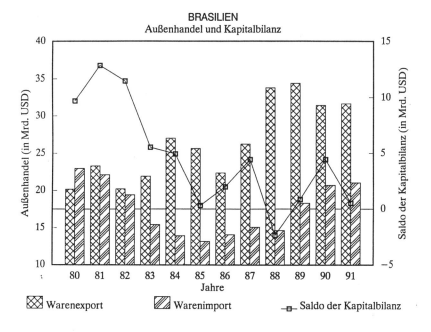

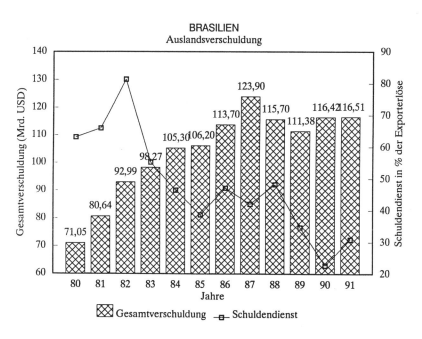

Bolivien

Amtlicher Name:	República de Bolivia
Präsident:	Gonzalo SÁNCHEZ DE LOSADA
Im Amt seit:	6. August 1993

Regierungskoalition bestehend aus: Movimiento Nacionalista Revolucionario (MNR), Movimiento Boliviano Libre (MBL) und Unión Cívica Solidaridad (UCS).

Kabinett (Stand: August 1993): Äußeres: Antonio ARANÍBAR (MBL); Inneres: Germán QUIROGA (MNR); Wirtschaftliche Entwicklung: Fernando ILLANES (parteilos).

Oppositionsparteien im Parlament: *Acuerdo Patriótico* (AP) = Movimiento de Izquierda Revolucionaria (MIR) und Acción Democrática Nacionalista (ADN).

Sitzverteilung im Parlament:
Abgeordnetenhaus (130 Sitze): MNR: 55; AP: 32; UCS: 19; MBL: 6; Conciencia de Patria (CONDEPA): 15; sonstige: 3.
Senat (27 Sitze): MNR: 17; AP: 8; UCS: 1; CONDEPA: 1

Chronologie 1992

Die Regierung setzt ihren wirtschaftspolitischen Kurs fort. Als wichtigste Zielgröße wird die Entwicklung der Inflationsrate propagiert. Sie gilt mit etwa 12% im lateinamerikanischen Ländervergleich als eine der niedrigsten und daher als Zeichen erfolgreicher Wirtschaftspolitik. Es ist jedoch festzustellen, daß die Streiktätigkeit zunimmt. Die Streiks werden nicht mehr nur von der Gewerkschaft *Central Obrera Boliviana* (COB) initiiert, sondern Bürgerkomitees behindern konsequent die Arbeitsaufnahme der Bevölkerung. Die Privatisation kann wegen zahlreicher Widerstände und Rücksichtnahmen (auch auf das Militär) nur mit geringen Fortschritten durchgeführt werden. Regierung und Parteien sind mit strategischen Vorbereitungen auf die Präsidentschaftswahlen 1993 beschäftigt. Gleichzeitig arbeitet man an der Aufklärung der diktatorischen Vergangenheit, verschiedener Skandal- und Korruptionsfälle. Von den innenpolitischen Schwierigkeiten lenkt man dadurch ab, daß man die Einrichtung einer Freihandelszone auf peruanischem Territorium an der Grenze zu Chile erreicht hat. Der tatsächliche wirtschaftliche Nutzen der Zone ist jedoch ohne entsprechende Infrastruktur gering.

Januar

3.1. Die Erhöhung der Benzinpreise um 13% entspricht etwa der Kursentwicklung Boliviano/US$.

9.1. Julio MANTILLA, *Conciencia de Patria* (CONDEPA) wird einstimmig von den Stadtverordneten zum Bürgermeister von La Paz gewählt. CONDEPA stellt den Bürgermeister als Ergebnis der Kommunalwahlen vom Dezember 1991.

16.1. Die Interamerikanische Entwicklungsbank unterstützt mit US$ 1,7 Mio. das Privatisierungsprogramm der Regierung.

24.1. Freundschaftsvertrag zwischen Peru und Bolivien wird unterzeichnet. Peru überläßt Bolivien auf 50 Jahre eine Freihandelszone und auf 99 Jahre einen Küstenstreifen von 5 km bei Ilo im peruanisch/chilenischen Grenzbereich. In beiden Fällen kann die Frist verlängert werden. Vor der kommerziellen Nutzung des Hafens werden höhere Investitionen in die Infrastruktur notwendig sein. Ilo ist vor allem von psychologischer Bedeutung für Bolivien (Zugang zum Meer, Loslösung von der Abhängigkeit zu Chile).

Planungsminister Samuel D. MEDINA verkündet gegenüber Mitgliedern des Pariser Clubs einen Schuldennachlaß von 50%. Bolivien kann damit Konditionen für besonders arme Entwicklungsländer geltend machen.

Februar

14.2. Das radikale "Bürgerkomitee" von La Paz setzt einen 24stündigen Ausstand durch. Streitpunkt ist die überproportionale Verteilung der Haushaltsmittel auf strukturschwache ländliche Bereiche.

März

5.3. Bolivien und Spanien unterschreiben einen Vertrag zur Zusammenarbeit. Bolivien erhält US$ 85,5 Mio. für verschiedene Bereiche.

10.3. Die Regierung erklärt die Provinz Beni im Nordosten des Landes wegen Überschwemmungen zum Katastrophengebiet. In den Monaten Februar/März hat es die schwersten Regenfälle seit 45 Jahren gegeben. Beni trägt mit etwa 45% zur Viehproduktion bei und ist durch die Viehverluste wirtschaftlich stark betroffen. Nach Schätzungen beläuft sich der Verlust an Infrastruktur und Vieh auf mehr als US$ 26 Mio..

Im Verlauf des Monats werden neun von 18 Ministern ausgetauscht. Dies ist bereits die 3. Regierungsumbildung seit August 1989, man sieht darin keine Änderung in der Regierungspolitik, sondern eine vorbereitende stimmenbringende Maßnahme für die Regierungswahlen im kommenden Jahr 1993. Der Informationsminister Jaime CÉSPEDES wird nicht mehr vom Movimiento de la Izquierda Revolucionaria (MIR), sondern von der Acción Democrática Nacionalista (ADN) gestellt. Neuer Finanzminister wird Jorge QUIROGA, der an der Ausarbeitung des Privatisierungsprogramms beteiligt war. Das Amt des Außenministers übernimmt Ronald MACLEAN, ehemaliger Bürgermeister von La Paz.

Weitere Veränderungen gibt es im Ministerium für Industrie, Handel und Tourismus, das von Fernando CAMPERO übernommen wird; das Ministerium für Gesundheit/Soziale Sicherheit wird Carlos DARDOUB übertragen, Erziehung/Kultur Hedim CÉSPEDES. Zum Minister für Bergbau wird Alvaro REJAS, für Transport/Kommunikation Carlos APONTE, für Landwirtschaft Oswaldo ANTEZANA ernannt.

April

Anfang Erneute Arbeitsstreiks; Lehrer erhalten eine 20%ige Gehaltserhöhung.

28.4. Beilegung von bolivianisch-chilenischen Grenzkonflikten des Vorjahres durch die Unterzeichnung einer Übereinkunft beider Länder.

29.4. Unterzeichnung des neuen Gasvertrages mit Argentinien mit Gültigkeit vom 1.5. bis Ende 1993. Bolivien erhält demnach US$ 271 Mio. für den Gasexport von 215,4 Mio. Fuß^3/täglich. Der Preis liegt um zwei Drittel niedriger als im vorherigen Vertrag.

Mai

6.5. Präsident Jaime PAZ ZAMORA verteidigt vor der Weltgesundheitsorganisation in Genf Koka als andine Tradition, während Kokain Ausdruck fremder Einflüsse und Gewohnheiten sei.

8.5. In der Republik China unterschreibt PAZ ZAMORA verschiedene Übereinkünfte zur technisch-wirtschaftlichen Zusammenarbeit.

14.5. Königin Sofía von Spanien besucht Bolivien. Der mehrtägige Aufenthalt wird als Privatbesuch bezeichnet.

25.5. Gründung der Partei *"Comunidad y Democracia"* von vornehmlich ehemaligen Mitgliedern der ADN; der Parteiführer ist Carlos CALVO, der ehemalige Präsident der Vereinigung der Privatunternehmer.

29.5. Schlüsselfiguren der Drogenindustrie werden vor Gericht verurteilt. Sie hatten sich freiwillig nach einem im Juli 1991 erlassenen Dekret gestellt. Das Dekret sichert Personen, die sich innerhalb einer Frist von 120 Tagen freiwillig ergeben und ihre Taten im Drogenverkehr bereuen, zu, daß sie nicht an die USA ausgeliefert werden. Die BUSH-Administration fordert nach der zu leichten Verurteilung die Auslieferung der Personen und droht mit Einschränkung der militärischen Hilfe für Bolivien.

Juni

3.6. Die Durchführung einer Volkszählung ist trotz Aufrufen zum Boykott seitens der Gewerkschaft ein Erfolg. Die Kosten in Höhe von US$ 7 Mio. werden zu drei Viertel von der deutschen Regierung und UNO übernommen, ein Viertel von Bolivien. Die letzte Volkszählung hatte 1976 stattgefunden.

5.6. Die staatliche Minengesellschaft *Cooperación Minera de Bolivia* (Comibol) und ein brasilianisches Unternehmen (*Mineração Taboa*, Tochter der *Paranapanema*) unterschreiben ein Joint venture zur Ausbeutung von 58 Mio. t von zinnhaltigen Abfällen aus dem Extrahierungsprozeß in Catavi/-Potosí. Der Vertrag hat eine Laufzeit von über 20 Jahren; Investitionen in Höhe von US$ 10 Mio. sind notwendig, um 10.000 t/Tag verarbeiten zu können. Der Vertrag kennzeichnet die Regierungsstrategie, aus dem Staatsunternehmen, das die Minen selbst leitet, eine Holding für Joint ventures mit privaten Minengesellschaften zu entwickeln. Die Minenarbeiter erklären, daß sie ihre Arbeitsplätze verteidigen und den Eintritt ausländischer Unternehmen verhindern werden.

8.6. Der spanische Ministerpräsident Felipe GONZÁLEZ beginnt einen viertägigen Staatsbesuch in Bolivien; u.a. besucht er Potosí und trifft sich mit führenden Parteipolitikern. Anschließend reist er mit dem bolivianischen Präsidenten zum Umweltgipfel nach Rio de Janeiro.

16.6. Japan gewährt US$ 9 Mio. für Straßenbau und Linderung der Not in der Landwirtschaft nach den Überschwemmungen.

22.6. Finanzminister Jorge QUIROGA versichert, daß in den kommenden 18 Monaten 60 Unternehmen, die von den regionalen Entwicklungsgesellschaften abhingen, verkauft würden. Monopolunternehmen würden ebenfalls privatisiert.

Der Oberste Gerichtshof bestätigt die Verfassungsmäßigkeit des 1991 eingebrachten Gesetzes zur Rationalisierung und Privatisierung von Staatsbetrieben.

Die USA stellen fünf Auslieferungsanträge für Drogenkriminelle.

27.6. Die Parteiversammlung der ADN wählt Hugo BANZER zum Präsidentschaftskandidaten. Oscar EID wird zum Vizepräsidentschaftskandidaten erklärt.

29.6. Die Entwicklungsbank der Andenländer *Cooperación Andina de Fomento* (CAF) erteilt erstmalig einer privaten Unternehmung, der Inti-Raymi (Gold-/Silbermine) einen direkten Kredit in Höhe von US$ 15 Mio..

Bolivien zeigt Interesse an einer Mitgliedschaft im MERCOSUR. Für neue Mitglieder ist eine fünfjährige Warteperiode vorgesehen, so daß man Bolivien z.Zt. den Status eines assoziierten Partners gewährt.

Juli

1.7. Das Oberste Gericht entscheidet mit Stimmenmehrheit die Ausweisung einer wegen Drogendelikten angeklagten Frau an die USA. Ein weiteres Auslieferungsgesuch wird abgelehnt.

9.7. Die acht größten politischen Parteien unterschreiben eine Übereinkunft zur Überarbeitung des Gerichtswesens, Wahlsystems und Erziehungssystems. Die Dezentralisierung der Verwaltung und das Gesetzgebungsverfahren sollen u.a. verbessert werden.

Führende Vertreter der Weltbank, verantwortlich für Lateinamerika, beenden einen Besuch in Bolivien. Sie bestätigen die Richtigkeit der angestrebten Reform des Erziehungswesens und der Privatisation, warnen aber vor der Bildung privater Monopole.

August

17.8. Abschluß eines Vorvertrages zwischen Brasilien und Bolivien über die Lieferung von Erdgas nach Brasilien ab 1995. Das Erdgas soll über eine 2.000 km lange Pipeline transportiert werden.

19.8. Die spanische Fluggesellschaft *Iberia* gibt als einziger Interessent ein Gebot bei der Versteigerung der bolivianischen Fluglinie *Lloyd Aero Boliviano* (LAB) ab. Die Behörden zeigen sich überrascht von der geringen Beteiligung und weisen das Gebot von *Iberia* als unangemessen zurück.

21.8. Bolivien und USA unterschreiben ein Übereinkommen über Zahlungsbilanzhilfe in Höhe von US$ 66 Mio.. Die Unterstützung ist an eine planmäßige Reduzierung der Kokaplantagen geknüpft.

September

Im Verlauf des Monats werden weitere Unternehmen zur Privatisierung angeboten. Die Privatisierung einer Keramikfabrik verläuft erfolgreich; der Verkauf zweier Hotels wird im nachhinein wegen Korruption wieder annulliert. Die Placierung von Aktien einer Glasfabrik an der Börse scheitert; beim 3. Versuch, eine Zündholzfabrik zu versteigern, präsentiert sich kein Interessent. Gemeinhin verzögert sich die Privatisierung durch Korruptionsversuche oder überhöhte Forderungen. Die Anzahl der zu privatisierenden Betriebe erhöht sich auf 100.

Oktober

6.10. Die Staatsanwaltschaft benennt die Hauptverantwortlichen des Staatsstreichs von 1980. Zu ihnen gehören Luis GARCÍA MEZA und Luis ARCE GÓMEZ.

19.10.	Die Regierung schafft die Zölle für Importe aus Kolumbien, Ekuador und Venezuela ab. Damit ist der freie Binnenmarkt, wie ihn der Andenpakt vorsieht, realisiert. Die wirtschaftliche Bedeutung für Bolivien wird als gering eingeschätzt, da Peru als einziges angrenzendes Land sein Engagement zurückgestellt hat.
21.10.	Hugo BANZER erklärt, daß die Koalition aus ADN, DC, MIR unter seiner Führung in den kommenden Präsidentschaftswahlen im Juni 1993 als Acuerdo Patriótico (AP) auftreten wird.
23.10.	Bergbauminister Alvaro REJAS informiert, daß die Weltbank beschlossen hat, 70% eines Kredites in Höhe von US$ 35 Mio. zur Unterstützung von Comibol auszuzahlen. Die Voraussetzungen der Kreditvergabe sind gebunden an 1) Ernennung eines neuen Präsidenten der Kooperation, 2) Beschleunigung der Bildung von Joint ventures, 3) Abbau der Bürokratie.
29.10.	Frankreich gewährt für Reformen des Bildungswesens US$ 273 Mio..

November

4.11.	Gonzalo SÁNCHEZ DE LOZADA übernimmt nach internen Streitereien wieder den Parteivorsitz des MNR und läßt sich zum Präsidentschaftskandidaten nominieren.
7.11.	LAB stellt den Dienst auf defizitären (vor allem Inlandsflüge) Routen ein.
11.11.	Hugo BANZER verkündet, daß die AP bei den Wahlen 1993 die erste Mehrheit akzeptieren werde. Die Opposition erinnert daran, daß er dasselbe Versprechen bei den Wahlen 1989 und 1991 gebrochen hätte.
12.11.	Präsident PAZ ZAMORA ernennt fünf neue Minister. Parteiverteilung im Kabinett bleibt erhalten. Wechsel im Finanz-, Bildungs-, Arbeits- und Informationsministerium (Finanzen: Pablo ZEGARA, Informationsministerium: José Luis LIPO, Erziehungswesen: Olga SAAVEDRA, Arbeitsministerium: Eusebio GIRONADA, Minister ohne Geschäftsbereich: Roberto PEÑA). Bolivien und Peru unterzeichnen ein Abkommen über den bilateralen Freihandel. Für etwa 6.000 Produkte wird der Zoll aufgehoben, ausgenommen sind 17 Lebensmittel. Um Schmuggel ausländischer Erzeugnisse zu verhindern, wird definiert, wie hoch der Anteil der bolivianischen Wertschöpfung am Produkt sein soll. Es wird erwartet, daß das Handelsvolumen von US$ 80 auf 120 Mio. steigt. Besonders Peru profitiert von den günstigen Importmöglichkeiten.
17.11.	Der *Acuerdo Patriótico* (AP) wählt den Parteichef der FRI *(Frente Revolucionario de Izquierda)* Oscar ZAMORA M. zum Kandidaten für die Vizepräsidentschaft.

Dezember

2.12. Etwa 7.000 Minenarbeiter treten in einen 24-Stunden-Streik. Sie protestieren gegen die Privatisierung der staatlichen Minen und drohen mit der Besetzung aller privatisierten Minen. So ist z.B. auch die Arbeitsfähigkeit des bolivianisch-brasilianischen Joint venture (s. 5.6.) betroffen.

3.12. Bei einem Treffen lateinamerikanischer Regierungschefs in Buenos Aires erklärt Präsident PAZ ZAMORA, daß Lateinamerika, bezogen auf die Demokratie, niemals besser als heute dastände. Der brasilianische Präsident Itamar FRANCO sichert Bolivien zu, die Unterzeichnung des Vertrages über bolivianische Erdgaslieferungen nach Brasilien voranzutreiben.

8.12. Ein Bericht der CEPAL bestätigt, daß 50% der bolivianischen Haushalte unter der Armutsgrenze liegen und 22% bereits in Not leben.

10.12. Der peruanische Präsident Alberto FUJIMORI sagt im letzten Moment einen von ihm geplanten Besuch offiziell aus gesundheitlichen Gründen ab. Die bolivianischen Abgeordneten hatten bereits am 7. einstimmig beschlossen, dem Staatsgast keine Ehre zu erweisen.

Carina Boe

IBEROSTAT
Stand: 8,93
Hauptstadt: La Paz
Fläche (in qkm): 1.098.581
Währung: Boliviano

BOLIVIEN

Berichtsjahr (BJ): 1991

Jahr

1. DEMOGRAPHISCHE KENNZIFFERN	1970	1980	1990	1991
Bevölkerungszahl (in Mio.)	4,3	5,6	7,31	7,356
davon: unter 15 Jahren (in %)	42,8	43,2	44	41,2
davon: im Alter von 15-64 Jahren (in %)	53,9	53,5	52,8	55,9
Städtische Bevölkerung (in %)	40,8	44,3	51,2	52
Geburtenrate	45,5	44,8	42	36
Fertilitätsrate	6,5	6,3	5,9	4,8
Erwerbspersonen in der Landwirtschaft (in %)	50,3	46,4		
Erwerbspersonen in der Industrie (in %)	19,9	19,7		
Erwerbspersonen im Dienstleistungssektor (in %)	29,8	33,9		

Geschätzte Bevölkerung im Jahre 2025 (in Mio.)		14
Durchschnittliche jährliche Wachstumsrate der Bevölkerung (in %)	1965-80:	2,5
	1980-BJ:	2,5

2. SOZIALE KENNZIFFERN

	1970	1980	1990	1991
Bevölkerung mit Zugang zu Trinkwasser (in %)	33	34	53	
Tägl. Kalorienangebot (in % der Mindestbedarfsnorm)		87	81	
Säuglingssterblichkeitsziffer (0-1 Jahr)	153,4	129,6	92	91,9
Kindersterbeziffer (0-5 Jahre)			160	115
Lebenserwartung bei der Geburt (in Jahren)	46,1	49,9	54	60
Einwohner je Arzt	2230	1540	1534	
Alphabetisierungsquote (in %)	63,2		77,5	

3. WIRTSCHAFTLICHE KENNZIFFERN

	1970	1980	1990	1991
Bruttoinlandsprodukt (in Mio. USD)	1041	5014	4478	5019
Bruttosozialprodukt pro Kopf (USD)	230	490	630	650
Ausfuhr von Waren u. Dienstleistungen (in Mio. USD)	207	1046	998	942
Einfuhr von Waren u. Dienstleistungen (in Mio. USD)	207	1112	1354	1387
Leistungsbilanz (in Mio. USD)	4	-6	-191	-262
Kapitalbilanz (in Mio. USD)	-40	232	221	231
davon: ausl. Direktinvestitionen (in Mio. USD)	-76	46	27	152
Bestand an Währungsreserven (in Mio. USD)	46	553	511	422
Privater Verbrauch (in % des BIP)	66,2	67,1	77	77
Staatsverbrauch (in % des BIP)			15	15
Bruttoinlandsinvestitionen (in % des BIP)	23,8	14,8	11,4	14
Bruttoinlandsersparnis (in % des BIP)	24,2	18,7	8,4	9
Anteil der Landwirtschaft am BIP (in %)	20	18	24	24
Anteil der Industrie am BIP (in %)	31	29	32	
davon: Verarbeitendes Gewerbe (in %)	15		13	
Anteil des Dienstleistungssektors am BIP (in %)	49	53	44	
Auslandsverschuldung (in Mio.USD)	497	2700	4269	4075
davon: öffentliche Verschuldung (in Mio. USD)	480	2182	3681	3523
Schuldendienst (in Mio. USD)	26	365	399	320
davon: Zinszahlungen (in Mio. USD)	7	220	157	138
Schuldendienst in % der Exporterlöse	11,3	35	40	34

Durchschnittl. jährl. Wachstumsrate des BIP (in %)	1965-80:	4,4
	1981-BJ:	0,3
Durchschnittl. jährl. Inflationsrate (in %)	1980-BJ:	263,4

Ekuador

Amtlicher Name: República del Ecuador Präsident: Sixto DURÁN BAILLÉN Im Amt seit: 10. August 1992 Nächste Präsidentschaftswahlen: Mai 1996 Regierungskoalition der konservativen Parteien. Kabinett (Stand: Mai 1993): Äußeres: Diego PAREDES DELGADO; Inneres: Marcelo SANTOS VERA; Finanzen: César ROBALINO GONZAGA; Industrie, Handel und Integration: Jorge GARCÍA TORRES. Sitzverteilung im Parlament seit den Wahlen vom Mai 1992: Partido Social Cristiano (PSC): 20; Partido Unidad Republicana (PUR): 12; Partido Conservador Ecuatoriano (PCE): 6; Partido Roldosista Ecuatoriano (PRE): 15; Democracia Popular (DP): 5; Izquierda Democrática (ID): 7; Partido Socialista Ecuatoriano (PSE): 3; Movimiento Popular Democrático (MPD): 3; Concentración de Fuerzas Populares (CFP): 2; Partido Liberal Radical (PLR): 2; Acción Popular Revolucionaria Ecuatoriana (APRE): 1; Frente Radical Alfarista (FRA): 1.

Chronologie 1992

Das herausragende innenpolitische Ereignis sind die Präsidentschaftswahlen im Mai, die im zweiten Wahlgang von dem konservativ-liberalen Politiker Sixto DURÁN BALLÉN (71) gewonnen werden. In dem Zeitraum vor den Wahlen und der Amtsübergabe waren keine politischen und wirtschaftlichen Änderungen erreicht worden. Die innenpolitische Situation ist wegen fehlender Stimmenmehrheit der Regierung im Parlament instabil. Von der neuen Regierung werden längst fällige Wirtschaftsmaßnahmen und Strukturreformen erwartet. Neue Maßnahmen werden im September erlassen. Sie zielen auf den Abbau des defizitären Staatshaushaltes und die Reduzierung der Inflation ab. Zur Aufwertung des internationalen Standings ist man während des gesamten Jahres um eine Regelung der Zahlungsverpflichtungen bemüht. Die Entwicklung der Leistungsbilanz Ekuadors ist u.a. entscheidend von den Erdölexporten abhängig. Die zugewiesene OPEC-Quote gibt Ekuador keine Möglichkeit zur mengenmäßigen Expansion bei gleichzeitig sinkenden Preisen und damit Erlösen. Daher erklärt Ekuador im September seinen Austritt aus der OPEC, bleibt aber als assoziiertes Mitglied der Organisation verbunden.

Januar

1.1. Wegen technischer und wirtschaftlicher Schwierigkeiten kann für Ekuador der zwischen den Ländern des Andenpaktes beschlossene gemeinsame Binnenmarkt vorerst nicht in Kraft treten.

9.1. Erster peruanischer Staatsbesuch des Präsidenten FUJIMORI nach Beendigung des peruanisch-ekuatorianischen Krieges und der Grenzfestlegung im Protokoll von Rio de Janeiro 1942. Diesem Besuch wird ein hoher Stellenwert beigemessen. Hauptthema sind anhaltende Grenzkonflikte zwischen beiden Ländern.

20.1. Die Entscheidung des Bürgermeisters von Guayaquil, 4.000 *pipones* (staatliche Gehaltsempfänger ohne Entrichtung einer Arbeitsleistung) zu entlassen, ruft eine Welle von Gewalttätigkeit in der Hafenstadt hervor.

Februar

7.2. Erklärung des nationalen Notstandes, da durch die Dürre die Stromversorgung (Stromerzeugung durch Wasserkraftwerke) nicht aufrechterhalten werden kann. Unterbrechung der Stromversorgung von zwölf Stunden. Bereits im Vormonat wurde die Versorgung um sechs Stunden täglich rationiert. Der Präsident kündigt staatliche Maßnahmen zum Stromsparen an.

27.2. Auf dem Antidrogen-Gipfel unterzeichnet Präsident BORJA gemeinsam mit seinen Amtskollegen aus den USA, Bolivien, Mexiko, Peru und Venezuela eine Erklärung zur Zusammenarbeit im Kampf gegen den Drogenhandel. Darin wird übereinstimmend die Notwendigkeit einer alternativen Wirtschaftsentwicklung zur Drogenindustrie bestätigt. Eine von den USA vorgeschlagene supranationalen Armee zur Bekämpfung der Drogenmafia wird von den lateinamerikanischen Ländern abgelehnt.

April

l5.4. Während der Jahrestagung des BID in Santo Domingo wird die Finanzierung von Projekten für Kleinst- und Kleinunternehmen in Gesamthöhe von 176 Mio. US$ unterzeichnet (Finanzminister Pablo BETTER).

22.4. Eine formale Anfrage des Kongresses beim Obersten Gericht zwecks Einleitung einer öffentlichen Klage gegen den Präsidenten BORJA verdeutlicht die herrschenden innenpolitischen Schwierigkeiten. Hintergrund ist ein vom Präsidenten eingebrachter Gesetzentwurf zur Reformierung des Geldsystems, der einen polemischen Schlagabtausch zwischen Präsident und Kongreß ausgelöst hatte.

Mai

14.5. 148 Indianergemeinschaften aus dem Amazonasgebiet werden nach harten Verhandlungen mit der Regierung Eigentumstitel auf ihre Territorien zuerkannt. Vorausgegangen war ein 200 km langer Protestmarsch

Ekuador

aus der Region nach Quito und die demonstrative Errichtung eines Zeltlagers im Zentrum der Stadt.

17.5. Präsidentschaftswahlen sowie allgemeine Parlaments- und Kommunalwahlen. Für die Wahl des neuen Präsidenten wird zwischen Jaime NEBOT SAADI, Partido Social Cristiano (PSC) und Sixto DURÁN BALLÉN, Partido de Unidad Republicana (PUR) am 5.7. eine Stichwahl erforderlich. Bei den Parlamentswahlen siegt der PSC. Die Mitte-Rechts-Parteien stellen 38 von 77 Abgeordnete, haben also keine absolute Mehrheit. Die Linksparteien haben deutlich verloren. Insgesamt sind zwölf Parteien im Parlament vertreten. Der PSC gewinnt ebenfalls die Kommunalwahlen und stellt u.a. in Guayaquil den Bürgermeister.

Juni

23.6. Finanzminister Pablo BETTER verkündet, daß bis zum Jahr 2000 keine Zahlungen geleistet werden können. Gespräche mit dem Pariser Club waren Anfang des Jahres aufgenommen worden. Dabei wurden auch langfristige Zahlungstermine und verschiedene Finanzierungsmöglichkeiten (u.a. *debt-equity-swap*) vereinbart.

Ende Der Mindestlohn wird rückwirkend zum 1. des Monats von Sucres (S/.) 40.000 (= US$ 27,50) auf S/. 60.000 (= US$ 41,30) angehoben. Damit soll der Anstieg der Lebenshaltungskosten in Höhe der jährlichen Inflationsrate ausgeglichen werden. Der *Frente Unitario de los Trabajadores* (FUT), Dachorganisation linksorientierter Gewerkschaften, bezeichnet den Betrag als unzureichend; eine fünfköpfige Familie benötige zur Deckung der Grundbedürfnisse S/. 150.000 (= US$ 103) monatlich.

Juli

5.7. Sixto DURÁN BALLÉN besiegt im zweiten Wahlgang der Präsidentschaftswahlen mit 57,8% seinen Rivalen Jaime NEBOT (PSC). Er erhält die Mehrheit in 19 von 21 Provinzen, was als gute Basis gewertet wird, um ein Auseinanderbrechen in Regionen zu verhindern. Er trat an als Kandidat der von ihm im Vorjahr gegründeten Partei Partido de Unidad Republicana (PUR). Im Parlament ist er auf wechselnde Mehrheiten angewiesen. Vizepräsident wird Alberto DAHIK. Dieser gilt als Hauptverfechter einer marktwirtschaftlich ausgerichteten Reformpolitik. DAHIK war unter FEBRES CORDERO 1984-1988 Finanzminister und vertritt den Partido Conservador Ecuatoriano (PCE).

26.7. 200 km östlich von Quito verschmutzt auslaufendes Erdöl den Fluß Napo, einen Nebenfluß des Amazonas. Von offizieller Seite spricht man von 500 Barrel Erdöl, eine ökologische Privatorganisation schätzt die ausgelaufene Menge auf mehr als 3.000 Faß (= rd. 480.000 l). Dem staatlichen

Unternehmen PETROECUADOR wird von der Regierung eine Geldstrafe in Höhe von US$ 26.000 auferlegt; die Möglichkeit weiterer Sanktionen wird geprüft. Der starke Anstieg staatlicher Bediensteter in den vergangenen zwanzig Jahren wird öffentlich kritisiert. Im Jahr 1992 stellen diese etwa 57% der Sozialversicherer. Es werden drei neue Ministerien geschaffen, was wiederum mit einem entsprechend erhöhten staatlichen Kostenaufwand verbunden ist.

August

10.8. Amtseinführung von Präsident DURÁN, dessen Kabinett sich u.a. aus Vertretern der Wirtschaft zusammensetzt. Ekuador und die USA unterzeichnen ein Abkommen, durch das die Geldwäsche von Drogenhändlern aufgedeckt bzw. verhindert werden soll. Man verpflichtet sich, Informationen über alle Devisen-Transaktionen von mehr als US$ 10.000 auszutauschen und diese fünf Jahre lang aufzubewahren.

September

3.9. Die Regierung erläßt wirtschaftliche Maßnahmen mit dem Ziel, das prognostizierte staatliche Defizit bis zum Jahresende zu halbieren. Außerdem soll die monatliche Inflationsrate von über 10% reduziert werden. Die wichtigsten Maßnahmen lauten:

- Die Landeswährung, der Sucre, wird um 26,9% gegenüber dem US-Dollar abgewertet. Es entspricht einer Verteuerung des Dollars um 35%. Der Interventionskurs wird auf S/./US$ 2.000 festgesetzt.
- Preiserhöhungen für Kraftstoff (125-160%), Gas (fast 100%) und Strom (bis zu 120%) werden festgelegt.
- Die Unternehmen werden einmalig mit einer Steuer auf die Aktiva belegt.
- Staatsausgaben sollen durch Einstellungs- und Gehaltsstopps reduziert werden. Die Sparpolitik bezieht sich ausdrücklich auch auf das Militär.
- Die Zahlung eines 16. Monatsgehalts und Preissenkungen für Grundbedarfsgüter sollen die Härte der Maßnahmen mildern.
- Etwa 20 öffentliche Unternehmen, darunter auch die Fluglinie, sollen privatisiert werden.

23.9. Als Protest auf die Maßnahmen ruft die Gewerkschaft FUT zu einem eintägigen Generalstreik auf. Die Regierung vereinbart mit den öffentlichen Transportunternehmen, sich nicht am Ausstand zu beteiligen. Sie kann damit den Erfolg des Generalstreiks eindämmen.

22.-24.9. Konferenz der Weltbank und des IWF in New York. Die neue ekuatorianische Regierung hat bislang ihre Position zur Schuldenproblematik nicht veröffentlicht. Sie ist vertreten durch den Finanzminister RIBADENEIRA, die Zentralbankchefin ARMIGOS und den Chef der *Junta Monetaria* BAQUERIZO. Die Bedienung der Schulden soll nicht zu Lasten des Wirtschaftswachstums gehen. Man will internationales Kapital heranziehen und Fluchtkapital zurückholen. Des weiteren wird angestrebt, neue Technologien und Produktionsverfahren einzuführen und sich gegenüber neuen Märkten zu öffnen.

25.9. Rede von Präsident DURÁN vor der Generalversammlung der Vereinten Nationen in New York. Er betont die Absicht seines Landes, freundschaftliche Beziehungen mit allen Ländern zu pflegen. Die Grenzprobleme mit Peru seien zu klären. DURÁN verpflichtet sich zur Einhaltung der Menschenrechte und bekennt sich zur Demokratie. Er kritisiert, daß die Länder, die vom Abbau der Grenzen sprächen, diese selbst aufrechterhielten oder mit neuen Auflagen den Marktzugang für Entwicklungsländer verhinderten. DURÁN gibt zu, daß die Drogenwirtschaft als Bedrohung für Demokratie, Wirtschaft und moralische Wertvorstellungen zu betrachten sei. Ekuador habe sich zu einer Brücke des Drogenhandels entwickelt.

Oktober

1.10. Mit dem Abschluß eines Freihandelsabkommens mit Kolumbien wird ein Schritt zur wirtschaftlichen Öffnung ermöglicht. Als erstes konkretes Ergebnis kommt es zur Fusion zweier Papierfabriken und dem Verkauf von in Ekuador hergestellten Autos in Kolumbien. Eine Übergangsregelung setzt bis Ende 1993 gemeinsame Außenhandelszölle fest.

8.10. Der BID schließt mit Ekuador drei Verträge für betriebliche und technische Zusammenarbeit zur Förderung von Kleinst- und Kleinunternehmen, Steigerung deren Konkurrenzfähigkeit sowie Berücksichtigung von Frauen als Kleinunternehmerinnen.

27.10. Industrieminister Mauricio PINTO kündigt die Liberalisierung ausländischer Investitionen in Ekuador an. Er garantiert die Gleichbehandlung zu nationalen Investoren, Konvertibilität der Währung, Schutz vor Enteignung und politischer Gewalt. Für ausländische Investitionen, ausgenommen Bereiche der nationalen Sicherheit, soll keine vorherige Autorisation des Industrieministeriums mehr notwendig sein. Durch die Liberalisierung hofft man auch, Investoren zur Erschließung weiterer Ölquellen zu finden und damit die Exporterlöse zu steigern.

November

Neue Anzeichen der allgemeinen Ungeduld und Enttäuschung werden in einer Reihe von Streiks sichtbar. Arbeitnehmer u.a. in den Bereichen Gesundheit, Transport und Telekommunikation legen die Arbeit nieder, fordern soziale Verbesserung und protestieren gegen die geplanten Kürzungen des Staatshaushaltes im folgenden Jahr. Die angekündigte Staatsreform konkretisiert sich nicht, der Kongreß wird von Willkür und Eigenmächtigkeit beherrscht, es kommt eine unzufriedene Stimmung der Führungslosigkeit auf.

4.11. Auf höchster Ebene findet ein Treffen zwischen BID und Regierung statt, um den Wirtschafts- und Sozialplan zu analysieren (u.a. Präsident, Vizepräsident, Finanz- und Planungsminister).

19.11. Sixto DURÁN findet Rückhalt bei den PSC, als es aus nichtigem Anlaß zu einer Kraftprobe im Parlament kommt.

26.11. Die Zentralbank führt kontrolliertes Floaten der Währung ein. Das Energieproblem besteht weiterhin. Um Ausfälle zu vermeiden, wird erwogen, eine Sommerzeit mit Vorverlegung der Zeit um eine Stunde einzuführen oder alle Aktivitäten ohne Zeitverschiebung eine Stunde früher beginnen zu lassen. Auch die Einführung eines durchgehenden Arbeitstages (ohne mehrstündige Mittagspause) wird diskutiert.

27.11. Die Erdölproduktion am Amazonas kommt durch Streiks zum Stillstand. Der Streik wird beendet, nachdem das Parlament die Gesetzgebung zum Haushaltsplan verbessert hat.

Dezember

12./13.12. Wiederaufnahme von Gesprächen mit Gläubigerbanken in New York. Ekuador hat seit 1989 nur 30% der Zinsen gezahlt. Das Land zählt neben Peru zu den einzigen lateinamerikanischen Ländern mit hoher Schuldenquote, die im Brady-Plan nicht umgeschuldet haben. Die CHASE MANHATTAN BANK wird als Vertreter der ekuatorianischen Interessen benannt (bis 1989 *Citibank*).

17.12. Änderungen im juristischen System werden vom Parlament gebilligt. Man bewertet sie als die radikalsten der neueren Geschichte des Landes. Eine Reorganisation der Strukturen und Verfahren (z.B. Einspruchsverfahren) wird durchgeführt. Das Oberste Gericht wird in Zukunft aus sechs Kammern mit jeweils fünf Richtern bestehen. Die Wahl der Richter wird ebenfalls neu geregelt. Die Geldreserven in US$ sind als Resultat der wirtschaftlichen Maßnahmen gestiegen. Die Inflation hat ein niedrigeres Niveau erreicht, für Dezember beträgt sie 1,6%. Die angestrebte Reduzierung des Staatsdefizits auf 3,5% des BIP ist erreicht.

Carina Boe

IBEROSTAT
Stand: 8,93
ECUADOR   Berichtsjahr (BJ): 1991
Hauptstadt: Quito
Fläche (in qkm): 283.561
Währung: Sucre   Jahr

1. DEMOGRAPHISCHE KENNZIFFERN	1970	1980	1990	1991
Bevölkerungszahl (in Mio.)	5,96	8,05	10,56	10,503
davon: unter 15 Jahren (in %)	45,5	44,7	40,1	38,9
davon: im Alter von 15-64 Jahren (in %)	50,7	51,7	54,5	58,9
Städtische Bevölkerung (in %)	39,5	47,3	56	56,9
Geburtenrate	43,2	41,6	31,9	30,9
Fertilitätsrate	6,3	5	4	3,6
Erwerbspersonen in der Landwirtschaft (in %)	55	38,6		
Erwerbspersonen in der Industrie (in %)	19	19,8		
Erwerbspersonen im Dienstleistungssektor (in %)	26	41,6		

Geschätzte Bevölkerung im Jahre 2025 (in Mio.)   18
Durchschnittliche jährliche Wachstumsrate
    der Bevölkerung (in %)   1965-80:   3,1
                                   1980-BJ: 2,6

2. SOZIALE KENNZIFFERN				
Bevölkerung mit Zugang zu Trinkwasser (in %)	33	36	55	58
Tägl. Kalorienangebot (in % der Mindestbedarfsnorm)		88	106	
Säuglingssterblichkeitsziffer (0-1 Jahr)	99,8	74,8	55	54,8
Kindersterbeziffer (0-5 Jahre)			83	64
Lebenserwartung bei der Geburt (in Jahren)	58,1	63,1	66	66,1
Einwohner je Arzt	2899	820	815	
Alphabetisierungsquote (in %)	68,4		86	

3. WIRTSCHAFTLICHE KENNZIFFERN				
Bruttoinlandsprodukt (in Mio. USD)	1674	11733	12269	11595
Bruttosozialprodukt pro Kopf (in USD)	290	1260	960	1000
Ausfuhr von Waren u. Dienstleistungen (in Mio. USD)	259	2975	3277	3438
Einfuhr von Waren u. Dienstleistungen (in Mio. USD)	389	3647	3550	4015
Leistungsbilanz (in Mio. USD)	-113	-642	-166	-467
Kapitalbilanz (in Mio. USD)	136	980	435	630
davon: ausl. Direktinvestitionen (in Mio. USD)	89	70	82	85
Bestand an Währungsreserven (in Mio. USD)	76	1257	1009	1081
Privater Verbrauch (in % des BIP)	75,3	59,6	69,5	69,7
Staatsverbrauch (in % des BIP)			8	8
Bruttoinlandsinvestitionen (in % des BIP)	18,2	26,1	19,3	22,7
Bruttoinlandsersparnis (in % des BIP)	13,6	25,9	22,4	20,3
Anteil der Landwirtschaft am BIP (in %)	24	13	13	15
Anteil der Industrie am BIP (in %)	25	38	42	35
davon: Verarbeitendes Gewerbe (in %)	18		23	21
Anteil des Dienstleistungssektors am BIP (in %)	51	49	45	50
Auslandsverschuldung (in Mio.USD)	242	5997	12109	12469
davon: öffentliche Verschuldung (in Mio. USD)	193	3300	9867	9952
Schuldendienst (in Mio. USD)	43	1008	1084	1106
davon: Zinszahlungen (in Mio. USD)	10	473	474	504
Schuldendienst in % der Exporterlöse	8,6	33,9	33,1	32,2

Durchschnittl. jährl. Wachstumsrate des BIP (in %)
                                   1965-80:   8,8
                                   1981-BJ: 2,1
Durchschnittl. jährl. Inflationsrate (in %)
                                   1980-BJ: 38

Kolumbien

Amtlicher Name: República de Colombia
Präsident: César GAVIRIA TRUJILLO
Im Amt seit: 7. August 1990
Nächste Präsidentschaftswahlen: Mai 1994
Regierungskoalition unter Führung des Partido Liberal (PL)

Kabinett (Stand: August 1993): Äußeres: Nohemí SANÍN POSADA; Inneres: bis März 1993 Humberto DE LA CALLE, seither Fabio VILLEGAS; Wirtschaft: Luis Alberto MORENO; Finanzen: Rudolf HOMMES RODRÍGUEZ

Oppositionsparteien im Parlament: Partido Socialista Conservador (PSC), Unión Patriótica (UP), Alianza Democrática M-19 (AD-M-19), Movimiento de Salvación Nacional (MSN), Nueva Fuerza Democrática (NFD), Movimiento Nacional Conservador (MNC)

Sitzverteilung im Parlament: *Abgeordnetenhaus* (161 Sitze): PL: 87; PSC: 27; UP: 3; AD-M-19: 13; MSN: 11; MNC: 1; Sonstige: 19. – *Senat* (102 Sitze): PL: 56; PSC: 9; UP: 1; AD-M-19: 9; MSN: 5; NFD: 8; Sonstige: 14

Chronologie 1992

Wirtschaftlich ist 1992 für Kolumbien ein durchaus erfolgreiches Jahr. Trotz der Rationierungen im Energiesektor und dem anhaltenden Verfall der Kaffeepreise wächst das Bruttoinlandsprodukt, im sechsten Jahr in Folge, um drei Prozent. Die Inflationsrate ist mit etwa 26 Prozent im lateinamerikanischen Vergleich allerdings relativ hoch. Die Regierung setzt ihre Politik der Integration mit Venezuela und Ekuador ebenso fort wie die Privatisierung von Staatsbetrieben gegen die es vielfältige soziale Proteste gibt.

Politisch steht das Jahr im Zeichen des *desencanto*: Die zahlreichen Hoffnungen, die 1991 mit der Verabschiedung der neuen Verfassung geweckt wurden, sind zunächst enttäuscht. Die Umsetzung der Verfassungsbestimmungen kommt im Kongreß nur sehr schleppend voran. Auch der Krieg zwischen Regierung und Guerilla intensiviert sich nach dem Abbruch der Friedensgespräche Anfang Mai. Die Guerilla beginnt in der zweiten Jahreshälfte eine Offensive, in deren Zentrum Sabotageakte auf Einrichtungen der ökonomischen Infrastruktur stehen. Auch die Auseinandersetzung mit der Drogenmafia flammt nach der Flucht des Drogenbosses Pablo ESCOBAR erneut auf. Mord bleibt 1992 die häufigste Todesursache bei Männern im Alter zwischen 15 und 45 Jahren. Insgesamt kommen 1992 28.000 Kolumbianerinnen und Kolumbianer gewaltsam ums Leben.

Januar

2.1. Die Departamentos erhalten mit dem Amtsantritt der am 27.10.91 direkt gewählten Gouverneure im Rahmen der Dezentralisierung mehr Zuständigkeiten.

13.1. Rücktritt des Friedensberaters der Regierung, Jesús Antonio BEJARANO. Als Grund gibt er an, nach fünf Jahren im Amt sei die in der gegenwärtigen Lage erforderliche Innovationsfähigkeit von ihm nicht zu erwarten. Zum Nachfolger wird der ehemalige Regierungsminister Horacio Serpa Uribe ernannt.

18.1. Beginn des Besuchs von Spaniens Ministerpräsident Felipe GONZÁLEZ. Präsident GAVIRIA bittet ihn um Vermittlung bei der Ausweitung des Präferenzabkommens mit der EG. Ein weiteres Theam ist die Fortsetzung des U-Bahn-Baus in Medellín durch ein deutsch- spanisches Konsortium, der 1990 wegen Zahlungsschwierigkeiten gestoppt wurde.

29.1. Die Präsidenten Kolumbiens und Venezuelas unterzeichnen ein Abkommen zur weiteren Integration, das den gemeinsamen Außenzoll auf maximal 20 Prozent für Nichtmitglieder des Andenpaktes festlegt.

30.1. Die kolumbianischen Kaffeeproduzenten beschliessen aus Protest gegen die brasilianische Politik, keinen Vertreter zum Arbeitstreffen der Internationalen Kaffeeorganisation Anfang Februar in London zu schicken.

Februar

4.2. Die nationale Statistikbehörde DANE meldet, daß die Inflationsrate im Januar 3,49 Prozent betragen und somit für diesen Monat den höchsten Stand seit 13 Jahren erreicht habe. Als Hauptursachen nennt DANE die Preissteigerung im städtischen Transportwesen und beim Treibstoff.

5.2. Die Coordinadora Guerrillera Simon Bolívar (CGSB) sendet dem Kongreß einen 12-Punkte Vorschlag zur Erreichung des Friedens. Neben der Forderung nach einer Beendigung der wirtschaftlichen Öffnungspolitik geht es der CGSB hauptsächlich um eine Demilitarisierung des Landes, die Beachtung der Menschenrechte und ein stärkeres soziales Engagement der Regierung.

8.- 25.2. VIII. UNCTAD-Konferenz in Cartagena. Hauptthema ist die internationale Entwicklungszusammenarbeit im Rahmen der neuen Weltordnung. In seiner Eröffnungsrede kritisiert Präsident GAVIRIA insbesondere die protektionistische Handelspolitik vieler Industrieländer.

10.-11.2. Zweiter Zivilstreik in Barrancabermeja aus Protest gegen die zunehmende Gewalt, die allein in den ersten Wochen des Jahres 1992 65 Menschen das Leben gekostet hat. Bereits am 30. und 31.1. hatte sich die Bevölkerung in einem Zivilstreik gegen eine Serie von Anschlägen gegen die staatliche Erdölgesellschaft *ECOPETROL* gewandt.

11.2. 32 Monate nach dem Bruch des internationalen Kaffeeabkommens sehen sich Regierung und Kaffeeproduzenten zu einschneidenden Maßnahmen gezwungen: Senkung des internen Kaffeepreises und Reduzierung der Ernte im Jahr 1993.

24.2. Die Regierung verfügt per Dekret die Anhebung der Löhne im öffentlichen Dienst um knapp 27 Prozent. Diese Maßnahme war notwendig geworden, nachdem u.a. die Nationalpolizei mit Streik gedroht hatte, weil der Kongreß die Gesetze zur Lohnanpassung verzögerte. Zwischen dem 10. und dem 21.2. hatten Proteste im öffentlichen Dienst vor allem in den Großstädten Verkehr und Infrastruktur wie Telefon, Elektrizität und Wasserwerke lahmgelegt.

März

1.3. Die Polizei von Barranquilla entdeckt in der Universität zehn zerstückelte Leichen und Körperteile von mindestens 40 weiteren Menschen, die getötet wurden, damit sie von Medizinstudenten zur Übung seziert werden können.

3.3. Kolumbien und Costa Rica vereinbaren eine Intensivierung der Zusammenarbeit, ab 1993 soll es zwischen beiden Ländern keine Handelsbeschränkungen mehr geben.

4.3. Ein Streik der 12.000 Arbeiter der Telecom gegen die Privatisierungspläne der Regierung legt das gesamte Kommunikationsnetz des Landes lahm.

8.3. Die Kommunalwahlen zeichnen sich durch hohe Wahlenthaltung (58,3 Prozent) und den Erfolg der Bürgerbewegung und Koalitionen aus. Die Liberale Partei muß Verluste hinnehmen, kann sich jedoch als stärkste Partei behaupten.

10.3. Wiederaufnahme der Gespräche zwischen Regierung und Guerilla in Tlaxcala (Mexiko). Streitpunkte sind unter anderem die Zulassung regionaler Friedensdialoge, das Problem eines Waffenstillstands, der Demobilisierung der Guerilla und einer Reform der Streitkräfte sowie die Wirtschaftspolitik und Menschenrechtsverletzungen. Die Regierung legt ein Dokument mit dem Titel "Propósitos para ponerle fin al conflicto armado" vor. Am 13.3. einigen sich Regierung und Guerilla in einem 8-Punkte-Abkommen über das weitere Vorgehen und den Themenkatalog.

11.3. Die Regierung stellt ihre Pläne zur Steuerreform im Kongreß vor. Darin sind eine Anhebung der Mehrwertsteuer von 12 auf 18 Prozent, der Einkommenssteuer von 30 auf 35 Prozent und der Benzinsteuer von 25 auf 35 Prozent sowie die Beibehaltung der sog. Kriegssteuer vorgesehen. Darüber hinaus sollen die Departamentos und Kommunen die Möglichkeit erhalten, eine eigene Mehrwertsteuer zu erheben. In der Folge wenden sich vor allem die Sozial-Konservative Partei und die AD/M-19 gegen das Steuerpaket und seine negativen Auswirkungen auf die unteren und mittleren Einkommensgruppen.

19.3. Treffen von Präsident GAVIRIA und den Liberalen Ministern mit den Kongreßabgeordneten der Liberalen Partei, um die Zusammenarbeit zu verbessern. Hauptstreitpunkt ist die von Finanzminister Rudolf HOMMES vorgeschlagene Steuerreform. Bereits am 11.3. hatte sich Präsident Gaviria mit den 55 Senatoren des Partido Liberal getroffen.

21.3. Die Regierung ruft ihre Verhandlungsdelegation bei den Gesprächen mit der Guerilla aus Mexiko zurück und unterbricht den Dialog. Grund ist das Bekanntwerden des Todes von Ex-Minister Durán Quintero, der zwar von Kriminellen entführt, dann aber in die Hände der Guerilla gelangt war.

26.3. Präsident Gaviria kündigt in einer vom Fernsehen übertragenen Rede an, daß der Dialog mit der Guerilla nur dann wiederaufgenommen werde, wenn als erstes die Themen Waffenstillstand und Freilassung entführter Personen auf der Tagesordnung stünden.

April

6.4. Die Regierung akzeptiert den Vorschlag der Guerilla, unter Vermittlung der katholischen Kirche zu einer Einigung bei der Themenfolge zu kommen.

9.4. Ausschüsse von Kongreß und Senat verabschieden ihre neue Geschäftsordnung; das *Reglamento del Congreso* ist mit 360 Artikeln eines der umfangreichsten Gesetzesvorhaben.

10.4. Kundgebungen gegen die Welle der Gewalt in Urabá.

10.- 22.4. Streik der Angestellten des *Banco Cafetero*.

22.4. Aufnahme von Vorgesprächen über die Zukunft des Dialogs zwischen Regierung und Guerilla.

22.-28.4. Arbeitskonflikt bei der Telecom wegen den Privatisierungsplänen der Regierung. Der Konflikt eskaliert als der Arbeitsminister den Streik für illegal erklärt und Polizei und Militär gegen die Streikenden vorgehen. Andere Gewerkschaften zum Beispiel des Energiesektors drohen daraufhin, sich dem Streik anzuschließen.

27.- 29.4. Streik von 4.000 Hafenarbeitern in Cartagena, Barranquilla, Buenaventura und Santa Marta.

28.4. Der Präsident des *Fondo Nacional del Café*, Jorge CÁRDENAS GUTIÉRREZ, gibt bekannt, daß der FNC keine Geldmittel mehr besitzt, gleichzeitig wird für das laufende Jahr ein Defizit von 300.000 Mio. Pesos erwartet.

Mai

3.5. Auf Wunsch der Guerilla wird der Dialog mit der Regierung für etwa ein halbes Jahr ausgesetzt.

4.- 8.5. Kolumbienreise von Vertretern der interamerikanischen Menschenrechtskommision, die vier Fällen von 'Verschwundenen' nachgehen.

5.5. Rücktritt von Kommunikationsminister Mauricio VARGAS LINARES wegen des Konfliktes um die Privatisierung der Telecom. Nachfolger wird Guido Alberto NULE AMÍN.

7.5. Die Sozialkonservative Partei unterbreitet einen Gegenvorschlag zur Steuerreform. Wesentliche Elemente sind die Anhebung der Benzinsteuer, die Verhinderung von Steuerhinterziehung sowie die Kürzung der öffentlichen Ausgaben, eine Mehrwertsteuererhöhung lehnen die Konservativen ab.

18.5. Wegen der Besetzung des Justizpalastes im Jahr 1985 erhebt ein Richter Anklage und erläßt Haftbefehl gegen Antonio NAVARRO WOLF und 25 andere leitende Politiker der AD/M-19.

28.5. Die Kommission zur Untersuchung der Probleme des Energiesektors übergibt dem Präsidenten einen ersten Bericht. Sie kommt darin zu dem Ergebnis, daß ein Großteil der Rationierungen zu verhindern gewesen wäre, wenn die Verantwortlichen vorausschauend gehandelt hätten. Als Konsequenz ordnet Präsident GAVIRIA die Entlassung von acht hohen Funktionären sowie die Untersuchung der Verantwortlichkeit von vier Ex-Ministern an.

Juni

1.6. Amtsantritt der am 8. März gewählten Bürgermeister, für die die Bestimmungen der neuen Verfassung gelten, d.h. unter anderem eine Verlängerung der Amtszeit von zwei auf drei Jahre.

Die kolumbianische Regierung gewährt dem peruanischen Ex-Präsidenten Alan GARCÍA, der sich im Zusammenhang mit dem Putsch in Peru in die kolumbianische Botschaft in Lima geflüchtet hatte, politisches Asyl.

9.-10.6. Bei einem Staatsbesuch des britischen Premierministers John Major vereinbaren beide Regierungen, die Verstärkung der Kooperation.

10.-11.6. Mit einem zweitägigen Streik protestieren 20.000 Bananenarbeiter in Urabá gegen die Ermordung mehrerer Kollegen.

26.6. Auf dem Gesetzesweg verhindern Parlament und Präsident die Anklage gegen die ehemaligen Guerilleros des M-19 (vgl. 18.5.).

30.6. Die kolumbianische Regierung fordert von der Regierung der USA Aufklärung über die Verhaftung und Überführung in die USA von zwei kolumbianischen Staatsbürgern, die Agenten des FBI angeblich in Venezuela wegen Drogenhandels festgenommen haben.

Juli

1.7. Kolumbien übernimmt die Präsidentschaft im Ständigen Rat der OAS.

4.7. Regierungsumbildung ohne Beteiligung des PSC und des MSN. In der Regierung sind nun zehn Minister der Liberalen Partei, zwei der *Nueva Fuerza Democrática* und einer der AD/M-19 vertreten.

14.7. Die Regierung beschließt, ihre Pläne zur Privatisierung der Telecom in dieser Legislaturperiode nicht weiter zu verfolgen.

Die Menschenrechtsorganisation Americas Watch übergibt in Bogotá einen Bericht zur Lage in Kolumbien. Trotz des guten Willens der Regierung habe sich die Menschenrechtssituation nicht verbessert. Im Jahr 1991 seien 3.760 Menschen aus politischen Gründen ermordet.

15.7. Der außerordentliche Kongreß der *Cafeteros* beschließt einen Notstandsplan: Reduzierung des internen Kaffeepreises, Abbau der Kredite zur Erneuerung, Stärkung der Finanzen des *Fondo* mit einem Kredit der Regierung in Höhe von US-$ 200 Mio.

22.7. Der Drogenboß Pablo ESCOBAR flieht aus seinem Gefängnis in Envigado, kurz bevor er in eine Einrichtung des Militärs verlegt werden sollte. In der Folge wird bekannt, daß das Gefängnis nicht nur die Annehmlichkeiten eines Luxushotels aufwies, sondern daß auch ein Großteil des Gefängnispersonals auf ESCOBARs Lohnliste stand.

August

8.8. Regierungsminister Humberto DE LA CALLE tritt sein Amt als letzter vom Kongreß eingesetzter Vizepräsident an. Ab 1994 wird der Vizipräsident von der Bevölkerung gewählt.

28.10. Zur Mitte seiner Amtszeit ist die öffentliche Unterstützung von Präsident Gaviria deutlich geringer geworden. Im Vergleich zum Vorjahr hat er bei einer Umfrage in allen Sektoren der Bevölkerung an Popularität verloren.

11.8. Die Regierung setzt für Hinweise, die zur Ergreifung des entflohenen Drogenboß' Pablo ESCOBAR führen, eine Belohnung von tausend Millionen Pesos aus.

12.8. Der Preis für kolumbianischen Kaffee fällt in New York auf den tiefsten Stand seit 1975: Für 454 Gramm werden umgerechnet lediglich 50 Centavos bezahlt.

26.8. Die *Fundación País Libre* unterbreitet mit Unterstützung von 50 Senatoren und einer Million Unterschriften ein Gesetzesprojekt zur Verschärfung der Strafverfolgung bei Entführungen. Neben einer Erhöhung des Strafmaßes und der Einrichtung einer eigenen Staatsanwaltschaft fordern die Verfasser auch, die Einbeziehung von Entführern in mögliche Amnestiemaßnahmen zu verhindern. Hintergrund des Gesetzesprojektes ist die Tatsache, daß allein zwischen November 1991 und Juli 1992 883 Personen entführt wurden, von denen 373 immer noch festgehalten werden.

September

16.9. Die Liberale Partei wird auf dem 19. Kongreß der Sozialistischen Internationale in Berlin als Mitglied aufgenommen, die AD/M-19 erhält Beobachterstatus.

17.9. Der Präsident der ECOPETROL, Andrés RESTREPO LONDOÑO, tritt wegen Differenzen mit den verantwortlichen Wirtschaftspolitikern, u.a. beim Thema der Steuerreform, von seinem Amt zurück.

18.9. Die Richterin Myriam Rocío VÉLEZ, die u.a. für die Untersuchung des Mordes an Guillermo CANO – Herausgeber der Zeitung El Espectador – verantwortlich war, wird in Medellín auf offener Straße erschossen.

23.-24.9. Auf dem Treffen der regionalen Führungsspitzen und Parlamentarier der Sozialkonservativen Partei wird neben der Reform der Parteistatuten auch der Name der Partei geändert: Künftig wird die Partei wieder Konservative Partei Kolumbiens heißen.

24.9. Kolumbien erhält von den USA US-$ 36 Mio. Wirtschaftshilfe zur Unterstützung des Kampfes gegen den Drogenanbau und zur Förderung der ökonomischen Öffnung. Weitere US-$ 16 Mio. sollen der Stärkung und Reform des Justizwesens dienen.

30.9. Der Friedensberater Horacio SERPA URIBE erklärt seinen Rücktritt, weil er ein Amt in der Führungsspitze der Liberalen Partei übernimmt. Präsident GAVIRIA ernennt keinen Nachfolger.

Oktober

6.10. Rigoberto LOZADA PERDOMO, alias Joselo - zweitwichtigster Mann und Mitbegründer der FARC -, kommt bei einem Gefecht mit Einheiten des Heeres ums Leben.

2.10. Vor allem in den Regionen Cauca, Chocó und Cundinamarca kommt es zu zahlreichen Protestkundgebungen gegen die 500-Jahr-Feiern und für eine Verbesserung der Lebensumstände der indianischen Bevölkerung.

27.- 28. Bei einem Staatsbesuch von Präsident GAVIRIA in Spanien wird ein Kooperations- und Freundschaftsvertrag zwischen beiden Ländern unterzeichnet.

28.10. Die EG suspendiert die Zollpräferenzen für den Import von kolumbianischem Thunfisch.

November

8.11 Präsident GAVIRIA verhängt den Ausnahmezustand. Als Grund nennt er die Offensive der Guerilla gegen Infrastruktureinrichtungen und Zivilbevölkerung sowie deren wachsenden Einfluß in sozialen Organisationen und einigen Medien. Am Vortag waren bei einer der spektakulärsten Aktionen im Putumayo 26 Polizisten ums Leben gekommen. Die Aktionen der Guerilla hatten im Verlauf des ganzen Jahres stark zugenommen, die Gruppen der CGSB sollen in 19 der 32 Departamentos aktiv sein. In den folgenden Tagen verfügt die Regierung per Dekret ein Verbot regionaler Dialoge mit der Guerilla sowie die Veröffentlichung von Stellungnahmen der CGSB.

11.11. Die Regierungen Kolumbiens und Ecuadors ratifizieren einen Freihandelsvertrag, der im April 1990 unterzeichnet wurde.

19.11. Das Parlament verabschiedet ein Gesetz, das künftig Ehescheidungen u.a. in beiderseitigem Einvernehmen und bei Ehebruch erlaubt.
Die Interamerikanische Entwicklungsbank gewährt Kolumbien einen US-$ 300 Mio. Kredit zur Verbesserung der Infrastruktur von Straßen und Eisenbahn.

20.11. Die Verhandlungen zwischen Kolumbien und dem Vatikan, die am 3.2.92 begonnen hatten, enden mit der Unterzeichnung des neuen Konkordats.

23.11. Die AD/M-19 tritt wegen Differenzen in der Sozialpolitik und im Umgang mit der Guerilla aus der Regierung GAVIRIA aus und fordert internationale Vermittlungsbemühungen, die von der Regierung abgelehnt werden. Nachfolger von AD/M-19 Gesundheitsminister Gustavo DE ROUX wird Juan Luis LODOÑO.

24.11. Gewerkschaften protestieren im ganzen Land gegen die Verhängung des Ausnahmezustands.

28.11. Kolumbien und Panama gründen eine Nachbarschaftskomission, die sich vor allem mit Fragen der Migration, der Infrastruktur, der Verwaltung der natürlichen Ressourcen sowie der ökonomischen Integration beschäftigen soll.

30.11. Die Zeitung *Nuevo Siglo* berichtet über einen Brief des *Movimiento de Autodefensa Nacional* (Mepan), in dem dieses seine Wiederbewaffnung ankündigt, um gegen die Guerilla zu kämpfen.

Dezember

1.12. Die Regierung nimmt umfassende personelle Veränderungen an der Spitze der kolumbianischen Streitkräfte vor.

11.12. Bei einer außerordentlichen Zusammenkunft der Konservativen Partei in Bogotá wird ein neues Nationales Direktorium gewählt. Außerdem beschließen die Delegierten in die Opposition zur Regierung von Präsident Gaviria (Liberale Partei) zu gehen.

23.12. Nach 11-jährigem Stellenstopp kündigt Erziehungsminister Carlos Holmes TRUJILLO GARCÍA die Einstellung von etwa 10.000 neuen Lehrern im ganzen Land bis 1995 an. Die Kosten des Programms müssen allerdings von den Regionen und Kommunen übernommen werden.

29.12. Die Regierung leitet umfassende Maßnahmen zur Restrukturierung der Verwaltung ein. Hauptziel ist es den Staatsapparat zu verkleinern.

Sabine Kurtenbach

IBEROSTAT
Stand: 8,93   Berichtsjahr (BJ):   1991
                          KOLUMBIEN
Hauptstadt: Bogotá
Fläche (in qkm): 1.138.914
Währung: Kolumbianischer Peso   Jahr

1. DEMOGRAPHISCHE KENNZIFFERN	1970	1980	1990	1991
Bevölkerungszahl (in Mio.)	20,91	24,93	32,84	32,873
davon: unter 15 Jahren (in %)	46,7	41,7	35,4	34,8
davon: im Alter von 15-64 Jahren (in %)	50,3	53,1	60,6	62,9
Städtische Bevölkerung (in %)	57,2	64,2	70	70,5
Geburtenrate	42,1	32	25,5	24,1
Fertilitätsrate	5,3	3,8	2,9	2,6
Erwerbspersonen in der Landwirtschaft (in %)	39,3	34,2		
Erwerbspersonen in der Industrie (in %)	21	23,5		
Erwerbspersonen im Dienstleistungssektor (in %)	39,7	42,3		

Geschätzte Bevölkerung im Jahre 2025 (in Mio.)   50
Durchschnittliche jährliche Wachstumsrate
  der Bevölkerung (in %)   1965-80:   2,4
                                    1980-BJ: 2

2. SOZIALE KENNZIFFERN

Bevölkerung mit Zugang zu Trinkwasser (in %)		65	64	88
Tägl. Kalorienangebot (in % der Mindestbedarfsnorm)			108	109
Säuglingssterblichkeitsziffer (0-1 Jahr)	76,6	48,2	37	37,4
Kindersterbeziffer (0-5 Jahre)			50	43
Lebenserwartung bei der Geburt (in Jahren)	61	65,9	69	68,8
Einwohner je Arzt	2161	1240	1228	
Alphabetisierungsquote (in %)	73,4		81	

3. WIRTSCHAFTLICHE KENNZIFFERN

Bruttoinlandsprodukt (in Mio. USD)	7235	33400	40856	41692
Bruttosozialprodukt pro Kopf (in USD)	340	1180	1260	1260
Ausfuhr von Waren u. Dienstleistungen (in Mio. USD)	1019	5860	9623	10383
Einfuhr von Waren u. Dienstleistungen (in Mio. USD)	1348	6231	9462	8715
Leistungsbilanz (in Mio. USD)	-293	-206	700	2551
Kapitalbilanz (in Mio. USD)	369	890	-10	-593
davon: ausl. Direktinvestitionen (in Mio. USD)	39	51	501	420
Bestand an Währungsreserven (in Mio. USD)	207	6474	4453	6335
Privater Verbrauch (in % des BIP)	72,4	70,2	64,5	66
Staatsverbrauch (in % des BIP)			10	11
Bruttoinlandsinvestitionen (in % des BIP)	20,2	19,1	19,1	17,6
Bruttoinlandsersparnis (in % des BIP)	18,4	19,7	25,5	23
Anteil der Landwirtschaft am BIP (in %)	25	28	17	16
Anteil der Industrie am BIP (in %)	28	30	32	35
davon: Verarbeitendes Gewerbe (in %)	19		21	20
Anteil des Dienstleistungssektors am BIP (in %)	47	42	51	48
Auslandsverschuldung (in Mio.USD)	1580	6941	17241	17369
davon: öffentliche Verschuldung (in Mio. USD)	1297	4089	14680	14503
Schuldendienst in Mio. USD)	270	951	3655	3644
davon: Zinszahlungen (in Mio. USD)	59	688	1484	1431
Schuldendienst in % der Exporterlöse	12	16	38	35,1

Durchschnittl. jährl. Wachstumsrate des BIP (in %)
                                    1965-80:   5,7
                                    1981-BJ: 3,7
Durchschnittl. jährl. Inflationsrate (in %)
                                    1980-BJ: 25

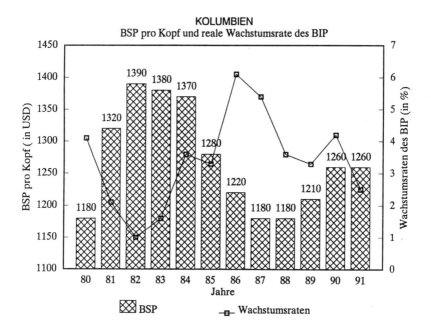

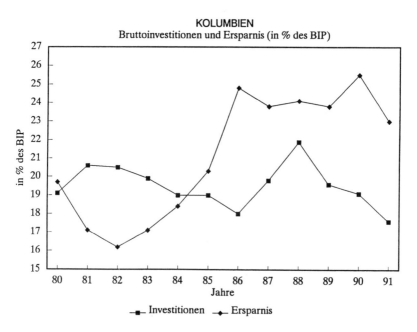

Kolumbien

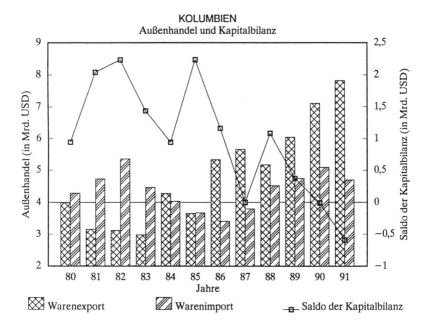

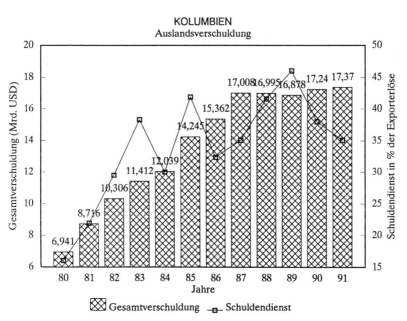

Peru

Amtlicher Name: República del Perú Präsident: Alberto Kenyo FUJIMORI FUJIMORI Im Amt seit: 28. Juli 1990 Regierung: Seit dem *autogolpe* vom 5. April 1992 regiert FUJIMORI ohne Parlament. Die politische Macht stützt der Präsident u.a. auf den Oberbefehlshaber des Heeres, General Nicolás DE BARI HERMOZA RÍOS. Kabinett (Stand: Mai 1993): Premier und Äußeres: Oscar DE LA PUENTE, Inneres: General Juan BRIONES DÁVILA, Wirtschaft und Finanzen: Jorge CAMET, Industrie, Handel, Turismus und Integration: Alfonso BUSTAMENTE BUSTAMENTE. Sitzverteilung im Verfassungsgebenden Kongreß seit den Wahlen vom 22.11. 1992 (80 Sitze): Cambio 90/Nueva Mayoría: 44; Partido Popular Cristiano: 8; Frente Independiente Moralizador: 7; Renovación: 6; Movimiento Democrático de Izquierda: 4; Coordinadora Democrática: 4; andere: 7 (vgl. Chronologie 22.11.92).

Chronologie 1992

Zwei Ereignisse bestimmen die Politik in Peru 1992: Der Selbst-Putsch Präsident FUJIMORIs und die Festnahme des Rebellenführers Abimael GUZMÁN.

In der Nacht vom 5. auf den 6. April reißt der gewählte Präsident Alberto FUJIMORI mit Hilfe der Militärs die Macht an sich und löst das Parlament auf. Zunehmender Widerstand des Parlaments gegen den autoritären Führungsstil FUJIMORIs, Differenzen im engeren Führungszirkel und die Erfolglosigkeit der Aufstandsbekämpfung bilden den Hintergrund dieses Schritts, der im Ausland nur vorübergehend auf begrenzte Kritik stößt.

An den Grundzügen der ultraliberalen Wirtschaftspolitik änderte sich durch den Selbst-Putsch nichts. Die versprochenen Maßnahmen zur sozialen Abstützung des Programms blieben weiterhin aus, ein Ende der durch die relativ erfolgreiche Antiinflationspolitik ausgelösten Rezession ist nicht abzusehen. Die schon extrem niedrigen Realeinkommen sind weiter gesunken.

Am 12. September gelang es der Polizei, den legendenumwobenen Führer des Leuchtenden Pfads , Abimael GUZMÁN REYNOSO, in seinem Versteck in Lima ohne Widerstand festzunehmen. Dieser vor allem psychologisch wichtige Erfolg der Sicherheitskräfte, sowie eine große Zahl weiterer Festnahmen in der Folge, führten zu einer deutlichen Schwächung der Schlagkraft der Aufständischen, die in den Monaten zuvor eine beispiellose Terrorkampagne vor allem in der Hauptstadt Lima durchgeführt hatten. Obwohl auch die zweite wichtige subversive Organisation, die "Revolutionäre Bewegung Tupac Amaru" (MRTA), stark geschwächt wurde, ist Peru noch weit von der versprochenen Befriedung entfernt. Schwere Menschenrechtsverletzungen auch der Sicherheitskräfte plazierten Peru auch 1992 wieder im Spitzenbereich der einschlägigen internationalen Statistiken.

Januar

4.1. Nach 22 Jahren ist die Agrargerichtsbarkeit abgeschafft worden. Im Zuge der Justizreform sollen Auseinandersetzungen um Landfragen nun vor den ordentlichen Gerichten ausgetragen werden. Die von der Regierung General Velascos eingerichteten Agrargerichte hatten insgesamt über 250.000 Fälle bearbeitet.

6.1. Nach Angaben des Gesundheitsministeriums wurden in Peru seit Januar 1991 301.294 Fälle von Cholera registriert. Zuletzt war die Tendenz wieder steigend.

7.1. Die Interamerikanische Entwicklungsbank gewährt Peru einen Kredit von US$ 210 Mio. für den Ausbau von 1.400 km Straßen.

15.1. Senator Enrique BERNALES stellt ein Anwachsen der Gewalt in Peru fest. Ein Hochrechnung der bisherigen Zahlen der Regierungsperiode von Präsident FUJIMORI würde eine Zahl von 16.000 Toten als Opfer politischer Gewalt erwarten lassen. Diese Ziffer überträfe alle bisherigen Regierungen.

20.1. Eine Untersuchung des Nationalen Instituts für Statistik und Informationsverarbeitung legt gravierende Irrtümer in der offiziellen Bevölkerungsstatistik zu Tage. In den Gebieten unter Ausnahmezustand liegt die tatsächliche Bevölkerungszahl aufgrund massiver Abwanderung um bis zu vier Fünftel unter den offiziellen Angaben. Umgekehrt ist die Bevölkerung vor allem in kleineren Küstenstädten aufgrund der Migration zwei bis dreimal höher als in den amtlichen Statistiken.

Nach Daten des Landwirtschaftsministeriums liegen in den Departements Ayacucho und Huancavelica, die beide unter Ausnahmezustand stehen, 70% der landwirtschaftlichen Fläche brach. 30% der Haushalte in diesen Gebieten werden, nach Angaben von Frauenorganisationen, von alleinstehenden Frauen geführt.

21.1. Sechs staatliche Universitäten werden in einer großangelegten Militäraktion von der Armee besetzt.

25.1. Die Revolutionäre Bewegung Tupac Amaru (MRTA) ermordet einen nationalen Bauernführer wegen "Volksverrats". Cecilia OVIEDO, Generalsekretärin der dem MRTA nahestehenden Partei "Revolutionäre Volkseinheit" erhält Todesdrohungen der MRTA.

25.1. Der wichtigste Unternehmerverband Perus, die SNI, verlangt Änderungen der Wirtschaftspolitik. Die bisherige extreme Liberalisierung gefährde die Mehrzahl der peruanischen Betriebe.

28.1. Der bekannte Präsidentschaftsberater Hernando DE SOTO tritt wegen der Wirtschaftspolitik und insbesondere der Drogenpolitik der Regierung zurück. DE SOTO wirft der Armee vor, daß aus den von ihr kontrollierten Gebieten regelmäßig Drogenflugzeuge starten.

Februar

8.2. Bei Kämpfen rivalisierender Fraktionen des MRTA kommen 25 Guerilleros um.

9.2. Der Kongreß verabschiedet ein Gesetz zur Kontrolle der Exekutivbefugnisse, insbesondere bezüglich des Erlasses von Gesetzesdekreten und der Verhängung des Ausnahmezustands. Da Präsident FUJIMORI sich weigert, das Gesetz zu unterzeichnen, unterschreibt es der Präsident des Kongresses.

13.-15.2. 20.000 Angehörige von Polizei und Streitkräften versuchen, Lima gegen einen vom "Leuchtenden Pfad" angekündigten "Bewaffneten Streik" zu verteidigen. Dennoch wurde er von 90% der Transportunternehmer, die um ihre Fahrzeuge fürchteten, befolgt. Schon im Vorfeld hatte die Untergrundorganisation 10 Polizisten ermordet. Weitere Angriffe galten u.a. der Residenz des US-Botschafters und den gewählten Vertretern des Armenbezirks Villa El Salvador. Dort wurde am 15.2. die stellvertretende Bürgermeisterin und Leiterin von Frauenorganisationen, María Elena MOYANO während einer Feier von einem Kommando des Leuchtenden Pfads erschossen. Noch am Vortag hatte sie mit einem Friedensmarsch gegen die Drohungen der Subversiven und gegen ein (gescheitertes) Bombenattentat auf den Bürgermeister von Villa El Salvador protestiert. Ihre Ermordung löste im ganzen Land große Erschütterung aus.

25.2. Streitkräfte besetzen mehrere Armenviertel Limas, teilweise gegen den Widerstand der gewählten Repräsentanten.

28.2. Die Regierung verkündet ein neues Paket einschneidender Sparmaßnahmen. Ziel ist die Erhöhung der Steuerquote auf einen Richtsatz von 9,2% des BSP.

März

8.3. Durch die anhaltende Dürre können 160.000 ha landwirtschaftliche Fläche vor allem im Süden nicht bebaut werden.

18.3. Wegen katastrophaler Regenfälle im Norden des Landes ruft die Regierung im Departement Tumbes den Notstand aus.

19.3. Der Oberste Gerichtshof spricht den Führer des Leuchtenden Pfads, Abimael GUZMÁN, in Abwesenheit wegen Mangels an Beweisen frei. Die Polizei hatte ihm 10 Morde und 30 Attentate vorgeworfen. Präsident FUJIMORI kritisiert das Urteil scharf.

24.3. Susana HIGUCHI DE FUJIMORI, die Gattin des Präsidenten, wirft einer Reihe von direkten Verwandten des Präsidenten, die öffentliche Ämter bekleiden, dunkle Geschäfte mit Kleiderspenden vor. Eine Woche später bekräftigt sie ihre Vorwürfe vor Gericht. Nach FUJIMORIS Putsch wird das Verfahren eingestellt.

April

4.4. Der Kongreß eröffnet eine Untersuchung gegen den Bruder des Präsidenten, Santiago FUJIMORI, wegen der von Susana HIGUCHI DE FUJIMORI geäußerten Vorwürfe.

5.4. Um 23 Uhr verkündet Präsident FUJIMORI die Bildung einer "Regierung des Nationalen Notstands und Wiederaufbaus". Truppen besetzen den Kongreß, den Justizpalast, zahlreiche Presseredaktionen und Rundfunkstationen sowie einige Armenviertel. Etliche prominente Politiker werden unter Hausarrest gestellt. Zu den wichtigsten Maßnahmen FUJIMORIS gehören die Auflösung des Parlaments, die als vorübergehend bezeichnet wird, und die Ankündigung einer vollständigen Reorganisation der Justiz sowie des Rechnungsprüfungshofes. All diesen Organen wirft der Präsident Unfähigkeit und Korruption vor.

6.4. Führende Mitglieder der früheren Regierungspartei APRA werden verhaftet, darunter die ehemaligen Innenminister Agustín MANTILLA und Abel SALINAS. Die Presse wird zensiert und erscheint teilweise mit leeren Seiten. Auch der bekannte Journalist und Korrespondent von *El País*, Gustavo GORRITI, wird verhaftet. Die Gewerkschaftszentralen werden militärisch besetzt.

Die politischen Parteien (mit Ausnahme von *Cambio 90*) verurteilen den "Selbst-Putsch".

Präsident FUJIMORI stellt sein neues Kabinett vor. Die meisten der bisherigen Minister akzeptieren die neue Situation, nur der Premierminister Alfonso DE LOS HEROS tritt zurück und wird durch Oscar DE LA PUENTE RAYGADA ersetzt.

Die USA suspendieren jede wirtschaftliche Hilfe mit Ausnahme von humanitärer Hilfe.

9.4. 99 Abgeordnete und 36 Senatoren versammeln sich heimlich und wählen den bisherigen Zweiten Vizepräsidenten Carlos GARCÍA GARCÍA zum neuen Präsidenten, nachdem sie FUJIMORI wegen Verletzung der Verfassung für abgesetzt erklärt hatten.

10.4. Carlos GARCÍA GARCÍA begibt sich ins Exil nach Argentinien.

21.4 Der weiterhin heimlich tagende Kongreß vereidigt Máximo SAN ROMÁN CÁCERES, den bis zum 5.April amtierenden Ersten Vizepräsidenten, als neuen Präsidenten Perus. Die Militärs haben jedoch bereits öffentlich ihre Unterstützung für FUJIMORI erklärt. Auch die USA halten an FUJIMORI als

Präsidenten fest. Eine Delegation der Organisation Amerikanischer Staaten (OAS) berät in Lima mit FUJIMORI einen Ausweg aus der Krise. Einen Tag später äußert auch Japan Unterstützung für die Absichten FUJIMORIS.

23.4. Die Regierung verweigert dem Präsidenten der Interamerikanischen Menschenrechtskommission, Marco Tulio BRUNI CELLI, die Einreise. Das Verbot wird am 7.5. aufgehoben.

Mai

5.5. Gesetzesdekret Nr. 25475, das sogenannte Antiterrorismusgesetz, wird erlassen. U.a. wird der Art. 323 des Strafgesetzbuches aufgehoben, der das Verschwindenlassen von Personen unter Strafe stellte. Vage Straftatbestände wie "Verursachung von Angst", "Beeinträchtigung der internationalen Beziehungen" oder "Verteidigung des Terrorismus" werden mit hohen Strafen belegt. Das Recht auf Habeas Corpus wird mit Einschränkungen belegt, die seiner Aufhebung gleichkommen. Es werden geheim tagende Gerichte geschaffen mit Richtern, die sich nicht zu erkennen geben. Das Recht auf Verteidigung wird stark eingeschränkt, da ein Anwalt nur noch einen "Terrorismusfall" übernehmen darf.

7.5. "Gegenpräsident" Máximo SAN ROMÁN erhebt vor dem Interamerikanischen Gerichtshof Klage gegen FUJIMORI wegen Verletzung der Menschenrechte und der peruanischen Verfassung.

9.5. Im Gefängnis von Canto Grande werden 47 Gefangene getötet, die sich einer Verlegung widersetzt hatten, darunter zahlreiche prominente Angehörige des Leuchtenden Pfads. Eine Reihe von Vermittlungsangeboten während der Auseinandersetzungen, u.a. des Internationalen Roten Kreuzes und des Interamerikanischen Menschenrechtskommittees, hatte die Regierung ausgeschlagen.

12.5. Präsident FUJIMORI verweigert der Interamerikanischen Menschenrechtskommission den Zutritt zum Gefängnis von Canto Grande. Er weigert sich auch, die Kommission zu empfangen.

Juni

1.6. Ex-Präsident Alan GARCÍA, der knapp seiner Verhaftung entgangen war, erhält in Kolumbien politisches Asyl.

5.6. Ein der Marine gestohlener Lastwagen wird vom Leuchtenden Pfad mit 600 kg Sprengstoff vor einer großen Fernsehstation gezündet, deren Einrichtungen vollständig zerstört werden.

9.6. In einer Bar in Lima wird der Chef des MRTA, Victor POLAY CAMPOS, festgenommen.

In Lima wird eine nächtliche Sperrstunde für Autos verhängt.

Juli

2.7. Nach zahlreichen Protesten im In- und Ausland erläßt die Regierung ein Dekret, das das Verschwindenlassen von Personen wieder als Delikt kodifiziert, allerdings die Beweislast erheblich verschärft.

4.7. Ein neues Gesetz zur Regelung der Arbeitsbeziehungen wird verkündet. Es ist in weiten Teilen eine Kopie der unter General Pinochet in Chile erlassenen und von der Regierung AYLWIN übernommenen Arbeitsgesetze.

16.7. Eine Autobombe im Geschäftszentrum von Miraflores/Lima kostet 20 Menschenleben und Hunderte Verletzte. 164 Wohnungen sind zerstört, über 400 Geschäfte beschädigt.

18.7. Angehörige einer Militäreinheit entführen aus der militärisch besetzten Universität *La Cantuta* in Lima 9 Studierende und einen Professor. Sie bleiben verschwunden.

23.7. Nach einer Welle weiterer Bombenattentate ruft der Leuchtende Pfad erneut einen "Bewaffneten Streik" in Lima aus, der acht Todesopfer und 35 Verletzte kostet.

Präsident FUJIMORI erklärt terroristische Aktionen, die Menschenleben kosten, zu "Landesverrat" und bestimmt, daß solche Akte daher künftig von Militärgerichten abgeurteilt werden sollen.

Gesetzesdekret 25653, das Gesetz über den Nationalen Sicherheitsdienst, entzieht dem Parlament die Kontrolle über den Sicherheitsdienst (SIN) und verpflichtet alle Bürger, unter Androhung von Gefängnis, zur Zusammenarbeit mit dem Nationalen Sicherheitsdienst, der unter Leitung des umstrittenen Präsidentenberaters Vladimiro MONTESINOS steht.

August

3.8. Anläßlich der Verkündung des Dekrets über den Landesverrat attackiert Präsident FUJIMORI die Menschenrechtsorganisationen Perus als "nützliche Idioten der Subversion".

7.8. In Huancayo besetzen die Streitkräfte die Universität. In den Tagen darauf verschwinden 35 Studenten spurlos.

13.8. Rund Tausend Leiterinnen von Volksküchen protestieren in einem Marsch durch Lima gegen das Ausbleiben von Lebensmittellieferungen.

14.8. Drei Mitglieder der Unterkommission Menschenrechte des Deutschen Bundestags besuchen Peru. Herbert SCHARRENBROICH erklärt, daß die

	Bundesregierung einen Teil ihrer Hilfe, und zwar DM 100 Mio., wegen des Bruchs der verfassungsmäßigen Ordnung in Peru eingefroren habe.
22.8.	Die Regierung erläßt ein Gesetz für die Wahl eines Verfassungsgebenden Kongresses, die am 22. November stattfinden soll. Nach zahlreichen Protesten wegen Einzelheiten des Gesetzes modifiziert die Regierung einige Passagen.
26.8.	Peru suspendiert seine Mitgliedschaft im Andenpakt. Die Exportwirtschaft beklagt den Verlust eines Marktes von US$ 200 Millionen.

September

9.9.	Jaime YOSHIYAMA, Minister für Bergbau und Energie, geht als Spitzenkandidat der Regierung für die Wahlen zum Verfassungsgebenden Kongreß ins Rennen.
12.9.	Die Sondereinheit der Kriminalpolizei zur Terrorismusbekämpfung, DINCOTE, nimmt in einer Villa in Lima Abimael GUZMÁN REYNOSO, den Präsidenten des Leuchtenden Pfads, und sieben weitere Führungsmitglieder der Organisation fest. Die Festnahme legt Rivalitäten innerhalb der Sicherheitskräfte offen, die mit der Entlassung des hoch angesehenen, für die Verhaftung Guzmáns verantwortlichen Polizeioffiziers, General Antonio KETÍN VIDAL, enden. Präsident FUJIMORI beginnt eine Kampagne für die Einführung der Todesstrafe.
16.9.	Der IWF billigt die Ergebnisse des Wirtschaftsprogramms für das erste Halbjahr 1992.
24.9.	Abimael GUZMÁN nutzt eine Presse-Show, in der er in eigens geschaffener Häftlingskleidung in einem Käfig der Öffentlichkeit vorgestellt wird, zu einer längeren Rede vor laufenden Kameras, in der er die Weiterführung seines Kampfes ankündigt.

Oktober

8.10.	Nach einem Schnellverfahren vor einem Militärgericht mit Richtern "ohne Gesicht" wird Abimael GUZMÁN wegen Landesverrats und Terrorismus zu lebenslanger Haft verurteilt.
10.10.	Der Oberste Rat der Militärjustiz, die höchste Instanz, bestätigt das Urteil gegen GUZMÁN und eine Reihe weiterer Angeklagter des Leuchtenden Pfads.
	Am gleichen Tag überfällt eine Gruppe des Leuchtenden Pfads das Dorf Huaychao (Departement Ayacucho) und tötet 50 Einwohner, als Repressalie für die Bildung einer Selbstverteidigungsmiliz im Dorf.

31.10 Fünf Monate nach den ersten Presseinformationen gibt Präsident FUJIMORI die Untersuchung eines Korruptionsskandals in der Marine bekannt.

Das Bevölkerungsprogramm der UNO gibt die Wachstumsrate der peruanischen Bevölkerung mit 2,3% an und schätzt, daß das Land im Jahr 2000 eine Bevölkerung von 27 Millionen haben wird.

November

5.11. Die staatliche Bergbaugesellschaft *Hierro Peru* wird für US$ 311,8 Mio. an das chinesische Konsortium *Shougang Corporation de China Continental* verkauft.

9.11. Präsident FUJIMORI gibt seine Absicht bekannt, entgegen der geltenden Verfassung für eine weitere Amtsperiode zu kandidieren.

13.11. Ein Gruppe "konstitutioneller" Offiziere unter Führung von General Jaime SALINAS SEDA scheitert bei einem Versuch, Präsident FUJIMORI zu stürzen. Über 30 Offiziere werden verhaftet und zunächst in gewöhnlichen Gefängnissen inhaftiert. FUJIMORI beschuldigt zahlreiche Politiker der "alten Parteien", an dem Umsturzversuch beteiligt gewesen zu sein.

22.11. Wahlen zum "Verfassungsgebenden Kongreß". Nach langen Beratungen hatte ein Teil der im alten Kongreß vertretenen Parteien beschlossen, an den Wahlen teilzunehmen, während andere, darunter die "Volksaktion" (AP) und die APRA der ehemaligen Präsidenten BELAÚNDE bzw. Alan GARCÍA, die Wahlen boykottierten. Ihrer Ansicht nach entbehrten die Wahlen der verfassungsmäßigen Grundlage.

Die im Bündnis *Cambio 90/Nueva Mayoría* zusammengeschlossenen Regierungsanhänger kommen auf 38% der Stimmen und erhalten damit 44 der insgesamt 80 Sitze. Die restlichen Sitze verteilen sich auf 9 Parteien. Die größte Oppositionspartei, die Christliche Volkspartei (PPD), stellt neun Abgeordnete.

25.11. Die peruanische Sozialversicherungsanstalt IPSS entläßt 10.000 Angestellte.

26.11. "Verteidigung des Terrorismus" gilt für Lehrer als Hochverrat und wird mit lebenslanger Haft bedroht. Zuständig sind geheime Militärgerichte.

Dezember

3.12. Nach Angaben des Präsidenten des peruanischen Gewerkschaftsbundes (CGTP), Isidro GAMARRA, haben seit dem Beginn der Antiinflationspolitik von Präsident FUJIMORI rund eine Million Menschen in Peru ihren Arbeitsplatz verloren. Davon entfallen allein ca. 300.000 auf den öffentlichen Dienst.

7.12. Die Errichtung eines Privaten Rentenfondssystems als Alternative zur staatlichen Sozialversicherung wird bekanntgegeben.

10.12. In den ersten drei Monaten nach der Verhaftung von Abimael GUZMÁN wurden insgesamt 660 Personen bei Attentaten und Bombenanschlägen getötet, die zum größten Teil auf das Konto des Leuchtenden Pfads gehen.

16.12. Peru unterzeichnet in Washington ein Abkommen zum Schutz ausländischer Privatinvestitionen. U.a. wird die Gerichtszuständigkeit für Streitfälle mit ausländischen Investoren an das Ausland abgegeben.

18.12. Der Generalsekretär des peruanischen Gewerkschaftsbundes (CGTP), Pedro HUILLCA TECSE, fällt einem Attentat des Leuchtenden Pfads zum Opfer.

Präsident FUJIMORI kündigt eine umfassende Reform des Erziehungswesens an. Kernstück ist die Privatisierung auch dieses Sektors.

22.12. Peru erhöht seine Quote an Sonderziehungsrechten im IWF von SZR 334 auf 466 Mio.

Esteban Cuya / Rainer Huhle

IBEROSTAT
Stand: 8,93
PERU
Hauptstadt: Lima
Fläche (in qkm): 1.285.216
Währung: Nuevo Sol

Berichtsjahr (BJ): 1991

Jahr

1. DEMOGRAPHISCHE KENNZIFFERN	1970	1980	1990	1991
Bevölkerungszahl (in Mio.)	13,41	17,33	21,66	22,135
davon: unter 15 Jahren (in %)	44,1	43,2	38,2	37,1
davon: im Alter von 15-64 Jahren (in %)	52,4	53,2	58	60,8
Städtische Bevölkerung (in %)	57,4	64,5	70,2	70,7
Geburtenrate	42	38	34,1	30,3
Fertilitätsrate	6	4,7	3,8	3,7
Erwerbspersonen in der Landwirtschaft (in %)	47,1	40		
Erwerbspersonen in der Industrie (in %)	19	18,3		
Erwerbspersonen im Dienstleistungssektor (in %)	33,9	41,7		

Geschätzte Bevölkerung im Jahre 2025 (in Mio.) 36
Durchschnittliche jährliche Wachstumsrate
   der Bevölkerung (in %)   1965-80: 2,8
                       1980-BJ: 2,2

2. SOZIALE KENNZIFFERN

Bevölkerung mit Zugang zu Trinkwasser (in %)	34	47	61	
Tägl. Kalorienangebot (in % der Mindestbedarfsnorm)		99	92	
Säuglingssterblichkeitsziffer (0-1 Jahr)	116,4	101,4	105,9	69,3
Kindersterbeziffer (0-5 Jahre)			116	82
Lebenserwartung bei der Geburt (in Jahren)	53,9	57,9	63	62,7
Einwohner je Arzt	1381	1040	1041	
Alphabetisierungsquote (in %)	74,4		85,1	

3. WIRTSCHAFTLICHE KENNZIFFERN

Bruttoinlandsprodukt (in Mio. USD)	6902	20662	36693	48366
Bruttosozialprodukt pro Kopf (in USD)	520	990	1100	1070
Ausfuhr von Waren u. Dienstleistungen (in Mio. USD)	1239	4832	4322	4323
Einfuhr von Waren u. Dienstleistungen (in Mio. USD)	1119	5080	5243	7002
Leistungsbilanz (in Mio. USD)	202	-101	-674	-2410
Kapitalbilanz (in Mio. USD)	137	780	709	2847
davon: ausl. Direktinvestitionen (in Mio. USD)	-70	27	41	-7
Bestand an Währungsreserven (in Mio. USD)	339	2804	1891	3090
Privater Verbrauch (in % des BIP)	70,4	61,3	70,8	72,5
Staatsverbrauch (in % des BIP)			6	5
Bruttoinlandsinvestitionen (in % des BIP)	15,5	27,5	22,9	20,7
Bruttoinlandsersparnis (in % des BIP)	17,4	27,5	23,2	19
Anteil der Landwirtschaft am BIP (in %)	19	10	7	7
Anteil der Industrie am BIP (in %)	32	42	37	
davon: Verarbeitendes Gewerbe (in %)	15		27	
Anteil des Dienstleistungssektors am BIP (in %)	49	48	57	
Auslandsverschuldung (in Mio.USD)	2655	10038	19429	20708
davon: öffentliche Verschuldung (in Mio. USD)	856	6218	12906	15080
Schuldendienst (in Mio. USD)	522	2245	471	1186
davon: Zinszahlungen (in Mio. USD)	162	964	242	572
Schuldendienst in % der Exporterlöse	11,6	46,5	10,9	27,4

Durchschnittl. jährl. Wachstumsrate des BIP (in %)
                                           1965-80: 3,9
                                           1981-BJ: -0,4
Durchschnittl. jährl. Inflationsrate (in %)
                                           1980-BJ: 287,3

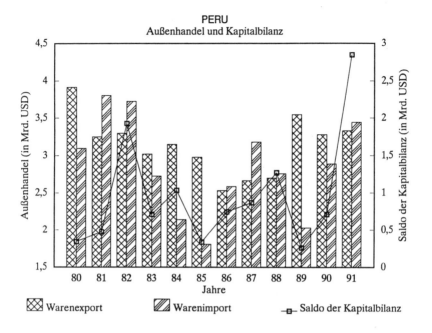

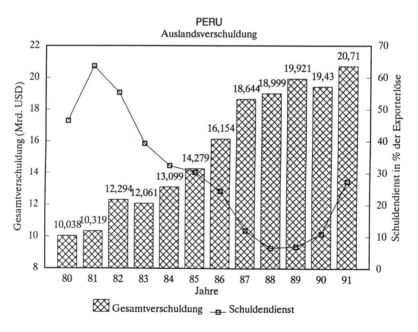

Venezuela

Amtlicher Name:	República de Venezuela
Präsident:	Carlos Andrés PÉREZ
Im Amt seit:	2. Februar 1989 (am 21.5.1993 vorläufig suspendiert; am 31.8.1993 vom Kongreß des Amtes enthoben)
Interimspräsident:	Ramón J. VELÁSQUEZ (seit dem 5. Juni 1993) bis zu den nächsten Präsidentschaftswahlen im Dezember 1993
Regierungspartei:	Acción Democrática (AD)

Kabinett	(August 1992)	(Juni 1993)
Äußeres:	Fernando OCHOA ANTICH	Fernando OCHOA ANTICH
Inneres:	Luis PIÑERUA ORDAZ	Carlos DELGADO CHAPELLÍN
Finanzen:	Pedro ROSAS BRAVO	Carlos Rafael SILVA
Energie/Bergbau:	Alirio PARRA	Alirio PARRA
Koordination/Planung:	Ricardo HAUSSMANN	Hermán ANZOLA
Entwicklung/Wirtschaft:		Gustavo PÉREZ MIJARES

Oppositionsparteien im Parlament: Comité por Organización Política y Electoral Independiente (COPEI), Movimiento al Socialismo (MAS), Movimiento de Izquierda Revolucionaria (MIR), Nueva Generación Democrática (NGD)

Sitzverteilung im Parlament:
Abgeordnetenhaus (201 Sitze): AD: 97; COPEI; 67; MAS-MIR: 18; NGD: 6; sonstige: 13
Senat (49 Sitze): AD: 23; COPEI: 22; MAS-MIR: 3; NGD: 1.

Chronologie 1992

1992 war für Venezuela erneut ein Jahr der Gegensätze. Das innenpolitische Bild wurde von zwei blutigen Putschversuchen und über 200 größeren Protestkundgebungen, Demonstrationen und Streiks geprägt. Die Regierungsmannschaft wurde mehrere Male erneuert. Auch das verhinderte allerdings nicht die Zunahme der allgemeine Unzufriedenheit mit Präsident Carlos Andrés PÉREZ: Bei verschiedenen Umfragen lehnten zwischen 86 und 92% der Venezolaner seine Politik ab. Trotz dieser labilen innenpolitischen Lage wurde ein eindrucksolles Wirtschaftswachstum von 7,3% erreicht. Während sich die sozialen Gegensätze und Einkommensunterschiede verschärften, stiegen der private Konsum um 10,5% und die Einzelhandelsumsätze sogar um 26%. Die Abhängigkeit des Staates von den Erdöleinnahmen und die erneute Aufschiebung der Steuerreform führten zu einer bedenklichen Situation bei den Staatsfinanzen und einem Rückgang der staatlichen Investitionstätigkeit. Während die Regierung 1991 noch einen Haushaltsüberschuß in Höhe von 2,7% des BIP erzielen konnte, wandelte sich dieser Überschuß im vergangenen Jahr in ein Defizit von 3,6% um. Auch der Kapitalzustrom nahm 1992 ab. Die Summe der ausländischen Direktinvestitionen erreichte mit US$ 514 Mio. nur noch etwa ein Drittel des Vorjahresergebnisses. Dagegen entwickelte sich der venezolanische Privatsektor mit einem Zuwachs von 13,1% und einer Rekordzunahme bei den Investitionen von 36,5% zum Hauptwachstumsmotor der Wirtschaft. Im außenwirtschaftlichen Bereich ist besonders das stetige Zusammenwachsen der Volkswirtschaften Venezuelas und Kolumbiens hervorzuheben.

Januar

10.1.   Umfassende Kabinettsumbildung. Am Vortag waren alle Minister zurückgetreten, um dem Präsidenten freie Hand zu geben. Dem neuen Kabinett gehören an: Pedro ROSAS (Finanzen), Virgilio AVILA (Inneres), Fernando MARTÍNEZ (Transport & Kommunikation), Mabelys LEÓN (Familie), Rafael ORIHUELA (Gesundheit), Diógenes MUJICA (Stadtentwicklung), Antonio LEDEZMA (Gouverneur von Caracas), Jesús Rubén RODRÍGUEZ (Arbeit), Alfredo DUCHAME (Justiz), Victor GAMBOA (Tourismus), Andrés BLANCO ITURBE (Information), General Fernando OCHOA ANTICH (Verteidigung), Miguel RODRÍGUEZ (Planung), Imelda CISNEROS (Entwicklung), Celestino ARMAS (Energie & Bergbau), Gustavo ROOSEN (Erziehung), Evangelina GARCÍA PRINCE (Frauen), Dulce ARNAO DE UZCÁTEGUI (Wissenschaft & Technologie), José ABREU (Kultur), Carlos BLANCO (Staatsreform), Leopoldo SUCRE FIGARELLA (Corporación Venezolana de Guayana), Herber TORRES (Fondo de Inversiones de Venezuela), Carlos HERNÁNDEZ DELFINO (Verschuldung), Jesús CARMONA (Verbindungsbüro), Beatrice RANGEL (Präsidialsekretärin), Eugenio ARMAS (Landwirtschaft) und Enrique COLMENARES FINOL (Umweltschutz).

16.1.   Anhebung der öffentlichen Nahverkehrstarife. Als Folge finden trotz der gleichzeitigen Erhöhung der Fahrgeldzuschüsse für Niedriglohnempfänger erneut Protestdemonstrationen gegen die Wirtschaftspolitik der Regierung statt.

29.1.   Vereinbarung eines gemeinsamen Außenzolltarifs zwischen Venezuela und Kolumbien sowie Abstimmung weiterer Außenhandelsfragen im Rahmen des Andenpaktes.

Februar

4.2.   Putschversuch von Einheiten der venezolanischen Armee, der noch am selben Tag von loyalen Truppen niedergeschlagen wird. Etwa 100 Menschen kommen ums Leben. Die Regierung erklärt den Ausnahmezustand. Aktiv beteiligt hatten sich etwa 10% der Angehörigen der Streitkräfte, die gegen die Korruption in der Regierung und den sinkenden Lebensstandard protestieren wollten. Alle wichtigen politischen Kräfte des Landes (einschl. Gewerkschaften und Linksbündnis MAS) verurteilen den Putschversuch als unangemessenes Mittel zur Änderung der politischen Lage.

Venezuela

25.2. Rücktritt des neoliberalen Wirtschaftsreformers und Planungsministers Miguel RODRÍGUEZ, nachdem er zuvor noch den Platz des entlassenen Zentralbankpräsidenten Pedro TINOCO einnehmen mußte. An die Stelle der beiden Politiker treten Ricardo HAUSSMANN und Ruth DE KRIVOY.

26.2. Gründung eines parteiübergreifenden Beratungsgremiums *(Consejo Consultivo)*, das dem Präsidenten bei der Überwindung der innenpolitischen Krise helfen soll.

März

3.3. Ernennung von Alirio PARRA zum neuen Minister für Energie und Bergbau; sein Vorgänger Celestino ARMAS wird Präsidialsekretär.

5.3. Ankündigung eines Pakets wirtschaftlicher und sozialer Maßnahmen zur Beruhigung der innenpolitischen Lage (Preiskontrollen für Grundnahrungsmittel, Medikamente, Strom und Benzin, Erhöhung des monatlichen Mindestlohnes um Bolívares 1.000 auf Bolívares 9.000 in der Stadt bzw. 7.000 auf dem Land, Förderung des sozialen Wohnungsbaus etc.).

10.3. Bildung einer "Regierung der nationalen Einheit" unter Einschluß von zwei Mitgliedern der christdemokratischen Oppositionspartei COPEI: Humberto CALDERÓN BERTI wird Außenminister und José MORENO LEÓN Minister des Venezolanischen Investitionsfonds. Weitere Kabinettsänderungen: Luis PIÑERÚA ORDAZ (Inneres), Pedro VALLENILLA (Entwicklung), Jonathan COLES (Landwirtschaft), José MENDOZA ANGULO (Justiz), Teresa ALBANEZ (Familie), José Andrés OCTAVIO (Staatsreform), Enrique RIVAS GÓMEZ (Verschuldung) und Pedro MOGNA LÁREZ (Information).

10.3. Massendemonstration der "leeren Kochtöpfe" gegen den Wirtschaftskurs der Regierung und gegen die Korruption.

26.3. Weitere Liberalisierung der Auslandsinvestitionsbestimmungen (u.a. Gleichbehandlung in- und ausländischer Investoren, Aufhebung sektoraler Marktreserven).

27.3. Beschluß des Kongresses über die Durchführung einer Verfassungsreform. Die neue Verfassung soll u.a. die Volksbefragung legalisieren, das Amt eines Premierministers einführen und die Menschenrechte stärken. Eine Verfassunggebende Versammlung soll das Projekt der neuen Verfassung ausarbeiten.

April

8.4. Demonstrationen und Plünderungen von Einzelhandelsgeschäften in Caracas.

9.4. Aufhebung des Ausnahmezustandes, der nach dem Putschversuch im Februar verkündet worden war.

Mitte	Wayúu, die Sprache der Guajira-Indianer, wird im Bundesstaat Zulia offizielle Zweitsprache neben dem Spanischen.
29.4.	Die Polizei der Stadt Valencia tritt in den Streik und solidarisiert sich mit demonstrierenden Studenten, so daß zur Herstellung der Ordnung die Nationalgarde eingesetzt werden muß.

Mai

4.5.	14.000 Ärzte und 64.000 andere Mitarbeiter des öffentlichen Gesundheitswesens treten in den Streik, um eine Verbesserung ihrer Lebensbedingungen zu erreichen.
7.5.	Umfangreiche Liberalisierung der Bestimmungen für die Niederlassung ausländischer Banken in Venezuela.
11.5.	4.000 Apotheker streiken, nachdem die Regierung zur Senkung der Arzneimittelpreise per Dekret verfügt hatte, daß generische Medikamente in Zukunft auch in Warenhäusern und Supermärkten frei verkauft werden können.
14.5.	Zöllner in den Flug- und Seehäfen beginnen einen Streik um höhere Löhne.
15.5.	Einsetzung einer Sonderkommission von 5 Richtern zur Bekämpfung der Korruption im Justizapparat.
24.5.	Inkrafttreten des neuen Verbraucherschutzgesetzes, das auch Preiskontrollen für Grundbedarfsgüter und Medikamente einschließt.
28.5.	Bei den immer wieder stattfindenden Demonstrationen und Protestaktionen werden 2 Demonstranten erschossen und ca. weitere 100 verletzt. Die Polizei nimmt den 57jährigen früheren Guerilla-Führer Douglas BRAVO wegen angeblicher Subversion fest.

Juni

10.6.	Erneute Unruhen und Studentenproteste verursachen 1 Todesopfer und 14 Verwundete unter den Demonstranten.
13.6.	Rücktritt der beiden Regierungsmitglieder der COPEI und Aufkündigung des "Notstandsbündnisses" mit der Regierungspartei. Neuer Außenminister wird der bisherige Verteidigungsminister OCHOA ANTICH, neuer Verteidigungsminister General JIMÉNEZ SÁNCHEZ.
26.6.	Bei der Auflösung einer Studentendemonstration in Caracas kommen zwei Studenten ums Leben; weitere 24 Demonstranten und 11 Polizisten werden verletzt.

29.6. Die Regierung beschließt die Verringerung der Zahl der Kabinettsmitglieder auf 20 Personen, um die Staatsausgaben zu entlasten. 11 Minister sollen im Rang herabgestuft werden.

Juli

2.7. Regierung legt Kongreß umfassendes Steuer- und Finanzreformpaket vor (u.a. erstmalig Einführung einer Mehrwertsteuer).

17.7. Reiseverbot des Senats für Präsident Casrlos Andrés PÉREZ, der damit nicht am Iberoamerikanischen Gipfel in Madrid teilnehmen kann.

28.7. Kongreß verabschiedet Artikel 50 der Verfassungsreform und führt somit das Amt des Premierministers ein. Gleichzeitig wird die Wiederwahl zukünftiger Präsidenten untersagt. Dieser Passus gilt allerdings nicht für Personen, die bis zum Datum des Inkrafttretens bereits einmal Präsident gewesen waren.

August

23.8. Verkündung eines umfassenden Sparprogramms zur Reduzierung des Staatsdefizits (Investitionskürzungen, Stellenabbau, Privatisierungen, Lohnstopp und Kürzung des Wehrbeschaffungsetats).

September

7.9. Beginn der Gespräche zwischen Venezuela und Chile über die Schaffung einer gemeinsamen Freihandelszone.

9.9. Erstmalig Deportation hochrangiger italienischer Mafiosi wegen ihrer Beteiligung am Rauschgiftgeschäft.

13.9. 14 hohe Offiziere der Nationalgarde werden wegen Begünstigung des Drogenhandels vor Gericht gestellt, darunter auch der frühere Leiter der Drogenbekämpfungsabteilung, General GILLÉN DÁVILA.

23.9. Attentatsversuch gegen den Expräsidenten des venezolanischen Gewerkschaftsdachverbandes CTV, Antonio RÍOS, der wegen Korruption zurücktreten mußte.

28.9. Ausweitung des einseitigen Freihandelsabkommens mit fünf Staaten Zentralamerikas um 310 Produkte, die zollfrei nach Venezuela eingeführt werden können.

Oktober

8.10. Abkommen zwischen dem venezolanischen Bildungsministerium und der katholischen Kirche über die Gestaltung des Religionsunterrichts an öffentlichen Schulen.

13.10. Unterzeichnung des Freihandelsabkommens zwischen Venezuela und den 13 Mitgliedsstaaten der karibischen Wirtschaftsgemeinschaft CARICOM. Für einen Zeitraum von 5 Jahren erhalten die CARICOM-Länder bevorzugten Zugang zum venezolanischen Markt. Erst dann beginnen auch diese Länder mit der Öffnung ihrer Märkte für venezolanische Produkte, so daß nach 10 Jahren der gemeinsame Handelsverkehr vollständig liberalisiert sein wird.

November

25.11. Wahl des venezolanischen Erdölministers PARRA zum OPEC-Präsidenten.

27.11. Unzufriedene Militärangehörige versuchen zum 2. Mal erfolglos einen Militärputsch. Zusätzliches Motiv ist die Forderung nach Freilassung der Februar-Putschisten. Bei Umfragen sprechen sich 93% der Venezolaner gegen den Einsatz von Gewalt zur Änderung der politischen Situation aus. Die Angaben über die Opfer schwanken zwischen 80 und 250 Toten. Loyale Truppenteile schlagen auch diesmal den Putschversuch innerhalb kurzer Zeit nieder. Fast 100 Offiziere suchen in Peru Asyl. Die Regierung verhängt den Ausnahmezustand und schränkt die Medienberichterstattung ein.

Dezember

3.12. Aufhebung des Ausnahmezustands, der eine Woche vorher verfügt worden war.

6.12. Regional- und Kommunalwahlen unter Beteiligung von ca. 50% der Wähler. Die Wahlen werden zu einem Desaster für die Regierungspartei Demokratische Aktion (AD): gewann sie früher ohne Schwierigkeiten die absolute Mehrheit, so schrumpft ihr Anteil jetzt auf 31%. Wichtigste politische Kraft wird die christdemokratische COPEI mit fast 37% der Stimmen. Die beiden linksorientierten Sammelbewegungen MAS und *Causa Rasciende* erhielten 13% bzw. 8% der Stimmen. Außerdem erringt die COPEI 11 der 22 Gouverneurssitze. Die AD stellt 7 Gouverneure, die MAS 3 und die *Causa Rasciende* 1.

8.12. Staatsmonopol im Erdölsektor wird abgebaut: Staatliche Erdölgesellschaft PdVSA ruft private Investoren im In- und Ausland zur Beteiligung an der Erschließung von 74 Erdölfeldern auf.

Peter Rösler

IBEROSTAT
Stand: 8,93
VENEZUELA
Berichtsjahr (BJ): 1991
Hauptstadt: Caracas
Fläche (in qkm): 912.050
Währung: Bolivar

Jahr

1. DEMOGRAPHISCHE KENNZIFFERN	1970	1980	1990	1991
Bevölkerungszahl (in Mio.)	11,15	15,02	19,74	20,191
davon: unter 15 Jahren (in %)	46,4	43,5	38,3	36,7
davon: im Alter von 15-64 Jahren (in %)	50,9	53,5	58,2	61,3
Städtische Bevölkerung (in %)	72,4	83,3	90,5	90,8
Geburtenrate	37,2	36,9	29,6	28,7
Fertilitätsrate	5,3	4,2	3,5	3,5
Erwerbspersonen in der Landwirtschaft (in %)	26	16,1		
Erwerbspersonen in der Industrie (in %)	24	28,4		
Erwerbspersonen im Dienstleistungssektor (in %)	50	55,5		

Geschätzte Bevölkerung im Jahre 2025 (in Mio.) 32
Durchschnittliche jährliche Wachstumsrate
   der Bevölkerung (in %) 1965-80: 3,5
                                  1980-BJ: 2,6

2. SOZIALE KENNZIFFERN

Bevölkerung mit Zugang zu Trinkwasser (in %)	75	79	80	89
Tägl. Kalorienangebot (in % der Mindestbedarfsnorm)		112	108	
Säuglingssterblichkeitsziffer (0-1 Jahr)	53,4	40,6	34	33,9
Kindersterbeziffer (0-5 Jahre)			43	40
Lebenserwartung bei der Geburt (in Jahren)	65,2	68,5	70	70,1
Einwohner je Arzt	1114	700	701	
Alphabetisierungsquote (in %)	75,9		88,1	

3. WIRTSCHAFTLICHE KENNZIFFERN

Bruttoinlandsprodukt (in Mio. USD)	11561	69377	46499	53440
Bruttosozialprodukt pro Kopf (in USD)	1240	4070	2560	2730
Ausfuhr von Waren u. Dienstleistungen (in Mio. USD)	2833	22232	21476	18382
Einfuhr von Waren u. Dienstleistungen (in Mio. USD)	2845	17065	12914	16376
Leistungsbilanz (in Mio. USD)	-104	4728	8279	1663
Kapitalbilanz (in Mio. USD)	75	164	-2659	3494
davon: ausl. Direktinvestitionen (in Mio. USD)	-23	55	451	1914
Bestand an Währungsreserven (in Mio. USD)	1047	13360	12733	14719
Privater Verbrauch (in % des BIP)	51,9	54,9	62,1	67
Staatsverbrauch (in % des BIP)			9	9
Bruttoinlandsinvestitionen (in % des BIP)	32,9	26,4	9,3	19
Bruttoinlandsersparnis (in % des BIP)	37	33,3	29,3	23
Anteil der Landwirtschaft am BIP (in %)	6	6	6	5
Anteil der Industrie am BIP (in %)	41	47	50	47
davon: Verarbeitendes Gewerbe (in %)	20		20	17
Anteil des Dienstleistungssektors am BIP (in %)	53	47	45	48
Auslandsverschuldung (in Mio.USD)	954	29330	33273	34372
davon: öffentliche Verschuldung (in Mio. USD)	718	10614	24611	25189
Schuldendienst (in Mio. USD)	120	6037	4991	3435
davon: Zinszahlungen (in Mio. USD)	53	3065	3246	2550
Schuldendienst in % der Exporterlöse	2,9	27,2	23,2	18,7

Durchschnittl. jährl. Wachstumsrate des BIP (in %)
                                      1965-80: 3,7
                                      1981-BJ: 1,5
Durchschnittl. jährl. Inflationsrate (in %)
                                      1980-BJ: 21,2

Lateinamerika Jahrbuch 1993

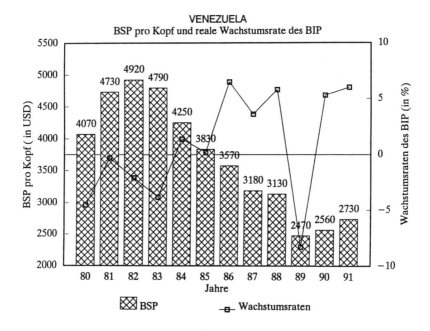

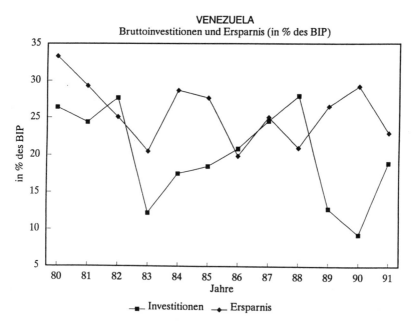

224

Venezuela

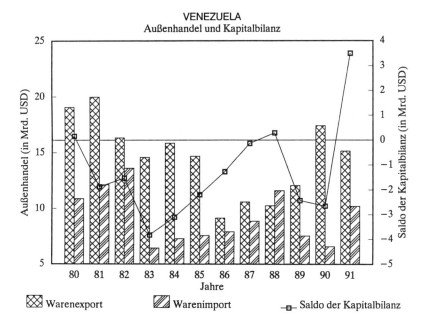

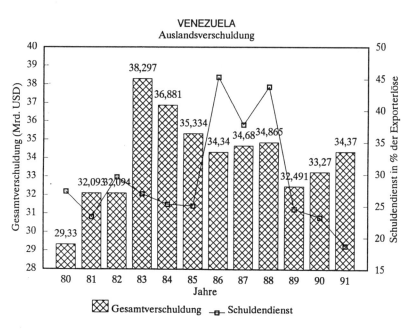

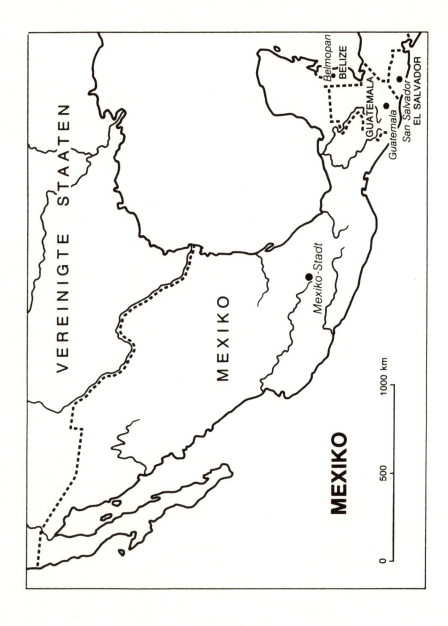

Mexiko

> Amtlicher Name: Estados Unidos Mexicanos
> Präsident: Carlos SALINAS DE GORTARI
> Im Amt seit: 1. Dezember 1988
> Nächste Präsidentschaftswahlen: Juli 1994
>
> Regierung: Partido Revolucionario Institucional
>
> Kabinett (Stand: Mai 1993): Äußeres: Fernando SOLANA MORALES; Inneres: Patrocinio GONZÁLEZ GARRIDO; Finanzen: Pedro ASPE ARMELLA; Handel: Jaime SERRA PUCHE.
>
> Oppositionsparteien im Parlament: Partido Acción Nacional (PAN); Partido de la Revolución Democrático (PRD); Partido Frente Cardenista de Reconstrucción Nacional (PFCRN); Partido Auténtico de la Revolución Mexicana (PARM); Partido Popular Socialista (PPS).
>
> Sitzverteilung im Parlament (500 Sitze) seit den Zwischenwahlen vom 18.8. 1991: PRI: 320 (61,5%); PAN: 89 (!7,7%); PRD: 41 (8,3%); PFCRN: 23 (4,4%); PARM: 15 (2,2%); PPS: 12 (1,8%); sonstige 2,3%.
>
> Verteilung der 64 Sitze im Senat: PRI: 61; PRD: 2; PAN: 1

Chronologie 1992

Im Mittelpunkt der Ereignisse im Jahr 1992 stehen v.a. der Abschluß der trilateralen Verhandlungen über die Schaffung einer nordamerikanischen Freihandelszone zwischen Mexiko, USA und Kanada im August und die Abzeichnung des Vertragswerkes durch die Präsidenten der drei beteiligten Länder am 17. Dezember 1992. Durch den konsequenten Schuldenabbau kehrt Mexiko zu internationalen Standards zurück. Das nach Mexiko zurückfließende Fluchtkapital wird als Vertrauensbeweis für den politischen und wirtschaftlichen Kurs der SALINAS-Administration gewertet. Die sozialen Ungleichheiten verschärfen sich erheblich.

Innenpolitisch bedeutsam sind die Gouverneurswahlen in 12 Bundesstaaten, wobei sich die Regierungspartei PRI in den meisten Fällen behauptet. Der Vorwurf der Wahlmanipulation wird allerdings immer unüberhörbarer; es häufen sich die Fälle, bei denen auf öffentlichen Druck hin gewählte PRI-Gouverneure ihr Amt wieder aufgeben bzw. gar nicht erst antreten. Die öffentliche Klage über Menschenrechtsverletzungen wird lauter. Durch die Wiederaufnahme der Beziehungen zum Vatikan wird die 130-jährige Trennung von Kirche und Staat faktisch beendet.

In bezug auf die Entwicklung der deutsch-mexikanischen Beziehungen sind die Bildung der gemeinsamen Kommission "México-Alemania 2000" (Mai) und der Staatsbesuch von Bundespräsident Richard VON WEIZSÄCKER (November) hervorzuheben.

Januar

7.1. Im Rahmen der mit dem Ausscheiden von Bildungsminister Manuel BARLETT DÍAS notwendig gewordenen kleinen Regierungsumbildung wird die Zusammenlegung der beiden wichtigsten Ministerien im ökonomischen Bereich (*Secretaría de Hacienda y Crédito Público* und *Secretaría de Programación y Presupuesto*) beschlossen. Diese Maßnahme führt zu einem bedeutenden Machtzuwachs für Finanzminister Pedro ASPE.

Weltbank und Interamerikanische Entwicklungsbank gewähren einen Agrarkredit in Höhe von US$ 600 Mio. für die Modernisierung von Bewässerungssystemen.

20.1. Unterzeichnung von fünf Kooperationsverträgen zwischen Mexiko und Honduras, die als Meilenstein für die bis 1996 zu schaffende Freihandelszone mit Zentralamerika gewertet werden. Schwerpunkte liegen in den Bereichen Handel und Tourismus.

28.1. Rücktritt von Salvador NEME CASTILLO, Gouverneur des Bundesstaates Tabasco, nach wiederholten Hinweisen der Opposition auf Unregelmäßigkeiten bei den Wahlen. Es handelt sich damit innerhalb eines halben Jahres um den dritten Fall eines gewählten PRI-Gouverneurs, der seinen Posten unter dem Vorwurf der Wahlmanipulation auf öffentlichen Druck hin verläßt.

Februar

Anfang Privatisierung von zwei weiteren Großbanken: Banca Serfín und Banco Comermex. Den Zuschlag erhalten die Finanzmaklerunternehmen Grupo Obsa und Grupo Inverlat.

9.2. Aus den Gouverneurs- und Parlamentswahlen im Bundesstaat Jalisco geht der regierende *Partido Revolucionario Institucional* (PRI) mit 50,5 % der abgegebenen Stimmen als stärkste Partei hervor; der *Partido Acción Nacional* (PAN) erreicht 31,5 %, der *Partido de la Revolución Democrático* (PRD) 3,6%.

Von den Oppositionsparteien werden erneut Vorwürfe der Wahlmanipulation erhoben.

24.2. Fidel VELÁZQUEZ (92), Präsident der *Confederación de Trabajadores de México* (CTM) – dem größten offiziellen Gewerkschaftsverband – wird für weitere 6 Jahre im Amt bestätigt. Damit bleibt für die mexikanische Administration und die Gewerkschaftshierarchie das unabweisbare Problem eines Generationenwechsels in der Führungsspitze weiterhin ungelöst.

24.2. Staatsbesuch von Präsident SALINAS in Guatemala. Die beide Länder vorrangig interessierenden politischen Themen – Rückführung guatemaltekischer Flüchtlinge und Schaffung einer Freihandelszone mit Zentralamerika – werden diskutiert, ohne daß es zu sichtbaren Ergebnissen kommt.

27.2. Ein internationales Bankenkonsortium stellt der staatlichen Erdölgesellschaft PEMEX zum ersten Mal seit Ausbruch der Schuldenkrise im Jahr 1982 wieder einen Kredit in Höhe von US$ 100 Mio. zur Verfügung. Das Geld soll für den Import von Ausrüstungsgütern verwendet werden.

Ende Verabschiedung von zwei einschneidenden Gesetzen:

- Im Rahmen des neuen Agrargesetzes soll es ausländischen Investoren erlaubt sein, bis zu 49 % von Agrarunternehmen zu erwerben.
- Ergänzung des bestehenden Systems für Altersversorgung und Wohnungsbau. Unternehmer werden 2 % der Löhne in den neuen Rentenplan zahlen und weiterhin mit 5 % der Löhne zum Wohnungsbau-Fonds beitragen.

März

Anfang 300 *indígenas* begeben sich auf einen 900 km langen Protestmarsch von Palenque (Chiapas) nach Mexiko-Stadt, um gegen die zunehmende Gewalt gegen die indianische Bevölkerung zu protestieren. Unterstützt wird die Aktion von kirchlichen Gruppen und von verschiedenen Menschenrechtsorganisationen.

4.3. In einer Ansprache anläßlich des 63. Gründungstages des PRI führt Präsident SALINAS den Begriff eines "Sozialen Liberalismus" ein, der den Modernisierungskurs seiner Regierung näher charakterisieren soll.

Der "Soziale Liberalismus" steht lt. SALINAS für einen solidarischen Staat, der sich einem unregulierten Markt widersetzt und der die soziale Gerechtigkeit fördert, alle Freiheiten verteidigt und die Entscheidungen des Volkes respektiert. Desweiteren tritt er für eine nicht konfessionelle freie und obligatorische Grundschulbildung, für Gerechtigkeit im Agrarbereich und für die Anerkennung und Verteidigung von indigenen Gemeinschaften ein.

Mitte Nach Angaben des PRD-Parteivorstandes sind seit 1990 im Bundesstaat Guerrero 15 Aktivisten der Partei aus politischen Gründen ermordet worden.

23.3. Manuel CAMACHO, Bürgermeister von Mexiko-Stadt, erklärt für 28 Tage den Ausnahmezustand, aufgrund außergewöhnlich hoher Luftverschmutzungswerte. Schon eine Woche zuvor war Smog-Alarm gegeben worden: Kinder unter 14 Jahren sollten die Wohnung nicht verlassen, Kindergärten und Schulen geschlossen bleiben .

Die Comisión Nacional de Ecología schätzt den Schadstoffausstoß, der durch die ansässige Industrie verursacht wird auf 520.000 t pro Jahr.

24.3. Auswertungen der Volkszählung von 1990 zeigen, daß die Zahl der indigenen Bevölkerung in den vergangenen 20 Jahren um 2 Mio. gestiegen ist und heute über 5 Mio. beträgt.

30.3. Privatisierung des wichtigsten staatlichen Fernsehkanals 13 im Rahmen der Deregulierungsstrategie. Zwei andere Programme (11 und 22) sollen weiterhin staatlich bleiben.

April

22.4. Unterirdische Gasexplosionen in Guadalajara, der zweitgrößten Stadt Mexikos, verursachen mehrere hundert Todesopfer und große Verwüstungen in den Geschäfts- und Wohngebieten der Innenstadt. Es werden nahezu 2.000 Wohnhäuser, 1.400 Geschäftsgebäude und 600 Fahrzeuge zerstört. Als Auslöser der Katastrophe wird die Raffinerie *La Nogalera* der staatlichen Erdölgesellschaft PEMEX. ermittelt. Gegen die Geschäftsführer wird Haftbefehl erlassen, die Raffinerie wird geschlossen.

Einzige unmittelbare politische Konsequenz aus der Katastrophe ist der Rücktritt des Gouverneurs im Bundesstaat Jalisco.

Mai

4.5. Nach einer Untersuchung des nationalen Instituts für Statistik, Geographie und Informatik (INEGI) haben die wirtschaftlichen Anpassungsprogramme der Regierung die soziale Ungleichheit weiter verschärft und den Lebensstandard breiter Bevölkerungsschichten weiter gesenkt. Lt. INEGI leben 60% der Bevölkerung auf Kreditbasis.

10.5. Tourismusminister Pedro Joaquín COLDWELL erklärt anläßlich der 17. Tourismus-Börse in Acapulco, daß sich die mexikanische Tourismusindustrie im kommenden Jahrzehnt zum führenden Wirtschaftszweig entwickeln werde. Die Bereiche Erdöl, Eisen und Stahl würden dahinter zurückfallen.

12.5. In Bonn konstituiert sich die *Comisión México-Alemania 2000*, die bis Herbst 1993 Vorschläge zur Stärkung der deutsch-mexikanischen Beziehungen auf allen Ebenen (Handelsbeziehungen, Investitionen, Technikerausbildung, wissenschaftliche Zusammenarbeit, Kulturkontakt u.a.) erarbeiten soll. Teilnehmer der Sitzung sind u.a. Außenminister Fernando SOLANA und Staatssekretär Dr. Dieter KASTRUP (Auswärtiges Amt), Dr. Peter KNAPPERTSBUSCH und Ernesto WARNHOLTZ und die Koordinatoren der Arbeitsgruppen Karen KOVACS und Dr. Albrecht VON GLEICH.

14.5. Die US-amerikanische Zentralbank gibt bekannt, daß im Laufe der letzten 12 Monate US$ 2,5 Mrd. Fluchtkapital nach Mexiko zurückgeflossen sind. Dies wird als interner Vertrauensbeweis für den politischen und wirtschaftlichen Kurs der Regierung SALINAS betrachtet.

Mitte Genaro BORREGO ESTRADA wird nach Rafael RODRÍGUEZ neuer PRI-Vorsitzender.

18.5. Präsident SALINAS und die Führerin der Lehrer-Gewerkschaft SNTE, Elsa Esther GORDILLO, unterzeichnen eine Vereinbarung zur Dezentralisierung des Erziehungswesens ("Nationale Übereinkunft zur Modernisierung der Grundschulerziehung").

Juni

1.6. Finanzminister Pedro ASPE gibt die Tilgung von weiteren US$ 7,2 Mio. der öffentlichen Auslandsschuld Mexikos bekannt. Diese liegt nunmehr bei US$ 73,6 Mio. und beträgt zusammen mit den privaten Auslandsverbindlichkeiten ca. 30 % des Sozialprodukts. Damit liegt der Verschuldungsgrad Mexikos wieder innerhalb internationaler Standards.

14.6. Die Regierung beschließt eine Umstrukturierung der staatlichen Erdölgesellschaft PEMEX in fünf autonome Bereiche, die ein effizienteres und verantwortungsbewußteres Arbeiten gewährleisten sollen.

15.6. Der Oberste US-Gerichtshof erklärt die Entführung des mexikanischen Staatsbürgers Humberto ALVAREZ MACHAIN im nachhinein für rechtens. ALVAREZ MACHAIN war 1990 in Guadalajara von Agenten der US-Drogenbekämpfungsbehörde DEA entführt und in die USA verschleppt worden. Gegen diese Entscheidung protestiert die mexikanische Regierung und fordert eine Novellierung des Auslieferungsabkommens zwischen den beiden Staaten.

17.6. Kurssturz an der Börse von Mexiko-Stadt. Der Index fällt um 10 %. Obwohl es sich nur um einen vorübergehenden Einbruch handelt, wird dadurch bei Investoren ein Gefühl der Unsicherheit ausgelöst.

Juli

6.7. Die letzte der 18 im Oktober 1982 verstaatlichten Banken wird reprivatisiert. Die Gesamteinnahmen des Staates aus allen Transaktionen betragen US$ 12,9 Mrd.. Zur selben Zeit geben Gewerkschaftsführer bekannt, daß durch die staatliche Privatisierungspolitik bisher 100.000 Menschen ihren Arbeitsplatz verloren haben.

9.7. Nach Informationen von *amnesty international* (AI) hat sich die Menschenrechtssituation in Mexiko nur auf dem Papier geändert. Trotz des Inkrafttretens neuer Gesetze im Dezember 1991 sind lt. AI Menschenrechtsverletzungen seitens der Sicherheitskräfte nach wie vor an der Tagesordnung.

12.7. Der Sieg des PAN bei den Gouverneurswahlen im Bundesstaat Chihuahua stellt die zweite Niederlage des PRI bei einer Gouverneurswahl überhaupt dar (nach Baja California del Norte im Jahr 1989).

Die gleichzeitig in Michoacán stattfindende Wahl entscheidet der PRI für sich. Allerdings werden seitens der stärksten Oppositionspartei PRD und deren Führer Cuauhtémoc CÁRDENAS schwere Vorwürfe wegen Wahlbetrugs erhoben. So sollen beispielsweise 150.000 Wahlberechtigte gar keine

Wahlunterlagen bekommen haben; einer von drei Namen im Wahlregister soll gefälscht gewesen sein.

20.7. Staatsbesuch von Präsident SALINAS in Großbritannien, Frankreich, Ungarn und Spanien; außerdem Verhandlungen mit der EG.

August

Anfang Mexiko macht im Rahmen der NAFTA/TLC-Verhandlungen gewisse Zugeständnisse bei der Ölförderung. Private Bohrunternehmen, die bisher pauschal bezahlt wurden (unabhängig davon, ob sie fündig wurden), können jetzt eine Erfolgsprämie erhalten.

2.8. Gouverneurswahlen in den Bundesstaaten Aguascalientes, Durango, Oaxaca, Veracruz und Zacatecas, die den offiziellen Ergebnissen zufolge alle vom PRI deutlich gewonnen werden. Die Opposition erhebt wieder schwere Vorwürfe der Wahlmanipulation.

3.8. Mexiko und Venezuela erneuern ein weiteres Mal den seit 12 Jahren bestehenden Pakt von San José. Inhalt dieses Vertrags ist die Erdöllieferung zu Vorzugskonditionen an ausgewählte Staaten Zentralamerikas und der Karibik.

12.8. Ankündigung des Abschlusses der Vertragsverhandlungen zur Schaffung einer nordamerikanischen Freihandelsvereinigung zwischen Kanada, USA und Mexiko (NAFTA/TLC). Der Vertragstext wird erst zwei Monate später veröffentlicht.

14.8. Beendigung des Arbeitskampfes bei *Volkswagen de México* (Puebla) durch einen Schiedsspruch der Schlichtungsstelle des Arbeitsministeriums zugunsten des Automobilkonzerns. Die von der Aussperrung betroffenen Mitglieder der neugegründeten betriebsinternen Gewerkschaft werden wieder eingestellt, sofern sie die neuen Vertragsbedingungen akzeptieren, die von der Geschäftsleitung im Hinblick auf eine Produktivitätssteigerung festgelegt wurden.

18.8. Präsident SALINAS reagiert auf die Forderung des neugewählten Gouverneurs von Chihuahua, Francisco BARRIO TERRAZAS (PAN), nach einer Obergrenze für Wahlkampfausgaben. Während der PRI US$ 17 Mio. für die Wahlkampagne in Chihuahua ausgab, beliefen sich die Ausgaben des PAN auf lediglich US$ 1 Mio.. SALINAS kündigt Reformen an, die feste Summen für Wahlkampagnen und die Offenlegung der Herkunft der Finanzmittel vorschreiben.

21.8. Unterzeichnung eines Rahmenabkommens zwischen Mexiko und den fünf zentralamerikanischen Staaten in Managua (Nikaragua) über eine Freihandelszone in Zentralamerika. Hierin werden die Richtlinien für bi- und multilaterale Vereinbarungen der sechs Unterzeichnerstaaten festgelegt. Panama nimmt nicht teil.

September

Anfang Die Regierung gibt die Namen von über 60 Unternehmen bekannt, die in den nächsten Monaten privatisiert werden sollen. Darunter befinden sich Firmen, an denen die staatliche Erdölgesellschaft PEMEX maßgeblich beteiligt ist, sowie mehrere Häfen des Landes. Durch diese Maßnahme soll u.a. neues asiatisches Investitionskapital ins Land fließen.

4.9. Das nationale Koordinationsbüro der indigenen Völker (CNPI) übt scharfe Kritik am Inhalt der Neuausgabe der mexikanischen Geschichtsbücher. Die Darstellung sei stark ideologisch gefärbt und werde v.a. der Situation der indigenen und ländlichen Bevölkerung nicht gerecht.

11.9. Die nationale Aids-Behörde CONASIDA berichtet, daß Mexiko nach Brasilien die zweitgrößte Zahl an Aids-Fällen in Lateinamerika aufweist, und international an 11. Stelle steht.

20.9. Mit der Wiederaufnahme der diplomatischen Beziehungen zum Vatikan wird die 130-jährige klare Trennung zwischen Staat und Kirche in Mexiko faktisch beendet.

28.9. Das nationale Statistik-Institut INEGI beziffert die reale Arbeitslosenquote (offizielle Anzahl der Arbeitslosen plus Gesamtheit der "Unterbeschäftigten") auf derzeit über 26 %. Mexiko nimmt damit eine Spitzenposition in der Welt ein.

Ende Eine Inspektion von 8.750 Industriebetrieben ergibt, daß 420 von ihnen sofort und 1.900 vorübergehend, wegen Gefährdung der Umwelt, geschlossen werden müßten. Nach Untersuchungen des *Instituto Nacional de Ecología* (INE) setzen mindestens 95 % der 106.000 Fabriken Mexikos toxische Abfälle frei, und verletzen damit geltende gesetzliche Bestimmungen. 85 % der Industriebetriebe haben keinerlei Fachkräfte mit Erfahrungen im Umweltschutz.

Oktober

7.10. Spaltung der größten mexikanischen Oppositionspartei PAN: Acht namhafte Mitglieder, unter ihnen der ehemalige Vorsitzende Pablo Emilio MADERO, verlassen den PAN aus Protest gegen das PRI-freundliche Verhalten der Partei im Kongreß.

8.10. Die Weltbank stellt für Mexiko neue Kredite in Höhe von insgesamt US$ 1,5 Mrd. für die Finanzierung von Projekten in den Bereichen Erziehung, Gesundheit, Sozialfürsorge, Landwirtschaft und Umwelt bereit.

20.10. Übereinkunft über die erneute Verlängerung des Wirtschaftsstabilisierungspaktes PECE. Entgegen der Idee des Abkommens, wonach die wirtschaftlichen Zielvorgaben durch Verhandlungen zwischen Gewerkschaften, Arbeitgebern und Regierung erarbeitet werden sollen, werden diesmal die wichtigsten Punkte von der Regierung vorgegeben:

- angestrebte Inflationsrate von ca. 7%;
- Erhöhung des Mindestlohns um 7%;
- strikte Ausgabendisziplin der Regierung;
- kontrollierter Anstieg der Energiepreise um insgesamt nicht mehr als 10%.

Von Seiten der Gewerkschaften wird v.a. kritisiert, daß damit die Reallöhne, die seit 1981 bereits um 40 % an Kaufkraft verloren haben, weiter sinken werden.

November

8.11. Gouverneurswahlen in 4 Bundesstaaten: Tamaulipas, Puebla, Tlaxcala und Sinaloa. Schon lange bevor das amtliche Ergebnis feststeht, erklärt sich der PRI zum Wahlsieger. Die Oppositionsparteien wollen das Ergebnis nicht anerkennen und werfen der PRI erneut Wahlbetrug vor.

Zu heftigen Unruhen im Verlaufe von Protestaktionen gegen die Wahlmanipulationen kommt es im Bundesstaat Tamaulipas. 30 Mitglieder von Oppositionsparteien werden von der Polizei festgenommen.

11.11. Im Rahmen der Forderungen nach einer Änderung des Wahlgesetzes weisen Oppositionsparteien darauf hin, daß 56 % der Bevölkerung unter einer nichtgewählten Administration steht. Nach dem Rücktritt des erst einen Monat amtierenden Gouverneurs von Michoacán (am 6.10.) aufgrund wiederholter Vorwürfe des Wahlbetrugs, sind es nun bereits 9 Bundesstaaten, die nur eine Interimsregierung besitzen.

20.11. Treffen von 800 PAN-Mitgliedern, unter ihnen hohe Funktionäre, mit der Absicht, gegen die Parteipolitik unter dem Vorsitzenden Luis Héctor ALAVAREZ zu protestieren. Ihre Abspaltung begründen sie damit, daß die Partei von ihren ursprünglichen Zielen abgekommen ist und sich immer mehr dem PRI annähert (vgl. 7.10.).

22.-28.11. Während eines Staatsbesuchs in Mexiko intensiviert Bundespräsident Richard VON WEIZSÄCKER mit seinem Amtskollegen Carlos SALINAS DE GORTARI Gespräche über den Ausbau der wirtschaftlichen und kulturellen Beziehungen zwischen beiden Ländern. VON WEIZSÄCKER hebt die besondere Bedeutung Mexikos und Deutschlands in ihrer Rolle als regionale Mittelmächte im jeweiligen regionalen Kontext der Integrationsbündnisse (EG und NAFTA/TLC) hervor.

23.-24.11. Zweite Gesamtsitzung der *Comisión México-Alemania 2000* in Mexiko-Stadt in Anwesenheit der Präsidenten SALINAS und VON WEIZSÄCKER.

Dezember

Anfang Nach dem neuesten Bericht von *amnesty international* hat sich die Menschenrechtssituation nicht verbessert. Obwohl Mißhandlungen und Folterungen seitens der Sicherheitskräfte noch immer gang und gäbe sind, kam es bisher noch nie zu einer Verurteilung im Rahmen des seit fünf Jahren bestehenden Gesetzes zur Vorbeugung und Bestrafung der Folter. Besonderer Gefahr sind Journalisten und andere Medienvertreter ausgesetzt. In der laufenden Regierungsperiode wurden AI zufolge bereits 32 Journalisten, einige von ihnen mit Anzeichen von Folter, ermordet.

2.12. Im Anschluß an seine Teilnahme am Gipfeltreffen der Rio-Gruppe in Buenos Aires stattet Präsident SALINAS Paraguay einen kurzen Staatsbesuch ab. Es handelt sich damit um den ersten Staatsbesuch eines mexikanischen Präsidenten in diesem Land.

6.12. Das forcierte Wirtschaftswachstum in den vergangenen Jahren hat zu einer starken Monopolisierung der Industrie geführt. Lt. INEGI produzieren 12 Unternehmensgruppen 1/3 des Sozialprodukts der verarbeitenden Industrie. Außerdem werden die dynamischsten Wirtschaftszweige des Landes von jeweils weniger als 4 Unternehmen komplett beherrscht.

13.12. Die US-amerikanische Immigrationsbehörde gibt bekannt, daß in den letzten 9 Monaten 611 mexikanische Staatsbürger um Asyl gebeten haben.

15.12. Der 1990 nach USA entführte mexikanische Staatsbürger Humberto ALVAREZ MACHAIN wird von einem amerikanischen Gericht freigesprochen (vgl. 15.6.).

16.12. Eine Gesetzesreform erlaubt ausländischen Investoren den Besitz von bis zu 100 % Anteilen an Tourismus-Unternehmen.

17.12. Abzeichnung des NAFTA/TLC-Vertrags durch die Präsidenten von Kanada, USA und Mexiko.

Wolfgang Grenz und Bernd Schleh

IBEROSTAT
Stand: 8,93
MEXICO
Hauptstadt: Ciudad de México
Fläche (in qkm): 1.958.201
Währung: Mexikanischer Peso

Berichtsjahr (BJ): 1991

Jahr

1. DEMOGRAPHISCHE KENNZIFFERN

	1970	1980	1990	1991
Bevölkerungszahl (in Mio.)	51,18	68,54	86,16	87,821
davon: unter 15 Jahren (in %)	46,7	46,5	37,1	37,6
davon: im Alter von 15-64 Jahren (in %)	49,9	50,1	59,2	60
Städtische Bevölkerung (in %)	59	66,4	72,6	73,2
Geburtenrate	43,4	37,6	29	27,9
Fertilitätsrate	6,5	4,5	3,3	3,2
Erwerbspersonen in der Landwirtschaft (in %)	44,1	36,6		
Erwerbspersonen in der Industrie (in %)	22	29		
Erwerbspersonen im Dienstleistungssektor (in %)	33,9	34,4		

Geschätzte Bevölkerung im Jahre 2025 (in Mio.)   136
Durchschnittliche jährliche Wachstumsrate
  der Bevölkerung (in %)   1965-80:   3,1
                                                     1980-BJ: 2

2. SOZIALE KENNZIFFERN

	1970	1980	1990	1991
Bevölkerung mit Zugang zu Trinkwasser (in %)	54	62	70	71
Tägl. Kalorienangebot (in % der Mindestbedarfsnorm)		121	128	
Säuglingssterblichkeitsziffer (0-1 Jahr)	73	55,8	39	39,2
Kindersterbeziffer (0-5 Jahre)			49	45
Lebenserwartung bei der Geburt (in Jahren)	61,7	66,6	70	69,7
Einwohner je Arzt	1481	1240	1243	
Alphabetisierungsquote (in %)	74,2		87,3	

3. WIRTSCHAFTLICHE KENNZIFFERN

	1970	1980	1990	1991
Bruttoinlandsprodukt (in Mio. USD)	35542	194766	237750	282526
Bruttosozialprodukt pro Kopf (in USD)	820	2320	2490	3030
Ausfuhr von Waren u. Dienstleistungen (in Mio. USD)	2935	21994	43567	45390
Einfuhr von Waren u. Dienstleistungen (in Mio. USD)	4058	33028	52167	59061
Leistungsbilanz (in Mio. USD)	-1068	-10750	-7117	-13283
Kapitalbilanz (in Mio. USD)	876	12897	9215	20179
davon: ausl. Direktinvestitionen (in Mio. USD)	323	2156	2632	4762
Bestand an Währungsreserven (in Mio. USD)	756	4175	10217	18052
Privater Verbrauch (in % des BIP)	74,8	65,1	69,5	66,9
Staatsverbrauch (in % des BIP)			11	8
Bruttoinlandsinvestitionen (in % des BIP)	21,3	27,2	19,6	25,5
Bruttoinlandsersparnis (in % des BIP)	18,7	24,9	19,1	22,2
Anteil der Landwirtschaft am BIP (in %)	12	10	9	9
Anteil der Industrie am BIP (in %)	32	38	30	30
davon: Verarbeitendes Gewerbe (in %)	23		23	22
Anteil des Dienstleistungssektors am BIP (in %)	56	52	61	61
Auslandsverschuldung (in Mio.USD)	5966	57378	97357	101737
davon: öffentliche Verschuldung (in Mio. USD)	3196	33915	76752	78456
Schuldendienst (in Mio. USD)	1300	10962	12118	14043
davon: Zinszahlungen (in Mio. USD)	283	6068	7258	7845
Schuldendienst in % der Exporterlöse	23,6	49,5	27,8	30,9

Durchschnittl. jährl. Wachstumsrate des BIP (in %)
                                 1965-80:   6,5
                                 1981-BJ: 1,2
Durchschnittl. jährl. Inflationsrate (in %)
                                 1980-BJ: 327,6

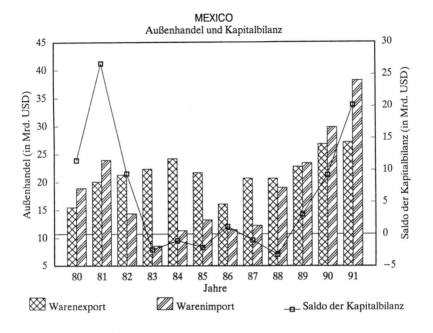

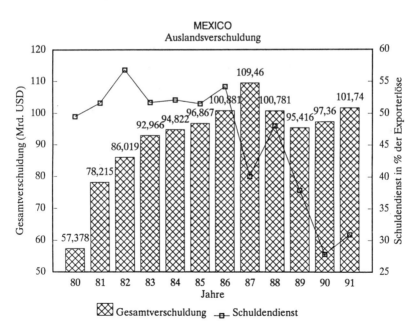

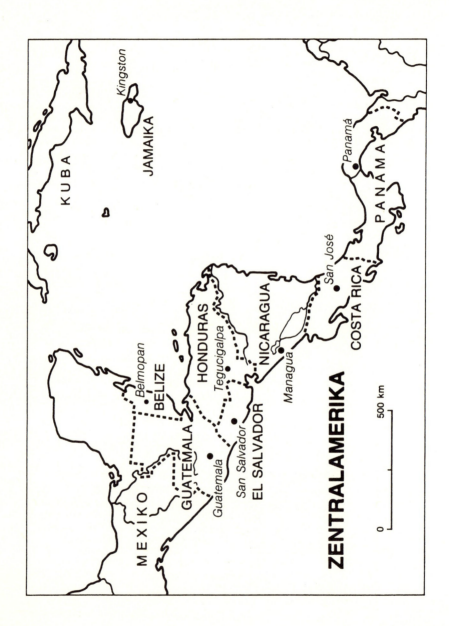

Zentralamerika

Chronologie 1992

Die Bemühungen der zentralamerikanischen Länder um wirtschaftliche und politische Integration schreiten voran, erleiden aber Rückschläge v.a. durch die Weigerung Costa Ricas, sich politisch zu integrieren. Dadurch ergibt sich eine engere Zusammenarbeit der drei nördlichen Länder der Region – Guatemala, El Salvador und Honduras, dem *Triángulo del Norte*. Ferner loten die zentralamerikanischen Staaten Kooperationsmöglichkeiten mit Mexiko und den USA, sowie mit Venezuela und den Staaten der *Caribbean Community* (CARICOM) aus. Studien der CEPAL loben die Stabilisierung der zentralamerikanischen Wirtschaften durch Exportorientierung, Außenöffnung, Austeritätspolitik, umsichtige Währungspolitiken und Zurückhaltung bei staatlichen Aktivitäten in der Wirtschaft, weisen aber auf die hohen sozialen Kosten und die wachsenden Ungleichgewichte in der Region infolge der Strukturanpassungspolitiken hin.

Januar

8.-9.1. Die zentralamerikanischen Wirtschaftsminister unterzeichnen in Guatemala ein Protokoll zur Vereinheitlichung und Reduzierung der Zölle.

29.-31.1. Erste Ministerkonferenz des zentralamerikanischen Isthmus und der CARICOM in San Pedro Sula/Honduras zur Abstimmung von Wirtschaft und Handel sowie der subregionalen Interessen angesichts der weltweiten Tendenz zu wirtschaftlichen Blockbildungen, v.a. des *North American Free Trade Agreement* (NAFTA). Gründung eines gemeinsamen Konsultationsforums.

Februar

24.-25.2. San José VII-Konferenz in Lissabon/Portugal mit Vertretern Zentralamerikas und der EG. Enge Verknüpfung der Wirtschafskooperation mit den Friedens- und Demokratisierungsprozessen in der Region. Abkommen zur Förderung der Menschenrechte, Zusagen von Entwicklungshilfe in Höhe von ca. US$ 18 Mio. im technischen Bereich und Telekommunikation, sowie u.a. Wiederaufbauhilfe an El Salvador.

Ende Beschluß von zentralamerikanischen Regierungsvertretern anläßlich eines Treffens in El Salvador, einen regionalen Block innerhalb der Internationalen Kaffeeorganisation zur Wiedereinführung des Quotensystems für Kaffee zu bilden. (Die Kaffee-Erzeugung macht etwa 25% des BIP aus und entspricht rd. 30% der Exporterlöse der Region). Argument: Die

Liberalisierung des Kaffeemarktes seit 1989 habe nicht die erwarteten Produktions- und Absatzsteigerungen gebracht; die Kaffeepreise waren 1991 auf rd. 50% des Vorjahres gesunken.

Ende 6. Treffen *Comisión de Seguridad de Centroamérica* (CSC). Zentrales Thema: Reduzierung der Streitkräfte. Weigerung der Verteidigungsminister Guatemalas, El Salvadors und Honduras', ihre Streitkräfte zu verringern. Suche nach neuen Aufgaben für Militärs in den Bereichen Umweltschutz und Bekämpfung des Drogenhandels.

März

18.-20. 3. Treffen der Wirtschaftskabinette der zentralamerikanischen Staaten in Antigua (Guatemala) unter Beteiligung der *Secretaría Permanente del Tratado General de Integración Económica* (SIECA) und des *Consejo Monetario Centroamericano* sowie der Interamerikanischen Entwicklungsbank (BID) zur Beschleunigung des Integrationsprozesses; Beschluß zur Vereinheitlichung der Außenzölle ab dem 1. Januar 1993.

April

7.-8.4. 2. Konferenz des *Comité de Seguimiento de la Conferencia Internacional sobre Refugiados Centroamericanos* (CIREFCA) in San Salvador unter Teilnahme von 36 Staaten, 12 UNO-Organisationen, 6 Regierungsvertretern (Zentralamerika, Belize, Mexiko) und 62 Nicht-Regierungs-Organisationen. Überwiegend positive Bilanz der bislang durchgeführten Projekte zur Betreuung der bis Ende 1991 noch auf 103.000 geschätzten Flüchtlinge im Ausland (Rückkehr von bereits 107.000) und 658.000 Vertriebenen innerhalb Zentralamerikas. Die Frage der Rückkehr der ca. 46.000 guatemaltekischen Flüchtlinge aus Mexiko bleibt allerdings zunächst ungelöst.

Mai

12.5. Ein Treffen der Präsidenten El Salvadors, Guatemalas und Honduras' in Nueva Ocotepeque (Honduras) endet mit der Übereinkunft zur Schaffung einer Freihandelszone und Wirtschaftsintegration zwischen El Salvador und Honduras sowie zu Handel und Investition zwischen den drei Ländern des *Triángulo del Norte*.

Mitte Die Umweltorganisation *Greenpeace* verweist auf Gefahren für die gesamte Region durch Nutzung des Panamakanals für Atomtransporte.

Juni

5.6. Das 12. Gipfeltreffen der zentralamerikanischen Präsidenten in Nikaragua endet mit der Erklärung von Managua, die v.a. politische Themen (Befriedung, Demokratisierung, Entwicklung) in den Vordergrund stellt; Fortschritte im Bereich der wirtschaftlichen Integration scheitern u.a. am mangelnden Interesse Costa Ricas.

Juli

28.7. Treffen der zentralamerikanischen Präsidenten, einschließlich derer von Belize und Panama in Charlottesville (Virginia/USA) mit Vertretern von 14 US-Südstaaten zur Konsolidierung des Handels mit den USA. Hintergrund ist das Bestreben der zentralamerikanischen Staaten, an der *Initiative for the Americas* beteiligt zu werden. Ergebnisse der "Erklärung von Charlottesville": Gründung einer ständigen Arbeitsgruppe mit einem Repräsentanten pro Land bzw. US-Bundesstaat zur Koordination und Förderung des bilateralen Handels.

August

Anfang Erneuerung des *Pacto de San José*, durch den Mexiko und Venezuela zu je 50% 160.000 Barrel Rohöl zu Vorzugsbedingungen an ausgewählte Länder Zentralamerikas und der Karibik vergeben; davon 20% zur Nutzung innerhalb von Entwicklungsprogrammen.

20.8. Die zentralamerikanischen Wirtschaftsminister vereinbaren in Managua (Nikaragua) die Schaffung einer Freihandelszone mit Mexiko innerhalb der nächsten 4 Jahre (zunächst noch unter Ausschluß Panamas).

27.-28.8. 7. Treffen der Zentralamerikanischen Sicherheitskommission in Panama-Stadt zur Erfüllung der Esquipulas-II-Abkommen. Die Verteidigungsminister bleiben der Begegnung fern. Einziger Fortschritt: Schaffung einer Institution zur gemeinsamen Bekämpfung des illegalen Drogenhandels.

Oktober

Anfang Das US-Haushaltsgesetz zur Wirtschafts- und Militärhilfe für Zentralamerika für das Jahr 1993 sieht drastische Beschneidungen der Unterstützung vor (ges.: US$ 664,3 Mio. gegenüber 1992: 763,4 Mio.) mit Ausnahme Nikaraguas (Wirtschaftshilfe ca. US$ 190 Mio.); darunter eine Kürzung bes. der Militärausgaben auf etwa die Hälfte der Zahlungen des Vorjahres.

14.-16.10 Erste, vom Zentralamerikanischen Parlament (PARLACEN) einberufene Konferenz der politischen Parteien. Ergebnisse: Unterstützung der Esquipulas-Vereinbarungen und des guatemaltekischen Friedensprozesses, Ziele der Konsolidierung der Demokratien und der zentralamerikanischen Integration; harsche Kritik an Korruption und Unglaubwürdigkeit des politischen Führungspersonals.

22.10. Die Honduranerin Ilsa DÍAZ ZELAYA (Partido Nacional) wird mit 34 von 66 Stimmen zur Präsidentin des PARLACEN gewählt.

30.10. Gipfeltreffen der Präsidenten El Salvadors, Guatemalas und Honduras' in Guatemala mit dem Ziel, die Integration der drei nördlichen Länder voranzutreiben, u.a. mit Blick auf die Gründung der Freihandelszone mit Mexiko; langfristiges Ziel: Schaffung einer zentralamerikanischen Föderation. Ergebnis: *Declaración de Guatemala* zur Gründung regional zu koordinierender Nationaler Kommissionen. Die verstärkte Zusammenarbeit der drei nördlichen Länder ergibt sich zum einen aus der Zurückhaltung Costa Ricas gegenüber einer gesamtzentralamerikanischen Integration; zum anderen sind Nikaragua und Panama politisch integriert, doch bestehen von seiten des *Triángulo del Norte* noch Bedenken gegenüber einer wirtschaftlichen Integration der beiden Länder.

November

Anfang In Antwort auf das Treffen der drei nördlichen Länder Ende Oktober gibt Costa Rica über seinen Außenminister, Bernd NIEHAUS, seine Bereitschaft zur Unterstützung von Projekten zur wirtschaftlichen, nicht aber zur politischen Integration bekannt. Costa Rica fürchtet um seine, im Vergleich zu den übrigen zentralamerikanischen Ländern stabilere soziale und politische Position, erhofft sich aber aufgrund seiner relativ hohen (agro)industriellen Stellung erhöhte Wettbewerbschancen.

Dezember

9.-11.12. 13. Gipfeltreffen der Zentralamerikanischen Präsidenten in Panama-Stadt; Motto: "Agrarentwicklung, Frieden, Demokratie", mit Schwerpunkt bei der wirtschaftlichen Integration. Beschluß zum Arbeitsbeginn des *Sistema de Integración Centroamericana* (SICA) für den 1.2.1993. SICA ist die Nachfolgeorganisation der *Organización de Estados Centroamericanos* (ODECA); Sitz bleibt San Salvador. Ratifiziert wird das neue Bündnis jedoch zunächst nur durch El Salvador, Honduras und Nikaragua.

Petra Bendel

Costa Rica

Amtlicher Name: República de Costa Rica
Präsident: Rafael Angel CALDERÓN FOURNIER
Im Amt seit: 8. Mai 1990
Nächste Präsidentschaftswahlen: Mai 1994

Regierung: Partido Unidad Social Cristiana (PUSC)

Kabinett (Stand: April 1993): Äußeres: Bernd NIEHAUS QUESADA; Inneres: Luis FISHMAN; Finanzen: Rudolfo MÉNDEZ MATA; Wirtschaft, Industrie und Handel: Roberto ROJAS LÓPEZ

Oppositionsparteien im Parlament: Partido Liberación Nacional (PLN), Pueblo Unido (PU), Unión Agrícola Cartaginesa; Unión Generaleña

Sitzverteilung im Parlament (57 Sitze): PUSC: 29; PLN 25; PU: 1; sonstige: 2

Chronologie 1992

Im Berichtsjahr verschärft die PUSC-Regierung die bereits von den vorangegangenen PLN-Regierungen eingeleitete Strukturanpassungspolitik (*Programa de Ajuste Estructural* [PAE I: 1985]) in enger Absprache mit den internationalen Kreditinstituten. Die Oppositionspartei PLN, scharfe Kritikerin der sozialen Verelendung infolge des langen Strukturanpassungsprozesses (u.a. Sinken der Reallöhne), erlebt ihrerseits eine ihrer schwersten Krisen, die angesichts der für 1993 bevorstehenden Vorwahlen weniger auf ideologisch-programmatische Konflikte denn auf personalistische Tendenzen zurückzuführen ist. Die makroökonomischen Indikatoren zeigen eine leichte Erholung der Wirtschaft, vor allem des Außenhandels an.

Februar

14.2. Die Regierung CALDERÓN beschließt einen Plan zur Inflationsbekämpfung (1991: 25,3%). Kernstück der Reform ist eine Beschleunigung des Zollabbaus.

April

20.-29.4. Die Regierung kündigt während eines Besuchs von Delegationen des IWF und der Interamerikanischen Entwicklungsbank (IDB/BID) ein wirtschaftliches Maßnahmenpaket im Rahmen des zweiten Strukturanpassungsprogramms *Programa de Ajuste Estructural* (PAE II) an: Liberalisierung des Kapitalmarktes, Lohnanpassungen, Fortsetzung des Zollabbaus, weitere Privatisierung öffentlicher Unternehmen.

Juni

23.6. Das Parlament verabschiedet ein Projekt zum Bau einer Bahnlinie, die Pazifik- und Atlantikküste miteinander verbinden soll.

September

23.9. Entführung des Innen- und Sicherheitsministers, Luis FISHMAN, des Leiters des honduranischen Sicherheitsdienstes, Manuel de Jesús LUNA, des Bischofs von Santa Rosa de Copán, SANTOS, sowie der mexikanischen Botschafterin in Costa Rica, Carmen MORENO, durch den honduranischen Staatsbürger Orlando ORDÓÑEZ BETANCUR zur Erzwingung seiner Aufnahme in Mexiko. Die Aktion endet unblutig.

Oktober

Anfang Umweltorganisationen und Gewerkschaften kritisieren die Bedingungen des Bananenanbaus wegen der Abholzung der Wälder, der unangemessenen Verwendung von Chemikalien (u.a. Unfruchtbarkeit von ca. 5.000 Arbeitern ohne entsprechende Entschädigung) und der Verletzung der Arbeitsgesetzgebung. Die Fruchtgesellschaften unterzeichnen einen Vertrag zum Umweltschutz mit der Regierung und gründen zu diesem Zweck die *Comisión Ambiental Bananera* (CAB).

Petra Bendel

IBEROSTAT
Stand: 8,93
Hauptstadt: San José
Fläche (in qkm): 51.100
Währung: Costa Rica Colón

COSTA RICA

Berichtsjahr (BJ): 1991

Jahr

1. DEMOGRAPHISCHE KENNZIFFERN

	1970	1980	1990	1991
Bevölkerungszahl (in Mio.)	1,73	2,22	2,8	2,875
davon: unter 15 Jahren (in %)	47,8	42,2	36,1	48,2
davon: im Alter von 15-64 Jahren (in %)	49,1	54,4	59,8	49,7
Städtische Bevölkerung (in %)	39,7	46	47,1	47,6
Geburtenrate	33,3	29,4	27,4	29,6
Fertilitätsrate	4,9	3,7	3	3
Erwerbspersonen in der Landwirtschaft (in %)	38,7	30,8		
Erwerbspersonen in der Industrie (in %)	21	23,1		
Erwerbspersonen im Dienstleistungssektor (in %)	40,3	46,1		

Geschätzte Bevölkerung im Jahre 2025 (in Mio.) 5
Durchschnittliche jährliche Wachstumsrate
   der Bevölkerung (in %)   1965-80:   2,7
                                     1980-BJ: 2,7

2. SOZIALE KENNZIFFERN

Bevölkerung mit Zugang zu Trinkwasser (in %)	71	72	93	
Tägl. Kalorienangebot (in % der Mindestbedarfsnorm)		116	118	
Säuglingssterblichkeitsziffer (0-1 Jahr)	61,5	20,1	15,3	16,5
Kindersterbeziffer (0-5 Jahre)			22	20
Lebenserwartung bei der Geburt (in Jahren)	67,1	72,4	75	75,2
Einwohner je Arzt	1627	960	957	
Alphabetisierungsquote (in %)	86		92,8	

3. WIRTSCHAFTLICHE KENNZIFFERN

Bruttoinlandsprodukt (in Mio. USD)	985	4831	5577	5560
Bruttosozialprodukt pro Kopf (in USD)	560	1960	1900	1850
Ausfuhr von Waren u. Dienstleistungen (in Mio. USD)	278	1219	2047	2265
Einfuhr von Waren u. Dienstleistungen (in Mio. USD)	358	1897	2774	2562
Leistungsbilanz (in Mio. USD)	-74	-664	-514	-136
Kapitalbilanz (in Mio. USD)	72	826	180	368
davon: ausl. Direktinvestitionen (in Mio. USD)	26	48	163	142
Bestand an Währungsreserven (in Mio. USD)	16	197	525	931
Privater Verbrauch (in % des BIP)	73,7	65,5	60,4	60,9
Staatsverbrauch (in % des BIP)			18	16
Bruttoinlandsinvestitionen (in % des BIP)	20,5	26,6	29,3	23
Bruttoinlandsersparnis (in % des BIP)	13,8	16,2	21,5	21,2
Anteil der Landwirtschaft am BIP (in %)	23	17	16	18
Anteil der Industrie am BIP (in %)	24	29	26	25
davon: Verarbeitendes Gewerbe (in %)			19	19
Anteil des Dienstleistungssektors am BIP (in %)	53	54	58	56
Auslandsverschuldung (in Mio.USD)	246	2738	3772	4043
davon: öffentliche Verschuldung (in Mio. USD)	134	1695	3076	3316
Schuldendienst (in Mio. USD)	59	353	501	417
davon: Zinszahlungen (in Mio. USD)	14	178	206	233
Schuldendienst in % der Exporterlöse	10	29	24,5	18,4

Durchschnittl. jährl. Wachstumsrate des BIP (in %)
                                     1965-80:   6,3
                                     1981-BJ: 3,1
Durchschnittl. jährl. Inflationsrate (in %)
                                     1980-BJ: 22,9

El Salvador

Amtlicher Name: República de El Salvador
Präsident: Alfredo Félix CRISTIANI BURKHARD
Im Amt seit: 1. Juni 1993
Nächste Präsidentschaftswahlen: März 1994

Regierung: Alianza Republicana Nacional (ARENA)

Kabinett (Stand: Juli 1993): Äußeres: Dr. José Manuel PACAS CASTRO; Inneres: Francisco MERINO; Finanzen: Abelardo TORRES; Wirtschaft: Arturo ZABLAH

Oppositionsparteien im Parlament: Partido Demócrata Cristiano (PDC), Moviemiento Auténtico Cristiano (MAC), Partido de Conciliación Nacional (PCN), Unión Democrático Nacionalista (UDN), Convergencia Democrática (CD), Acción Democrática (AD)
Parteineugründung: Frente Farabundi Martí de Liberación Nacional (FMLN) (bis 1992 Guerilla-Organisation)

Sitzverteilung im Parlament (84 Sitze): ARENA: 39; PDC: 26; PCN: 9; CD: 8; MAC: 1; UDN: 1

Chronologie 1992

Das Friedensabkommen und dessen schrittweise Umsetzung – trotz Verschiebungen im Zeitplan – stehen im Mittelpunkt der politischen Entwicklung 1992. Schwierigkeiten ergeben sich insbesondere durch den Druck, den ehemalige Guerilleros und Angehörige der Streitkräfte, aber auch Landbesetzer in den ehemaligen Konfliktgebieten auf die Regierung mit der Forderung nach Landzuteilungen ausüben. El Salvador erhält für den Wiederaufbau des Landes umfangreiche bi- und multilaterale Hilfsleistungen. Dem vorherrschenden politischen Optimismus entspricht eine Erholung der Wirtschaft.

Januar

16.1. Unterzeichnung des Friedensabkommens zwischen der Guerilla-Organisation *Frente Farabundo Martí de Liberación Nacional* (FMLN) und der Regierung in Chapultepec (Mexiko-Stadt), mit dem das Ende des fast 12jährigen Bürgerkrieges besiegelt werden soll. Der Krieg forderte nach offiziellen Angaben 75-80.000 Todesopfer, 1 Million Flüchtlinge und materielle Schäden in Höhe von über US$ 1 Mrd. Das Abkommen regelt u.a. Zeitplan und Maßnahmen zur Demobilisierung der Guerilla, Reduzierung und Umstrukturierung der Streitkräfte und zur Reintegration beider Grup-

El Salvador

pen in die Gesellschaft, die Gründung einer vom Innenministerium abhängigen *Policía Nacional Civil* sowie sozioökonomische Reformen.

23.1. Verabschiedung des umstrittenen Amnestiegesetzes *(Ley de Reconciliación Nacional)*, das sowohl in der *Comisión Nacional para la Consolidación de la Paz* (COPAZ) als auch im Parlament einstimmig angenommen wird. Von der Amnestie ausgenommen sind die von der Wahrheitskommission *(Comisión de la Verdad)* auszuweisenden, seit dem 1.1.1980 an schwerwiegenden Verletzungen der Menschenrechte beteiligten Personen.

Februar

1.2. Offizielles Inkrafttreten des Waffenstillstands zwischen FMLN und Streitkräften. Offizielle Errichtung der nationalen Friedens-Kommission COPAZ.

2.2. Inkrafttreten des Wiederaufbauplans *(Plan Nacional de Reconstrucción)*.

15.2. Das Parlament wählt eine neue Wahlaufsichtsbehörde *(Tribunal Supremo Electoral)*, dessen erste Aufgabe die Ausarbeitung eines neuen Wahlgesetzes sein wird.

24.-25.2. Anläßlich seines USA-Besuchs bittet Präsident CRISTIANI den US-amerikanischen Präsidenten George BUSH um Unterstützung für den Wiederaufbau und um eine Verlängerung des Zeitraums für die Repatriierung der 200.000 in den USA lebenden Salvadorianer.

Ende Gründung der Institution eines Ombudsmannes für Menschenrechte.

März

16.-17. Präsident CRISTIANI stattet Guatemala einen Staatsbesuch ab. Behandelte Themen: Gründung einer Freihandelszone und Wirtschaftsintegration *(Acuerdo de Guatemala)*; ferner Vereinbarungen zum Umweltschutz und zur Bekämpfung des Drogenhandels.

Mai

11.5. Gründung eines *Foro de Concertación Económico-Social* unter Beteiligung von Arbeitern, Vertretern der Klein- und Mittelbetriebe sowie Regierungsvertretern. Aufgaben: Erarbeitung einer neuen Arbeitsgesetzgebung, Agrar- und Kreditpolitik. Der Unternehmerverband *Asociación Nacional de la Empresa Privada* (ANEP) enthält sich der Teilnahme.

23.5. Errichtung einer Ad-hoc-Kommission zur "Säuberung" und Reduzierung der Streitkräfte um ca. 50%.

August

Anfang Besuch offizieller Delegationen Japans und der Bundesrepublik Deutschland in San Salvador zur Bestimmung der Wiederaufbauhilfe; von deutscher Seite sind für 1993 US$ 46 Mio. vorgesehen.

September

1.9. Die ehemalige Guerilla-Organisation FMLN gründet eine politische Partei gleichen Namens.

11.9. Entscheidung des Internationalen Gerichtshofs (Den Haag) über den auf das Jahr 1963 zurückgehenden Grenzkonflikt El Salvador/Honduras, der mitauslösender Faktor für den "Fußballkrieg" von 1969 war. Der größte Teil der insg. 250 km^2 großen, umstrittenen Region wird Honduras zugesprochen, das damit offiziell einen Zugang zum Pazifik erhält. Die Inseln Meanguera und Meanguerita fallen an El Salvador, El Tigre an Honduras. Das Urteil wird von beiden Ländern einmütig akzeptiert.

29.9. Unterzeichnung einer gemeinsamen Erklärung zur baldigen Herstellung der Elektrizitätsverbindungen zwischen El Salvador und Honduras und zur Fortführung der regionalen Integration durch die Präsidenten CRISTIANI und CALLEJAS.

Oktober

Anfang In einem unveröffentlichten Bericht empfiehlt die Ad-hoc-Kommission zur Begutachtung der Lage der Streitkräfte gegenüber der UNO und der Regierung, über 100 z.T. ranghohe Militärs zu entlassen, die in der Vergangenheit an Menschenrechtsverletzungen beteiligt waren.

22.10. Rückkehr von 44 der insgesamt 69 Exilbürgermeister in die ehemaligen Konfliktgebiete, die während des Bürgerkrieges ihr Amt nicht im Inland ausüben konnten. Rückkehrbedingung war die Ende Juni getroffene Vereinbarung mit den Gemeindeorganisationen *(Organizaciones de Vecinos)* und der *Coordinadora de Municipalidades Regionales* (COMURES), die Gemeindeorganisationen an Entscheidungsprozessen zu beteiligen.

Dezember

15.12. Offizielles Ende des Krieges mit der vollständigen Demobilisierung des FMLN und der Vernichtung seiner Waffen; Beginn der Demobilisierung der Streitkräfte. Zur Vollendung der Friedensverträge stehen noch aus: die Einrichtung der *Policía Nacional Civil*, die Übergabe von Ländereien an die Demobilisierten, die Demobilisierung weiter Teile der Streitkräfte und deren "Säuberung" sowie die offizielle Anerkennung des FMLN als politische Partei.

Petra Bendel

IBEROSTAT
Stand: 8,93　　　　　　　　　　　　　　　　　　　　Berichtsjahr (BJ):　　1991
　　　　　　　　　　　　EL SALVADOR
Hauptstadt:　　San Salvador
Fläche (in qkm):　21.041
Währung:　　　El Salvador Colón　　　　　　　　　　Jahr

1. DEMOGRAPHISCHE KENNZIFFERN	1970	1980	1990	1991
Bevölkerungszahl (in Mio.)	3,54	4,51	5,27	5,308
davon: unter 15 Jahren (in %)	46,8	45,9	44,2	43
davon: im Alter von 15-64 Jahren (in %)	50,6	51,2	52,3	55,2
Städtische Bevölkerung (in %)	39,4	41,5	44,4	44,8
Geburtenrate	41,1	35,8	35,6	32,9
Fertilitätsrate	6,3	5,4	4,6	4,1
Erwerbspersonen in der Landwirtschaft (in %)	58	43,2		
Erwerbspersonen in der Industrie (in %)	16	19,3		
Erwerbspersonen im Dienstleistungssektor (in %)	26	37,5		

Geschätzte Bevölkerung im Jahre 2025 (in Mio.)　　　9
Durchschnittliche jährliche Wachstumsrate
　der Bevölkerung (in %)　　1965-80:　　2,8
　　　　　　　　　　　　　　1980-BJ:　　1,4

2. SOZIALE KENNZIFFERN				
Bevölkerung mit Zugang zu Trinkwasser (in %)	40	53	39	47
Tägl. Kalorienangebot (in % der Mindestbedarfsnorm)		99	97	
Säuglingssterblichkeitsziffer (0-1 Jahr)	103	74,8	53	52,9
Kindersterbeziffer (0-5 Jahre)			87	67
Lebenserwartung bei der Geburt (in Jahren)	57,6	57,3	64	63,6
Einwohner je Arzt	3628	2830	2830	
Alphabetisierungsquote (in %)	56,9		73	

3. WIRTSCHAFTLICHE KENNZIFFERN				
Bruttoinlandsprodukt (in Mio. USD)	1028	3567	5474	5915
Bruttosozialprodukt pro Kopf (in USD)	290	750	1000	1080
Ausfuhr von Waren u. Dienstleistungen (in Mio. USD)	261	1271	1360	1395
Einfuhr von Waren u. Dienstleistungen (in Mio. USD)	266	1289	1673	1663
Leistungsbilanz (in Mio. USD)	9	31	-135	-147
Kapitalbilanz (in Mio. USD)	16	212	395	182
davon: ausl. Direktinvestitionen (in Mio. USD)	4	6	2	25
Bestand an Währungsreserven (in Mio. USD)	64	382	596	453
Privater Verbrauch (in % des BIP)	76,1	71,8	88	87,6
Staatsverbrauch (in % des BIP)			11	11
Bruttoinlandsinvestitionen (in % des BIP)	12,9	13,3	11,8	14
Bruttoinlandsersparnis (in % des BIP)	13,2	14,2	0,6	1,4
Anteil der Landwirtschaft am BIP (in %)	28	27	11	10
Anteil der Industrie am BIP (in %)	23	21	21	24
davon: Verarbeitendes Gewerbe (in %)			19	19
Anteil des Dienstleistungssektors am BIP (in %)	49	52	67	66
Auslandsverschuldung (in Mio.USD)	176	911	2132	2172
davon: öffentliche Verschuldung (in Mio. USD)	88	499	1898	2048
Schuldendienst (in Mio. USD)	36	96	214	241
davon: Zinszahlungen (in Mio. USD)	9	61	84	81
Schuldendienst in % der Exporterlöse	3,6	7,5	15,7	17,3

Durchschnittl. jährl. Wachstumsrate des BIP (in %)
　　　　　　　　　　　　1965-80:　　4,3
　　　　　　　　　　　　1981-BJ:　　1
Durchschnittl. jährl. Inflationsrate (in %)
　　　　　　　　　　　　1980-BJ:　　17,4

Guatemala

Amtlicher Name: República de Guatemala
Präsident: Ramiro DE LEÓN CARPIO
Im Amt seit: 6. Juni 1993 (wurde vom Parlament gewählt, nachdem der *autogolpe* des Präsidenten Jorge SERRANO ELIAS vom 25.5.93 gescheitert war)
Nächste Präsidentschaftswahlen: November 1995

Regierung: ohne klare parteipolitische Anbindung

Kabinett (Stand: Juli 1993): Äußeres: Arturo FAJARDO MALDONADO; Inneres: Arnaldo ORTIZ MOSCOSO; Finanzen: Richard AITKENHEAD CASTILLO; Außenwirtschaft: César Alcides SOTO RODAS

Parteien im Parlament: Movimiento de Acción Solidaria (MAS), Unión del Centro Nacional (UCN), Partido Democracia Cristiana Guatemalteca (PDCG), Partido Avanzada Nacional (PAN), Plataforma Neo-Ventz (PNV = PID, FRG, FUN), Movimiento de Liberación Nacional - Frente de Avance Nacional (MLN-FAN), Partido Revolucionario (PR); Partido Socialista Democrático-Alianza Popular (PSD-AP5)

Sitzverteilung im Parlament (116 Sitze) nach den Wahlen 1990/91: UCN: 41; PDCG: 27; MAS: 18; PAN: 12; PNV: 12; MLN-FAN: 4; PR: 1; PSD-AP5: 1
Der neue Präsident strebt eine "Selbstreinigung" (Austausch korrupter Abgeordneter) an.

Chronologie 1992

Im Jahre 1992 kann sich Präsident Jorge SERRANO, dessen Regierungspartei MAS über keine feste Mehrheit im Parlament verfügt, auf eine (freilich wacklige) Allianz der Parlamentsparteien MAS, UCN und DCG stützen. In den Verhandlungen zwischen Regierung und Guerilla ergeben sich nur geringe Fortschritte beim zentralen Verhandlungspunkt der Menschenrechte. Gesellschaftliche Organisationen drängen auf Beteiligung an den Verhandlungen. Die fortdauernde Verletzung der Menschenrechte in Guatemala, die sich insbesondere gegen Gewerkschafts- und Studentenführer sowie gegen Journalisten richtet, wird vor der UNO-Menschenrechtskommission behandelt, ohne daß es zu einer Verurteilung des Landes kommt. Die 1991 begonnenen Maßnahmen zur wirtschaftlichen Stabilisierung werden fortgesetzt.

Januar

Anfang Guatemala lanciert eine "diplomatische Offensive" in Europa und Amerika zur Information über die nach Regierungsauffassung verbesserte Menschenrechtslage. Hintergrund ist die bevorstehende Sitzungsperiode der UNO-Menschenrechtskommission in Genf, die über eine etwaige Verurteilung Guatemalas befinden wird.

23.-25.1. 6. Verhandlungsrunde zwischen Regierung und der Guerillaorganisation *Unión Revolucionaria Nacional Guatemalteca* (URNG) in Mexiko.

Februar

20.-22.2. Die Friedensgespräche zwischen den Delegationen der Regierung und der URNG in Mexiko werden unterbrochen; sie scheitern an folgenden ungelösten Fragen: Behandlung der Menschenrechte, Garantien für die Guerilla, Behandlung Kriegsgefangener und die Auflösung der sog. Zivilen Selbstverteidigungspatrouillen *(Patrullas de Autodefensa Civil)*.

22.2. Beginn einer Welle von Landbesetzungen (bis Anfang März) kommunaler Ländereien in Villa Nueva und Guatemala-Stadt durch ca. 30.000 Wohnungslose. Hintergrund ist das explosionsartige Ansteigen der Mietpreise; in ganz Guatemala fehlen nach offiziellen Schätzungen 840.000 Wohnungen.

24.-25.2. Staatsbesuch des mexikanischen Präsidenten SALINAS DE GORTARI (behandelte Themen: Gründung einer Freihandelszone mit Guatemala sowie Vertiefung der wirtschaftlichen und diplomatischen Zusammenarbeit).

27.2. Die UNO-Menschenrechtskommission sieht auf ihrer 48. Sitzungsperiode in Genf von einer Verurteilung Guatemalas ab, empfiehlt aber den Verbleib von UNO-Beratern im Lande.

April

30.4. Kabinettsumbildungen. Die fünf neuen Amtsträger (Gesundheit/Soziale Sicherheit: Eusebio DEL CID PERALTA, Kultur/Sport: Eunice LIMA SHAUL, Energie/Bergbau: César FERNÁNDEZ, Land- und Stadtentwicklung: Ricardo CASTILLO SINIBALDI, Präsidialamt: Antulio CASTILLO BARAJAS) entstammen der Regierungspartei MAS.

Mai

29.5. Der UNO-Beobachter der Friedensgespräche, Francesc VENDRELL, wird auf Druck der Regierungsdelegation ersetzt.

August

3.-7.8. Die 7. Verhandlungsrunde in Mexiko zwischen URNG, Regierung und Militärs unter Beteiligung von sechs Repräsentanten anderer gesellschaftlicher Interessengruppen endet mit der einseitigen Verpflichtung der Regierung, die umstrittenen *Patrullas de Autodefensa Civil* nicht ohne weiteren zwingenden Grund zu fördern oder zu bewaffnen.

Oktober

8.10. Nach fast zweijährigen Verhandlungen kommt es zu einer Übereinkunft zwischen Regierung und den *Comisiones Permanentes de Refugiados en México* (CCPP) über die Rückführung von seit über 10 Jahren in Mexiko lebenden Flüchtlingen. Nicht erfüllt werden die Forderungen der CCPP nach Abschaffung der Zivilpatrouillen und der Militärbasen nahe der künftigen Siedlungen der Rückkehrwilligen.

16.10. Der Friedensnobelpreis 1992 geht an die 33jährige Quiché-Indianerin Rigoberta MENCHÚ TUM. Gewürdigt werden v.a. ihr Einsatz für die Menschenrechte und die Rechte der Indianer. Die Entscheidung ist in Regierungskreisen umstritten. Der alternative Friedensnobelpreis *(The Right Livelihood)* geht an die Guatemaltekin Helen MACK CHANG, eine Schwester der unter der CEREZO-Regierung (1985-90) mutmaßlich von Streitkräften ermordeten Anthropologin Myrna MACK CHANG.

November

Anfang Das Verfassungsgericht beurteilt die einseitige Anerkennung der Unabhängigkeit Belizes durch Präsident SERRANO vom September 1991 als verfassungsgemäß. Geklagt hatte ein Abgeordneter aufgrund der fehlenden Zustimmung des Parlaments bzw. des verfassungsmäßig vorgeschriebenen Referendums.

6.11. Der viertägige Besuch der Interamerikanischen Menschenrechtskommission der Organisation Amerikanischer Staaten (CIDH-OAS) in Guatemala endet mit dem Ausruck tiefer Besorgnis über die Lage der Menschenrechte, für die v.a. die Sicherheitsorgane verantwortlich gemacht werden.

Petra Bendel

IBEROSTAT
Stand: 8,93   Berichtsjahr (BJ):   1991
                              GUATEMALA
Hauptstadt: Ciudad de Guatemala
Fläche (in qkm):   108.889
Währung: Quetzal   Jahr

	1970	1980	1990	1991
1. DEMOGRAPHISCHE KENNZIFFERN				
Bevölkerungszahl (in Mio.)	5,21	6,91	9,2	9,466
davon: unter 15 Jahren (in %)	46,4	45,7	45,7	45,2
davon: im Alter von 15-64 Jahren (in %)	50,8	51,5	51,3	52,3
Städtische Bevölkerung (in %)	35,7	32,7	39,4	39,8
Geburtenrate	41	41,8	39,7	38,7
Fertilitätsrate	6,5	6,2	5,4	5,4
Erwerbspersonen in der Landwirtschaft (in %)	61,3	56,9		
Erwerbspersonen in der Industrie (in %)	15	17,1		
Erwerbspersonen im Dienstleistungssektor (in %)	23,7	26		

Geschätzte Bevölkerung im Jahre 2025 (in Mio.)   21
Durchschnittliche jährliche Wachstumsrate
   der Bevölkerung (in %)   1965-80:   2,8
                                  1980-BJ: 2,9

	1970	1980	1990	1991
2. SOZIALE KENNZIFFERN				
Bevölkerung mit Zugang zu Trinkwasser (in %)		39	39	61
Tägl. Kalorienangebot (in % der Mindestbedarfsnorm)			93	94
Säuglingssterblichkeitsziffer (0-1 Jahr)	100,2	74,8	62	62,1
Kindersterbeziffer (0-5 Jahre)			94	81
Lebenserwartung bei der Geburt (in Jahren)	52,5	58	63	63,2
Einwohner je Arzt	3692	2180	2184	
Alphabetisierungsquote (in %)	39,3		55,1	
3. WIRTSCHAFTLICHE KENNZIFFERN				
Bruttoinlandsprodukt (in Mio. USD)	1904	7879	7966	9353
Bruttosozialprodukt pro Kopf (in USD)	360	1120	910	930
Ausfuhr von Waren u. Dienstleistungen (in Mio. USD)	354	1834	1637	1691
Einfuhr von Waren u. Dienstleistungen (in Mio. USD)	379	2107	2095	2239
Leistungsbilanz (in Mio. USD)	-8	-163	-279	-284
Kapitalbilanz (in Mio. USD)	27	-74	292	843
davon: ausl. Direktinvestitionen (in Mio. USD)	29	111	48	91
Bestand an Währungsreserven (in Mio. USD)	79	753	362	881
Privater Verbrauch (in % des BIP)	78,4	78,9	85	84,4
Staatsverbrauch (in % des BIP)			7	6
Bruttoinlandsinvestitionen (in % des BIP)	12,8	15,9	12,1	12,9
Bruttoinlandsersparnis (in % des BIP)	13,6	13,1	8	9,1
Anteil der Landwirtschaft am BIP (in %)	27	25	26	25
Anteil der Industrie am BIP (in %)	19	22	19	20
davon: Verarbeitendes Gewerbe (in %)	16			
Anteil des Dienstleistungssektors am BIP (in %)	54	53	55	55
Auslandsverschuldung (in Mio.USD)	120	1166	2777	2704
davon: öffentliche Verschuldung (in Mio. USD)	106	549	2179	2103
Schuldendienst (in Mio. USD)	37	145	211	289
davon: Zinszahlungen (in Mio. USD)	7	67	109	126
Schuldendienst in % der Exporterlöse	7,4	7,9	12,9	17,1

Durchschnittl. jährl. Wachstumsrate des BIP (in %)
                                   1965-80:   5,9
                                   1981-BJ: 1,1
Durchschnittl. jährl. Inflationsrate (in %)
                                   1980-BJ: 15,9

Honduras

Amtlicher Name: República de Honduras Präsident: Rafael Leonardo CALLEJAS ROMERO Im Amt seit: 27. Januar 1990 Nächste Präsidentschaftswahlen: 28. November 1993 Regierung: Partido Nacional (PN) Kabinett (Stand: Juli 1993): Äußeres: Dr. Mario CARIAS ZAPATA; Inneres: José Francisco CARDONA ARGÜELLES; Finanzen: Dr. Jenjamín VILLANUEVA; Wirtschaft und Handel: Ramón MEDINA LUNA Oppositionsparteien im Parlament: Partido Liberal (PL), Partido Demócrata Cristiano (PDC) Sitzverteilung im Parlament (128 Sitze): PN: 71; PL: 56; PDC: 1

Chronologie 1992

Im Mittelpunkt der politischen Diskussion stehen auch 1992 die Frage der Umstrukturierung der Streitkräfte, des Polizeiapparats und des Geheimdienstes *Dirección Nacional de Investigación* (DNI), die u.a. der Verletzung von Menschenrechten beschuldigt werden. Die seit 1990 geltenden Strukturanpassungsprogramme, die 1992 vor allem über eine Ausweitung der Privatierungsmaßnahmen im öffentlichen Sektor vorangetrieben werden, geraten ins Kreuzfeuer der Kritik sowohl von Gewerkschafts- als auch von Unternehmerseite. Gewerkschaften und Bauernverbände sind über die Frage der Notwendigkeit und des Nutzens der Anpassungsprogramme sowie des Gesetzes zur Modernisierung des Agrarsektors tief gespalten. Die Ergebnisse der Wirtschaftspolitik werden aufgrund struktureller Defizite (geringe Flexibilität der Wirtschaft, Schwäche des Außenhandels, geringe Exportdiversifizierung) nur als mäßig bezeichnet.

Januar

Anfang Die Interamerikanische Entwicklungsbank (BID) bewilligt Honduras zwei Kredite in Höhe von insg. US$ 215 Mio. mit Laufzeiten von 20 Jahren.

20.-22.1. Besuch Präsident Rafael Leonardo CALLEJAS' in Mexiko zur Frage der Weiterfinanzierung der honduranischen Schuldenlast (US$:53 Mio.) sowie zur Vertiefung der wirtschaftlichen und kulturellen Kooperation.

Februar

Ende — Auf Druck von Umweltorganisationen sieht die Regierung von der Unterzeichnung eines Vertrags zur Nutzung von 1 Mio. ha Wald durch den multinationalen Konzern *Stone Container Corporation* ab.

März

Anfang — Putschdrohungen einer Gruppe junger Offiziere *(Movimiento Revolucionario General José Trinidad Cabañas)*. Angegebene Gründe: Opposition gegen vorgesehene Verfassungsänderungen zur Stellung der Militärs, Unterordnung der Streitkräfte unter eine politische Partei, persönliche Ambitionen des Oberbefehlshaber der Streitkräfte, Luis Alonso DISCUA ELVIR.

4.3. — Verabschiedung des Gesetzes zur Modernisierung des Agrarsektors (Abschaffung der staatlichen Intervention im landwirtschaftlichen Bereich, Garantie des Privatbesitzes und Effizienzsteigerung, Förderung ausländischer Investitionen sowie traditioneller und nichttraditioneller Exportproduktion), gegen den ausdrücklichen Protest von ca. 40.000 *campesinos*.

Ende — Die neoliberale Wirtschaftspolitik der Regierung gerät ins Kreuzfeuer der Kritik von seiten der Gewerkschaften, Unternehmerverbände und Oppositionspolitiker.

April

Anfang — Die honduranische Waldschutz-Organisation *Corporación Hondureña de Desarrollo Forestal* (COHDEFOR) veröffentlicht Informationen, nach denen jährlich 100.00 ha Wald abgeholzt werden.

26.-29.4. — Der guatemaltekische Präsident Jorge SERRANO ELÍAS und sein honduranischer Amtskollege Rafael Leonardo CALLEJAS verabschieden in Guatemala eine Vereinbarung über Freihandel, Investition und Wirtschaftsintegration, mit der die Integration des "nördlichen Dreiecks" mit El Salvador vorangetrieben werden soll.

Mai

28.5. — Die Regierung gründet das Amt eines Nationalen Menschenrechtsbeauftragten *(Comisionado Nacional de los Derechos Humanos)* mit Ministerrang.

August

16.-17.8. Staatsbesuch von Präsident CALLEJAS in Panama. Behandelte Themen: Förderung der bilateralen Wirtschaftsbeziehungen und Abstimmung der Politik gegenüber den Einfuhrbeschränkungen für Bananen in EG-Ländern.

Oktober

7.10. Wiederwahl von General Luis Alonso DISCUA ELVIR zum Chef der Streitkräfte nach der Abschaffung eines entsprechenden Verbots durch das Parlament.

Mitte Streik von über 2.000 Arbeitern auf den Bananenplantagen der US-amerikanischen Fruchtgesellschaften aus Protest gegen die Verletzung arbeitsrechtlicher Bestimmungen und die geplante Schließung einiger Plantagen. Hintergrund ist u.a. die Beschränkung der Bananeneinfuhren durch die EG, an die die Fruchtgesellschaften bis zu 50% ihrer Produktion liefern.

Petra Bendel

IBEROSTAT
Stand: 8,93　　　　　　　　　　　　　　　　　　Berichtsjahr (BJ):　　1991
　　　　　　　　　　　　HONDURAS
Hauptstadt:　　Teguicigalpa
Fläche (in qkm):　122.088
Währung:　　　Lempira　　　　　　　　　　　　　　Jahr

1. DEMOGRAPHISCHE KENNZIFFERN	1970	1980	1990	1991
Bevölkerungszahl (in Mio.)	2,71	3,71	5,12	5,259
davon: unter 15 Jahren (in %)	46,2	48,2	44,7	39,8
davon: im Alter von 15-64 Jahren (in %)	51,3	49,1	52,1	56,8
Städtische Bevölkerung (in %)	28,9	35,9	47,3	44,5
Geburtenrate	49,3	47,1	39	37,1
Fertilitätsrate	7,4	6,3	5,2	5,1
Erwerbspersonen in der Landwirtschaft (in %)	64,9	60,5		
Erwerbspersonen in der Industrie (in %)	12	16,2		
Erwerbspersonen im Dienstleistungssektor (in %)	23,1	23,3		

Geschätzte Bevölkerung im Jahre 2025 (in Mio.)　　　11
Durchschnittliche jährliche Wachstumsrate
　der Bevölkerung (in %)　　1965-80:　　3,2
　　　　　　　　　　　　　　1980-BJ:　　3,3

2. SOZIALE KENNZIFFERN				
Bevölkerung mit Zugang zu Trinkwasser (in %)	33	41	73	
Tägl. Kalorienangebot (in % der Mindestbedarfsnorm)		96	94	
Säuglingssterblichkeitsziffer (0-1 Jahr)	115,2	87,2	64	64,3
Kindersterbeziffer (0-5 Jahre)		69	84	75
Lebenserwartung bei der Geburt (in Jahren)	52,7	60,2	65	64,9
Einwohner je Arzt	3668	1510	1513	
Alphabetisierungsquote (in %)	56,9		73,1	

3. WIRTSCHAFTLICHE KENNZIFFERN				
Bruttoinlandsprodukt (in Mio. USD)	723	2544	5830	2661
Bruttosozialprodukt pro Kopf (in USD)	270	640	640	580
Ausfuhr von Waren u. Dienstleistungen (in Mio. USD)	199	967	1080	1046
Einfuhr von Waren u. Dienstleistungen (in Mio. USD)	269	1306	1512	1506
Leistungsbilanz (in Mio. USD)	-64	-317	-199	-302
Kapitalbilanz (in Mio. USD)	54	278	262	192
davon: ausl. Direktinvestitionen (in Mio. USD)	8	6	0	1462
Bestand an Währungsreserven (in Mio. USD)	20	159	47	112
Privater Verbrauch (in % des BIP)	73,8	69,4	79,6	70
Staatsverbrauch (in % des BIP)			15	10
Bruttoinlandsinvestitionen (in % des BIP)	20,9	24,5	12,8	22
Bruttoinlandsersparnis (in % des BIP)	14,7	17,3	5,8	20
Anteil der Landwirtschaft am BIP (in %)	31	31	23	23
Anteil der Industrie am BIP (in %)	23	25	24	27
davon: Verarbeitendes Gewerbe (in %)	12		16	16
Anteil des Dienstleistungssektors am BIP (in %)	46	44	53	51
Auslandsverschuldung (in Mio.USD)	109	1470	3525	3177
davon: öffentliche Verschuldung (in Mio. USD)	90	974	3217	2866
Schuldendienst (in Mio. USD)	10	207	395	294
davon: Zinszahlungen (in Mio. USD)	4	120	180	151
Schuldendienst in % der Exporterlöse	2,8	21,4	36,6	28,1

Durchschnittl. jährl. Wachstumsrate des BIP (in %)
　　　　　　　　　　　　　1965-80:　　5
　　　　　　　　　　　　　1981-BJ:　　2,7
Durchschnittl. jährl. Inflationsrate (in %)
　　　　　　　　　　　　　1980-BJ:　　6,8

Nikaragua

Amtlicher Name: República de Nicaragua
Präsident: Violeta BARRIOS DE CHAMORRO
Im Amt seit: 25. April 1990
Nächste Präsidentschaftswahlen: Februar 1996

Regierung: Die ursprüngliche Regierungskoalition Unión Nacional Opositora (UNO) ist zerbrochen. Die Regierung stützt sich auf den Grupo de Centro (GC), einer der Präsidentin CHAMORRO die Treue haltende Gruppierung der alten UNO-Koalition (Minderheitsregierung) mit Unterstützung der Sandinisten.

Kabinett (Stand: Juni 1993): Präsidialamt: Antonio LACAYO; Äußeres: Ernesto LEAL; Inneres: Alfredo MENDIETA; Wirtschaft und Entwicklung: Pablo PEREIRA; Finanzen: Emilio A. PEREIRA ALEGRÍA

Im Parlament vertretene Parteien bzw. Gruppierungen (92 Sitze): Unión Nacional Opositora/Alianza Opositora Política (UNO/APO): 42; Frente Sandinista de Liberación Nacional (FSLN): 39; Grupo de Centro (GC): 9; Movimiento de Unidad Revolucionario (MUR): 1; Partido Social Cristiano (PSC): 1

Chronologie 1992

Die Präsidentin Violeta BARRIOS DE CHAMORRO ist im Berichtsjahr mit zunehmenden Konflikten innerhalb der UNO-Koalition, die ihre Kandidatur bei den Wahlen 1990 unterstützt hatte, konfrontiert. Ihre Regierungspolitik wird schließlich nur noch von einem kleinen Teil der ehemaligen UNO-Parteien (der sog. "Zentrums-Gruppe") sowie von einem Teil der Sandinisten getragen. Die Mißachtung von Entscheidungen des Verfassungsgerichts zum Funktionieren des Zusammenspiels von Regierung und Parlament durch die *hardliner*-Fraktion der UNO, welche eine massive Oppositionspolitik betreibt, führt das Land an den Rand der Unregierbarkeit. Zugleich ergeben sich massive, z.T. von den sandinistischen Gewerkschaften unterstützte Streikbewegungen u.a. gegen den Privatisierungskurs der Regierung.

Ein großes Problem stellen die durch Privatisierung öffentlicher Unternehmen freigesetzten Arbeitskräfte dar, die das Heer der Arbeitslosen (u.a. 60.000 ehemalige Angehörige der Streitkräfte) vergrößern. Konflikte zwischen Regierung und wiederbewaffneten ehemaligen Contras *(recontras)* sowie ehemaligen Angehörigen der Streitkräfte *(recompas)* um die ihnen versprochenen Landzuteilungen und Wohnungen weiten sich aus. Neben der internen Opposition üben auch die USA durch Einfrieren von Hilfsleistungen massiven Druck aus, die Einflußbereiche der Sandinisten zurückzudrängen, woraufhin die Regierung u.a. mit Umstrukturierungen innerhalb der Polizei regiert. Das 1991 eingeleitete Strukturanpassungsprogramm wird fortgesetzt.

Januar

10.1. Kabinettsumbildungen zugunsten der von Präsidentin Violeta BARRIOS DE CHAMORRO vertretenen und Präsidialamtsminister Antonio LACAYO gestützten Mitte-Position. Neuer Außenminister: Ernesto LEAL; neuer Minister für Wirtschaft und Entwicklung: Julio CÁRDENAS.

15.-16.1. Die Regierung schließt ein Abkommen mit wiederbewaffneten Ex-Contras *(recontras)* und demobilisierten Angehörigen des Militärs *(recompas)* zur Einstellung der Kriegshandlungen. Offiziellen Schätzungen zufolge sind 400-500 *recontras* und *recompas* v.a. im Norden und im Zentrum des Landes aktiv. Teile der Aufständischen sollen dem Abkommen zufolge in die Nationalpolizei eingegliedert werden.

Februar

17.2. Wiederbewaffnung von ca. 400 Mískito-Indianern der Organisation YATAMA, die auf Einlösung der 1990 versprochenen sozialen und wirtschaftlichen Hilfsleistungen drängen.

28.2. Die Regierung kündigt einen Plan zur Reaktivierung der Wirtschaft und Reduzierung der Arbeitslosigkeit an, die infolge der Privatisierung staatlicher Betriebe (ca. 15.000 Angestellte), der Verkleinerung des Militärs und Demobilisierung der Contra (zusammen ca. 83.000) sprunghaft auf 60-70% der wirtschaftlich aktiven Bevölkerung angestiegen ist. Dank der Auslandshilfe hatte die Regierung 1991 einen Rückgang der Außenverschuldung und der Inflation erreichen können (1990: 13.490,9%; 1991: 1.183,2%).

März

1.3. Ablösung des Innenministers Carlos HURTADO durch den bisherigen Vizeminister Alfredo MENDIETA im Zusammenhang mit Protesten und Besetzungen öffentlicher Gebäude durch sandinistische Arbeiterorganisationen für Lohnerhöhungen von 100% und Beteiligung der Arbeiter mit 25% an der Privatisierung der ca. 100 Staatsbetriebe.

26.3. Nikaragua erhält Zusagen für Hilfszahlungen in Höhe von US$ 1,2 Mrd. für den Zeitraum 1992-93 von seiten der Konsultationsgruppe der Internationalen Kreditgeber.

April

Anfang bis Mitte Heftige Protestaktionen von *recontras* und *recompas*, organisiert in den *Fuerzas Democráticas de Salvación Nacional* (FDSN) und im *Movimiento de Autodefensa Nacional en Armas* (MADNA); Forderung nach Zuteilung der ihnen versprochenen Ländereien.

Juni

Anfang Auf Initiative des konservativen US-Senators Jesse HELMS werden US$ 116 Mio. Wirtschaftshilfe für Nikaragua eingefroren. Ebenso wie Teile der UNO-Regierungskoalition unter Anführung des Parlamentspräsidenten Alfredo CÉSAR und des Vizepräsidenten Virgilio GODOY wendet sich HELMS gegen die Zusammenarbeit der CHAMORRO-Regierung mit den Sandinisten und den Verbleib der Führung von Nationalpolizei und Armee in den Händen von Sandinisten. Hinzu kommen Forderungen, die von den Sandinisten enteigneten ca. 200 Unternehmen und 5.000 Privatbesitztümer US-amerikanischer Bürger (Ex-Somozisten) zurückzugeben und die von den Sandinisten vor ihrer Machtübergabe durchgeführte "piñata" (Eigentumsbeschaffungen) rückgängig zu machen.

Juli

28.7. 39 FSLN- und 8 UNO-Abgeordnete des *Grupo de Centro* boykottieren die Versammlung des Parlaments, bei der die Wahl eines *Primer Secretario* vorgesehen ist; sie brechen damit das für Beschlüsse nötige Quorum unter gegenseitigen Korruptionsvorwürfen von Sandinisten und Nicht-Sandinisten.

August

Ende Präsidentin BARRIOS DE CHAMORRO entläßt Polizeichef René VIVAS u.a. auf Druck von Teilen des US-Kongresses.

September

1.9. Ein Seebeben an der Pazifikküste fordert ca. 300 Todesopfer.

2.9. Ein Großteil der UNO-Fraktion im Parlament unter Anführung des Parlamentspräsidenten Alfredo CÉSAR weigert sich, einer Aufforderung des Appellationsgerichts nachzukommen, nach der alle am 2. September ohne das nötige Quorum, nur mit Teilen der UNO-Fraktion gefällten Entscheidungen der *Asamblea Nacional* (Wahl der Parlamentsführung) bis zur endgültigen Entscheidung durch den Obersten Gerichtshof für ungültig erklärt werden. Infolge der Weigerung von Sandinisten und Zentrumsfraktion, an weiteren Parlamentssitzungen teilzunehmen, ist die *Asamblea Nacional* beschlußunfähig.

9.9. Präsidentin BARRIOS DE CHAMORRO fällt die Entscheidung, das während der sandinistischen Regierung enteignete Land zurückzugeben. Von insgesamt über 17.000 Fällen bestehen 4.600 Anträge auf Rückgabe, die sich aufgrund der nun unterschiedlichen Nutzung (staatliche, private

Nutzung; Errichtung anderer Unternehmen auf den Grundstücken etc.) äußerst schwierig gestaltet.

Oktober

12.10. Drittes Treffen der *Resistencia Indígena, Negra y Popular* mit 300 Delegierten aus 27 Ländern in Managua zur Verurteilung der öffentlichen Feierlichkeiten zum Kolumbus-Jahr.

Ende Rußland erläßt Nikaragua 81% der unter den Saninisten akkumulierten Auslandsschulden in Höhe von insg. US$ 3 Mrd.

November

23.11. Die sandinistische Gewerkschaftsorganisation *Frente Nacional de Trabajadores* (FNT) ruft nach einer ersten Woche von Streik- und Protestbewegungen (u.a. in den Krankenhäusern) zum Generalstreik auf. Forderungen: Lohnerhöhungen von 100%, Schaffung von 80.000 Arbeitsplätzen, Rücknahme der Mehrwertsteuer, Wiederbeschäftigung der entlassenen Arbeiter und Angestellen im Bildungs- und Gesundheitssektor, Beteiligung der Arbeiter an der Privatisierung der rd. 100 Staatsbetriebe.

23.11. Die Ermordung des Präsidenten der *Asociación Nacional de Confiscados*, Arges SEQUEIRA MANGAS, der für die Rechte der unter den Sandinisten Enteigneten eingetreten war, führt zu einer weiteren Polarisierung zwischen Sandinisten und Anti-Sandinisten.

27.11. Der Oberste Gerichtshof erklärt alle seit dem 2. September gefällten Parlamentsbeschlüsse für ungültig. Parlamentspräsident Alfredo CÉSAR weist das Urteil zurück mit dem Argument, dem Gericht stünde die Einmischung in die Kompetenzen anderer Verfassungsorgane nicht zu.

Dezember

3.12. Die US-Regierung gibt US$ 54 der insg. 116 Mio. blockierten Nikaragua-Hilfe frei.

Petra Bendel

IBEROSTAT
Stand: 8,93
Hauptstadt: Managua
Fläche (in qkm): 130.000
Währung: Gold Cordóba

NICARAGUA

Berichtsjahr (BJ): 1991

Jahr

1. DEMOGRAPHISCHE KENNZIFFERN	1970	1980	1990	1991
Bevölkerungszahl (in Mio.)	1,97	2,77	3,85	3,975
davon: unter 15 Jahren (in %)	48,8	47,9	46	47,7
davon: im Alter von 15-64 Jahren (in %)	48,8	49,7	51,5	50,6
Städtische Bevölkerung (in %)	47	53,4	59,8	60,4
Geburtenrate	47,4	45,6	41,8	40,5
Fertilitätsrate	6,9	6,1	5,3	5,3
Erwerbspersonen in der Landwirtschaft (in %)	51,5	46,5		
Erwerbspersonen in der Industrie (in %)	16	15,8		
Erwerbspersonen im Dienstleistungssektor (in %)	32,5	37,7		

Geschätzte Bevölkerung im Jahre 2025 (in Mio.) 8
Durchschnittliche jährliche Wachstumsrate
 der Bevölkerung (in %) 1965-80: 3,1
 1980-BJ: 2,7

2. SOZIALE KENNZIFFERN

Bevölkerung mit Zugang zu Trinkwasser (in %)	34	46	54	
Tägl. Kalorienangebot (in % der Mindestbedarfsnorm)		99	95	
Säuglingssterblichkeitsziffer (0-1 Jahr)	106	82,8	55	55,1
Kindersterbeziffer (0-5 Jahre)			78	70
Lebenserwartung bei der Geburt (in Jahren)	53,5	58,4	65	64,7
Einwohner je Arzt	2049	1500	1564	
Alphabetisierungsquote (in %)	51,4		87	

3. WIRTSCHAFTLICHE KENNZIFFERN

Bruttoinlandsprodukt (in Mio. USD)	777	2070		6950
Bruttosozialprodukt pro Kopf (in USD)	380	690	420	460
Ausfuhr von Waren u. Dienstleistungen (in Mio. USD)	218	514	404	384
Einfuhr von Waren u. Dienstleistungen (in Mio. USD)	263	1049	911	1197
Leistungsbilanz (in Mio. USD)	-40	-411	-305	-5
Kapitalbilanz (in Mio. USD)	51	239	120	267
davon: ausl. Direktinvestitionen (in Mio. USD)	15	0	0	0
Bestand an Währungsreserven (in Mio. USD)	49	75		
Privater Verbrauch (in % des BIP)	74,6	82,5	73	89
Staatsverbrauch (in % des BIP)			29	21
Bruttoinlandsinvestitionen (in % des BIP)	18,4	16,8	20,7	18
Bruttoinlandsersparnis (in % des BIP)	16	-2,3	-2	-10
Anteil der Landwirtschaft am BIP (in %)	25	23	28	30
Anteil der Industrie am BIP (in %)	26	31		23
davon: Verarbeitendes Gewerbe (in %)	18			19
Anteil des Dienstleistungssektors am BIP (in %)	49	46		47
Auslandsverschuldung (in Mio.USD)	147	2170	10623	10445
davon: öffentliche Verschuldung (in Mio. USD)	147	1661	8067	8703
Schuldendienst (in Mio. USD)	36	115	16	391
davon: Zinszahlungen (in Mio. USD)	7	69	11	223
Schuldendienst in % der Exporterlöse	10,6	22,3	3,9	112,4

Durchschnittl. jährl. Wachstumsrate des BIP (in %)
 1965-80: 2,5
 1981-BJ: -1,9
Durchschnittl. jährl. Inflationsrate (in %)
 1980-BJ: 583,7

Panama

> Amtlicher Name: República de Panamá
> Präsident: Guillermo ENDARA GALIMANY
> Im Amt seit: 20. Dezember 1989
> Nächste Präsidentschaftswahlen: Mai 1994
>
> Regierung: *Alianza Democrática de Oposición Civilista* (ADOC), bestehend aus Movimiento Liberal Republicano Nacionalista (MOLIRENA), Partido Arnulfista (PA), und Partido Liberal Auténtico (PLA); (Minderheitsregierung nach Ausscheiden des Partido Democrático Cristiano)
>
> Kabinett (Stand: März 1993): Äußeres: Dr. Julio LINARES; Inneres und Justiz: Juan B. CHEVALIER; Finanzen: René ARDÓN; Planung und Wirtschaftspolitik: Delia CÁRDENAS
>
> Oppositionsparteien im Parlament: Coalición de Liberación Nacional (COLINA): Partido Revolucionario Democrático (PRD), Partido Laborista (PALA), Partido Liberal (PL), Partido Demócrata Cristiano (PDC)
>
> Sitzverteilung im Parlament (67 Sitze): PDC: 28; MOLIRENA: 16; PRD: 10; PA: 7; PLA: 4; PALA: 1; PL: 1

Chronologie 1992

Die Regierung ENDARA wies wiederholt auf Versuche der Destabilisierung und auf Morddrohungen gegen den Präsidenten hin. Von zentraler innenpolitischer Bedeutung waren im Berichtsjahr die massiven Proteste gegen die Wirtschaftspolitik der Regierung (Beschleunigung der Privatisierung), insbesondere gegen die steigende Arbeitslosigkeit.

Januar

Ende Reise von Planungs- und Wirtschaftsminister Guillermo FORD nach Washington zur kompletten Begleichung der Verzugszinsen der Auslandsverschuldung an die Internationalen Kreditinstitute, Bedingung für die Gewährung weiterer Kredite.

März

Mitte Die Regierung ENDARA unterzeichnet ein Abkommen mit der US-Entwicklungsbehörde AID im Rahmen der Umschuldung zugunsten von Umweltschutzfonds *("debt for nature swaps")* in Höhe von US$ 10 Mio. Bislang waren die Umschuldungen dieses Programms zu 90% an Costa Rica und Ekuador gegangen.

April

9.4. Ex-Diktator Manuel Antonio NORIEGA wird in den USA des Drogenhandels und der Geldwäsche für schuldig befunden.

Mai

Anfang Schwere Unruhen in Colón, die sich v.a. gegen die steigende Arbeitslosigkeit in der Stadt (nach Schätzungen waren es 1992 56% der wirtschaftlich aktiven Bevölkerung gegenüber 15,7% im Landesdurchschnitt) richten.

Juni

11.6. Der erste Besuch des US-amerikanischen Präsidenten George BUSH nach der US-Intervention vom Dezember 1989 in Panama gibt Anlaß zu heftigen Protestdemonstrationen; gleichzeitig Attentate gegen militärische Einrichtungen der USA.

August

27.8. Rücktritt des Planungs- und Wirtschaftsministers Guillermo FORD, nunmehr Koordinator der Strukturanpassungsprogramme *("Plan Ford")*. Als Nachfolgerin wird Delia CÁRDENAS ins Kabinett berufen.

November

6.11. Das bisher schwerste Attentat unter der ENDARA-Regierung auf die *Procuraduría General de la Nación* im Vorfeld des Referendums zu Verfassungsreformen steht in einer Reihe von Attentaten gegen öffentliche Einrichtungen (Außenministerium, 18.9; Oberste Wahlbehörde 18.9.; Flughafen Tocumen, 18.9.; *Dirección General de Migración*, 11.10). Die Urheber werden unter ehemaligen Militärs vermutet. Auch Eigenattentate werden nicht ausgeschlossen.

15.11. Das Referendum zu insgesamt 58 Verfassungsreformen, darunter die Entscheidung zur Abschaffung des Militärs, scheitert mit 65% Gegenstimmen bei ca. 60% Wahlenthaltung. Das Ergebnis wird als Protestwahl gegen die Regierung ENDARA gewertet.

Petra Bendel

IBEROSTAT
Stand: 8,93 Berichtsjahr (BJ): 1991
PANAMA
Hauptstadt: Ciudad de Panama
Fläche (in qkm): 77.082
Währung: Balbao Jahr

1. DEMOGRAPHISCHE KENNZIFFERN	1970	1980	1990	1991
Bevölkerungszahl (in Mio.)	1,54	1,96	2,42	2,46
davon: unter 15 Jahren (in %)	44,1	43,1	35	34,6
davon: im Alter von 15-64 Jahren (in %)	51,8	53	60,4	61,9
Städtische Bevölkerung (in %)	47,6	50,5	53,4	53,9
Geburtenrate	37,2	26,9	25,3	24,9
Fertilitätsrate	5,2	3,7	2,8	2,8
Erwerbspersonen in der Landwirtschaft (in %)	41,6	31,8		
Erwerbspersonen in der Industrie (in %)	16	18,2		
Erwerbspersonen im Dienstleistungssektor (in %)	42,4	50,1		

Geschätzte Bevölkerung im Jahre 2025 (in Mio.) 4
Durchschnittliche jährliche Wachstumsrate
  der Bevölkerung (in %)   1965-80: 2,6
                                   1980-BJ: 2,1

2. SOZIALE KENNZIFFERN

Bevölkerung mit Zugang zu Trinkwasser (in %)	66	77	82	84
Tägl. Kalorienangebot (in % der Mindestbedarfsnorm)		103	107	
Säuglingssterblichkeitsziffer (0-1 Jahr)	46,6	28,4	21	21,4
Kindersterbeziffer (0-5 Jahre)			31	24
Lebenserwartung bei der Geburt (in Jahren)	65,5	70,3	73	72,6
Einwohner je Arzt	1482	980	1000	
Alphabetisierungsquote (in %)	78,2		88	89,3

3. WIRTSCHAFTLICHE KENNZIFFERN

Bruttoinlandsprodukt (in Mio. USD)	1021	3559	4816	5544
Bruttosozialprodukt pro Kopf (in USD)	680	1630	1900	2130
Ausfuhr von Waren u. Dienstleistungen (in Mio. USD)	394	7736	5354	6271
Einfuhr von Waren u. Dienstleistungen (in Mio. USD)	463	8062	5309	6462
Leistungsbilanz (in Mio. USD)	-64	-322	127	24
Kapitalbilanz (in Mio. USD)	150	-341	-548	525
davon: ausl. Direktinvestitionen (in Mio. USD)	33	-47	-30	-62
Bestand an Währungsreserven (in Mio. USD)	16	117	344	499
Privater Verbrauch (in % des BIP)	60,6	56,5	61	62,2
Staatsverbrauch (in % des BIP)			22	21
Bruttoinlandsinvestitionen (in % des BIP)	27,8	27,7	16,3	14,2
Bruttoinlandsersparnis (in % des BIP)	24,5	24,4	17,4	16,4
Anteil der Landwirtschaft am BIP (in %)	15	10	10	10
Anteil der Industrie am BIP (in %)	22	21	9	11
davon: Verarbeitendes Gewerbe (in %)	16		7	
Anteil des Dienstleistungssektors am BIP (in %)	63	69	80	79
Auslandsverschuldung (in Mio.USD)	194	2974	6678	6791
davon: öffentliche Verschuldung (in Mio. USD)	194	2271	3988	3939
Schuldendienst (in Mio. USD)	32	488	227	250
davon: Zinszahlungen (in Mio. USD)	7	256	107	122
Schuldendienst in % der Exporterlöse	7,7	6,3	4,2	4

Durchschnittl. jährl. Wachstumsrate des BIP (in %)
                  1965-80: 5,5
                  1981-BJ: 0,5
Durchschnittl. jährl. Inflationsrate (in %)
                  1980-BJ: 2,4

Lateinamerika Jahrbuch 1993

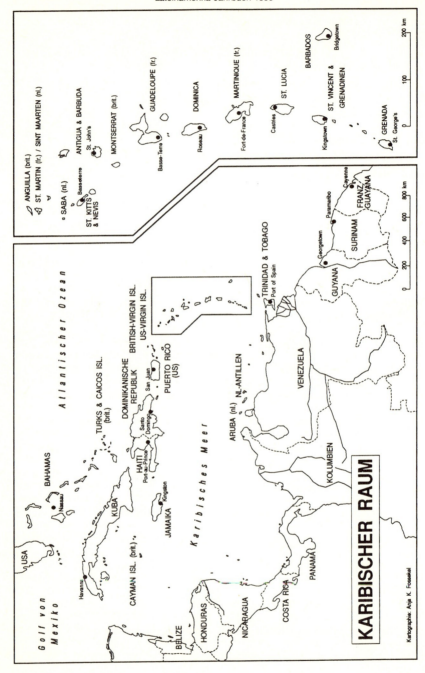

Karibischer Raum

Chronologie 1992

ANTIGUA & BARBUDA

Das Jahr 1993 ist erneut durch mangelhafte politische Strukturen, Kurruptionen und innenpolitische Skandale gekennzeichnet. Die Oppositionszeitung *"Outlet"* veröffentlicht am 3.1., daß Premierminister Vere BIRD sen. (Antigua Labour Party - ALP) im Oktober 1991 US$ 27.000 vom Schatzamt auf sein Privatkonto überwiesen habe. Ein Kabinettsprotokoll vom 29.10.1991 bestätigt die Transaktion. Am 4.1. bestätigt BIRD, die Scheckeinlösung zugunsten einer Frau getätigt zu haben, die das Geld für eine medizinische Behandlung (in den USA) benötigt habe. Balwin SPENCER (United National Democratic Party - UNDP), der einzige Oppositionsabgeordnete im Parlament, sowie der Antigua Christian Council unter Leitung von Erzbischof Orland LINDSAY fordern eine Untersuchung der Ereignisse. Ende Januar Finanzminister Molwyn JOSEPH die Leitung des Handelsministeriums entzogen und dem Außenminister Lester BIRD (Sohn des Premierministers) übertragen. Während fünf Minister der ALP den Premier verteidigen, tritt am 23. 2. Kabinettsekretär Lounel STEVENS wegen der Scheckaffäre zurück. Am 27.2. treibt die Polizei eine Demonstration von etwa 200 Oppositionellen mit Tränengas auseinander - die Handelskammer fordert die Aufklärung der Polizeiaktion. Am 5.3. präsentiert Finanzminister Molwyn JOSEPH einen Haushalt von EC-$ 436,3 Mio., der von SPENCER als fiktiv bezeichnet wird. Am 7.3. wird ein Bombenanschlag auf das Haus von Casford MURRAY, den Speaker des Parlaments, verübt. Am 8.3. geht ein Frauenbüro der ALP aus ungeklärter Ursache in Flammen auf. Am 11.3. erhalten der ALP-Abgeordnete Hugh MARSHALL und Außenminister Lester BIRD Bombendrohungen. Sie haben sich kritisch gegen Vere BIRD sen. geäußert. Am 26.3. schließen sich die drei Oppositionsparteien UNDP, ACLM und PLM (Progressive Labour Movement) zur United Progressive Party (UPP) zusammen. Am 30.3. kündigt der 84jährige Vere BIRD sen. an, daß er 1994 nicht mehr kanidieren werde. Eine oppositionelle Demonstration mit etwa 5.000 Teilnehmern fordert am 4.4. den Rücktritt von BIRD. Ein Generalstreik schließt sich am 6.4. an. Am 7.4. verzichtet der Staatsanwalt ohne Begründung auf die Anklage gegen 32 Demonstranten der Februar-Demonstration. Am 1.5. findet eine Demonstration von etwa 10.000 Regierungsgegnern statt. Anfang Mai erstatten SPENCER und HECTOR bei Police Commisioner Eric POTTER Anzeige gegen Vere BIRD. Wenige Tage später beginnt die Regierung mit der Auszahlung von EC-$ 3 Mio. an ausstehenden öffentlichen Gehältern. Insgesamt müssen seit 1990 EC-$ 6 Mio. ausgezahlt werden. Auf einem Parteitag der ALP am 24.5. führt eine Abstimmung über den Parteivorsitz zwischen Lester BIRD und John ST. LUCE, dem Informationsminister, zu einem Patt. Manche zweifeln die Rechtmäßigkeit der Delegiertenauswahl an. Ins Präsidium werden gewählt: Hugh MARSHALL (Vizepräsident), Vere BIRD jr. und der Tourismusminister Rodney WILLIAMS. Schatzmeister wird Hilroy HUMPHREYS. Im Juli gewährt die Bank of Antigua einen EC-$ 5 Mio. Kredit für den Ausbau des V.C. BIRD-Flughafens, und die European Development Bank genehmigt Zuwendungen für Landwirtschaftsprojekte im Wert von US$ 5 Mio..In einer Parlamentssitzung am 23.7. erklärt Vere BIRDsen, daß er nie einen Scheck für eine Frau eingelöst habe. Ein von SPENCER (UPP) gestellter Mißtrauensantrag wird ohne Begründung verschoben. Ende Juli brennt das Haus des UPP-Mitglieds Hilson BAPTISTE ab. Für Fischerreieinrichtungen und Straßenbau gewährt eine chinesische Delegation einen Kredit von 10 Mio. EC-$, und Mowley JOSEPH wird Vorsitzender der East Caribbean Central Bank. Auf einer Parlamentssitzung am 17.8. zieht Justizminister Keith FORDE zwei Gesetzentwürfe gegen Korruption auf Antrag von Vere BIRD sen. zurück. Am 2.9. zieht Finanzminister JOSEPH einen Plan zurück, der die Umsiedlung der Raffinerie der *West Indies Oil Co.* (WIOC) nördlich von St. John's zugunsten eines Tourismusprojektes vorsieht. Mr. RAPPAPORT, ein Schweizer-Amerikaner, ist zu 75% an der WIOC beteiligt, die restlichen 25% hält die Regierung. RAPPAPORT beschwert sich über Gewinnforderungen der Regierung für 1991 in Höhe von EC-$ 2 Mio., die er abführen soll. Am 11.9. veröffentlicht RAPPAPORT seine sozialen Leistungen für Antigua im *Outlet*. Im November teilt Finanzminister JOSEPH mit, daß Mr. RAPPAPORT, der seit 1980 keine Gewinne an Antigua abgeführt habe, sich bereit erklärt hat, insgesamt EC-$ 20 Mio. an die Regierung auszuzahlen, zusätzlich noch 25% des zukünftigen Nettogewinnes. Dafür akzeptiert er eine revidierte Version des Umsiedlungsplanes der WIOC Raffinerie. Auf einer Kabinettssitzung werden Vere BIRD jun. und der ehemalige Polizeichef Clyde WALKER gegen den Willen von Vere BIRD sen. zu Beratern bestellt. Beide sind zusammen mit RAPPAPORT, dem gute Beziehungen nach Israel nachgesagt werden, in einen Waffenhandel verwickelt gewesen. V.C. BIRD erleidet einen leichten Herzanfall auf dieser Kabinettssitzung, erholt sich jedoch schnell.

ARUBA und NIEDERLÄNDISCHE ANTILLEN
(Curaçao, Bonaire, Sint Eustatius, Sint Maarten, Saba)

Dominierend in der politischen Diskussion der Inselgruppe ist auch dieses Jahr die Frage nach dem zukünftigen Status der einzelnen Inseln untereinander und als Teil des niederländischen Königreiches. Während die Inseln, die stark von US-amerikanischen Touristen abhängig sind (Aruba, Curaçao), auch weiterhin unter Einbußen seit dem Golfkrieg zu leiden haben, steigt die Zahl der Besucher auf den kleineren Inseln (Bonaire, Saba, Sint Eustatius) weiter an. Bonaire schafft es durch eine gezielte Öffnung der Tourismusindustrie für venezolanische und europäische Besucher zweistellige Wachstumszahlen zu erzielen. Ansonsten können eine zurückhaltende Investitionstätigkeit und sinkende Einnahmen im Offshore-Finanzsektor nur teilweise von den größeren Wachstumszahlen in der Großwerft auf Curaçao und der Erhöhung der Erdölraffinierung ausgeglichen werden.

Im Januar beschließt der *Curaçao Executive Council* ein spezielles Büro einzurichten, das sich mit der verfassungsrechtlichen Neuregelung der Inselgruppe beschäftigt. Wegen der zunehmenden Probleme und Auswirkungen des Drogenhandels und der Geldwäsche schickt die holländische Regierung im Februar Rechtsexperten nach Aruba und Curaçao, um sich über die Möglichkeit präventiver Maßnahmen sowie einer entsprechenden Gesetzgebung zu beraten.Nach Einbrüchen bei den US-Besucherzahlen im letzten Jahr wird im März vom Tourismusminister Ruben PAGE eine agressive Werbekampagne gestartet, die speziell US-amerikanische Touristen anlocken soll. Im Mai offenbart die Veröffentlichung des durchgeführten Zensus von 1992, daß die Arbeitslosenrate in Curaçao aufgrund der wirtschaftlichen Probleme in den letzten acht Monaten um 1,3% auf 16,4% gestiegen ist, daß die Zahl der über 60jährigen vor allem durch die Abwanderung ins Mutterland beträchtlich zugenommen und die durchschnittliche Familiengröße abgenommen hat. Nachdem die Isla-Ölraffinerie zwischen August 1991 und März 1992 keinen ernsteren Zwischenfall zu melden hat, gewinnt sie im Juni einen internationalen Sicherheitspreis als eine der zehn sichersten Raffinierien der Welt. Im Juli unterzeichnet Premierministerin Maria LIBERIA einen Kooperationsvertrag mit der Dominikanischen Republik, der die Gründung von *joint-ventures* dominikanischer und antillanischer Unternehmen vorsieht. Dies ist besonders im Zusammenhang mit den von der Europäischen Gemeinschaft beschlossenen Exporterleichterungen für europäische Überseegebiete interessant. Neben Industrie- und landwirtschaftlichen Produkten werden ab Januar 1993 auch weiterverarbeitete Produkte von Importsteuern ausgenommen, die aus Rohmaterialien anderer AKP-Staaten hergestellt sind. Justizministerin Suzy ROMER kündigt an, daß sie eine Gesetzesvorlage zur Verhinderung von illegaler Geldwäsche im Parlament einbringen wird. Im August präsentiert die Regierung ihr Budget für 1993 vor dem Inselparlament. Das Defizit steigt infolge der abgeschwächten Konjunkturentwicklung und durch die zurückgehenden Einnahmen im Geldanlagegeschäft auf rund Gulden 70 Mio. (1,– DM = 1,11 Niederl. Antillen Gulden). Die holländische Regierung beschließt, den sich vor allem auf Saba und St. Eustatius etablierten "Führerschein-Tourismus" zu unterbinden. Die beiden Inseln hatten sich darauf spezialisiert, Fahrlizenzen für Kurzreisende bereits nach einer relativ einfachen Prüfung zu ermöglichen. Diese Führerscheine konnten danach in den Niederlanden auf nationale und internationale Lizenzen umgeschrieben werden. Es wird mit Einnahmeausfällen von einigen Millionen Gulden gerechnet; Saba reagierte bereits verärgert mit einem Gesetz, das fremden Arbeitssuchenden eine Gebühr von bis zu Gulden 2.500 für eine Arbeitserlaubnis auferlegt. Dies trifft vor allem Niederländer, die sich auf den Karibikinseln niederlassen wollen. Im September treffen sich zum zweiten Mal Vertreter von Aruba, den Niederländischen Antillen und den Niederlanden, um sich über mögliche neue Formen für den zukünftigen Status der Inseln zu beraten. Dabei wird auch über einen Solidaritätsfonds diskutiert, der den kleineren Inseln permanente finanzielle Hilfe garantieren soll. Im Oktober beginnt nach mehrmaligen Verzögerungen der Bau eines Windmühlenparks in Curaçao, der wie geplant bis zu zwei Prozent der benötigten Energie liefern soll. Entgegen den Erwartungen der Regierung beschließt die USA im November nun doch, ihre seit 199 Jahren bestehende konsularische Vertretung auf Curaçao zu schließen. Dies kann nach Befürchtungen der antillanischen Regierung zu einem weiteren Rückgang in den wirtschaftlichen Beziehungen führen.

BAHAMAS

Das überraschendste Ereignis des Jahres ist die Abwahl des seit 1967 regierenden Sir Lyden PINDLING mit seiner *Progressive Liberal Party* (PLP), die im Kolumbusjahr 1992 von der Oppositionspartei FREE NATIONAL MOVEMENT (FNM) unter der Führung von Hubert Alexander INGRAHAM besiegt wird.

Mitte Mai findet das Jahrestreffen der OAS in Nassau statt, wobei die wichtigsten Beschlüsse mit dem Embargo gegen Haïti zusammenhängen. Die Oppositionspartei FNM und die Bevölkerung der Bahamas warten noch immer auf die Ausrufung der anstehenden Parlamentswahlen. Bislang war es üblich, die Wahl spätestens 5 Jahre nach dem letzten Wahltag stattfindenzulassen. Es ist jedoch verfassungsrechtlich nicht umstritten, daß die Auflösung des Parlaments und damit auch Neuwahlen am fünften Jahrestag der Einberufung des alten Parlaments stattfinden können. Dies bedeutet, daß die sich in einem Stimmungstief befindliche Regierung auch gegen die Vorwürfe der Opposition die Wahl bis zum 1.9. aufschieben kann. Beim Treffen der CARICOM-Staaten Ende Juni/Anfang Juli in Port of Spain wird beschlossen, an der vereinbarten Einführung eines gemeinsamen Einfuhrzolls festzuhalten. Da die Bahamas nicht vorhaben, sich ab 1994 an einem Gemeinsamen Karibischen Markt zu beteiligen, wird ihnen eingeräumt, daß sie auf die beschlossene Einführung des *Common External Tariff* (CET) verzichten können. Am 27.7. kündigt Premierminister Sir Lyden PINDLING die ausstehende Parlamentswahl für August an. Obwohl die Eintragung ins Wahlregister eine überraschend hohe Beteiligung findet, führt die regierende PLP einen sehr zurückhaltenden Wahlkampf. Sie verzichtet sogar auf die Veröffentlichung eines Wahlprogramms. Die beiden zur Wahl stehenden Parteien PLP und FNM unterscheiden sich nur wenig in ihrer Politik. Beide können als Parteien der Mitte bezeichnet werden. Während die PLP jedoch in zahlreiche Korruptionsskandale verstrickt ist und ihr seit langem eine gewisse Nähe zum kolumbianischen Drogenkartell vorgeworfen wird, scheint die FNM zum ersten Mal in der Geschichte der unabhängigen Bahamas eine wirkliche Herausforderung darzustellen. Der Bevölkerung, die sich über Drogenhandel und Korruption nur wenig empörte, bereiten die wachsenden Wirtschaftsprobleme inzwischen ernste Probleme. Der Tourismus leidet immer noch erheblich unter der Rezession in den USA, viele der großen Hotels und Kasinos stehen zum Verkauf, und die Arbeitslosigkeit wird auf 20% geschätzt. Darüber hinaus sind die Bahamesen verärgert über eine unerklärte Lücke von US$ 2,3 Mio. in der Staatskasse, die die Regierung PINDLING zu verantworten hat. Anfang August führt der Hurrikan "Andrew"zu schweren Zerstörungen vor allem auf den Family-Islands (Eleuthera, Berry Islands, Bimini und Cat Islands). Am 19.8. findet die lang erwartete Parlamentswahl statt, bei der Hubert Alexander INGRAHAM überraschender Wahlsieger wird. Seine Partei *Free National Movement* kann sich in einem Erdrutschsieg von 16 Sitzen im alten auf 31 Sitze (insges. 49 Sitze) im neuen Parlament steigern. Der Wahlsieg der FNM und damit die Ablösung des seit 25 Jahren regierenden Sir Lyden PINDLING wird in den Straßen von Nassau begeistert gefeiert. Das neue Kabinett der FNM besteht aus: Hubert Alexander INGRAHAM (inanzen und Planung), Orville Alton TURNQUEST (Generalstaatsanwalt, Justiz und Außenpolitik), Frank Howard WATSON (Öffentliche Dienstleistungen und Baumaßnahmen), Janet Gwennett BOSTWICK (Soziales, Sozialversicherung und Wohnungsbau), Maurice Elijah Moore (Arbeit und Ausbildung), Ivy Leona

DUMONT (Gesundheit und Umwelt), Cornelius Alvin Smith (Bildung und Kultur), Brent SYMONETTE (Tourismus), Tennyson Roscoe Gabriel WELLS (Landwirtschaft und Fischerei), Arlington Griffith BUTLER (Öffentliche Sicherheit und Einwanderung), Algernon S.P. ALLEN (Jugend), Theresa Maria MOXEY (Transport und Verkehr). Am 3.9. hält General-Gouverneur Kendal ISAACS bei der Eröffnung des neuen Parlaments seine "Thronrede", die Regierungserklärung der neuen Regierung. Schlüsselbegriffe der neuen Strategie unter INGRAHAM sind "Offenheit" und "Moral". Der 45 Jahre alte Rechtsanwalt, der bereits unter der alten Regierung eine Anti-Drogen- und Korruptionkampagne durchführte und 1984 das damalige Kabinett verlassen mußte, kündigte als eine seiner ersten Amtstaten die Senkung der Parlamentariergehälter an. Die Auflösung des staatlichen Medien-Monopols stellt eine weitere wichtige gesetzliche Änderung dar. Zur Ankurbelung der Wirtschaft sollen Anreize für Investitionen geschaffen, eine Stärkung des Produktionssektors über Steuererleichterungen erreicht und ein Kleinbetriebsförderungsbüro eingerichtet werden. Außerdem gibt die Regierung Anfang September vier in Staatsbesitz befindliche Hotels zum Verkauf frei, um weitere Verluste für die Staatskasse zu vermeiden. Am 12.10. findet auf San Salvador der offizielle Höhepunkt der Feierlichkeiten im Kolumbusjahr statt (Die kleine, am Südrand der Bahamas-Bank gelegene, Insel gilt trotz verschiedener akademischer Widerlegungen für die Bahamas noch immer als erster Landungspunkt von Kolumbus in der neuen Welt). Am 10.12. gibt die IDB bekannt, daß sie eine US$ 21 Mio.-Anleihe für ein multisektorales Kreditprogramm zur Unterstützung des Finanzmarktes und für Investitionsanreize für die Privatwirtschaft an die bahamesische Regierung bewilligte.

BARBADOS

Die Krise in der Zuckerwirtschaft, im Tourismus sowie die Probleme mit der inneren Sicherheit bestimmen die Politik des Jahres 1992 im ostkaribischen Inselstaat von Barbados. Am 3.1. spricht sich Polizeichef Hertley REID gegen den im Dezember beschlossenen Einsatz von gemeinsamen Militär- und Polizeipatrouillen zum Schutz vor Raubüberfällen aus. Am 7.2. erhält Premierminister Erskine SANDIFORDE bei einem Besuch in Washington Kreditzusagen in Höhe von US$ 64,9 Mio. zur Unterstützung seines Strukturanpassungsprogrammes. Das Management der staatlichen *Barbados Sugar Industry Ltd.* (BSIL) wird für 4 Monate von der internationalen COMPANY BOOKER TATE übernommen. Vom 17.2.-23.2. finden Gespräche zwischen der Barbados Workers Union und der BSIL über eine 8% Lohnerhöhung über 2 Jahre statt. Ende Februar kündigt die Regierung die Entlassung von 230 Beschäftigten der staatlichen Busgesellschaft und 80 Hafenarbeitern an. Streiks in dem Hotel "Sam Lord's Castle" und bei der BSIL werden durch Vermittlung von Arbeitsminister Warwick FRANKLIN im März beigelegt. Der IWF bestätigt in seinem vierteljährigen Gutachten von April, daß die Regierung eine erfolgreiche Politik betreibe. Bei der Haushaltsdebatte am 31. 3. stellt Premierminister SANDIFORDE Pläne für eine Steuerreform und für Teilprivatisierungen vor. Der Haushalt wird B-$ 1,1 Mrd. betragen und zu einer Neuverschuldung von B-$ 107,5 Mio. führen. Der Staatssekretär im Finanzministerium, Harold BLACKMAN, tritt am gleichen Tag zurück und kritisiert in der Debatte die Regierung. Am 1.4. bildet der Premierminister das Kabinett um: David THOMPSON übernimmt BLACKMANs Posten und gibt das Ministerium für Kultur- und Kommunalentwicklung an David BOWEN ab. Gleichzeitig tauschen Handels- und Wirtschaftsminister Carl CLARKE und Arbeits- und Verbraucherminister Warwick FRANKLIN ihre Ministerien. Ein Streik der Zuckerrohrarbeiter vom 10.-20.5. wird durch eine anonyme Spende von B-$ 150.000 beendet. Am 18.6. stellt Sir Shridat RAMPHAL den 620 Seiten starken Bericht der *West India Commission* über die Zukunft des CARICOM vor, in welchem eine engere Kooperation vorgesehen ist. Eine Diskussion über ein Entwicklungsprojekt, das die Einrichtung von 4 Golfplätzen und etwa 2.000 acres Land (= rd. 8 km^2) beinhaltet, heizt die innenpolitische Diskussion an. Immerhin betrifft dies 2,26% der gesamten Staatsfläche. Das Haushaltsdefizit im ersten Halbjahr 1992 beträgt B-$ 6 Mio.. Die Zentralbank senkt Anfang Juli den Diskontsatz von 18% auf 15%. Bei der Debatte eines Nachtragshaushalts am 7.7. wird eine Steuerreform angekündigt. Ebenfalls im Juli kündigt die Regierung die Privatisierung der *Barbados National Oil*, der *National Petroleum Co.* und des *Heywood Hotel* an. Am 30.7. beschließt das Kabinett die Durchführung des kombinierten Golfplatz- und Hausbauprogramms in der Nähe von Bridgetown. Ende Juli ist die Zuckerrohrernte beendet. Sie erfüllt mit 53.500 t nicht einmal die international zugestandene Quote von 54.000 t. Die BSIL-Verluste liegen bei B-$ 3,6 Mio.. Im August kommt am Golfplatz/Hausbauprojekt Kritik auf, da der stellvertretende Premierminister Philipp GREAVES und Oppositionspolitiker David SIMMONS Mitglieder des Bau-Konsortiums sind. Im gleichen Monat kündigt SANDIFORDE auf einer Versammlung seiner DLP (Democratic Labour Party) die Bestrafung BLACKMANS wegen parteischädigenden Verhaltens an. Am 11.9. senkt die Zentralbank die Kreditzinsen von 11% auf 9%. Mitte September teilt der Premierminister mit, daß das Privatisierungsprogramm bereits B-$ 30 Mio. an Einnahmen erbracht habe. Im Oktober wirbt SANDIFORDE in Toronto für Barbados als Finanzzentrum. Die BSIL meldet im gleichen Monat ein Vergleichsverfahren an und stellt ihre Arbeit ein. *Booker Tate* hat bereits ein Sanierungskonzept vorgelegt. Ende Oktober wird ein Alternativkonzept der *Agro-lndustrial Manangement Services* (AIMS), eines nationalen Konsortiums, bekannt. Während das Booker Tate-Konzept B-$ 40 Mio. staatlicher Zuschüsse vorsieht, verlangt AIMS nur B-$ 6 Mio.. Trotzdem erhält Booker Tate den Zuschlag zur Durchführung des Vergleichsverfahrens. Am 12.11. widerspricht Agrarminister Harcourt LEWIS dem Booker Tate-Konzept und wird daraufhin ins Premierminister-Büro versetzt. Nachfolger wird Daniel BOWEN, der das Kultur- und Kommunalministerium an Wohnungsbauministerin Evelyn GREAVES abgibt. Im Dezember gewährt die BARBADOS NATIONAL BANK der BSIL B-$ 11,5 Mio. an Krediten, um den Fortbestand der 3 Zuckerfabriken der BSIL zu sichern. Insgesamt ist BSIL bei ihr mit B-$ 223 Mio. verschuldet. Ende Dezember kündigt die Regierung eine Entscheidung darüber an, welches Sanierungskonzept für die BSIL ausgewählt werden soll.

Am 9.12. findet ein bewaffneter Raubüberfall auf 6 Touristen an der dicht bewohnten Ostküste statt. Der Vorfall reiht sich in die Serie von Anschlägen auf ausländische Touristen ein. Schon im April hatten die USA nach einem Überfall auf ihren stellvertenden Missionschef amerikanische Touristen vor der wachsenden Kriminalität auf Barbados gewarnt, ein Aufruf, dem sich wenig später auch die britische Regierung angeschließt.

BELIZE

Das Jahr 1992 ist allgemein durch wirtschaftliche Stabilisierung gekennzeichnet. Gewisse Ängste bestehen vor negativen Auswirkungen bezüglich der "Bananen-Diskussion" in der Europäischen Gemeinschaft und der Einführung des *North American Free Trade Agreement* (NAFTA), das Mexiko Marktvorteile auf dem kanadischen und US-amerikanischen Markt einräumt. Es besteht die Befürchtung, daß die bislang von Belize in die USA gelieferten Zitruskonzentrate, Bananen und Textilien durch mexikanische Lieferungen verdrängt werden könnten.

Am 17.1. wird das Gesetz zur Einrichtung eines 12 Seemeilen breiten Küstenmeeres und einer 200 Seemeilen breiten, ausschließlichen Wirtschaftszone im Parlament verabschiedet. Aus Rücksicht auf den im Golf von Honduras eingekeilten Nachbarn Guatemala und gemäß der Vereinbarungen von 1991 wird das Küstenmeer in der südlichen Grenzregion zu Guatemala bei 3 Seemeilen Breite belassen. Nachdem Guatemala seine über Jahre hinweg bestehenden Besitzansprüche gegenüber Belize aufgegeben hatte, konnte 1991 ein Kooperationsvertrag geschlossen werden, der dazu beiträgt, daß sich die politischen Beziehungen zwischen den beiden Staaten normalisieren. Das echte Interesse an positiven Entwicklungen beweist ein diplomatischer Zwischenfall im Februar: Aufgrund der Anzeigenkampagne eines texanischen Ölkonzerns, der zum Kauf von Bohrlizenzen im Golf von Honduras aufruft, zeigt sich die Regierung Belizes sehr verärgert, da es sich im angesprochenen Gebiet auch teilweise um von Belize reklamiertes Territorium handelt. Eine diplomatische Note des guatemaltekischen Botschafters vor der UNO klärt, daß die Anzeigenkampagne keinerlei staatliche Autorisierung hatte und der unbeabsichtigte "Fehler" in einer neu zu veröffentlichenden Erklärung unmißverständlich klargestellt wird. Im März werden Pläne der Regierung für die Errichtung eines Industrieparks für Hongkong-Chinesen bekannt, welche die 1997 an China zurückzugebende britische Besitzung verlassen wollen. Für einen Betrag von US$ 130.000 bietet der belizianische Staat jedem investitionsbereiten Bürger aus Hongkong die Staatsbürgerschaft, das Wahlrecht, das Kauf- und Besitzrecht für Grund und Boden sowie wirtschaftliche und fiskalische Vorteile. Darunter fallen auch eine Steuerbefreiung für 25 Jahre, das zollfreie Einfuhrrecht für Maschinen und die Möglichkeit einer Unternehmensgründung mit 100%iger ausländischer Beteiligung. Der Industriepark "New Town", der in der Nähe vom Flughafen in Belize City und rund 120 km südlich der mexikanischen Grenze eingerichtet wird, soll eine Fläche von rund 185.000 qm einnehmen und besonders der Errichtung von Lohnveredelungsbetrieben (den *Inbond Industries* oder *Maquiladoras*) dienen. Die Regierung von Belize hofft mit der Hilfe der Hongkong-Chinesen der bislang vornehmlich agrarisch orientierten Wirtschaft einen entscheidenden Anstoß zu geben. Beim CARICOM-Treffen in Port of Spain vom 28.-30.10. wird die Außenzollrate *Common External Tariff* (CET) per Jahresmitte 1993 auf 30 bis 35% gesenkt. Belize werden für die kommenden zwei Jahre Sonderraten bis zu 45% eingeräumt.

BRITISCHE KRONKOLONIEN
(Anguilla, British Virgin Islands, Cayman Islands, Montserrat, Turks & Caicos Islands)

Das Jahr ist gekennzeichnet durch die weiter anhaltenden wirtschaftlichen Einbußen vor allem im Tourismussektor. Besonders die vom Tourismus abhängigen Inseln und Inselgruppen leiden noch immer unten den zurückgehenden Besucherzahlen aus den USA. Nach den Negativeffekten des Golfkrieges im Vorjahr schlägt sich 1992 die Rezession in Nordamerika auf die Wirtschaft der karibischen Inseln nieder. Während in Anguilla im ersten Quartal noch eine kleine Erholung zu verzeichnen ist und die Touristenzahlen um 17,9% gegenüber dem Vergleichszeitraum 1991 ansteigen, wird bis Mitte des Jahres der Abwärtstrend wieder deutlich. Der Rückgang von 43,1% bei den US-amerikanischen Besuchern kann auch durch den Anstieg von 8,8% der Besucher aus anderen Karibikstaaten nicht aufgefangen werden. Auch die Cayman Islands leiden unter den rückläufigen Tourismuszahlen, obwohl sie bei dem starken Gewicht der Offshore-Finanzgeschäfte nicht die gleiche Abhängigkeit vom Tourismus zeigen wie Anguilla oder die Virgin Islands. Dennoch ist bemerkenswert, daß im Zuge der amerikanischen Rezession die Staatseinnahmen der Cayman Islands zum ersten Mal in der jüngeren Geschichte unter den Ausgaben lagen und die Inselgruppe, die bislang unter Arbeitskräftemangel litt, durch den Einbruch im Bau- und Tourismusgewerbe im ersten Quartal 1992 eine Arbeitslosenrate von 7% aufweist. Am 20.5. trifft sich die Caribbean Development Bank (CDB) zu ihrer Jahresversammlung in George Town auf Grand Cayman. Ihr Präsident, Sir Neville NICHOLLS, erklärt die durch die laufenden Strukturanpassungsmaßnahmen verursachte Erschöpfung der karibischen Wirtschaft in Zusammenhang mit der Weltrezession als bedenklichen Zustand, dem mit einer gezielten Politik begegnet werden muß. Die traditionellen Geldquellen können für die Zukunft nicht länger vorausgesetzt werden, und die Bevölkerung muß sich auf Einbußen im Lebensstandard gefaßt machen. Für das bereits seit vier Jahren laufende "Grundbedürfnisprogramm" der CDB zur Unterstützung der ärmeren Mitgliedstaaten werden weitere US$ 21,2 Mio. bereitgestellt, wobei 15 Mio. US$ aus den bankeigenen Beständen kommen und der Rest von den Mitgliedsländern aufgebracht werden soll. Auf dem Sonder-Treffen der CARICOM in Port of Spain 29.6.-2.7. wird Montserrat als CARICOM-Mitglied von der beschlossenen Einführung des gemeinsamen Außenzolls CET (vgl. Belize) ausgenommen und erhält bis zum 1.1.1994 (dem vereinbarten Datum der Einführung eines Gemeinsamen Karibischen Marktes) Sonderkonditionen. Am 27.7. werden der ehemalige Chief Minister von Montserrat, John OSBOURNE, und sein früherer Kabinettsminister, Noel TUITT, wegen Betrugs verhaftet. Ihnen wird vorgeworfen, 1989 für den Verkauf von staatlichen Ländereien auf Montserrat über US$ 10.000 von einem nordamerikanischen Geschäftsmann entgegengenommen zu haben. Im Zusammenhang mit der verstärkten Förderung einer nachhaltigen Wirtschaftsentwicklung in der englischsprachigen Karibik beschließt die CDB im Dezember insgesamt US$ 27,9 Mio. für die Finanzierung von Projekten bereitzustellen. Dabei werden den Turks & Caicos Islands US$ 1 Mio. Hypothekengelder zur Verfügung gestellt.

Karibischer Raum

DOMINICA

Wichtigstes innen- und wirtschaftspolitisches Thema ist das Programm für die sog. "ökonomische Staatsbürgerschaft, mit dem die Regierung CHARLES – *Dominica Freedom Party* (DFP) – versucht, den permanenten Kapitalmangel in dem Inselstaat zu beheben. Damit sollen chinesische Investoren aus Taiwan angelockt werden. Ende Februar ist bereits von 34 Investoren die Rede, die je US$ 34.000 bei nationalen Banken hinterlegt haben sollen. Im April wird bekannt, daß die Taiwanesin Grace TUNG Gelder für den Bau eines 250-Zimmer-Luxushotels bereitgestellt hat. Sie gilt als Befürworterin der "ökonomischen Staatsbürgerschaft"; mittlerweile sollen 200 Taiwanesen aus dem Juwelier- und Touristikbereich diese erhalten haben. Es kommt zu Ressentiments gegenüber den Neubürgern. *"Concerned Citizens"* wie Atherton MARTIN von der oppositionellen *Dominica Labour Party* (DLP) warnen vor zu großer kultureller Distanz zwischen Einheimischen und Taiwanesen. Die taiwanesische Regierung läßt klarstellen, daß sie in das Programm nicht involviert sei. Am 29.5. protestieren 400 Angehörige der *United Workers Party* (UWP) in Roseau gegen die "ökonomische Staatsbürgerschaft". Am 31.7. erhöht Premierministerin Eugenia CHARLES das Bankdeposit für taiwanesische Investoren auf US$ 50.000. Im November ziehen 4 Taiwanesen aufgrund der geänderten Bedingungen ihre Investitionen wieder zurück. Auch Frau TUNG beklagt sich über Verzögerungen bei Staatsbürger-Programm.

Ein zweites herausragendes Thema ist die Entwicklung der Bananenwirtschaft. Premierministerin CHARLES unternimmt im März und im September *good will*-Touren nach Europa im Kampf um den Erhalt des einheimischen Bananenmarktes und konferiert mit Vertretern des GATT in Genf, mit der EG-Kommission in Brüssel und der britischen Regierung.

Die oppositionelle DLP verliert Ende April ihren Parteivorsitzenden Michael DOUGLAS, der einem Krebsleiden erliegt. Im Juli gewinnt sein Bruder Rosie bei Nachwahlen im Bezirk Portsmouth; im November wird Rosie DOUGLAS zum neuen Parteivorsitzenden gewählt.

DOMINIKANISCHE REPUBLIK

Die sehr persönlichkeitsbezogene Politik von Joaquín BALAGUER (84), bei der z.B. Entscheidungen über Staatsausgaben allein vom Präsidenten abhängen, zeigt mit einer stark zurückgegangenen Inflationsrate von über 100% (1991) auf rund 5% (1992) und einer gebremsten wirtschaftlichen Rezession erste positive Effekte. Die Gründe für ein geschätztes reales Wachstum des BIP von knapp 6% im Jahre 1992 liegen vor allem im Tourismus und in einem ansteigenden Kapitalrückfluß, der auf hohe Zinssätze und stabile Wechselkurse zurückzuführen ist. Mit einer Belegrate für Hotelbetten von durchschnittlich 77% und Besucherzahlen von rd. 1,2 Millionen steigen die Deviseneinnahmen aus dem Tourismus um 10,7% auf US$ 971 Mio. an.

Insbesondere die erfolgreiche Vermarktung von Pauschalreisen in Europa sichern diesem Wirtschaftssektor, trotz allgemeiner Einbußen im karibischen Tourismus, komparative Vorteile. Dies trägt bei einer stringenten Sparpolitik insgesamt gesehen zur wirtschaftlichen Stabilisierung bei. Die Zuckerwirtschaft ist dagegen auch 1992 weiterhin stark rückläufig. Trotz Auswechslung der Führungsspitze des *Consejo Estatal del Azucar* (CEA) im September wird der weitere Rückgang der Zuckerproduktion von 815.549 t (1987) auf ca. 330.000 t nicht aufgehalten. Es wird inzwischen ernsthaft an einem Privatisierungskonzept für die Staatsbetriebe (und nicht nur im Zuckersektor) gearbeitet. Vor Jahresende unterzeichnet die Bundesrepublik Deutschland gemäß den Vereinbarungen des Pariser Clubs ein zweites Umschuldungsabkommen über 70 Mio. DM, wodurch Mittel zur finanziellen Zusammenarbeit von über 84 Mio. DM neu programmiert werden können.

Ende März ratifiziert Präsident BALAGUER mehrere Abkommen mit der Weltbank und der Interamerikanischen Entwicklungsbank (IDB/BID)) über vereinbarte Kredite in Höhe von US$ 44,3 Mio. zur Verbesserung des Bildungswesens. Anfang April treffen sich die Delegierten der IDB/BID zu ihrer 33. Jahrestagung in Santo Domingo, der ersten internationalen Großveranstaltung im Kolumbus-Jahr. Zu den offiziellen Feierlichkeiten am 12.10. weiht Präsident BALAGUER den umstrittenen Kolumbus-Leuchtturm ein. Die Gesamtkosten zur Errichtung dieses gigantischen Bauwerks in Form einer aztekischen Pyramide werden als Staatsgeheimnis gehandelt, ihre Schätzungen gehen bis zu US$ 80 Mio.. Sowohl der Bau und die Anlage des Parks, die eine Umsiedlung von hunderten von Familien erforderten, als auch der nach Ansicht der Bevölkerung verschwendete Strom zur Beleuchtung des fragwürdigen Denkmals (in einer Stadt, in der 20stündige Stromunterbrechungen keine Seltenheit sind) führen bereits lange vor Fertigstellung zu zahlreichen nationalen und internationalen Protesten. Schon im September waren bei einer Demonstration gegen die enormen Staatsausgaben zu den Kolumbus-Feierlichkeiten in Santo Domingo eine Person von der Polizei erschossen und mehrere verletzt worden. Der zu den Einweihungsfeierlichkeiten geladene Papst kann einem größeren Eklat entgehen, indem er zwar an der parallel in Santo Domingo stattfindenden Lateinamerikanischen Bischofskonferenz teilnimmt und auch eine Messe vor dem Denkmal ließt, sich jedoch an den vom Präsidenten organisierten Festivitäten nicht beteiligt.

Trotz der erklärten Absicht BALAGUERs, 1994 nicht wieder als Präsidentschaftskandidat zur Verfügung zu stehen, mehren sich Zweifel an der Richtigkeit dieser Ankündigung. Auch für den langjährigen Konkurrenten und Führer der Oppositionspartei, Juan BOSCH, scheint eine weitere Kandidatur des 84-jährigen BALAGUER nicht ausgeschlossen. Nach Aussage BOSCHs möchte BALAGUER "im Präsidentenpalast sterben". Das Verhältnis zu Haiti bleibt gespannt. Am 24.8. spricht sich die Regierung in Santo Domingo – bislang als einziges Mitglied der Organisation Amerikanischer Staaten – für eine Aufhebung des OAS-Embargos gegen Haïti aus. Zunehmender Hunger und Armut drohen im Nachbarland zu Unruhen zu führen, die auch direkte Auswirkungen auf die Dominikanische Republik befürchten lassen.

FRANZÖSISCHE ANTILLEN (Martinique, Guadeloupe) und FRANZÖSISCH GUAYANA

Die Regionalwahlen und die Maastricht-Abstimmung verdeutlichen die ablehnende Haltung der französisch-antillanischen Bevölkerung gegenüber der europäischen Politik. Bei den Regionalwahlen am 22.3., bei der nur 41,5% in Guadeloupe und 42,3% in Martinique zur Wahl gingen, zeigt sich, wie gespalten die politische Situation der französischen Überseedepartments ist. In Guadeloupe erhält die rechtsgerichtete *Objectif Guadeloupe* 16 Sitze, 2 sozialistische Gruppen vereinen 15 Sitze, 8 Sitze gehen an Kommunisten und Ex-Kommunisten und 2 Sitze fallen an die Unabhängigkeitsbewegung *Union pour la Liberté de la Guadeloupe*. Regionalpräsidentin wird Mme. MICHAUX CHEVRY. In Martinique fallen 16 Sitze der rechten *Union pour une Martinique*, 9 Sitze der Partei Aimé CESAIRES *Parti Progressiste Martiniquais*, 9 Sitze den nach Unabhängigkeit strebenden *Patriotes Martiniquais*, 4 Sitze den Kommunisten und 3 Sitze den Sozialisten zu. Regionalpräsident wird Emile CAPARAS. In Französisch Guayana gewinnt der *Parti Socialiste* mit 16 Sitzen vor der rechten *Front Démocratique Guyanais* mit 10. Ähnlich sehen die Machtverhältnisse bei den gleichzeitig stattfindenden Kantonswahlen aus. Beim Maastricht-Referendum gibt es kaum Zustimmung: Martinique 75,5% Enthaltungen, Franz. Guayana 81,4% und Guadeloupe 83,4%. Mit Ja stimmen nur 9,6% aller Wahlberechtigten in Guadeloupe, 13,5% in Martinique und 11,4% in Franz. Guayana. – Am 1.8. kündigt die *Caribbean General Maritime* (eine Tochter der *Compagnie Maritime Generale*) an, daß sie ab September den regionalen Liniendienst aufnehmen werde. Aus Unzufriedenheit mit der europäischen Agrarpolitik blockieren am 23.11. karibische Bananenbauern in Martinique und Guadeloupe Flughäfen, Straßen und Plätze.

GRENADA

Der Kampf um die (seit der Grenada-Invasion ins Schlingern geratene) Stabilität der politischen und wirtschaftlichen Strukturen setzt sich auch im Jahr 1992 fort. Mitte Januar führt eine fünfköpfige Wirtschaftsexperten-Kommission Gespräche beim IWF in Washington, die bei Besuchen von IWF-Delegierten im Februar und im Juli fortgesetzt werden. Grenada sucht Unterstützung für ein selbst gestaltetes Strukturanpassungs-Programm.

Vom 21.-25. Januar findet in St. George's die "4. Regionale Verfassunggebende Versammlung der Windward Islands" statt, mit der die vier Inseln St. Lucia, St. Vincent, Dominica und Grenada ihre politische und wirtschaftliche Einheit vorantreiben wollen: man einigt sich auf Vorschläge für ein föderales Präsidialsystem mit einem Zwei-Kammer-Parlament. Im Anschluß treffen sich die OECS-Staatschefs in Grenada, um sich über neue Entwicklungsstrategien, ein gemeinsames Zollsystem und einen Gemeinsamen Markt zu beraten.

Konflikte über Lohnnachzahlungen im Öffentlichen Dienst für die Jahre 1990 und 1991 führen im Berichtsjahr mehrfach zu Streiks und zu innenpolitischen Krisensituationen. Eine Großdemonstration führt Ende April zu einer Kabinettsumbildung. Finanzminister George BRIZAN übernimmt das Landwirtschafts-, Handels- und Industrieministerium, während sein Ressort an Premierminister Nicholas BRATHWAITE fällt. Die ehemalige Agrarministerin Phinsley ST. LOUIS übernimmt das Ministerium für Öffentliche Einrichtungen. Premier BRATHWAITE tritt das Informationsressort an Carlyle GLEAN und das Außenministerium an D. NOEL ab. Anhaltende Streiks führen schließlich Ende Mai zu Lohnnachzahlungen in Höhe von EC-$ 10,8 Mio.

Bei einem Besuch in Washington im Juni wird Premier- und Finanzminister BRATHWAITE zu weiteren Einschnitten in der Wirtschaftspolitik aufgefordert. Er kündigt anschließend Teilprivatisierungen von Staatsbetrieben an, die in den Folgemonaten u.a. zu dem umstrittenen Verkauf der *National Commercial Bank* an die *Republic Bank of Trinidad & Tobago* und Geschäftsleute führen.

Nach dem Rücktritt von Sir Paul SCOON (im August) wird Reginald Oswald PALMER neuer *Governor General* des Inselstaates.

HAITI

In Haïti wird das Jahr 1992 von der Frage nach der Rechtmäßigkeit des Regimes, das sich durch einen Putsch unter General Raoul CÉDRAS am 30.9.1991 an die Macht brachte, die Rückkehr des am 16.12.1990 legal gewählten Präsidenten Jean-Bertrand ARISTIDE und der Möglichkeit einer Kompromiß- und Übergangsregierung zur Rückführung des Landes in demokratische Verhältnisse bestimmt. Die Wirtschaft des ärmsten Landes der westlichen Hemisphäre leidet immer stärker an den Auswirkungen der innenpolitischen Probleme und des internationalen Embargos. Am 22.1. legt die internationale Menschenrechtsorganisation Amnesty International (AI) einen Bericht über den Mord an über 300 Haïtianern vor, die in der Folge des Putsches vom vergangenen Jahr von Polizei und Militär getötet wurden. Sie rief dabei zu verstärktem Druck auf die derzeitigen Machthaber in Haïti auf, die mit Folter, Mord und Massenverhaftungen selbst vor Kindern nicht halt machen. Ein Appell richtet sich auch an die US-amerikanische Regierung, den haïtianischen Flüchtlingen ein faires Asylverfahren zu gewähren und sie nicht einfach nach Haïti zurückzuschicken. Dennoch beginnt Anfang März die US-Küstenwache damit, haïtianische Flüchtlinge, die sich auf dem US-Militärstützpunkt Guantánamo im südlichen Kuba befinden, nach Haïti zurückzutransportieren. Gemäß einer vorläufigen Entscheidung des Obersten Gerichtshofes in Washington, ist diese Rückführung der ersten Gruppe von rd. 12.000 Haïtianern gerechtfertigt, da es sich bei diesen Menschen nicht um "politisch Verfolgte", sondern um "Wirtschaftsflüchtlinge" handele. Inzwischen fordert der exilierte Präsident ARISTIDE in Caracas von US-Präsident BUSH mehr Druck auf die unrechtmäßige Regierung in Port-au-Prince auszuüben. Er appelliert an die OAS, das im September ausgerufene Embargo gegen Haïti zu verschärfen, bis die Militärmachthaber aus dem Land vertrieben sind. Am 23.2.

unterzeichnet der gestürzte Präsident ARISTIDE am Sitz der OAS in Washington nach langen Verhandlungen eine Vereinbarung mit den Präsidenten des haïtianischen Senats, Déjean BÉLIZAIRE, und des Abgeordnetenhauses, Alexandro MÉDART. Der Kompromißvorschlag soll die Rückkehr Haïtis in demokratische Verhältnisse ermöglichen. Dabei ist vorgesehen, den Vorsitzenden der Kommunistischen Partei Haïtis, René THÉODORE, als Premierminister einzusetzen und mit wenig Zeitverzögerung ARISTIDE zu ermöglichen, als Präsident des Landes zurückzukehren. Nachdem der Oberste Gerichtshof von Haïti diese Washingtoner Vereinbarung für ungültig erklärt, beschließt die OAS am 1.4., die Sanktionen gegen den Inselstaat zu verschärfen. Im Mai wird nach zehntägigen, zähen Verhandlungen die Bildung einer "Konsensregierung" beschlossen, die zu Verhandlungen mit der internationalen Gemeinschaft bereit ist und sich vermutlich zur Ausrufung von Neuwahlen entschließen wird. Die Einigung zwischen General Raoul CÉDRAS und der provisorischen Regierung unter dem Übergangspräsidenten Joseph NÉRETTE, dem Premierminister Jean-Jacques HONORAT sowie Vertretern des Parlaments schließt eine Beteiligung des Kommunisten René THÉODORE aus und lehnt damit indirekt den Washingtoner Kompromißvorschlag vom Jahresanfang ab. Die Billigung dieser "Konsensregierung" durch die Mehrheit des Parlaments scheint jedoch fraglich, da sich die Anhänger ARISTIDEs der *Front National pour le Changement et la Démocratie* (FNCD) von den Verhandlungen zurückgezogen haben. Am 27.4. unterstützt das Internationale Rote Kreuz in Genf die Auffassung von Präsident NÉRETTE, daß sich die Situation der haïtianischen Bevölkerung in immer kürzeren Abständen verschlechtere. Nachdem Ende des letzten Jahres bereits rund 750.000 Haïtianer von Nahrungsmittelhilfe anhängig waren, betrifft der auf das Wirtschaftsembargo zurückzuführende Hunger inzwischen über eine Million Menschen. Am 19.5. beschließt die OAS bei ihrem Jahrestreffen in Nassau (Bahamas) das Washingtoner Abkommen über eine Wiedereinsetzung von Präsident ARISTIDE zu unterstützen und aufgrund der weiterhin unrechtmäßigen Regierungssituation das Embargo gegen Haïti zu verschärfen. Ende Mai erklärt US-Präsident BUSH in einer Anordnung den sofortigen Rücktransport der neuaufgegriffenen haïtianischen Flüchtlinge, wegen Überfüllung des Militärstützpunktes Guantánamo, für dringend notwendig. Seit dem Sturz der ARISTIDE-Regierung vom 30.9.1991 hat die US-amerikanische Küstenwache mehr als 34.000 haïtianische Flüchtlinge im Karibischen Meer aufgegriffen. Davon wurde die Mehrheit nach einem Zwischenaufenthalt in Guantánamo wieder nach Haïti zurück transportiert. Während in diesem Lager zur Zeit ca. 12.500 Flüchtlinge auf ihr Verfahren warten, wurden bislang nur rund 6.000 Haïtianer als politisches Asyl Suchende anerkannt. Am 4.6. wird, wie beschlossen, der Mitte-Rechts-angesiedelte, ehemalige Finanzminister der "Baby Doc"-Regierung und Ex-Weltbankbeamter, Marc BAZIN, vom Parlament als Premierminister bestätigt und am 16.6. in sein Amt eingesetzt. Nach dessen Regierungsantritt treten sowohl NÉRETTE als auch HONORAT zurück. Ein neuer Präsident wird vorläufig nicht ernannt, um gegebenenfalls einem sich kompromißbereit zeigenden ARISTIDE die Rückkehr ins Amt offen zu halten. Trotz zahlreicher Signale, sich jeder Zeit mit ARISTIDE treffen zu wollen, zeigt sich dieser nicht bereit, mit dem von ihm als "Kollaborateur" und "Marionette" bezeichneten BAZIN Gespräche zu führen. Im August besucht eine 34köpfige OAS-Delegation Haïti, um Gespräche mit General CÉDRAS und den Kammerpräsidenten BÉLIZAIRE und MÉDART sowie dem Premierminister BAZIN zu konferieren. Zwar spricht der OAS-Vorsitzende BAENA SOARES von berechtigten Hoffnungen auf eine Lösung der haïtianischen Krise, erklärt jedoch seine Andeutungen nicht näher. Am ersten Jahrestag seines Sturzes als haïtianischer Präsident appelliert ARISTIDE am 30.9. vor der UN-Vollversammlung an die internationale Staatengemeinschaft, seine Wiedereinsetzung als rechtmäßiger Präsident zu unterstützen. Gleichzeitig greift er den Vatikan als Unterstützer der Militärregierung an, da sie durch ihre Entsendung eines neuen Nuntius nach Port-au-Prince die Putschisten anerkenne.

JAMAIKA

Als wichtigstes politisches und gesellschaftliches Ereignis kann im 30. Jahr nach der Unabhängigkeit der ehemaligen britischen Kolonie der Rücktritt des Premier Ministers Michael MANLEY gewertet werden. Der Sohn des einstigen Partei- und Staatschefs Norman MANLEY, der für 23 Jahre Führer der *People's National Party* (PNP) war und in zwei Amtsperioden (1972-1980 und 1989-1992) als Premierminister die Geschicke des Landes entscheidend mitbestimmte, beendet mit seinem Rücktritt die "Ära MANLEY" in Jamaika. Zuvor kommt es jedoch im Januar noch zu einer größeren Kabinettsumbildung, die aufgrund eines Finanzskandals vom Dezember 1991 nötig geworden war (vgl. Lateinamerika Jahrbuch 1992:274).

Premierminister Michael MANLEY stellt am 2.1. sein neues Kabinett vor, in dem u.a. der als "Kronprinz" gehandelte Percival J. PATTERSON, ehemaliger Vizepremier und Finanzminister, und Horace CLARKE, ehemaliger Minister für Rohstoff und Energie nicht mehr beteiligt sind. Das von 19 auf 15 Minister reduzierte Kabinett umfaßt die neuen Amtsinhaber: Michael MANLEY Premierminister und Verteidigung; David COORE Außenpolitik und Außenhandel; K.D. KNIGHT Nationale Sicherheit und Justiz; Hugh SMALL Finanz und Planung; Seymour MULLINGS Landwirtschaft; Carlyle DUNKLEY Bergbau und Handel; O.D. RAMTALIE Bau; John JUNOR Tourismus und Umwelt; Robert PICKERSGILL Transport und Energie; Portia SIMPSON Arbeit, Soziales und Sport; Paul ROBERTSON Öffentliche Dienste; Desmond LEAKY Jugend und Kommunalentwicklung; Burchell WHITEMAN Bildung und Kultur; Easton DOUGLAS Gesundheit; Peter PHILIPPS ohne Geschäftsbereich im Premierminister-Büro. Ende Januar wird auf einem außerordentlichen PNP-Delegiertentreffen in Kingston der Weg zu einer neuen populistischen Politik beschlossen und drei Hauptaktionsfelder für die Verbesserung der wirtschaftlichen Situation in der Bevölkerung festgelegt: Erstens die Unterstützung der nichtstaatlichen Kleinbetriebe durch die Revitalisierung der *Micro Investment Development Agency* (MIDA). Zweitens soll ein neuer Anlauf einer Landreform für Staatsland genommen werden und drittens die Neuorganisation der Verbrauchergemeinschaften zu einem positiv konkurrierenden Wirtschaftsklima führen. Bei einem informellen Treffen der CARICOM in Kingston Mitte Februar fordert deren Direktor für Handel und Landwirtschaft, Hayden BLADES, einen realistischeren Zeitplan für die Einrichtung eines gemeinsamen Marktes im Sinne einer regionalen Integration. Am 15.3. tritt Michael MANLEY aus gesundheitlichen Gründen als Parteichef und Premierminister zurück. Über seine Nachfolge wird auf einer außerordentlichen Delegiertenkonferenz am 28.3. in einer Kampfabstimmung entschieden: Obwohl in Umfragen die volksnahe Portia SIMPSON den größten Beliebtheitsgrad erzielt, gewinnt der von MANLEY bevorzugte PATTERSON den innerparteilichen Abstimmungskampf mit 2.322 Stimmen gegen nur 765 Stimmen für SIMPSON. Als Premier im Amt, gibt "PJ" – wie PATTERSON in Jamaika gemeinhin genannt wird – bekannt, daß er die Besetzung von MANLEYs letztem Kabinett komplett beibehalten wird, einschließlich der Konkurrenten SIMPSON und SMALL. Am 1.4. gibt die Regierung bekannt, daß dank einer stringenten Austeritätspolitik die Auslandsschulden des Landes von (1991) US$ 4,1 Mrd. auf 3,8 Mrd. gesenkt werden konnten. Auf dem Jahrestreffen der Interamerikanischen Entwicklungsbank (IDB/BID) in Santo Domingo Anfang April unterzeichnet Jamaika mit dem BID ein Abkommen über US$ 36 Mio. Geldanleihen zur Verbesserung der öffentlichen Infrastruktur (Straßen, Kanalisation, Schulen und Gesundheitsstationen). Im Mai erklärt der jamaikanische Botschafter in Washington, Richard BERNAL, auf einer Anhörung der *US-International Trade Commission*, daß das zwischen den USA, Kanada und Mexiko ausgehandelte Freihandelsabkommen NAFTA bereits vor seinem Inkrafttreten gravierende Auswirkungen auf die karibische Textilindustrie zeige. Länder wie Jamaika, die Importerleichterungen in die USA durch die *Caribbean Basin Initiative* (CBI) genießen, werden, wie sich bereits gezeigt habe, vom leichteren Zugang Mexikos zum US-Markt besonders betroffen sein. Laut BERNAL siedelte der US-Textilkonzern "Haines and Jockey" bereits 4 Betriebe, die in Jamaika mit 40% am Kleiderexport beteiligt waren, nach Mexiko um. Am 14.5. präsentiert Finanzminister SMALL den Haushalt 1992/93, der mit Jam.-$ 8 Mrd. über der revidierten Schätzung der Ausgaben von 1991/92 bei Jam.-$ 26,1 Mrd. liegt. Der größte Anteil des Zuwachses ist auf den Niedergang des jamaikanischen Dollars zurückzuführen, der im Haushalt 1991/92 noch bei einem Wechselkurs von Jam-$ 9 zu US$ 1 lag. Bei einer Inflationsrate von zwischenzeitlich 90% konnte der US-Dollar durch private und staatliche Eingriffe am 15.5. wieder auf Jam-$ 25 fixiert werden kann. Eine private Stabilisierungsmaßnahme – die *Butch Stewart Initiative* (benannt nach dem Vorsitzenden der Sandals-Hotelkette – wird als ungewöhnlicher Akt von Patriotismus und bislang einzigartig eingestuft und gelobt. Um einem weiteren Verfall des Jamaica-Dollars entgegenzuwirken, erzwingt er durch wöchentliche Interventionskäufe bei den jamaikanischen Banken einen garantierten Wechselkurs. Unter Berufung auf private Wirtschaftsinteressen will STEWART den sozialen Aufruhr abwenden helfen, indem er durch seine Geldgeschäfte den jamaikanischen Dollar stabilisiert, den Wirtschaftsabschwung bremst und somit auch indirekt den von sozialen Unruhen besonders gefährdeten Tourismussektor schützt. Am 14.5. trifft sich eine 39köpfige Verfassunggebende Versammlung zu ihrer konstituierenden Sitzung. Das vom Ombudsman James KERR geleitete Gremium, das mit der Revision der 30 Jahre alten Verfassung beauftragt ist, setzt sich zusammen aus je acht Mitgliedern der beiden führenden Parteien, Vertretern der Rechtsanwaltskammer, der Presse, der Universität, der Gewerkschaften, des Privatsektors, Kirchenvertretern, Frauen, Lehrern, Landwirten und einiger Jugendorganisationen. Bei seinem Besuch im Juni bezeichnet IWF-Direktor Michael CAMDESSUS die Zukunft der jamaikanischen Wirtschaft als erfolgversprechend und erklärt die bereits erzielten Errungenschaften in der Stabilisierung der Währung, bei der dramatischen Reduzierung der Staatsschulden, der Verringerung des Haushaltsdefizits, der Senkung der Handelsbarrieren und den Fortschritten in der Privatisierung der Staatsbetriebe als positiv, ein Urteil, dem "PJ" beim jährlichen Parteikongress der PNP Ende Oktober zustimmt. Die durchgreifende Politik erlaubt es nach Aussage PJs, die strikten Maßnahmen etwas zu lockern und kündigt ein US$ 100 Mio.-Programm für die nächsten vier Jahre zur Verbesserung der städtischen und ländlichen Infrastruktur an.

ST. KITTS/NEVIS

Am 1.4. entläßt Premierminister Kennedy SIMMONDS (*People's Action Movement/ PAM*) seinen Stellverteter Michael POWELL und ersetzt ihn durch den Erziehungsminister Sydney MORRIS. Die Ressorts Tourismus und Arbeit werden von Handels- und Industrieminister Roy JONES sowie Gesundheitsministerin Constance MITCHAM übernommen. Im Mai gewährt die britische Regierung einen Straßenbaukredit in Höhe von 0.9 Mio. Brit. Pfund. Das statistische Amt teilt mit, daß die Zuckerrohrernte 1991 mit einem leichten Zuwachs bei 19.000 t abgeschlossen werden konnte. Damit stieg das BIP um 3.0%. Im Juli gewährt die *Caribbean Development Bank* einen Kredit über US$ 12.9 Mio. für Entwicklungsprojekte. Am 1.6. finden Wahlen für die Nevis Assembly (beide Inseln verfügen über ein eigenes Parlament) statt, aus denen das *Concerned Citizen Movement* (CCM) mit 3 Sitzen als Sieger hervorgeht. 2 Sitze fallen an die *Nevis Reformation Party* (NRP) des St. Kitts Umweltministers Samuel DANIEL. Die Zuckerrohrernte wird im Juli mit 20.150 t abgeschlossen. Die zweite Jahreshälfte soll zur Reparatur der Eisenbahnschienen genutzt werden. Im Oktober entzieht das PAM Michael POWELL die Mitgliedschaft wegen parteischädigenden Verhaltens, da er eine eigene Partei gründen wolle. Am 8.12. stellt Premierminister Kennedy SIMMONDS den Haushalt in Höhe von EC-$ 231,9 Mio. vor, der trotz eines erwarteten Defizits von EC-$ 400.000 keine Steuererhöhungen vorsieht.

ST. LUCIA

Neuwahlen im April bestätigen die bisherige Linie der Regierung unter Führung von John COMPTON.

Am 21.1. erteilt das Parlament Garantien für einen Kredit Frankreichs in Höhe von FFr. 40 Mio. an die staatlichen Wasserwerke. Am 30. und 31.1. treffen sich die Staatschefs der OECS in Castries zu Beratungen über den Gemeinsamen Markt der Ostkaribik, ein Steuersystem und über das neue Außenzoll-Abkommen. Am 21.2. kommt es auf der Sitzung der Wahlkreis-Kommission St. Lucia's zu einem Eklat, in deren Verlauf Oppositionsführer Julien HUNTE von der *St. Lucia Labour Party* (SLP) einen Stuhl durch das Fenster des Parlamentsgebäudes wirft; am 25.2. beleidigt er den Premierminister auf einer öffentlichen Veranstaltung persönlich. Wegen dieser Vorfälle steht HUNTE im April vor Gericht; dessen ungeachtet wird er auf einem Parteitag im Juli mit großer Mehrheit als Führer der SLP bestätigt. Am 27.3. trifft sich in Castries die *Windward Islands Regional Constituent Assembly*, die den Einigungsprozeß der Windward Inseln vorantreiben soll. Bei den Parlamentswahlen am 27.4. erhält die regierende UWP 56,3% der Stimmen, die SLP 43,5% und die Progressive Labour Party (PLP) nur 0,2%. 11 Sitze gehen an die UWP, 6 an die SLP. Am 4.5. stellt John COMPTON sein Kabinett vor: John COMPTON (Premierminister, Finanzen, Planung, Entwicklung), George MALLET (stellvertretender Premier, Auswärtiges, Handel, Industrie, Innen), Stephenson KING (Gesundheit, Kommunalwesen), Romanus LANSIQUOT (Tourismus, Öffentliche Einrichtungen), Louis GEORGE (Arbeit, Erziehung, Kultur), Ira D'AUVERGNE (Landwirtschaft, Fischerei, Forsten), Desmond BRATHWAITE (Kommunalentwicklung, Jugend, Sport, Soziales), Gregory AVRIL (Kommunikation, Arbeit, Transport), Lorraine WILLIAMS (Justiz, Staatsanwalt) sowie als Staatssekretäre Rufus BOUSQUET (Handel, Industrie), Edward INNOCENT (Jugend, Sport, Kooperativen), Michael PILGRIM (PM Office, Hausbau, Stadentwicklung). Anfang Juli wird Adelina AUGUSTE erste weibliche Bürgermeisterin von Castries.

Am 24.6. stellt Premier John COMPTON den neuen Haushalt in Höhe von EC-$ 490 Mio. vor. Als Maßnahmen kündigt er Gebührenerhöhungen für Krankenhaus und Wirtschaftsunternehmen an. Eine Staatsanleihe ist geplant. Die wirtschaftliche Schwierigkeiten des Kleinstaates sind unübersehbar. Das BIP hat 1991 nach Mitteilung des Statistischen Amtes nur um 2,5% zugenommen. Im Juni berichtet die Coconut Growers Association von Preisrückgängen für Kokosnüsse um 40% im Jahr 1991. Im August bittet John COMPTON die Nachbarstaaten um Hilfe in einem Konflikt mit der *Royal Caribbean Cruise Line*, die nicht bereit ist, St. Lucia anzulaufen, wenn die Kreuzfahrtsteuer von US$ 2 auf 10 pro Passagier heraufgesetzt wird. Am Ende seiner Europareise durch Deutschland, Irland und Großbritannien, John COMPTON äußert auf einer Pressekonferenz ernsthafte Befürchtungen über den zunehmenden Einfluß der Amerikaner in der Bananenfrage.

Viel Aufmerksamkeit erhält die Bestrafung von 7 Schwerverbrechern, die Mitglieder zweier rivalisierender Drogenbanden sind. Polzeikommissar HEMMINGWAY warnt vor St. Lucia's Rolle als wichtigem Drogenumschlagplatz und begrüßt deshalb die gemeinsamen karibisch-amerikanischen Manöver, die für 1993 vor der Küste des Inselstaates vorgesehen sind.

Vor Jahresende ehrt die Regierung ihren Staatsbürger Derek WALCOTT, dem im Oktober der Nobelpreis für Literatur zugesprochen wurde.

ST. VINCENT & GRENADINEN

Die politische Situation des Landes erscheint 1992 ziemlich ruhig.

Am 13.1. stellt Premierminister James MITCHELL von der *New Democratic Party* (NDP) seinen Haushalt in Höhe von EC-$ 274,4 Mio. vor und kündigt im Verkehrswesen eine Reihe von Gebührenerhöhungen an. Ende Januar nimmt er eine Regierungsumbildung vor: Er gibt das Außenministerium an den bisherigen Handels- und

Tourismusminister Herbert YOUNG ab. Das Handelsministerium übernimmt der ehemalige Minister im Amt des Ministerpräsidenten, Jonathan PETERS. Verbraucherministerin Stephanie BROWN wird Leiterin der Abteilung für die Grenadines im Amt des Premiers. Am 15. Mai wird auf Bequia ein neuer Flughafen eröffnet (Bequia ist die Heimat des Premierministers). Ende Mai werden diplomatische Beziehungen zu Kuba aufgenommen. Im Juni beginnen die staatlichen Wasserwerke mit dem Einbau von 10.000 Wasserzählern. Hierfür hat die *Caribbean Development Bank* einen zweijährigen Kredit über EC-$ 6 Mio. gewährt. Im Juni wird vor Ägypten das unter der Flagge St. Vincents fahrende Schiff "Reeve Star" mit einer Ladung Drogen im Wert von US$ 300 Mio. aufgegriffen. 10 Besatzungsmitglieder werden in Ägypten zum Tode verurteilt. Im Juli stimmt St. Vincent zusammen mit Dominica, St. Lucia und St. Kitts auf einer Sitzung der *International Whaling Commission* in Glasgow für den japanischen und norwegischen Vorschlag, den Walfang wieder zu erlauben. Vorwürfe gegen St. Vincent, dies sei ein Ausgleich für die massive japanische Hilfe beim Bau des Fischmarktes und eines Busterminals, genannt "Little Tokyo", werden zurückgewiesen. Im August beschließt das Parlament die Errichtung eines Yacht-Hafens am letzten Strand von Kingstown. Mit den Bauarbeiten des italienisch-vincentischen *joint venture*-Projekts wird noch vor Jahresende begonnen. Die Westdeutsche Landesbank ist mit einem Kreidt von US$ 50,3 Mio. beteiligt. Auf dem jährlichen Parteitag der *St. Vincent Labour Party* (SVLP) wird Stanley Stalkey JOHN zum neuen Vorsitzenden gewählt. Ende November richten schwere Regenfälle Straßenschäden in Höhe von EC-$ 1,2 Mio. an. Am 15.12. bringt MITCHELL den neuen Haushalt in Höhe von EC-$ 283 Mio. ein und kündigt eine Steuerreform an.

SURINAM

Auch 1992 versucht Surinam, den schwierigen Übergang von der Militärdiktatur zur Demokratie ruhig zu gestalten (vgl. Lateinamerika Jahrbuch 1992:276). Der größte Erfolg dieser Politik ist der Friedenvertrag mit den zahlreichen Guerilla-Organisationen des Landes.

Am 25.3. beschränkt das Parlament nach 12stündiger Debatte mit einzelnen Verfassungsänderungen die Rolle des Militärs auf die Landesverteidigung und die innere Sicherheit. Vom 16.-18.6. hält sich Präsident Ronald VENETIAAN zu einem Staatsbesuch in den Niederlanden auf. Dabei wird vertraglich die Wiederaufnahme der nach dem blutigen Putsch von 1982 eingefrorenen Wirtschaftshilfe in Höhe von US$ 720 Mio. vereinbart. Im Juli besucht der Führer der Guerilla-Organisation *Jungle Commando*, Ronnie BRUNSWIJK die Niederlande. Am 8.8. wird der Friedensvertrag zwischen der surinamesischen Regierung und den Guerilla-Organisationen *Jungle Commando* und *Tucayana Amazonas* unterzeichnet, dem sich auch die Gruppen *Mandela* und *Koffimaka* anschließen. Der Vertrag beinhaltet eine Amnestie sowie die Waffenübergabe an Vertreter der OAS. Die Guerilleros können Mitglied der Polizeitruppe werden. Außerdem ist eine Wirtschaftshilfe für das Landesinnere vorgesehen. Die für Ende August vorgesehene Waffenübergabe der Guerilaorganisationen erfolgt allerdings nur schleppend; viele Waffen werden als gestohlen oder konfisziert gemeldet.

Ein anderes Problem stellt die drohene Zwangsabschiebung von Bürgerkriegsflüchtlingen aus Französisch Guayana dar, wogegen die surnamesische Regierung protestiert. Ende September halten sich nach Ablauf eines französischen Ultimatums immer noch 1.600 surinamesische Flüchtlinge in Frz. Guayana auf; sie erhalten eine neue Frist bis zum 31.12.

Am 1.10. stellt Präsident VENETIAAN den neuen Haushalt in Höhe von 1.985 Mio. Surinam Gulden vor. Trotz eines Strukturanpassungsprogramms, das eine Abwertung und eine Importsteuer von 20% vorsah steigt das Haushaltsdefizit von SG 293 Mio. (1991) auf SG 617 Mio.. Daraufhin werden alle ausländischen Guthaben mit mehr als US$ 65 zwangsumgetauscht. Im Juni hatte Brasilien Surinams Schulden der Höhe von US$ 80 Mio. "entlastet", indem es dafür brasilianische Schuldpapiere anbot.

Mitte November ehrt Armeechef Oberst Desi BOUTERSE einige Teilnehmer des Putsches von 1982, an dem 15 Menschen durch das Militär erschossen worden waren. Am 20.11. tritt er zurück, aus Ärger darüber, daß die Regierung einen Gedenkmarsch für die Opfer des Putsches genehmigt hat. Captain Ewan GRAANOOGST übernimmt wieder die Führung der Armee. Am 8.12. findet in Paramaribo ein Fakkelzug für die Opfer des Staatsstreichs von 1982 statt, an dem sich mehr als 2.000 Menschen beteiligen. Präsident VENETIAAN, sagt, daß die Täter sind "noch immer im Dunkel verborgen" seien.

TRINIDAD & TOBAGO

Trinidad & Tobago kämpft auch 1992 noch darum, die Folgen der schweren wirtschaftlichen und politischen Krise des Jahres 1990 zu überwinden.

Anfang Januar erklärt Premierminister Patrick MANNING, daß sich die Regierung um Aufschub bei Maßnahmen zur Handelsliberalisierung bemüht, die von der Weltbank verlangt werden. Am 10.1. erhöht die Zentralbank den Diskontsatz von 11,5% auf 13%. Am 17.1. legt Finanzminister Wendell MOTTLEY vom *People's National Movement* (PNM) einen Haushalt in Höhe von TT-$ 8.5 Mio. vor. Gleichzeitig kündigt die Regierung moderate Gehalts- und Pensionserhöhungen sowie Steuererhöhungen an. Zahlreiche Arbeitskämpfe in den staatlichen Erdölbetrieben und anderswo aus Protest gegen mangelnde Bezahlung oder drohende Entlassung bestimmen das soziale Klima im Lande. Ende des Jahres eröffnet Finanzminister MOTTLEY führenden Gewerkschaftsvertretern, daß er bis zur zweiten Hälfte 1993 keine zusätzlichen Gehälter zahlen könne. Im Mai kritisiert die Weltbank bei einem Besuch von Premierminister MANNING in den USA das zu langsame Tempo der Strukturanpassung. Ende Oktober genehmigt die Interamerikanische Entwicklungsbank einen Kredit zum Straßenbau in ländlichen Regionen in Höhe von US$ 31,5 Mio.. Gleichzeitig kündigt die Citibank einen Kredit für ein Konsortium zur Ausbeutung von Erdgasvorkommen in Höhe von US$ 50 Mio. an und gibt der National Gas Co. einen Kredit von US$ 24 Mio. für Reparaturarbeiten. Am 20.11. stellt Finanzminister Wendell MOTTLEY (PNM) einen Haushalt in Höhe von TT-$ 6,8 Mrd. vor. Preiserhöhungen für Erdölprodukte werden angekündigt. Das Haushalts-Defizit 1992 beläuft sich auf TT-$ 342,9 Mio., der Schuldendienst macht 28% der Exporterträge aus.

Am 13.2. entscheidet der Oberste Gerichtshof, daß die Regierung TT-$ 3 Mio. Schadenersatz an die *Jamaat-al-Muslimeen* zahlen müsse für die 1990 erfolgte Zerstörung von Gebäuden der Gruppe. (114 ihrer Mitglieder hatten damals das Parlament und die Radiostation gewaltsam besetzt, Regierungsmitglieder und Staatsbedienstete als Geiseln genommen und einige von ihnen getötet). Am 30.6. werden die 114 verhafteten Jamaat-al-Muslimeen auf Gerichtsbeschluß in die Freiheit entlassen, mit der Begründung, die 1990 versprochene Amnestie des damaligen Vizepräsidenten CARTER sei gültig gewesen. Der Staat müsse Schadenersatz für die moslemische Gruppe bezahlen. De Regierung kündigt Berufung gegen das Urteil an. Am 7.8. macht Justizminister Keith SOBIAN 21 Revisionsgründe gegen das Urteil geltend.

Vom 29.6. bis 2.7. findet das jährliche Treffen der CARICOM-Staatschefs in Port-of Spain statt. Der Bericht der *West India Commission* wird diskutiert, der Vorschläge für die Bildung einer Kommission, eines Appelations-Gerichtshofes und einer Erweiterung des CARICOM enthält. Edwin CARRINGTON (Trinidad) wird neuer Generalsekretär (er löst Roderick RAINFORD ab). Bei einem erneuten CARICOM-Treffen in Port-of-Spain Ende Oktober beschließen die Regierungschefs ein differenziertes Schutzzollsystem, welches bis 1998 die Marke von 20% nicht mehr überschreiten soll (Agrarprodukte ausgenommen). Eine CARICOM-Kommission wird abgelehnt; statt dessen wird ein dreiköpfiges CARICOM-Büro eingeführt, dem auch MANNING angehört. Am 13.10. unterzeichnet Premierminister MANNING in Caracas ein Freihandelsabkommen zwischen dem CARICOM und Venezuela, das zuerst einseitig die karibischen Staaten und nach sieben Jahren auch Venezuela begünstigt.

Die Drogenproblematik berührt auch Trinidads Sicherheitsinteressen erheblich. Eine inselweite Drogenrazzia führt im April zur Beschlagnahmung von Kokain und Marihuana im Wert von TT-$ 1 Mio.. Im gleichen Monat beginnen 3 Beamte von *Scotland Yard* mit der Aufklärung von den Tätigkeiten eines Drogenkartells innerhalb der Polizei. Im September werden Untersuchungsergebnisse veröffentlicht, wonach etwa 500 Polizisten in einem Drogenkartell organisiert sind.

Die Kommunalwahlen am 28. 9. erbringen folgendes Ergebnis: die Regierungspartei *People's National Movement* (PNM) erhält 52,6% und damit 10 der 14 Counties, der oppositionelle *United National Congress* (UNC) 36,6% und die bis 1991 regierende *National Alliance for Reconstruction* (NAR) nur 10,1%. Am 7.12. wird in Tobago ein neues Parlament gewählt. 11 Sitze fallen an die NAR, 1 an die PNM.

US-amerikanische Besitzungen
(Puerto Rico und Virgin Islands)

Das entscheidende Ereignis des Jahres sind die Gouverneurswahlen in Puerto Rico wobei wiederum die Frage nach dem Status der Insel (51. Staat der USA oder Beibehaltung des Commonwealth Status) im Mittelpunkt der Entscheidungen steht. Anfang des Jahres tritt der Führer des regierenden *Partido Popular Democrático* (PPD), Gouverneur Rafael HERNÁNDEZ COLÓN, zurück. Mitte März wird die Tochter des ehemaligen Gouverneurs und Parteigründers Luis MUÑOZ MARÍN, Senatorin Victoria MUÑOZ MENDOZA, zur neuen Parteiführerin und damit auch zur Gouverneurswahlkandidatin der PPD gewählt. Bei den Wahlen vom 4.11. gewinnt jedoch der Kandidat der Gegenpartei *Partido Nuevo Progresista* (PNP), Pedro ROSELLÓ, mit 49,9% der Stimmen, vor Victoria Muñoz Mendoza, die 45,9% der Stimmen auf sich vereint. Der gewählte Gouverneur, der seine Amtsgeschäfte erst am 2.1.1993 übernimmt, erklärt kurz nach seiner Wahl, daß er alles dafür tun wird, aus Puerto Rico den 51. Staat der USA zu machen. Das langerwartete Plebiszit über die politische Zukunft des Inselstaates solle so schnell wie möglich durchgeführt werden. Die dritte Kraft des Staates, der *Partido Independendista Puertorriqueño* (PIP) mit seinem Gouverneurskandidaten Fernando MARTÍN kann auch bei dieser Wahl nur 4% der Wählerstimmen auf sich vereinen, obwohl die Partei darauf gehofft hatte, das lange Hick-hack der beiden führenden Parteien ausnützen zu können und die enttäuschten Wähler auf ihre Seite zu ziehen.

Das Wirtschaftswachstum von Puerto Rico schneidet 1992 mit 1,0% noch leicht positiver ab als im US-Durchschnitt, es liegt jedoch deutlich unter den Ergebnissen der Vorjahre. Die Pharmaindustrie mit rund 40% Anteil an der Chemieproduktion ist noch immer der bedeutendste Wirtschaftszweig innerhalb des verarbeitenden Gewerbes. Mit einem Nettoeinkommen von US$ 5,7 Mrd. trägt die chemische Industrie als Ganzes mit 48,8% zum sekundären Sektor bei. Im Tourismus konnte der durch den Golfkrieg 1991 verursachte Einbruch wieder abgefangen werden; die Belegungsquote der Hotels wieder auf über 73% gesteigert werden. Der angekurbelte private Konsum, stabile Erdölpreise, stärker wachsende Tourismuseinnahmen und eine kräftige Baukonjunktur gekoppelt mit höheren Transferzahlungen aus den USA führen zu einer Stabilisierung der Wirtschaft.

Für die Bevölkerung der Virgin Islands – ein "nicht-inkorporiertes Territorium" der USA – war 1992 kein Wahljahr. Die rund 100.000 Einwohner haben zwar mit wenigen Ausnahmen alle Rechte und Pflichten von US-Staatsbürgern, an den amerikanischen Präsidentenwahlen dürfen sie sich allerdings nicht beteiligen. Das zoll- und steuerfreie Paradies boomt, trotz Einbußen im Tourismusbereich, in den Bereichen des Offshore-Finanzwesens. Dennoch sind die Behörden der Inseln vor allem vor dem Hintergrund der zunehmenden Rezession in den USA und dem Rückgang der Einnahmen im Tourismus auf der Suche nach Wirtschaftsalternativen. Sie versuchen durch die Einrichtung von Industrieparks mit Raum für Werkstätten und Büros neue Produktionsbetriebe anzulocken. Derzeit wird auf St. Thomas, dem eigentlichen Tourismuszentrum der Inselgruppe, ein solcher Park angelegt. Manche Fachleute sprechen von der Hoffnung auf einen neuen Wiederaufschwung.

Beate Ratter / Wolf-Dietrich Sahr

IBEROSTAT
Stand: 8,93   Berichtsjahr (BJ):   1991
                        ANTIGUA UND BARBUDA
Hauptstadt: St.John's
Fläche (in qkm):   440
Währung: East Caribbean Dollar   Jahr

1. DEMOGRAPHISCHE KENNZIFFERN	1970	1980	1990	1991
Bevölkerungszahl (in Mio.)	0,066	0,075	0,079	0,08
davon: unter 15 Jahren (in %)			35,1	35,4
davon: im Alter von 15-64 Jahren (in %)			59	59,5
Städtische Bevölkerung (in %)	33,7	30,8	32	
Geburtenrate	18,4	16,5	16,1	
Fertilitätsrate	2,6	2,1	1,9	1,9
Erwerbspersonen in der Landwirtschaft (in %)				
Erwerbspersonen in der Industrie (in %)				
Erwerbspersonen im Dienstleistungssektor (in %)				

Geschätzte Bevölkerung im Jahre 2025 (in Mio.)   0,091
Durchschnittliche jährliche Wachstumsrate
  der Bevölkerung (in %)   1965-80:   1,6
                                1980-BJ: 0,5

2. SOZIALE KENNZIFFERN

Bevölkerung mit Zugang zu Trinkwasser (in %)			100	
Tägl. Kalorienangebot (in % der Mindestbedarfsnorm)		31,5	19,2	
Säuglingssterblichkeitsziffer (0-1 Jahr)			23,6	23
Kindersterbeziffer (0-5 Jahre)				
Lebenserwartung bei der Geburt (in Jahren)	66,9	71,3	73,7	74
Einwohner je Arzt	2863	2313		
Alphabetisierungsquote (in %)			96	

3. WIRTSCHAFTLICHE KENNZIFFERN

Bruttoinlandsprodukt (in Mio. USD)		35	112,22	
Bruttosozialprodukt pro Kopf (in USD)		700	1390	4290	4430
Ausfuhr von Waren u. Dienstleistungen (in Mio. USD)			106,9	358,95
Einfuhr von Waren u. Dienstleistungen (in Mio. USD)			135,8	475,05
Leistungsbilanz (in Mio. USD)			-18,8	-95,48
Kapitalbilanz (in Mio. USD)			15,59	81,77
davon: ausl. Direktinvestitionen (in Mio. USD)				84,69
Bestand an Währungsreserven (in Mio. USD)			7,8	27,5
Privater Verbrauch (in % des BIP)				
Staatsverbrauch (in % des BIP)				
Bruttoinlandsinvestitionen (in % des BIP)				
Bruttoinlandsersparnis (in % des BIP)				
Anteil der Landwirtschaft am BIP (in %)		4	7,1	4,5	4,2
Anteil der Industrie am BIP (in %)			18,1	22,9	
davon: Verarbeitendes Gewerbe (in %)			5,3	3,5	
Anteil des Dienstleistungssektors am BIP (in %)			74,8	72,6	

Auslandsverschuldung (in Mio.USD)
  davon: öffentliche Verschuldung (in Mio. USD)
Schuldendienst (in Mio. USD)
  davon: Zinszahlungen (in Mio. USD)
Schuldendienst in % der Exporterlöse

Durchschnittl. jährl. Wachstumsrate des BIP (in %)
                                1965-80:
                                1981-BJ: 1,5
Durchschnittl. jährl. Inflationsrate (in %)
                                1980-BJ: 6,9

IBEROSTAT
Stand: 8,93 Berichtsjahr (BJ): 1991
BAHAMAS
Hauptstadt: Nassau
Fläche (in qkm): 13.878
Währung: Bahamian Dollar Jahr

1. DEMOGRAPHISCHE KENNZIFFERN

	1970	1980	1990	1991
Bevölkerungszahl (in Mio.)	0,18	0,22	0,255	0,259
davon: unter 15 Jahren (in %)			33,2	31,4
davon: im Alter von 15-64 Jahren (in %)			62,9	64,7
Städtische Bevölkerung (in %)	57,8	56,7	63,4	64
Geburtenrate	25,3	24,3	20	24,1
Fertilitätsrate	3,4	3,3	2,2	2,1
Erwerbspersonen in der Landwirtschaft (in %)		5		
Erwerbspersonen in der Industrie (in %)		13,5		
Erwerbspersonen im Dienstleistungssektor (in %)		81,5		

Geschätzte Bevölkerung im Jahre 2025 (in Mio.) 0,38
Durchschnittliche jährliche Wachstumsrate
 der Bevölkerung (in %) 1965-80:
  1980-BJ: 1,9

2. SOZIALE KENNZIFFERN

	1970	1980	1990	1991
Bevölkerung mit Zugang zu Trinkwasser (in %)		65	94,1	
Tägl. Kalorienangebot (in % der Mindestbedarfsnorm)			116	
Säuglingssterblichkeitsziffer (0-1 Jahr)	35	30	25	23,3
Kindersterbeziffer (0-5 Jahre)			30,4	29
Lebenserwartung bei der Geburt (in Jahren)	64,9	66,6	69	69
Einwohner je Arzt	1315	1100	1060	
Alphabetisierungsquote (in %)	85,1	93	97	

3. WIRTSCHAFTLICHE KENNZIFFERN

	1970	1980	1990	1991
Bruttoinlandsprodukt (in Mio. USD)	540	1335	3120	3058
Bruttosozialprodukt pro Kopf (in USD)	2700	5830	11550	11750
Ausfuhr von Waren u. Dienstleistungen (in Mio. USD)		1160	1813	
Einfuhr von Waren u. Dienstleistungen (in Mio. USD)		1175	2009	
Leistungsbilanz (in Mio. USD)		-16	-180	-180
Kapitalbilanz (in Mio. USD)		5	69	176
davon: ausl. Direktinvestitionen (in Mio. USD)		4	-16	0
Bestand an Währungsreserven (in Mio. USD)	22	92	158	
Privater Verbrauch (in % des BIP)		61,7		
Staatsverbrauch (in % des BIP)		12,5		
Bruttoinlandsinvestitionen (in % des BIP)		18,3		
Bruttoinlandsersparnis (in % des BIP)		25,8		
Anteil der Landwirtschaft am BIP (in %)	4		2,1	5
Anteil der Industrie am BIP (in %)				
davon: Verarbeitendes Gewerbe (in %)				
Anteil des Dienstleistungssektors am BIP (in %)				
Auslandsverschuldung (in Mio.USD)		227	268	392
davon: öffentliche Verschuldung (in Mio. USD)		108	268	392
Schuldendienst (in Mio. USD)		25	44	73
davon: Zinszahlungen (in Mio. USD)		8		
Schuldendienst in % der Exporterlöse		1,9		

Durchschnittl. jährl. Wachstumsrate des BIP (in %)
 1965-80: 4,4
 1981-BJ: 1,4
Durchschnittl. jährl. Inflationsrate (in %)
 1980-BJ: 5,9

IBEROSTAT
Stand: 8,93   Berichtsjahr (BJ): 1991
BARBADOS
Hauptstadt: Bridgetown
Fläche (in qkm): 430
Währung: Barbados Dollar   Jahr

1. DEMOGRAPHISCHE KENNZIFFERN	1970	1980	1990	1991
Bevölkerungszahl (in Mio.)	0,24	0,26	0,257	0,258
davon: unter 15 Jahren (in %)	39,1	31,5	24,1	24,2
davon: im Alter von 15-64 Jahren (in %)	53,8	58,7	64,6	64,1
Städtische Bevölkerung (in %)	37,4	40,1	44,7	45,2
Geburtenrate	20,6	16,7	15,9	15,7
Fertilitätsrate	3	2	1,8	1,8
Erwerbspersonen in der Landwirtschaft (in %)	18,2	9,9		
Erwerbspersonen in der Industrie (in %)	23,5	20,9		
Erwerbspersonen im Dienstleistungssektor (in %)	58,3	69,2		

Geschätzte Bevölkerung im Jahre 2025 (in Mio.)   0,3
Durchschnittliche jährliche Wachstumsrate
  der Bevölkerung (in %)   1965-80:
              1980-BJ: 0,3

2. SOZIALE KENNZIFFERN

Bevölkerung mit Zugang zu Trinkwasser (in %)	98	98	100	
Tägl. Kalorienangebot (in % der Mindestbedarfsnorm)			138	
Säuglingssterblichkeitsziffer (0-1 Jahr)	38,2	19,8	10,4	
Kindersterbeziffer (0-5 Jahre)			12	13
Lebenserwartung bei der Geburt (in Jahren)	68,7	72,1	75,1	75,1
Einwohner je Arzt	1914	1167	1123	
Alphabetisierungsquote (in %)	99,3		99,5	

3. WIRTSCHAFTLICHE KENNZIFFERN

Bruttoinlandsprodukt (in Mio. USD)	166,5	835		
Bruttosozialprodukt pro Kopf (in USD)	750	3130	6460	6630
Ausfuhr von Waren u. Dienstleistungen (in Mio. USD)	102	573	917	
Einfuhr von Waren u. Dienstleistungen (in Mio. USD)	149	620	1046	
Leistungsbilanz (in Mio. USD)	-42	-26	-16	-29
Kapitalbilanz (in Mio. USD)	24	49	45	0
davon: ausl. Direktinvestitionen (in Mio. USD)	8	2	11	7
Bestand an Währungsreserven (in Mio. USD)			118	87
Privater Verbrauch (in % des BIP)	79,9	63,3		
Staatsverbrauch (in % des BIP)	13,1	17,4		
Bruttoinlandsinvestitionen (in % des BIP)	26,1	25,3	17	19,5
Bruttoinlandsersparnis (in % des BIP)	7	19,3	12	
Anteil der Landwirtschaft am BIP (in %)	11	10,3	7,2	7
Anteil der Industrie am BIP (in %)	19,5	22,4	22,3	
davon: Verarbeitendes Gewerbe (in %)	7,9	11,3	11,7	
Anteil des Dienstleistungssektors am BIP (in %)	69,5	67,4	70,5	
Auslandsverschuldung (in Mio.USD)			683	652
davon: öffentliche Verschuldung (in Mio. USD)			504	483
Schuldendienst (in Mio. USD)			141	140
davon: Zinszahlungen (in Mio. USD)			49	46
Schuldendienst in % der Exporterlöse			15,4	

Durchschnittl. jährl. Wachstumsrate des BIP (in %)
              1965-80:
              1981-BJ: 0,3
Durchschnittl. jährl. Inflationsrate (in %)
              1980-BJ: 5,2

290

IBEROSTAT
Stand: 8,93
BELIZE
Berichtsjahr (BJ): 1991
Hauptstadt: Belmopan
Fläche (in qkm): 22.965
Währung: Belize Dollar   Jahr

1. DEMOGRAPHISCHE KENNZIFFERN	1970	1980	1990	1991
Bevölkerungszahl (in Mio.)	0,12	0,14	0,188	0,193
davon: unter 15 Jahren (in %)			42,2	42,6
davon: im Alter von 15-64 Jahren (in %)			53,5	53,2
Städtische Bevölkerung (in %)	50,9	49,4	51,6	
Geburtenrate		39,1		36,2
Fertilitätsrate	6,9	5,7	4,7	4,6
Erwerbspersonen in der Landwirtschaft (in %)				
Erwerbspersonen in der Industrie (in %)				
Erwerbspersonen im Dienstleistungssektor (in %)				

Geschätzte Bevölkerung im Jahre 2025 (in Mio.)   0,31
Durchschnittliche jährliche Wachstumsrate
  der Bevölkerung (in %)   1965-80:
                                1980-BJ: 2,7

2. SOZIALE KENNZIFFERN

Bevölkerung mit Zugang zu Trinkwasser (in %)		72	69	72,8
Tägl. Kalorienangebot (in % der Mindestbedarfsnorm)			112	
Säuglingssterblichkeitsziffer (0-1 Jahr)		60	44,6	
Kindersterbeziffer (0-5 Jahre)			53	51
Lebenserwartung bei der Geburt (in Jahren)		65,1	67,9	68
Einwohner je Arzt	2926	2200	2216	
Alphabetisierungsquote (in %)	91,2			91,2

3. WIRTSCHAFTLICHE KENNZIFFERN

Bruttoinlandsprodukt (in Mio. USD)		174	373	
Bruttosozialprodukt pro Kopf (in USD)		1170	1960	2010
Ausfuhr von Waren u. Dienstleistungen (in Mio. USD)		110	207,8	
Einfuhr von Waren u. Dienstleistungen (in Mio. USD)		133	242	
Leistungsbilanz (in Mio. USD)		-9	15	-49
Kapitalbilanz (in Mio. USD)		11	25	14
davon: ausl. Direktinvestitionen (in Mio. USD)		0	17,2	12,8
Bestand an Währungsreserven (in Mio. USD)		13	69,8	53
Privater Verbrauch (in % des BIP)		64,6	61,9	
Staatsverbrauch (in % des BIP)		18,1	17,8	
Bruttoinlandsinvestitionen (in % des BIP)		27,2	26,4	26
Bruttoinlandsersparnis (in % des BIP)		11,6	20,3	
Anteil der Landwirtschaft am BIP (in %)		29,8	20,1	21,9
Anteil der Industrie am BIP (in %)		23,8	26,1	
davon: Verarbeitendes Gewerbe (in %)		16,3	10,5	
Anteil des Dienstleistungssektors am BIP (in %)		46,4	53,8	
Auslandsverschuldung (in Mio.USD)		62,9	150,9	167,1
davon: öffentliche Verschuldung (in Mio. USD)		46,9	133,6	147,8
Schuldendienst (in Mio. USD)		3,6	20,2	19,7
davon: Zinszahlungen (in Mio. USD)		3,1	7,2	6,4
Schuldendienst in % der Exporterlöse			9,2	

Durchschnittl. jährl. Wachstumsrate des BIP (in %)
                                1965-80: 5,6
                                1981-BJ: 1,5
Durchschnittl. jährl. Inflationsrate (in %)
                                1980-BJ: 2,9

IBEROSTAT
Stand: 8,93
Hauptstadt: Roseau
Fläche (in qkm): 751
Währung: East Carribean Dollar

DOMINICA

Berichtsjahr (BJ): 1991

Jahr

1. DEMOGRAPHISCHE KENNZIFFERN	1970	1980	1990	1991
Bevölkerungszahl (in Mio.)	0,068	0,073	0,072	0,072
davon: unter 15 Jahren (in %)			40,9	33,2
davon: im Alter von 15-64 Jahren (in %)			53,3	58,1
Städtische Bevölkerung (in %)			41	
Geburtenrate	25,8	24,8	23,5	19,9
Fertilitätsrate	5,5	3,9	2,8	2,7
Erwerbspersonen in der Landwirtschaft (in %)				
Erwerbspersonen in der Industrie (in %)				
Erwerbspersonen im Dienstleistungssektor (in %)				

Geschätzte Bevölkerung im Jahre 2025 (in Mio.) 0,104
Durchschnittliche jährliche Wachstumsrate
  der Bevölkerung (in %) 1965-80: 0,8
                         1980-BJ: -0,3

2. SOZIALE KENNZIFFERN

Bevölkerung mit Zugang zu Trinkwasser (in %)				
Tägl. Kalorienangebot (in % der Mindestbedarfsnorm)			118	
Säuglingssterblichkeitsziffer (0-1 Jahr)	38,7	12,6	16,4	
Kindersterbeziffer (0-5 Jahre)			20,2	
Lebenserwartung bei der Geburt (in Jahren)			74,9	75
Einwohner je Arzt		7800	2952	
Alphabetisierungsquote (in %)			97	

3. WIRTSCHAFTLICHE KENNZIFFERN

Bruttoinlandsprodukt (in Mio. USD)	21	59	170,1	
Bruttosozialprodukt pro Kopf (in USD)	290	700	2220	2440
Ausfuhr von Waren u. Dienstleistungen (in Mio. USD)		24,9	106,6	
Einfuhr von Waren u. Dienstleistungen (in Mio. USD)		55	144,8	
Leistungsbilanz (in Mio. USD)		-14,3	-25,8	
Kapitalbilanz (in Mio. USD)			30,5	
davon: ausl. Direktinvestitionen (in Mio. USD)		0	8,4	0
Bestand an Währungsreserven (in Mio. USD)		5,1	14,5	17,8
Privater Verbrauch (in % des BIP)			80,4	
Staatsverbrauch (in % des BIP)			19,9	
Bruttoinlandsinvestitionen (in % des BIP)			26,8	27
Bruttoinlandsersparnis (in % des BIP)			-0,4	
Anteil der Landwirtschaft am BIP (in %)	31	30,7	25,6	26
Anteil der Industrie am BIP (in %)		20,9	18,3	
davon: Verarbeitendes Gewerbe (in %)		4,8	7,1	
Anteil des Dienstleistungssektors am BIP (in %)		48,4	56,1	
Auslandsverschuldung (in Mio.USD)			86,7	94,4
davon: öffentliche Verschuldung (in Mio. USD)			79	86,6
Schuldendienst (in Mio. USD)			5,8	5,3
davon: Zinszahlungen (in Mio. USD)			1,9	2,1
Schuldendienst in % der Exporterlöse			5,5	

Durchschnittl. jährl. Wachstumsrate des BIP (in %)
  1965-80:
  1981-BJ: 1,5
Durchschnittl. jährl. Inflationsrate (in %)
  1980-BJ: 6

IBEROSTAT
Stand: 8,93 Berichtsjahr (BJ): 1991
DOMINIKANISCHE REPUBLIK
Hauptstadt: Santo Domingo
Fläche (in qkm): 48.734
Währung: Dominikanischer Peso   Jahr

1. DEMOGRAPHISCHE KENNZIFFERN	1970	1980	1990	1991
Bevölkerungszahl (in Mio.)	4,29	5,55	7,074	7,197
davon: unter 15 Jahren (in %)	47,5	45,3	37,9	37,4
davon: im Alter von 15-64 Jahren (in %)	49,5	51,6	58,8	60,6
Städtische Bevölkerung (in %)	40,3	50,5	60,4	61,2
Geburtenrate	41,2	34,6	30,2	27,4
Fertilitätsrate	6	4,4	3,5	3,1
Erwerbspersonen in der Landwirtschaft (in %)	54,8	45,7		
Erwerbspersonen in der Industrie (in %)	14,2	15,5		
Erwerbspersonen im Dienstleistungssektor (in %)	31	38,8		

Geschätzte Bevölkerung im Jahre 2025 (in Mio.)   11
Durchschnittliche jährliche Wachstumsrate
  der Bevölkerung (in %)   1965-80:   2,7
                           1980-BJ: 2,2

2. SOZIALE KENNZIFFERN				
Bevölkerung mit Zugang zu Trinkwasser (in %)	34	55	63	67
Tägl. Kalorienangebot (in % der Mindestbedarfsnorm)		105	99	
Säuglingssterblichkeitsziffer (0-1 Jahr)	98,4	78,6	56	55,9
Kindersterbeziffer (0-5 Jahre)			78	69
Lebenserwartung bei der Geburt (in Jahren)	58,7	63,3	67	67
Einwohner je Arzt	2244	1760	1765	
Alphabetisierungsquote (in %)	66,2		83	

3. WIRTSCHAFTLICHE KENNZIFFERN				
Bruttoinlandsprodukt (in Mio. USD)	1485	4489	7305	7172
Bruttosozialprodukt pro Kopf (in USD)	330	1080	830	940
Ausfuhr von Waren u. Dienstleistungen (in Mio. USD)	258	1313	2332	2326
Einfuhr von Waren u. Dienstleistungen (in Mio. USD)	392	2237	2396	2441
Leistungsbilanz (in Mio. USD)	-102	-720	-9	-58
Kapitalbilanz (in Mio. USD)	115	673	138	
davon: ausl. Direktinvestitionen (in Mio. USD)	72	93	133	145
Bestand an Währungsreserven (in Mio. USD)	32	279	69	448
Privater Verbrauch (in % des BIP)	76,6	77	83,8	77
Staatsverbrauch (in % des BIP)			7	9
Bruttoinlandsinvestitionen (in % des BIP)	19,1	25,1	13,8	16
Bruttoinlandsersparnis (in % des BIP)	11,8	15,4	9,1	14
Anteil der Landwirtschaft am BIP (in %)	23	20	17	18
Anteil der Industrie am BIP (in %)	26	28	27	25
davon: Verarbeitendes Gewerbe (in %)	17		13	13
Anteil des Dienstleistungssektors am BIP (in %)	51	52	56	57
Auslandsverschuldung (in Mio.USD)	353	2002	4395	4492
davon: öffentliche Verschuldung (in Mio. USD)	212	1220	3435	3471
Schuldendienst (in Mio. USD)	44	379	239	271
davon: Zinszahlungen (in Mio. USD)	13	179	87	106
Schuldendienst in % der Exporterlöse	4,5	25,3	10,2	11,6

Durchschnittl. jährl. Wachstumsrate des BIP (in %)
                           1965-80:   8
                           1981-BJ: 1,7
Durchschnittl. jährl. Inflationsrate (in %)
                           1980-BJ: 24,5

IBEROSTAT
Stand: 8,93   Berichtsjahr (BJ):   1991
                         GRENADA
Hauptstadt: St. George's
Fläche (in qkm):   344
Währung: East Caribbean Dollar   Jahr

1. DEMOGRAPHISCHE KENNZIFFERN	1970	1980	1990	1991
Bevölkerungszahl (in Mio.)	0,09	0,09	0,091	0,091
davon: unter 15 Jahren (in %)			35,9	
davon: im Alter von 15-64 Jahren (in %)			58,7	
Städtische Bevölkerung (in %)				
Geburtenrate			25,4	
Fertilitätsrate	4,6	3,8	3,1	3
Erwerbspersonen in der Landwirtschaft (in %)				
Erwerbspersonen in der Industrie (in %)				
Erwerbspersonen im Dienstleistungssektor (in %)				

Geschätzte Bevölkerung im Jahre 2025 (in Mio.)	0,09
Durchschnittliche jährliche Wachstumsrate der Bevölkerung (in %) 1965-80:	
1980-BJ:	0,2

2. SOZIALE KENNZIFFERN

Bevölkerung mit Zugang zu Trinkwasser (in %)				
Tägl. Kalorienangebot (in % der Mindestbedarfsnorm)			114	
Säuglingssterblichkeitsziffer (0-1 Jahr)	32,8	39,4	30,8	
Kindersterbeziffer (0-5 Jahre)			38	36
Lebenserwartung bei der Geburt (in Jahren)	64,9	66,9	69,7	70
Einwohner je Arzt		4400		
Alphabetisierungsquote (in %)			96	

3. WIRTSCHAFTLICHE KENNZIFFERN

Bruttoinlandsprodukt (in Mio. USD)		24	68	204
Bruttosozialprodukt pro Kopf (in USD)		260	740	2130	2180
Ausfuhr von Waren u. Dienstleistungen (in Mio. USD)			39	106,6	125,3
Einfuhr von Waren u. Dienstleistungen (in Mio. USD)			63	156,6	190,9
Leistungsbilanz (in Mio. USD)			0,3	-28	-35,8
Kapitalbilanz (in Mio. USD)			12		
davon: ausl. Direktinvestitionen (in Mio. USD)			0	12,9	0
Bestand an Währungsreserven (in Mio. USD)		5,3	12,9	17,6	17,5
Privater Verbrauch (in % des BIP)			72,4	74,2	
Staatsverbrauch (in % des BIP)				21,7	
Bruttoinlandsinvestitionen (in % des BIP)			32,9	29,7	34
Bruttoinlandsersparnis (in % des BIP)			0	4,1	
Anteil der Landwirtschaft am BIP (in %)			24	16,9	16
Anteil der Industrie am BIP (in %)			13	19,4	
davon: Verarbeitendes Gewerbe (in %)				5,4	
Anteil des Dienstleistungssektors am BIP (in %)			63	63,7	
Auslandsverschuldung (in Mio.USD)		7,6	16,6	103,8	109,5
davon: öffentliche Verschuldung (in Mio. USD)		7,6	12,8	91,1	95,8
Schuldendienst (in Mio. USD)		0,1	2,3	3,1	2,8
davon: Zinszahlungen (in Mio. USD)		0,1	0,8	1,5	1,7
Schuldendienst in % der Exporterlöse			6	2,9	2,2

Durchschnittl. jährl. Wachstumsrate des BIP (in %) 1965-80:	
1981-BJ:	1,5
Durchschnittl. jährl. Inflationsrate (in %) 1980-BJ:	

IBEROSTAT
Stand: 8,93
HAITI
Berichtsjahr (BJ): 1991

Hauptstadt: Port au Prince
Fläche (in qkm): 27.750
Währung: Gourde

Jahr

1. DEMOGRAPHISCHE KENNZIFFERN

	1970	1980	1990	1991
Bevölkerungszahl (in Mio.)	4,23	5,02	6,49	6,603
davon: unter 15 Jahren (in %)	40,9	42	38,8	39,8
davon: im Alter von 15-64 Jahren (in %)	55,3	54,2	57,4	56,8
Städtische Bevölkerung (in %)	19,8	24,6	28,3	28,8
Geburtenrate	43,3	41,8	36	35,3
Fertilitätsrate	5,9	5,2	4,8	4,8
Erwerbspersonen in der Landwirtschaft (in %)	74,4	70		
Erwerbspersonen in der Industrie (in %)	7	8,2		
Erwerbspersonen im Dienstleistungssektor (in %)	18,6	21,8		

Geschätzte Bevölkerung im Jahre 2025 (in Mio.)	10
Durchschnittliche jährliche Wachstumsrate	
der Bevölkerung (in %) 1965-80:	1,7
1980-BJ:	1,9

2. SOZIALE KENNZIFFERN

	1970	1980	1990	1991
Bevölkerung mit Zugang zu Trinkwasser (in %)	12	12	41	
Tägl. Kalorienangebot (in % der Mindestbedarfsnorm)		96	85	
Säuglingssterblichkeitsziffer (0-1 Jahr)	161,8	132,4	95	94,7
Kindersterbeziffer (0-5 Jahre)			130	134
Lebenserwartung bei der Geburt (in Jahren)	47,6	51,9	56	54,4
Einwohner je Arzt	11731	7180	7143	
Alphabetisierungsquote (in %)	21,3		53	

3. WIRTSCHAFTLICHE KENNZIFFERN

	1970	1980	1990	1991
Bruttoinlandsprodukt (in Mio. USD)	331	1462	2760	2641
Bruttosozialprodukt pro Kopf (in USD)	90	250	370	370
Ausfuhr von Waren u. Dienstleistungen (in Mio. USD)	53	309	365	401
Einfuhr von Waren u. Dienstleistungen (in Mio. USD)	64	498	453	516
Leistungsbilanz (in Mio. USD)	11	-101	-39	-10
Kapitalbilanz (in Mio. USD)	7	66	19	54
davon: ausl. Direktinvestitionen (in Mio. USD)	3	13	8	14
Bestand an Währungsreserven (in Mio. USD)	4	27	10	24
Privater Verbrauch (in % des BIP)	83	81,9	90,2	
Staatsverbrauch (in % des BIP)			9	
Bruttoinlandsinvestitionen (in % des BIP)	11,4	16,9	10,9	11,6
Bruttoinlandsersparnis (in % des BIP)	7,5	8,1	1,1	
Anteil der Landwirtschaft am BIP (in %)	47	34	31	
Anteil der Industrie am BIP (in %)	19	27		
davon: Verarbeitendes Gewerbe (in %)	10			
Anteil des Dienstleistungssektors am BIP (in %)	34	39		
Auslandsverschuldung (in Mio.USD)	40	302	883	747
davon: öffentliche Verschuldung (in Mio. USD)	40	242	745	609
Schuldendienst (in Mio. USD)	4	26	33	27
davon: Zinszahlungen (in Mio. USD)	0	8	15	16
Schuldendienst in % der Exporterlöse	7,2	6,2	9	6,6

Durchschnittl. jährl. Wachstumsrate des BIP (in %)	
1965-80:	2,9
1981-BJ:	-0,7
Durchschnittl. jährl. Inflationsrate (in %)	
1980-BJ:	7,2

IBEROSTAT
Stand: 8,93
Hauptstadt: Kingston
Fläche (in qkm): 10.990
Währung: Jamaican Dollar

JAMAICA

Berichtsjahr (BJ): 1991

Jahr

1. DEMOGRAPHISCHE KENNZIFFERN

	1970	1980	1990	1991
Bevölkerungszahl (in Mio.)	1,87	2,13	2,39	2,44
davon: unter 15 Jahren (in %)	43,4	45,9	34,7	33
davon: im Alter von 15-64 Jahren (in %)	51,2	49,7	59,2	61,8
Städtische Bevölkerung (in %)	41,5	46,8	52,3	52,9
Geburtenrate	34,4	26,4	22,9	24,3
Fertilitätsrate	5,3	3,7	2,4	2,7
Erwerbspersonen in der Landwirtschaft (in %)	33,2	31,3		
Erwerbspersonen in der Industrie (in %)	20	16,4		
Erwerbspersonen im Dienstleistungssektor (in %)	46,8	52,3		

Geschätzte Bevölkerung im Jahre 2025 (in Mio.) 3
Durchschnittliche jährliche Wachstumsrate
 der Bevölkerung (in %) 1965-80: 1,3
 1980-BJ: 1

2. SOZIALE KENNZIFFERN

Bevölkerung mit Zugang zu Trinkwasser (in %)	57	86	72	
Tägl. Kalorienangebot (in % der Mindestbedarfsnorm)		119	110	
Säuglingssterblichkeitsziffer (0-1 Jahr)	39,6	18,4	16	15,7
Kindersterbeziffer (0-5 Jahre)			20	19
Lebenserwartung bei der Geburt (in Jahren)	67,7	70,8	73	73,2
Einwohner je Arzt	2650	2040	2044	
Alphabetisierungsquote (in %)	96,1		98,4	

3. WIRTSCHAFTLICHE KENNZIFFERN

Bruttoinlandsprodukt (in Mio. USD)	1406	2660	3970	3497
Bruttosozialprodukt pro Kopf (in USD)	720	1160	1500	1380
Ausfuhr von Waren u. Dienstleistungen (in Mio. USD)	537	1422	2464	2360
Einfuhr von Waren u. Dienstleistungen (in Mio. USD)	713	1678	2863	2751
Leistungsbilanz (in Mio. USD)	-153	-166	-263	-129
Kapitalbilanz (in Mio. USD)	156	267	336	-35
davon: ausl. Direktinvestitionen (in Mio. USD)	161	28	138	127
Bestand an Währungsreserven (in Mio. USD)	139	105	168	106
Privater Verbrauch (in % des BIP)	60,9	66	55,8	62
Staatsverbrauch (in % des BIP)			15	12
Bruttoinlandsinvestitionen (in % des BIP)	31,5	15,7	29,6	20
Bruttoinlandsersparnis (in % des BIP)	27,4	13,6	29,6	27,2
Anteil der Landwirtschaft am BIP (in %)	7	8	5	5
Anteil der Industrie am BIP (in %)	42	37	46	40
davon: Verarbeitendes Gewerbe (in %)	12	-	20	17
Anteil des Dienstleistungssektors am BIP (in %)	51	55	49	56
Auslandsverschuldung (in Mio.USD)	982	1903	4598	4456
davon: öffentliche Verschuldung (in Mio. USD)	160	1421	3873	3751
Schuldendienst (in Mio. USD)	234	280	705	703
davon: Zinszahlungen (in Mio. USD)	63	159	285	233
Schuldendienst in % der Exporterlöse	2,8	19	28,6	29,8

Durchschnittl. jährl. Wachstumsrate des BIP (in %)
 1965-80: 1,4
 1981-BJ: 1,6
Durchschnittl. jährl. Inflationsrate (in %)
 1980-BJ: 19,6

IBEROSTAT
Stand: 8,93   Berichtsjahr (BJ): 1991
                            SAINT KITTS UND NEVIS
Hauptstadt: Basse Terre
Fläche (in qkm): 261
Währung: East Carribean Dollar   Jahr

1. DEMOGRAPHISCHE KENNZIFFERN	1970	1980	1990	1991
Bevölkerungszahl (in Mio.)	0,045	0,044	0,04	0,039
davon: unter 15 Jahren (in %)			34,9	35
davon: im Alter von 15-64 Jahren (in %)			54,7	52,5
Städtische Bevölkerung (in %)	34,3	41,3	48,9	
Geburtenrate	25,8	26,8	22,8	
Fertilitätsrate	3,5	3,3	2,6	2,6
Erwerbspersonen in der Landwirtschaft (in %)				
Erwerbspersonen in der Industrie (in %)				
Erwerbspersonen im Dienstleistungssektor (in %)				

Geschätzte Bevölkerung im Jahre 2025 (in Mio.)   0,048
Durchschnittliche jährliche Wachstumsrate
  der Bevölkerung (in %)   1965-80:   -0,6
                                1980-BJ: -1,2

2. SOZIALE KENNZIFFERN

Bevölkerung mit Zugang zu Trinkwasser (in %)			100	100
Tägl. Kalorienangebot (in % der Mindestbedarfsnorm)			111	
Säuglingssterblichkeitsziffer (0-1 Jahr)			36,4	
Kindersterbeziffer (0-5 Jahre)			42,8	41
Lebenserwartung bei der Geburt (in Jahren)			69,6	70
Einwohner je Arzt	3207	2740	2183	
Alphabetisierungsquote (in %)	97		92	

3. WIRTSCHAFTLICHE KENNZIFFERN

Bruttoinlandsprodukt (in Mio. USD)		16	103	142
Bruttosozialprodukt pro Kopf (in USD)		350	1090	3540	3960
Ausfuhr von Waren u. Dienstleistungen (in Mio. USD)			32,9	78,9
Einfuhr von Waren u. Dienstleistungen (in Mio. USD)			48,6	141,3
Leistungsbilanz (in Mio. USD)			-2,7	-50,2
Kapitalbilanz (in Mio. USD)			1,1	50,4
davon: ausl. Direktinvestitionen (in Mio. USD)		1	48,8	47,6
Bestand an Währungsreserven (in Mio. USD)			16,3	16,6
Privater Verbrauch (in % des BIP)				
Staatsverbrauch (in % des BIP)				
Bruttoinlandsinvestitionen (in % des BIP)			21,8	46
Bruttoinlandsersparnis (in % des BIP)			14,5	
Anteil der Landwirtschaft am BIP (in %)		11	16	8,6	9
Anteil der Industrie am BIP (in %)			26,7	27,7
davon: Verarbeitendes Gewerbe (in %)			15,2	13,7
Anteil des Dienstleistungssektors am BIP (in %)			57,3	63,7
Auslandsverschuldung (in Mio.USD)			37,1	44,6
davon: öffentliche Verschuldung (in Mio. USD)			36,1	43,5
Schuldendienst (in Mio. USD)			2,6	2,6
davon: Zinszahlungen (in Mio. USD)			1,5	1,3
Schuldendienst in % der Exporterlöse			3,2	

Durchschnittl. jährl. Wachstumsrate des BIP (in %)
                                1965-80:
                                1981-BJ: 1,5
Durchschnittl. jährl. Inflationsrate (in %)
                                1980-BJ: 7,2

IBEROSTAT
Stand: 8,93   Berichtsjahr (BJ):   1991
                         SAINT LUCIA
Hauptstadt: Castries
Fläche (in qkm): 622
Währung: East Carribean Dollar   Jahr

1. DEMOGRAPHISCHE KENNZIFFERN	1970	1980	1990	1991
Bevölkerungszahl (in Mio.)	0,101	0,124	0,15	0,152
davon: unter 15 Jahren (in %)			34,9	40
davon: im Alter von 15-64 Jahren (in %)			54,7	54,7
Städtische Bevölkerung (in %)	40,1	41,9	46,4	
Geburtenrate	41,2	30,6	26,7	21,3
Fertilitätsrate	5,7	4,4	3,5	3,1
Erwerbspersonen in der Landwirtschaft (in %)				
Erwerbspersonen in der Industrie (in %)				
Erwerbspersonen im Dienstleistungssektor (in %)				

Geschätzte Bevölkerung im Jahre 2025 (in Mio.)   0,222
Durchschnittliche jährliche Wachstumsrate
    der Bevölkerung (in %)   1965-80:
                                1980-BJ: 1,9

2. SOZIALE KENNZIFFERN				
Bevölkerung mit Zugang zu Trinkwasser (in %)			109	
Tägl. Kalorienangebot (in % der Mindestbedarfsnorm)			18,8	
Säuglingssterblichkeitsziffer (0-1 Jahr)			22,6	22
Kindersterbeziffer (0-5 Jahre)				
Lebenserwartung bei der Geburt (in Jahren)	62,4	68	71,5	72
Einwohner je Arzt	5043	2775	3831	
Alphabetisierungsquote (in %)			93	

3. WIRTSCHAFTLICHE KENNZIFFERN				
Bruttoinlandsprodukt (in Mio. USD)		39	113	294	
Bruttosozialprodukt pro Kopf (in USD)		310	840	2350	2490
Ausfuhr von Waren u. Dienstleistungen (in Mio. USD)			87,5	295,7	281,5
Einfuhr von Waren u. Dienstleistungen (in Mio. USD)			135,4	369	384,2
Leistungsbilanz (in Mio. USD)			-33,3	-55,3	-81,1
Kapitalbilanz (in Mio. USD)			31,4		
davon: ausl. Direktinvestitionen (in Mio. USD)			30,9	45,4	71,6
Bestand an Währungsreserven (in Mio. USD)			8,3	44,6	48,7
Privater Verbrauch (in % des BIP)					
Staatsverbrauch (in % des BIP)					
Bruttoinlandsinvestitionen (in % des BIP)					
Bruttoinlandsersparnis (in % des BIP)					
Anteil der Landwirtschaft am BIP (in %)		25	11,7	15,9	14
Anteil der Industrie am BIP (in %)			24,8		
davon: Verarbeitendes Gewerbe (in %)		24,2	9,3		
Anteil des Dienstleistungssektors am BIP (in %)			63,5		
Auslandsverschuldung (in Mio.USD)				73,8	76,1
davon: öffentliche Verschuldung (in Mio. USD)				66,8	69,9
Schuldendienst (in Mio. USD)				2,6	2,6
davon: Zinszahlungen (in Mio. USD)				2,9	4
Schuldendienst in % der Exporterlöse				2	3,4

Durchschnittl. jährl. Wachstumsrate des BIP (in %)
                                1965-80:
                                1981-BJ: 1,5
Durchschnittl. jährl. Inflationsrate (in %)
                                1980-BJ: 4,2

IBEROSTAT
Stand: 8,93　　　　　　　　　　　　　　　　　　　　Berichtsjahr (BJ):　　1991
　　　　　　　　　　　　　ST.VINCENT UND GRENADINEN
Hauptstadt:　　　Kingstown
Fläche (in qkm):　　388
Währung:　　　East Caribbean Dollar　　　　　　　　Jahr

1. DEMOGRAPHISCHE KENNZIFFERN	1970	1980	1990	1991
Bevölkerungszahl (in Mio.)	0,09	0,1	0,107	0,108
davon: unter 15 Jahren (in %)			35,4	35,5
davon: im Alter von 15-64 Jahren (in %)			59,5	59,8
Städtische Bevölkerung (in %)	15	16,8	20,6	
Geburtenrate	40,2	28,3	23,2	
Fertilitätsrate	5,4	3,6	2,6	2,6
Erwerbspersonen in der Landwirtschaft (in %)				
Erwerbspersonen in der Industrie (in %)				
Erwerbspersonen im Dienstleistungssektor (in %)				

Geschätzte Bevölkerung im Jahre 2025 (in Mio.)　　0,15
Durchschnittliche jährliche Wachstumsrate
　　der Bevölkerung (in %)　　1965-80:　　1,3
　　　　　　　　　　　　　　　1980-BJ:　　0,9

2. SOZIALE KENNZIFFERN

Bevölkerung mit Zugang zu Trinkwasser (in %)				
Tägl. Kalorienangebot (in % der Mindestbedarfsnorm)			109	
Säuglingssterblichkeitsziffer (0-1 Jahr)	43	31	23	22,1
Kindersterbeziffer (0-5 Jahre)			26,4	25
Lebenserwartung bei der Geburt (in Jahren)	63,1	67,1	70,4	71
Einwohner je Arzt	5500	4182	3756	
Alphabetisierungsquote (in %)	95,6		84	

3. WIRTSCHAFTLICHE KENNZIFFERN

Bruttoinlandsprodukt (in Mio. USD)	19	58	191	
Bruttosozialprodukt pro Kopf (in USD)	220	540	1710	1730
Ausfuhr von Waren u. Dienstleistungen (in Mio. USD)		40	124,8	114,8
Einfuhr von Waren u. Dienstleistungen (in Mio. USD)		65	166,3	155,2
Leistungsbilanz (in Mio. USD)		-9	-7,9	-9,1
Kapitalbilanz (in Mio. USD)		7		
davon: ausl. Direktinvestitionen (in Mio. USD)		1	7,7	9,7
Bestand an Währungsreserven (in Mio. USD)		7	26,5	22,7
Privater Verbrauch (in % des BIP)		78,3		
Staatsverbrauch (in % des BIP)				
Bruttoinlandsinvestitionen (in % des BIP)		40,3		
Bruttoinlandsersparnis (in % des BIP)		-2,5		
Anteil der Landwirtschaft am BIP (in %)		14,6	19,3	19
Anteil der Industrie am BIP (in %)		26	22,9	
davon: Verarbeitendes Gewerbe (in %)		11	8,7	
Anteil des Dienstleistungssektors am BIP (in %)		60,4	57,8	
Auslandsverschuldung (in Mio.USD)	0,7	10,6	59,4	62,4
davon: öffentliche Verschuldung (in Mio. USD)	0,7	10,3	57,3	60,3
Schuldendienst (in Mio. USD)	0	0,4	4	4,3
davon: Zinszahlungen (in Mio. USD)	0	0,3	1,8	1,8
Schuldendienst in % der Exporterlöse		1,1	3,2	3,8

Durchschnittl. jährl. Wachstumsrate des BIP (in %)
　　　　　　　　　　　　　　　1965-80:
　　　　　　　　　　　　　　　1981-BJ:　　1,6
Durchschnittl. jährl. Inflationsrate (in %)
　　　　　　　　　　　　　　　1980-BJ:　　4,4

IBEROSTAT
Stand: 8,93 Berichtsjahr (BJ): 1991
SURINAME
Hauptstadt: Paramaribo
Fläche (in qkm): 163.265
Währung: Surinaamse Gulden Jahr

1. DEMOGRAPHISCHE KENNZIFFERN	1970	1980	1990	1991
Bevölkerungszahl (in Mio.)	0,37	0,35	0,447	0,457
davon: unter 15 Jahren (in %)	48,3	39,8	35,6	34
davon: im Alter von 15-64 Jahren (in %)	47,8	55,8	60,4	62
Städtische Bevölkerung (in %)	45,9	44,8	47,4	47,9
Geburtenrate	35,7	27,6	31	30,6
Fertilitätsrate	5,6	4,3	3,4	3,3
Erwerbspersonen in der Landwirtschaft (in %)	24,8	19,9		
Erwerbspersonen in der Industrie (in %)	20,9	19,8		
Erwerbspersonen im Dienstleistungssektor (in %)	54,3	60,3		

Geschätzte Bevölkerung im Jahre 2025 (in Mio.)		0,66
Durchschnittliche jährliche Wachstumsrate der Bevölkerung (in %)	1965-80:	-1,1
	1980-BJ:	2,5

2. SOZIALE KENNZIFFERN

Bevölkerung mit Zugang zu Trinkwasser (in %)		88	98	98
Tägl. Kalorienangebot (in % der Mindestbedarfsnorm)			124	
Säuglingssterblichkeitsziffer (0-1 Jahr)	53,2	46,6	38,7	
Kindersterbeziffer (0-5 Jahre)			48,2	47
Lebenserwartung bei der Geburt (in Jahren)	63,8	64,8	67,9	68
Einwohner je Arzt	2150	1264	1264	
Alphabetisierungsquote (in %)			94,9	

3. WIRTSCHAFTLICHE KENNZIFFERN

Bruttoinlandsprodukt (in Mio. USD)	282	987	1363	
Bruttosozialprodukt pro Kopf (in USD)	610	2420	3350	3630
Ausfuhr von Waren u. Dienstleistungen (in Mio. USD)	161	639	489	
Einfuhr von Waren u. Dienstleistungen (in Mio. USD)	186	703	480	
Leistungsbilanz (in Mio. USD)	-12	15	33	
Kapitalbilanz (in Mio. USD)	22	10	-15	10
davon: ausl. Direktinvestitionen (in Mio. USD)	-5	10	-43	
Bestand an Währungsreserven (in Mio. USD)	37	221	42	
Privater Verbrauch (in % des BIP)			58	
Staatsverbrauch (in % des BIP)			21	
Bruttoinlandsinvestitionen (in % des BIP)	21,7	26	21,3	25,3
Bruttoinlandsersparnis (in % des BIP)	27,2	21		
Anteil der Landwirtschaft am BIP (in %)	7,3	9,1	10,6	11
Anteil der Industrie am BIP (in %)	47,1	29		
davon: Verarbeitendes Gewerbe (in %)		15		
Anteil des Dienstleistungssektors am BIP (in %)	45,6	62		
Auslandsverschuldung (in Mio.USD)		27,4	123	
davon: öffentliche Verschuldung (in Mio. USD)				
Schuldendienst (in Mio. USD)				
davon: Zinszahlungen (in Mio. USD)				
Schuldendienst in % der Exporterlöse				

Durchschnittl. jährl. Wachstumsrate des BIP (in %)	1965-80:	
	1981-BJ:	-1,3
Durchschnittl. jährl. Inflationsrate (in %)	1980-BJ:	9

300

IBEROSTAT
Stand: 8,93 Berichtsjahr (BJ): 1991
TRINIDAD UND TOBAGO
Hauptstadt: Port of Spain
Fläche (in qkm): 5.130
Währung: Trinidad and Tobago Dollar Jahr

1. DEMOGRAPHISCHE KENNZIFFERN	1970	1980	1990	1991
Bevölkerungszahl (in Mio.)	0,96	1,09	1,28	1,249
davon: unter 15 Jahren (in %)	42,6	37,3	32,7	34,2
davon: im Alter von 15-64 Jahren (in %)	53,9	58,4	61,9	60,9
Städtische Bevölkerung (in %)	38,8	56,9	69,1	69
Geburtenrate	27,4	20,3	25,5	24,3
Fertilitätsrate	3,6	3,1	2,8	2,8
Erwerbspersonen in der Landwirtschaft (in %)	18,6	10,2		
Erwerbspersonen in der Industrie (in %)	35	38,6		
Erwerbspersonen im Dienstleistungssektor (in %)	46,4	51,2		

Geschätzte Bevölkerung im Jahre 2025 (in Mio.) 2
Durchschnittliche jährliche Wachstumsrate
  der Bevölkerung (in %) 1965-80: 1,2
                          1980-BJ: 1,3

2. SOZIALE KENNZIFFERN				
Bevölkerung mit Zugang zu Trinkwasser (in %)	96	93	96	98
Tägl. Kalorienangebot (in % der Mindestbedarfsnorm)		113	120	
Säuglingssterblichkeitsziffer (0-1 Jahr)	34,4	21,2	25	25
Kindersterbeziffer (0-5 Jahre)			17	29
Lebenserwartung bei der Geburt (in Jahren)	66,2	68,8	72	71
Einwohner je Arzt	2245	950	943	
Alphabetisierungsquote (in %)	92,2		96,1	

3. WIRTSCHAFTLICHE KENNZIFFERN				
Bruttoinlandsprodukt (in Mio. USD)	872	6236	4885	4920
Bruttosozialprodukt pro Kopf (in USD)	810	4690	3460	3670
Ausfuhr von Waren u. Dienstleistungen (in Mio. USD)	350	3371	2321	
Einfuhr von Waren u. Dienstleistungen (in Mio. USD)	457	2972	1863	
Leistungsbilanz (in Mio. USD)	-109	335	430	
Kapitalbilanz (in Mio. USD)	74	227	-225	-163
davon: ausl. Direktinvestitionen (in Mio. USD)	83	185	109	169
Bestand an Währungsreserven (in Mio. USD)	43	2813	513	358
Privater Verbrauch (in % des BIP)	60	45,9	51,7	59
Staatsverbrauch (in % des BIP)			16	15
Bruttoinlandsinvestitionen (in % des BIP)	25,9	30,6	16,6	18
Bruttoinlandsersparnis (in % des BIP)	27	42,1	32,7	26
Anteil der Landwirtschaft am BIP (in %)	5	2	3	3
Anteil der Industrie am BIP (in %)	40	52	48	39
davon: Verarbeitendes Gewerbe (in %)	16		13	9
Anteil des Dienstleistungssektors am BIP (in %)	55	46	49	58
Auslandsverschuldung (in Mio.USD)	101	828	2310	2332
davon: öffentliche Verschuldung (in Mio. USD)	101	712	1853	1817
Schuldendienst (in Mio. USD)	20	230	388	359
davon: Zinszahlungen (in Mio. USD)	6	54	194	187
Schuldendienst in % der Exporterlöse	4,6	6,8	16,7	

Durchschnittl. jährl. Wachstumsrate des BIP (in %)
                          1965-80: 4,8
                          1981-BJ: -4,4
Durchschnittl. jährl. Inflationsrate (in %)
                          1980-BJ: 6,5

Guyana

Amtlicher Name: Co-operative Republic of Guyana Präsident: Cheddi JAGAN Im Amt seit: 9. Oktober 1992 Nächste Präsidentschaftswahlen: spätestens 5. Oktober 1997 Regierung: People's Progressive Party (PPP) mit Unterstützung durch WPA und TUF. Kabinett (Stand: Nov. 1992): Äußeres: Clement ROHEE; Inneres: Feroze MOHAMED; Handel, Industrie, Tourismus: Shree CHAND; Finanzen: Asgar ALLY. Sitzverteilung im Parlament seit den Wahlen vom 5. Oktober 1992 (insges. 65 Sitze): Pople's Progressive Party (PPP): 32; People's National Congress (PNC): 31; Working People's Alliance (WPA): 1; The United Forces (TUF): 1

Chronologie 1992

Die mit Spannung erwarteten Neuwahlen am 5. Oktober bringen – nach Haïti – erneut den Beweis für eine zunehmende Internationalisierung von Wahlgängen in Staaten der Dritten Welt. Seit zwei Jahren steht die Regierung HOYTE unter Druck und muß auf Drängen der internationalen Staatengemeinschaft nicht nur der Erstellung einer neuen Wählerliste zustimmen und eine parteiunabhängige Wahlkommission benennen, sondern unter Androhung der Streichung finanzieller Hilfen auch Wahlbeobachterorganisationen mehr als nur die bislang übliche "Beobachtung" am Wahltag ermöglichen. Der sich seit über 64 Jahren an der Macht befindliche *People's National Congress* (PNC) war bekannt dafür, daß Wahlen nur eingeschränkt als demokratisch und frei abgehalten wurden, und das Ausland hatte bislang unter Berufung auf eine kommunistische Gefahr durch die oppositionelle *People's Progressive Party* (PPP) über diese Unregelmäßigkeiten hinweg gesehen. Bei der diesjährigen Wahl spielte das Carter-Center des ehemaligen US-Präsidenten Jimmy CARTER sowohl in der Vorbereitung als auch in der Durchführung eine entscheidende Rolle. Bei einer hohen Wahlbeteiligung von 81% und nur wenigen, kleineren Zwischenfällen kann sich der PNC nicht mehr behaupten und verliert gegen die stärkste Oppositionspartei (PPP) unter der Führung des Alt-Marxisten Cheddi JAGAN. Das Ergebnis spiegelt erneut die ethnische Zusammensetzung der Bevölkerung wider, die sich aus einem 52prozentigen Teil Nachkommen indischer Kontraktarbeiter und einem 48prozentigen Teil aus Afro-Amerikaner und Mischlingen zusammensetzt. Bislang konnte sich mit Hilfe der alten Kolonialmacht Großbritannien und den USA die Gruppe der Afro-Amerikaner an der Macht halten; zuerst unter Linden Forbes BURNHAM, der bis 1985 den PNC leitete und danach unter seinem ehemaligen Vize Desmond HOYTE. Der heute 74jährige Cheddi JAGAN, der bereits dreimal Wahlen in Guyana gewinnen konnte (1953, 1957 und 1961), jedoch stets unter Berufung auf eine kommunistische Gefahr an der Ausübung der Macht gehindert wurde, steht als Führer der PPP für den indisch-stämmigen Bevölkerungsteil. Er kann nun versuchen, mit wohlwollender Unterstützung durch die beiden Splitterparteien Working People's Alliance (WPA) und The United Forces (TUF) eine gemäßigte sozialistische Regierung durchzusetzen. JAGAN kündigt an, daß seine Regierung die Privatisierungsbestrebungen des PNC zwar nicht stoppen, jedoch offen, durchsichtig und im Sinne des Volkes gestalten werde. Die wirtschaftlichen Errungenschaften der strikten Austeritätspolitik der vorhergehenden Regierung, die dem Land 1991 noch Zuwachsraten zwischen 5% und 6% bescherten, werden im Wahljahr trotz der Wahlgeschenke (Erhöhung der Löhne von Staatsbediensteten, Senkung einiger Steuern) nicht mehr erreicht. Das Handelsbilanzdefizit wächst auf US-$ 46,9 Mio. gegenüber US-$ 13,6 Mio. (1991) an. Die in Gang gesetzte Privatisierung, Rationalisierung und Modernisierung der Staatsunternehmen ist auch unter der neuen Regierung JAGAN von ausländischem Kapital abhängig.

Januar

Präsident Desmond HOYTE äußert sich anläßlich einer Bergbau-Konferenz in Miami positiv über die Wirtschaftsentwicklung des Landes und erklärt, daß der eingeschlagene Kurs der Stützung des freien Unternehmertums beibehalten wird.

Eine Delegation der Interamerikanischen Entwicklungsbank (IDB/BID) besucht Georgetown und bewilligt ein Darlehen über US-$ 52 Mio. für die Unterstützung des Agrarsektors und die Förderung einer exportorientierten Produktion sowie die Verbesserung von Bewässerungsanlagen.

Die Bürgerrechtsbewegung Guyana Action for Reform and Democracy (GUARD) wandelt sich in die Guyana Labour Party (GLP) und kündigt als 14. Partei die Teilnahme an den bereits zweimal verschobenen Parlamentswahlen an.

Februar

27.2. Präsident HOYTE erklärt nach persönlichen Tests, daß die Wählerliste, an der auch weiterhin gearbeitet wird, zu 96% korrekt ist und ein Wahltermin zwischen Juni und September erwartet werden kann.

März

30.3. Finanzminister Carl GREENIDGE präsentiert den Haushalt für 1992 vor dem Parlament. Das Budget von Guy.-$ 17,8 Mrd. (1 US-$ = 109 Guy.-$) wird gegen heftigen Widerspruch der Opposition verabschiedet. Sie vertritt die Meinung, daß die Regierung durch die längst überfälligen

Wahlen nicht mehr legitimiert sei, einen Haushalt zu verabschieden. Die ökonomischen Ziele der Regierung sind die weitere Eindämmung der Inflation und ein weiteres Wirtschaftswachstum von 5-6%. Angesichts der anstehenden Wahlen werden auch einige "Wahlgeschenke" im Haushalt verankert: Senkung der Mehrwertsteuer bei Medikamenten, Unterrichtsmaterialien und Sport-Artikeln sowie Senkung der Steuern bei Tabak, Elektro-Geräten, Textilien und einigen Erdölprodukten. Außerdem wird eine Lohnerhöhung von 27% für Lehrer und Pflegepersonal sowie eine 10% Erhöhung für andere Staatsdiener bekannt gegeben.

Ein Commonwealth-Team besucht Guyana zur Vorbereitung der versprochenen Wahlbeobachtung. – Aufgrund einer US-Kongreßzuwendung in Höhe von US-$ 600.000 werden von der *International Foundation for Electoral Systems* Ausrüstungsgegenstände wie Wahlurnen, Polaroidfilme, Identitätskartenvordrucke und Computeranlagen für die bevorstehenden Parlamentswahlen geliefert.

April

11.4. Präsident HOYTE erklärt in einem landesweit ausgestrahlten Radioprogramm, daß inzwischen die Oppositionsparteien durch ihre anhaltenden Einsprüche verantwortlich zu machen sind, wenn die bereits zweimal verschobenen Wahlen nicht durchgeführt werden können.

15.4. Der Vorsitzende der Wahlkommission, Rudy COLLINS, gibt bekannt, daß mit einer Verteilung der neuen Wählerliste an die politischen Parteien im Mai zu rechnen ist. Nach einer allgemeinen vierwöchigen Einspruchsphase bleibe dem Präsidenten dann nur noch eine Woche, das Parlament aufzulösen und Neuwahlen innerhalb der nächsten drei Monate auszuschreiben.

Mai

6.5. Während eines Besuchs in Trinidad erklärt Cheddi JAGAN, Führer der oppositionellen PPP, daß sich Guyana bereits in der ganzen Welt lächerlich gemacht habe, da man nicht fähig zu sein scheine, in einem Land mit rund 750.000 Einwohnern innerhalb von zwei Jahren eine ordentliche Wählerliste zu erstellen. Seiner Meinung nach verhindere die Regierung HOYTE eine Durchführung der Neuwahlen, da sie eine Wahlniederlage zu fürchten habe.

Die Regierung gibt bekannt, daß bei der geplanten Privatisierung des staatlichen Zuckerunternehmens, *Guyana Sugar Corporation* (GUYSUCO), 40% der Anteile von der Regierung behalten werden, um sie an die eigenen Arbeiter auszugeben. Darüber hinaus soll der Grund und Boden nicht verkauft, sondern für 25 Jahre geleast werden. Voraussichtlich wird die britische Firma *Booker-Tate*, die bereits 1990 das Management in die Hand genommen hat, die Mehrheitsanteile der GUYSUCO übernehmen.

Juni

8.6. Die neuerstellte "vorläufige" Wählerliste wird mit Unterstützung des *United Nations Development Programme* (UNDP) für eine vierwöchige Verifizierungsperiode bei 900 Stellen im Land ausgehängt. Der ehemalige US-Präsident Jimmy CARTER, der sich mit seiner Wahlbeobachterkommission bereits intensiv um die Organisation und eine geregelte Durchführung der Wahlvorbereitung gekümmert hat, begrüßt die nun endlich erreichte Veröffentlichung der Liste und ruft alle Bürger Guyanas auf, ihre Namen zu kontrollieren.

Juli

Die Regierung gibt bekannt, daß sie die US-$ 47 Mio. Schulden der *Guyana Mining Corporation* GUYMINE übernehmen und in 12jährige Staatsanleihen umwandeln werde. Diese Aktion soll den Weg zu Verhandlungen mit der Weltbank und der *European Investment Bank* eröffnen, um eine Finanzierung für die Neustrukturierung der insolventen Bauxitindustrie zu sichern.

Finanzminister Carl GREENIDGE und der US-Botschafter in Guyana, George Fleming JONES, unterzeichnen das *Tax Information Exchange Agreement* (TIEA), das gegenseitige Auskünfte über die Steuerzahlungen der Bürger unabhängig von Nationalität und Wohnort ermöglicht. Dieser Informationsaustausch über die Einkommens-, die Körperschafts-, die Grund- und Kapitalsteuer ist Voraussetzung für den Zugang Guyanas zur finanziellen Unterstützung durch das sogenannte 936er US-Gesetz zur Niedrigzins-Kreditvergabe an karibische Staaten.

August

6.8. Cheddi JAGAN, Führer der jetzigen Oppositionspartei PPP und mutmaßlicher Gewinner der anstehenden Parlamentswahlen, erklärt erneut, daß jegliche Privatisierungsmaßnahmen der Regierung HOYTE, die nach dem 6.3.1992 vollzogen wurden, von ihm in einer neuen Regierung nicht anerkannt werden.

31.8. Präsident HOYTE ruft Neuwahlen für den 5.10. aus und warnt die Wähler vor einem Bruch mit den bereits deutlich werdenden Errungenschaften einer verbesserten Wirtschaft und vor einer düsteren Zukunft, falls sie das bereits weltweit als falsch erwiesene marxistische Modell der Oppositionspartei wählten.

September

14.9. Das *Commonwealth Secretariat* in London kündigt an, neben dem CARTER-Center auch ein 16köpfiges Wahltbeobachter-Team nach Guyana zu entsenden. Die beiden internationalen Beobachtergremien sollen mit insgesamt 83 Personen für faire und freie Wahlen Sorge tragen.

18.9. In der heißen Phase des Wahlkampfs kommt es zu einem ersten Zwischenfall, bei dem eine PNC-Schlägertruppe Parteianhänger der konkurrierenden TUF beim Plakatkleben attackiert und brutal zusammenschlägt.

28.9. Die 6.000 Angehörigen der Armee und Polizei wählen eine Woche vor dem allgemeinen Wahltermin. Die dabei gemachten Erfahrungen sind nicht ermutigend, da es selbst bei dieser überschaubaren Zahl von Wählern bereits zu langen Verzögerungen und einigen Unregelmäßigkeiten kommt.

Oktober

5.10. Nach über zwanzigjähriger PNC-Regierung und über zweijähriger Verzögerung finden in Guyana erste freie Wahlen statt. Trotz der Befürchtungen, daß ein Erfolg der PPP von den afro-guyanesischen Anhängern des PNC mit Gewalt beantwortet werden könnte, verlaufen die Wahlen bis auf einige Unregelmäßigkeiten positiv. Den internationalen Beobachtern und vor allem Jimmy CARTER ist es zu verdanken, daß es auch nach Bekanntgabe des Wahlsiegers keine größeren Unruhen gibt. Die Wahlbeteiligung liegt überraschend hoch bei 81%.

9.10. Vier Tage nach der Wahl wird Cheddi JAGAN zum Präsidenten erklärt. Damit wird der 74jährige Politiker, 40 Jahre nachdem die britische Kolonialregierung ihn gewaltsam von der Staatsführung entfernt hatte, wieder zum Präsidenten des Landes. Die PPP gewinnt mit 54% der Stimmen, während der PNC nur 41% erringen kann. Dies ergibt im National-Parlament 28 Sitze für die PPP und 23 für die PNC. Die beiden kleinen Oppositionsparteien WPA und TUF erhalten je einen Sitz.

13.10. Der neugewählte Präsident Cheddi JAGAN veröffentlicht den größten Teil seiner Kabinettsliste und kündigt gleichzeitig Gespräche mit den beiden kleinen Parteien WPA und TUF über eine unterstützende Zusammenarbeit im Parlament an. Während JAGAN persönlich einen überzeugenden Wahlsieg errang, erreicht seine Partei im Parlament nicht die absolute Mehrheit. In dem 65köpfigen Parlament, das sich aus einem 53köpfigen nationalen und einem 12köpfigen regionalen Teil zusammensetzt, ist die 32 Sitze umfassende Fraktion der PPP auf mindestens eine Koalitionsstimme angewiesen, um nicht mit einer Minderheitsregierung zu arbeiten.

November

9.11. Nur einen Monat nach Amtsübernahme des neuen Präsidenten sieht sich die Regierung mit einem drohenden Generalstreik der Staatsbediensteten konfrontiert. Die *Guyana Public Service Union* (GPSU) erklärt ihre 17.000 Mitglieder für bereit, sich gegen die angekündigte "magere" Lohnerhöhung von 8% für das kommende Jahr zu wehren.

Der neue Finanzminister, Asgar ALLY, veröffentlicht Zahlen, wonach entgegen der Auskunft der alten Regierung nicht 70, sondern 94 Cent pro ausgegebenen Dollar für den Schuldendienst aufzubringen sind. Danach blieben der Regierung nur 6 Cent für den Kauf von dringend benötigten Ölimporten und die Zahlung der Staatsgehälter.

Die Interamerikanische Entwicklungsbank gewährt der neuen PPP-Regierung ein Darlehen in Höhe von US-$ 270 Mio., mit dem die Fortsetzung des Kurses zur Stabilisierung der Wirtschaft gewährleistet werden soll.

Dezember

1.12. Im Rahmen eines speziellen Sozialprogramms, dem *Social Impact Amelioration Programme* (SIMAP), werden den 15.000 Staatsdienern, deren Einkommen unter Guy.-$ 6.000 liegt, für die nächsten 12 Monate ein Aufschlag von Guy.-$ 625 gewährt (inzwischen: 1 US-$ = 125,50 Guy.-$). Darüber hinaus bekommen 31.000 Pensionäre und 15.000 Sozialhilfeempfänger eine monatliche Zulage von Guy.-$ 500. Nach Auskunft des Direktors der SIMAP, Philip CHAN, sind diese Zahlungen jedoch abhängig von der Bereitstellung des bereits mit der IDB vereinbarten Barkredits für das Sozialprogramm in Höhe von US-$ 50 Mio..

Mansor NADIR, Führer der TUF, betont, daß die Unterstützungsgarantie seiner Partei an die PPP-Regierung nicht mißzuverstehen sei. Sie diene allein der Stabilisierung der politischen Verhältnisse im Land und ermögliche es dem neuen Präsidenten, ohne Damoklesschwert zu zeigen, was er für die Nation zu tun gedenkt.

Beate Ratter

IBEROSTAT
Stand: 8,93
GUYANA
Hauptstadt: Georgetown
Fläche (in qkm): 214.969
Währung: Guyana Dollar

Berichtsjahr (BJ): 1991

Jahr

1. DEMOGRAPHISCHE KENNZIFFERN	1970	1980	1990	1991
Bevölkerungszahl (in Mio.)	0,72	0,79	0,8	0,802
davon: unter 15 Jahren (in %)	46,1	43,8	34,5	32,9
davon: im Alter von 15-64 Jahren (in %)	46,6	52,8	61,3	63,2
Städtische Bevölkerung (in %)	29,4	30,5	34,6	35,2
Geburtenrate	33,9	31,5	25,6	25,6
Fertilitätsrate	5,4	3,5	2,8	2,7
Erwerbspersonen in der Landwirtschaft (in %)	30,2	26,8		
Erwerbspersonen in der Industrie (in %)	27,6	26		
Erwerbspersonen im Dienstleistungssektor (in %)	42,1	47,2		

Geschätzte Bevölkerung im Jahre 2025 (in Mio.)	1,1	
Durchschnittliche jährliche Wachstumsrate der Bevölkerung (in %) 1965-80:		
1980-BJ:	0,5	

2. SOZIALE KENNZIFFERN

Bevölkerung mit Zugang zu Trinkwasser (in %)	75	72	79,1	81
Tägl. Kalorienangebot (in % der Mindestbedarfsnorm)		109	114	
Säuglingssterblichkeitsziffer (0-1 Jahr)	80,2	64,6	51	51
Kindersterbeziffer (0-5 Jahre)			67,2	65
Lebenserwartung bei der Geburt (in Jahren)	59,7	61	64,2	64,2
Einwohner je Arzt	4012	6200	6220	
Alphabetisierungsquote (in %)	91,6		96,4	

3. WIRTSCHAFTLICHE KENNZIFFERN

Bruttoinlandsprodukt (in Mio. USD)	280	591		
Bruttosozialprodukt pro Kopf (in USD)	380	720	380	430
Ausfuhr von Waren u. Dienstleistungen (in Mio. USD)	147	411	236	
Einfuhr von Waren u. Dienstleistungen (in Mio. USD)	168	538	412	
Leistungsbilanz (in Mio. USD)	-22	-129	-163	
Kapitalbilanz (in Mio. USD)	17	85	165	166
davon: ausl. Direktinvestitionen (in Mio. USD)	9	0,6	0	0
Bestand an Währungsreserven (in Mio. USD)	20	13	29	124
Privater Verbrauch (in % des BIP)	60,8	51,8	49,5	
Staatsverbrauch (in % des BIP)		28,9		
Bruttoinlandsinvestitionen (in % des BIP)	22,8	29,8	46,8	25
Bruttoinlandsersparnis (in % des BIP)	22,2	19,3	33,9	
Anteil der Landwirtschaft am BIP (in %)	19	23	27,5	
Anteil der Industrie am BIP (in %)	40	36		
davon: Verarbeitendes Gewerbe (in %)	7	12		
Anteil des Dienstleistungssektors am BIP (in %)	41	41		
Auslandsverschuldung (in Mio.USD)	83	794	1960	1898
davon: öffentliche Verschuldung (in Mio. USD)	83	598	1663	1554
Schuldendienst (in Mio. USD)	6	89	303	76
davon: Zinszahlungen (in Mio. USD)	3	31	132	52
Schuldendienst in % der Exporterlöse	3,1	21,6	128,4	

Durchschnittl. jährl. Wachstumsrate des BIP (in %) 1965-80:	1,9
1981-BJ:	-3,3
Durchschnittl. jährl. Inflationsrate (in %) 1980-BJ:	35

Kuba

> Amtlicher Name: República de Cuba
> Präsident: Dr. Fidel CASTRO RUZ
> Regierung: Partido Comunista de Cuba (PCC) – Politbüro
> Kabinett (Stand: Mai 1993): Äußeres: Roberto ROBAINA (seit März 1993; Inneres: General José ABRANTES; Finanzen: Rodrigo GARCÍA LEÓN. Beauftragter für alle Wirtschaftsfragen: Carlos LAGE (mit zentralen politischen Vollmachten).
> Parlament: Asamblea Nacional del Poder Popular (bisher 469 Sitze; seit der Wahl vom Februar 1993: 589 Sitze).
> [Erste freie und geheime Wahlen unter Fidel CASTRO am 24.2.1993. Einheitsliste, keine Wahlpflicht, Wahlbeteiligung: 99,62%, ca. 10% ungültige Stimmen].

Chronologie 1992

Das Jahr 1992 ist durch den unverminderten Niedergang der Wirtschaft und des Lebensstandards der Bevölkerung in praktisch allen Bereichen geprägt. Auf die tiefe Krise antwortet die Regierung CASTRO zum einen durch Durchhalteparolen und drastische Sparmaßnahmen, zum anderen durch die verstärkte Öffnung der Wirtschaft für Auslandskapital und *joint ventures*. Diese Schritte werden mit den im Juli verabschiedeten Verfassungsänderungen auch rechtlich abgesichert. In der nationalen Ökonomie bleiben marktorientierte Veränderungen jedoch aus.

Auf der politischen Ebene ist die Kommunistische Partei bemüht, einige ideologische "Altlasten" abzustreifen, ohne jedoch Einbußen an ihrer Machtposition hinzunehmen. Dies wird in den Verfassungsänderungen vom Juli genauso deutlich wie in dem neuen Wahlgesetz, das das Einparteiensystem bekräftigt. Der Spielraum für abweichende Meinungen bleibt überaus eng gesteckt.

Außenpolitisch ist das offiziell verkündete Ende der Unterstützung für revolutionäre Bewegungen in anderen Ländern verbunden mit dem Versuch einer verstärkten Annäherung an die anderen Staaten Lateinamerikas. Währenddessen beschließt die Regierung der USA unter dem Druck des Präsidentschaftswahlkampfs Ende des Jahres eine Verschärfung des Wirtschaftsembargos gegen Kuba.

Januar

9.1. Bei einem fehlgeschlagenen Fluchtversuch von sieben Kubanern werden drei Polizisten erschossen. Gegen zwei der wenig später festgenommenen Kubaner werden Todesurteile verhängt und am 19. Februar vollstreckt.

14.1. In Havanna geht eine internationale Konferenz über die "Raketenkrise" von 1962 zu Ende. Erstmals kamen hierbei hochrangige sowjetische, US-amerikanische und kubanische Protagonisten der Ereignisse zusammen. Der damalige Befehlshaber der sowjetischen Truppen auf der Insel erklärte, daß er den Befehl hatte, sich im Falle einer Invasion der USA mit allen verfügbaren, auch den atomaren Waffen zu wehren. CASTRO kündigt während dieser Konferenz an, daß Kuba seine Unterstützung für revolutionäre Bewegungen in anderen Ländern einstellen wird.

20.1. Eduardo DÍAZ BETANCOURT, Anführer eines dreiköpfigen terroristischen Kommandos von Exil-Kubanern aus Miami, das im Dezember 1991 mit Waffen an der kubanischen Küste gelandet war, wird ungeachtet internationaler Proteste hingerichtet. Die beiden Mittäter werden zu 30 Jahren Haft verurteilt. Die Europäische Gemeinschaft beschließt aus Protest gegen die Exekution die Einstellung ihrer Wirtschaftshilfe an Kuba (jährlich allerdings nur etwa US$ 6 Mio.).

Februar

3.2. Das US-Außenministerium bestätigt die Erlaubnis für die Telefongesellschaft AT&T, die Telefonverbindungen zwischen den USA und Kuba auszubauen.

24.2. Manuel PIÑEIRO LOSADA, langjähriger Leiter der Amerika-Abteilung des Zentralkomitees der Kommunistischen Partei, wird seines Amtes enthoben. PIÑEIRO LOSADA war insbesondere für die Kontakte zu den Guerilla-Bewegungen des Kontinents zuständig. Sein Nachfolger wird José ARBESÚ FRAGA, bislang Leiter der kubanischen Interessenvertretung in Washington.

März

10.3. Kulturminister Armando HART verfaßt einen (nie an seinen Adressaten abgeschickten) Drohbrief an den mehrfach in Kuba preisgekrönten Schriftsteller JESÚS DÍAZ, der sich mit einem DAAD-Stipendium in Berlin aufhält. Darin brandmarkt er DÍAZ als Verräter und Verbrecher, der "noch weniger Gnade verdient" habe als jene – unlängst hingerichteten – "Barbaren", die drei kubanischen Polizisten erschossen hatten. Für DÍAZ, der lange Zeit auf der Insel als eine intellektuelle Symbolfigur für Widerspruch 'aus der Revolution' heraus galt, bedeutet dies praktisch Exil. Auslöser war eine Diskussionsveranstaltung in Zürich, bei der DÍAZ sowohl gegen die US-Blokkade als auch gegen CASTROs "unmoralische" Alternative des "Sozialismus oder Tod" Stellung bezog.

18.3. Der Dissident Carlos PAYÁ SARDIÑAS kündigt an, er werde bei den kommenden Wahlen zur Nationalversammlung für den Sitz in der Gemeinde El Cerro in Havanna kandidieren. Vorangegangen war eine Erklärung

Kuba

von Politbüro-Mitglied CARLOS ALDANA, daß bei den Wahlen Dissidenten "als Individuen, nicht als Vertreter von politischen Organisationen" teilnehmen könnten.

April

21.4. Die Regierung in Washington verschärft das Embargo gegen Kuba, indem sie – bis auf zu genehmigende Ausnahmefälle – alle Häfen der USA für Schiffe schließt, die zuvor Kuba angelaufen haben.

Mai

13. Die brasilianische Erdölgesellschaft BRASPETRO unterzeichnet einen US$ 52-Millionen-Vertrag zur *Offshore*-Erkundung von Erdölvorkommen an der Ost- und Nordküste Kubas.

Juni

1.6. Kuba will auch mit exilkubanischen Business-Leuten in den USA Handelsbeziehungen und Joint-Ventures einrichten, erklärt Oscar ALFONSO, Direktor des staatlichen Komitees für Wirtschaftliche Zusammenarbeit (CeCe). Die einzige Ausnahmen seien Personen, die an politischen oder militärischen Aktionen gegen das Land beteiligt gewesen seien.

8.-10.6. In Cancún (Mexiko) findet die erste "Euromoney"-Konferenz über Geschäftsmöglichkeiten in Kuba statt. An ihr nehmen auch zahlreiche Vertreter großer US-Unternehmen teil. Der letzte Tag der Konferenz wird in Havanna abgehalten.

18.6. Fidel CASTRO DÍAZ-BALART, Sohn des Staatschefs Fidel CASTRO, verliert seinen Posten als Leiter der Kubanischen Atomenergiebehörde, wie die Parteizeitung "Granma" ohne Angabe von Gründen mitteilte.

20.6. Ricardo ALARCÓN DE QUESADA wird neuer Außenminister Kubas. ALARCÓN, bis dahin Botschafter Kubas bei den Vereinten Nationen, tritt damit die Nachfolge von Isidoro MALMIERCA an, der diesen Posten 15 Jahre lang innehatte.

Juli

10.-12.7. Eine zweitägige Sitzung der kubanischen "Nationalversammlung" verabschiedet zahlreiche Verfassungsänderungen. Darin werden unter anderem die rechtliche Absicherung der Joint-Venture-Verträge mit Auslandsunternehmen in der Verfassung verankert und ökonomische Privatisierungsmöglichkeiten eingeräumt. Staatschef Fidel CASTRO wird mit umfangreichen Vollmachten für den "Notstand" ausgestattet. Ideologisch ist eine "Nationalisierung" unübersehbar: Die KP Kubas – weiterhin "oberste Führungskraft der Gesellschaft und des Staates" – beruft sich nun noch vor Marx und Engels auf den kubanischen Freiheitshelden José MARTÍ. Neu in die Verfassung aufgenommen wurde die Garantie der Religionsfreiheit. Insgesamt werden 77 der 141 Artikel der Verfassung verändert. Außerdem soll ein noch zu verabschiedendes neues Wahlgesetz die geheime und direkte Wahl der Volksvertreter einführen.

22.7. Fidel CASTRO nimmt an der Zweiten Gipfelkonferenz von 21 iberoamerikanischen Staatschefs in Madrid teil. Am 29.7. bricht er seinen Besuch vorzeitig ab und kehrt - offenbar wegen der Affäre ALDANA (s. 10.10.) - nach Havanna zurück.

30.7. Das US-amerikanische Repräsentantenhaus stimmt mehrheitlich dafür, daß die Finanzierung des auf Kuba ausgerichteten, von Exilkubanern in Miami betriebenen Fernsehsenders "TV Martí" eingestellt wird.

August

Anfang Der Führer der exilkubanischen "Nationalstiftung" Jorge MAS CANOSA trifft mit dem mexikanischen Präsidenten Salinas de Gortari zusammen.

September

5.9. Fidel CASTRO erklärt, daß die Zuckerrohrernte 91/92 sieben Millionen Tonnen Zucker gebracht habe, von denen 6,3 Millionen Tonnen erfolgreich exportiert wurden. Ferner läßt er verlauten, daß die Arbeiten am Atomkraftwerk bei Cienfuegos auf unbestimmte Zeit stillgelegt werden.

20.9. Carlos ALDANA, der als "dritter Mann im Staate" galt, wird unter dem Vorwurf der Korruption offiziell seines Amtes enthoben. Sein Nachfolger als Verantwortlicher für Ideologie und internationale Beziehungen der KP wird José Ramón BALAGUER, der seit 1990 als Botschafter Kubas in Moskau arbeitete.

24.9. Der US-Kongreß nimmt mit 276 zu 135 Stimmen den Entwurf des sog. "*Cuban Democracy Act*" (besser bekannt als "Torricelli-Gesetz") an, der eine Verschärfung der US-amerikanischen Blockade-Politik gegen Kuba vorsieht. Dieses Gesetz, das unter anderem das Handelsembargo auch auf Tochterfirmen von US-Unternehmen in anderen Ländern ausweitet, war insbesondere von der exilkubanischen "Nationalstiftung" in Miami unterstützt worden.

Oktober

18.10. Eine Reduzierung der Benzinzuteilungen für Privatleute wird angekündigt. Sie haben fortan nur noch dann Anrecht auf Treibstoff, wenn er nicht anderswo "mit Priorität" gebraucht wird. Begründet wird der Schritt mit dem Energiebedarf der beginnenden Zuckerrohrernte.

23.10. Auf einer Wahlkundgebung in Miami unterzeichnet US-Präsident George BUSH den im September vom Kongreß verabschiedeten "*Cuban Democracy Act*". BUSH hatte früher eine derartige Verschärfung des Handelsembargos abgelehnt.

27.10. Das mit einem Finanzvolumen von US$ 1.1 Mrd. bislang größte Joint-Venture-Projekt in Kuba wird von zwei mexikanischen Textilunternehmern bekanntgegeben. Die von ihnen gegründete "International Textile Corporation" soll in insgesamt 15 kubanischen Fabriken Kleidung für den Export herstellen.

Ende Die *Asamblea Nacional del Poder Popular*, das kubanische Parlament, verabschiedet ein neues Wahlgesetz. Auf Gemeinde-, Provinz- und nationaler Ebene soll fortan das Prinzip direkter und geheimer Wahl der Volksvertreter gelten. Das Einparteiensystem wird davon allerdings nicht berührt. Die Kandidaten werden durch die *Comisiones de Candidaturas* benannt, die von der KP und den offiziellen "Massenorganisationen" kontrolliert werden.

November

7.11. Raúl CASTRO fordert "mehr Opfer und mehr Anstrengungen" von den Kubanern. Die gegenwärtige 'Sonderperiode', sei "keine Frage von Tagen oder Wochen, sondern von Jahren."

Dezember

Anfang Ex-General Alvaro PRENDES, hochdekorierter Held der Schweinebucht und zeitweilig Chef der kubanischen Luftwaffe, macht einen Brief an Fidel CASTRO öffentlich, in dem er zur "Rettung Kubas" einen "nationalen Dialog des ganzen Volkes und wirtschaftliche Öffnung" fordert. PRENDES, der diesen offenen Brief bei einer improvisierten Pressekonferenz im Haus des Dissidenten ROCA verlesen hatte, wurden daraufhin nachträglich alle militärischen Ehrungen aberkannt.

20.und 27.12 Im ganzen Land werden Gemeindewahlen abgehalten – die ersten Wahlen unter der neuen Gesetzgebung. Nach offiziellen Daten erhielten rund sechs Prozent der vorgeschlagenen Kandidaten nicht die erforderliche Mehrheit von 50% der gültigen Stimmen und mußten sich einem zweiten Wahlgang stellen.

Karl-Christian Göthner / Bert Hoffmann

IBEROSTAT
Stand: 8,93   Berichtsjahr (BJ):   1991
                                    CUBA
Hauptstadt: La Habana
Fläche (in qkm):   110.861
Währung: Kubanischer Peso   Jahr

1. DEMOGRAPHISCHE KENNZIFFERN	1970	1980	1990	1991
Bevölkerungszahl (in Mio.)	8,55	9,72	10,63	10,712
davon: unter 15 Jahren (in %)	37	36,9	22,4	22,8
davon: im Alter von 15-64 Jahren (in %)	57	61	69,4	68,8
Städtische Bevölkerung (in %)	60	68	75	74,9
Geburtenrate	28	14,1	17,4	16,2
Fertilitätsrate	3,8	1,9	1,8	1,9
Erwerbspersonen in der Landwirtschaft (in %)	30	23,8		
Erwerbspersonen in der Industrie (in %)	27	28,5		
Erwerbspersonen im Dienstleistungssektor (in %)	43	47,7		

Geschätzte Bevölkerung im Jahre 2025 (in Mio.)		13
Durchschnittliche jährliche Wachstumsrate der Bevölkerung (in %)	1965-80:	1,5
	1980-BJ:	0,9

2. SOZIALE KENNZIFFERN

Bevölkerung mit Zugang zu Trinkwasser (in %)	56		97,7	
Tägl. Kalorienangebot (in % der Mindestbedarfsnorm)		122	132	
Säuglingssterblichkeitsziffer (0-1 Jahr)	39	19,6	11,7	
Kindersterbeziffer (0-5 Jahre)			14,2	14
Lebenserwartung bei der Geburt (in Jahren)	70	73	75,9	76
Einwohner je Arzt	1222	700	530	
Alphabetisierungsquote (in %)	87		93,3	

3. WIRTSCHAFTLICHE KENNZIFFERN

Bruttoinlandsprodukt (in Mio. USD)	4202	13685
Bruttosozialprodukt pro Kopf (in USD)	490	1406
Ausfuhr von Waren u. Dienstleistungen (in Mio. USD)		
Einfuhr von Waren u. Dienstleistungen (in Mio. USD)		
Leistungsbilanz (in Mio. USD)		
Kapitalbilanz (in Mio. USD)		
davon: ausl. Direktinvestitionen (in Mio. USD)		
Bestand an Währungsreserven (in Mio. USD)		

Privater Verbrauch (in % des BIP)		
Staatsverbrauch (in % des BIP)		
Bruttoinlandsinvestitionen (in % des BIP)		
Bruttoinlandsersparnis (in % des BIP)		
Anteil der Landwirtschaft am BIP (in %)		13
Anteil der Industrie am BIP (in %)		53
davon: Verarbeitendes Gewerbe (in %)		
Anteil des Dienstleistungssektors am BIP (in %)		34

Auslandsverschuldung (in Mio.USD)
   davon: öffentliche Verschuldung (in Mio. USD)
Schuldendienst (in Mio. USD)
   davon: Zinszahlungen (in Mio. USD)
Schuldendienst in % der Exporterlöse

Durchschnittl. jährl. Wachstumsrate des BIP (in %)
                         1965-80:
                         1981-BJ:
Durchschnittl. jährl. Inflationsrate (in %)
                         1980-BJ:

IBEROSTAT
Stand: 8,93
Hauptstadt:
Fläche (in qkm): 20.428.466
Währung:

LATEINAMERIKA

Berichtsjahr (BJ): 1991

Jahr

1. DEMOGRAPHISCHE KENNZIFFERN

	1970	1980	1990	1991
Bevölkerungszahl (in Mio.)	297,2	376,3	436,1	447,66
davon: unter 15 Jahren (in %)	42,5		35,9	36
davon: im Alter von 15-64 Jahren (in %)	53,6		59,5	60,8
Städtische Bevölkerung (in %)	57,7	64,9	71,5	72
Geburtenrate	36,5		27,9	26
Fertilitätsrate	5,2		3,4	3,1
Erwerbspersonen in der Landwirtschaft (in %)	41,2	32,4		
Erwerbspersonen in der Industrie (in %)	23	25,8		
Erwerbspersonen im Dienstleistungssektor (in %)	35,8	41,9		

Geschätzte Bevölkerung im Jahre 2025 (in Mio.)	691
Durchschnittliche jährliche Wachstumsrate der Bevölkerung (in %) 1965-80:	2,5
1980-BJ:	2

2. SOZIALE KENNZIFFERN

	1970	1980	1990	1991
Bevölkerung mit Zugang zu Trinkwasser (in %)		56	79	
Tägl. Kalorienangebot (in % der Mindestbedarfsnorm)			116	
Säuglingssterblichkeitsziffer (0-1 Jahr)	82		51,7	44
Kindersterbeziffer (0-5 Jahre)			60	53
Lebenserwartung bei der Geburt (in Jahren)	60,5		67,4	68
Einwohner je Arzt	2020	1230	1180	
Alphabetisierungsquote (in %)	73,6	78	84	

3. WIRTSCHAFTLICHE KENNZIFFERN

	1970	1980	1990	1991
Bruttoinlandsprodukt (in Mio. USD)			1015160	
Bruttosozialprodukt pro Kopf (in USD)	590	1920	2140	2390
Ausfuhr von Waren u. Dienstleistungen (in Mio. USD)	18540	123103	170145	170159
Einfuhr von Waren u. Dienstleistungen (in Mio. USD)	21868	154300	177468	193801
Leistungsbilanz (in Mio. USD)	-3139	-30489	-3549	-19236
Kapitalbilanz (in Mio. USD)		34721	16984	36311
davon: ausl. Direktinvestitionen (in Mio. USD)	1087	6115	7725	12766
Bestand an Währungsreserven (in Mio. USD)	5527	57064	58152	74542
Privater Verbrauch (in % des BIP)	69,3	66,5	66,2	
Staatsverbrauch (in % des BIP)			12	
Bruttoinlandsinvestitionen (in % des BIP)	21,3	24,3	19,4	20,3
Bruttoinlandsersparnis (in % des BIP)	20,6	22,9	21,5	
Anteil der Landwirtschaft am BIP (in %)	14,3	9,1	10,4	10,2
Anteil der Industrie am BIP (in %)	34,8	39	36,4	36,3
davon: Verarbeitendes Gewerbe (in %)	23,5	26,6	24,6	24,4
Anteil des Dienstleistungssektors am BIP (in %)	50,9	51,9	53,2	53,5
Auslandsverschuldung (in Mio.USD)	27733	242596	432467	439682
davon: öffentliche Verschuldung (in Mio. USD)	15860	129730	323253	329378
Schuldendienst (in Mio. USD)	5130	46009	44186	50188
davon: Zinszahlungen (in Mio. USD)	1395	24282	21518	27065
Schuldendienst in % der Exporterlöse		37,2	26	29,5

Durchschnittl. jährl. Wachstumsrate des BIP (in %) 1965-80:	6
1981-BJ:	1,7
Durchschnittl. jährl. Inflationsrate (in %) 1980-BJ:	208,2

315

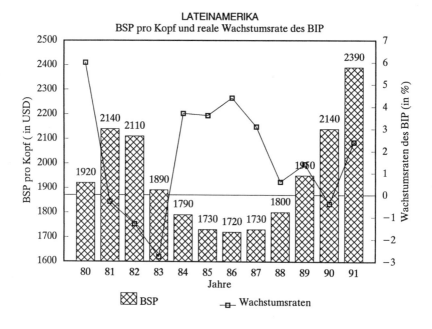

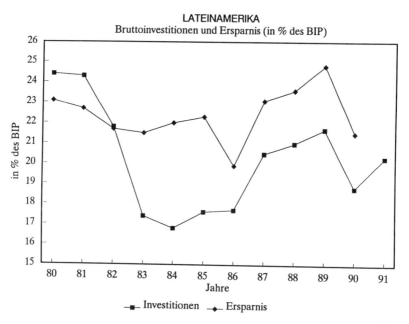

Lateinamerika Jahrbuch 1993

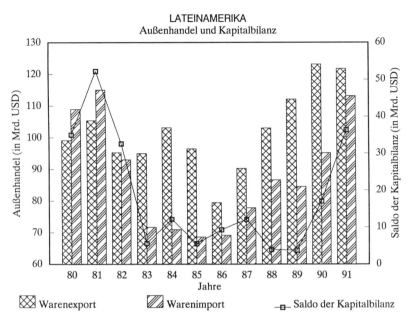

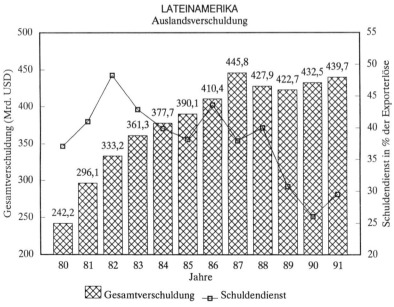

Technische Erläuterungen zu der Datenbank IBEROSTAT

A. Das Datenbank-Programm IBEROSTAT

IBEROSTAT ist ein Datenbank-Programm, das in Zusammenarbeit mit dem Institut für Iberoamerika-Kunde in Hamburg am Institut für international vergleichende Wirtschafts- und Sozialstatistik der Universität Heidelberg entwickelt wurde. Die Datenbank IBEROSTAT enthält derzeit für 33 Staaten in Lateinamerika und der Karibik ca. 50 Kennziffern zur demographischen, sozialen und wirtschaftlichen Entwicklung. Die Dateien für die Ländertabellen enthalten Werte für die Jahre 1970, 1980 und 1988ff.; in den Graphik-Dateien sind Werte für die Jahre 1980ff. aufgenommen. Damit die Daten eine größtmögliche internationale und intertemporale Vergleichbarkeit gestatten, sind sie nahezu ausschließlich aus den Statistiken internationaler Organisationen zusammengestellt, die den Vorteil besitzen, daß die nationalen Daten Harmonisierungs- und Standardisierungsprozeduren sowie Plausibilitätskontrollen unterworfen werden. Dadurch können sich zum Teil erhebliche Abweichungen gegenüber den in nationalen Quellen nachgewiesenen Daten ergeben. Nicht für alle Staaten sind die Datensätze in IBEROSTAT vollständig, da einzelne Länder der Region nur über eine unzulängliche statistische Infrastruktur verfügen oder Daten nicht veröffentlicht werden.

B. Tabellen

Demographische Kennziffern: Bei den *Bevölkerungszahlen* handelt es sich um Schätzwerte zur jeweiligen Jahresmitte, unter Berücksichtigung der jeweils letzten Volkszählungsergebnisse. Die Angaben zum prozentualen Anteil der *Stadtbevölkerung* an der Gesamtbevölkerung sind für Länderquervergleiche nur bedingt geeignet, da in den einzelnen Ländern unterschiedliche Definitionen des Begriffs "städtisch" Verwendung finden. Die (unbereinigte) *Geburtenrate* gibt die Anzahl der Lebendgeburten je 1000 Einwohner und Jahr an. Die *Fertilitätsrate* bezeichnet die durchschnittliche Kinderzahl, die eine Frau gebären würde, falls sie bis zum Ende ihres gebärfähigen Alters lebte und in jeder Altersstufe in Übereinstimmung mit den altersspezifischen Fruchtbarkeitsziffern Kinder zur Welt bringen würde. Die statistischen Angaben zur *Beschäftigtenstruktur nach Wirtschaftsbereichen* sind nur sehr begrenzt intertemporal und international vergleichbar; die Ausgangsdaten sind teilweise Ergebnisse von Stichprobenerhebungen unterschiedlicher Qualität und beziehen sich entweder auf Erwerbspersonen oder auf Erwerbstätige oder auf Beschäftigte. Der Sektor *Landwirtschaft* umfaßt Land- und Forstwirtschaft, Jagd und Fischfang; zum *Industriesektor* gehören Bergbau, Bauwirtschaft, Strom-, Wasser- und Gasversorgung; alle übrigen Bereiche der Wirtschaft sind dem *Dienstleistungssektor* zugeordnet. Bei den Angaben zu der geschätzten Bevölkerung im Jahre 2025 handelt es sich um Projektionen der Vereinten Nationen auf der Basis der länderspezifischen Altersstrukturen des Jahres 1985. Die *Wachstumsraten* der Bevölkerung sind Periodendurchschnitte, die auf der Grundlage der Bevölkerungsstände zur jeweiligen Jahresmitte berechnet werden.

Soziale Kennziffern: Die Angaben zur Trinkwasserversorgung beziehen sich auf den Zugang zu unbedenklichem Wasser; *Trinkwasserversorgung* gilt als gegeben, wenn innerhalb der Städte in akzeptabler Entfernung (200 Meter) und auf dem Lande mit vertretbarem Zeitaufwand Zugang zu einer unbedenklichen Wasserversorgung besteht, die gereinigtes Oberflächenwasser oder ungereinigtes, aber unverseuchtes Wasser – etwa aus Bohrlöchern, Quellen und Leitungsanschlüssen – einschließt. Bei den Daten handelt es sich um Schätzwerte der Weltgesundheitsorganisation WHO, die nur eingeschränkt international vergleichbar sind. Das *tägliche Kalorienangebot pro Kopf* wird von der FAO errechnet, indem der Kaloriengegenwert des Nahrungsmittelangebots eines Landes durch seine Bevölkerungszahl dividiert wird. Die *Mindestbedarfsnorm pro Kopf* mißt die Kalorien, die erforderlich sind, um ein normales Niveau der wirtschaftlichen Aktivität und Gesundheit in der Bevölkerung aufrechtzuerhalten, wobei ihrem Alters- und Geschlechtsaufbau, dem durchschnittlichen Körpergewicht und den landesspezifischen Klima Rechnung getragen wird; für Lateinamerika und die Karibik wird eine Mindestbedarfsnorm von 2380 Kalorien pro Kopf und Tag zugrunde gelegt. Bei der Interpretation der Kennziffer *tägliches Kalorienangebot in Prozent der Mindestbedarfsnorm* ist zu berücksichtigen, daß sie ein Potential mißt, aber nichts über den tatsächlichen Ernährungsstatus einer Bevölkerung aussagt. Die *Säuglingssterblichkeitsziffer* mißt die Anzahl der Säuglinge, die je 1000 Lebendgeburten pro Jahr vor Vollendung des ersten Lebensjahres sterben. Die *Kindersterbeziffer* gibt für ein gegebenes Jahr an, wieviele Kinder je 1000 Lebendgeburten bis zur Vollendung des fünften Lebensjahres sterben. Aus der Differenz zwischen Säuglingssterblichkeitsziffer und Kindersterbeziffer ergibt sich die Zahl der Todesfälle bei Kindern im Alter zwischen einem und fünf Jahren je 1000 Lebendgeburten. Die *Lebenserwartung bei der Geburt* gibt die Anzahl der Jahre an, die ein Neugeborenes leben würde, wenn es während seines ganzen Lebens den gleichen altersspezifischen Sterblichkeitsrisiken ausgesetzt wäre, wie sie zum Zeitpunkt seiner Geburt in der Gesamtbevölkerung vorherrschen; die Daten lassen nicht die in einigen lateinamerikanischen Staaten erheblichen Unterschiede in der Lebenserwartung zwischen den Geschlechtern sowie zwischen Stadt- und Landbevölkerung erkennen. Die *Alphabetisierungsquote* mißt den Prozentsatz der Bevölkerung im Alter von (in der Regel) 15 Jahren und darüber, der lesen und schreiben kann; es handelt sich überwiegend um Schätzwerte der UNESCO, die als wenig zuverlässig gelten; die internationale Vergleichbarkeit der Alphabetisierungsquote ist nur sehr eingeschränkt möglich, da beachtliche Unterschiede in den Definitionen und in der Qualität der Ausgangsdaten bestehen.

Wirtschaftliche Kennziffern: Das *Bruttoinlandsprodukt* (BIP) bezieht sich auf die Bruttowertschöpfung von In- und Ausländern innerhalb der geographischen Grenzen eines Landes, während das *Bruttosozialprodukt* (BSP) die Bruttowertschöpfung der (Wirtschafts-)Inländer quantifiziert, unabhängig von deren geographischem Standort. Der Unterschied zwischen Bruttoinlandsprodukt und Bruttosozialprodukt ergibt sich durch den Saldo der Erwerbs- und Vermögenseinkommen zwischen In- und Ausland. Das BIP ist überwiegend zu (laufenden) Marktpreisen angegeben, in einigen Fällen auch zu Faktorkosten. Eine volle internationale Vergleichbarkeit der Daten ist wegen der Unterschiede in den nationalen Volkswirtschaftlichen Gesamtrechnungen sowie im Umfang und in der Zuverlässigkeit der zugrunde liegenden statistischen Informationen nicht gewährleistet. Darüber hinaus ergeben sich Verzerrungen durch die Umrechnung der in den verschiedenen nationalen Währungen ausgedrückten Ursprungsdaten in US-Dollar. Die BSP-pro-Kopf-Schätzwerte werden von der Weltbank durch Division der BSP-Werte zu laufenden US-Dollar-Preisen durch die Bevölkerungszahlen zur jeweiligen Jahresmitte nach einem speziellen Verfahren (Atlas-Verfahren) berechnet; für die Umrechnung der in nationaler Währung ausgedrückten Werte in US-Dollar wird u.a. der Wechselkurs einer gleitenden Dreijahresperiode verwendet sowie der Inflationsunterschied zwischen Berichtsland und den USA berücksichtigt. Durch dieses Verfahren wird die internationale Vergleichbarkeit der BSP-Daten verbessert, die aber von den Angaben in den nationalen Volkswirtschaftlichen Gesamtrechnungen erheblich abweichen können. *Ausfuhr und Einfuhr von Waren und Dienstleistungen* (einschließlich Überweisungen von Gastarbeitern in ihre Heimatländer) werden, entsprechend der Zahlungsbilanz-Definition, zu fob-Werten nachgewiesen. Der Saldo der *Leistungsbilanz*, der sich aus der Zusammenfassung von Handels-, Dienstleistungs- und Übertragungsbilanz ergibt, enthält nicht die empfangenen/geleisteten öffentlichen Transferzahlungen von der/an die übrige Welt. Der Saldo der *Kapitalbilanz* ergibt sich aus der Veränderung der langfristigen und kurzfristigen (privaten und staatlichen) Forderungen bzw. Verbindlichkeiten gegenüber dem Ausland, ohne Berücksichtigung der ZentralbankTransaktionen; ein positiver Wert bedeutet Nettokapitalimport, ein negativer Wert Nettokapitalexport. Die Angaben zu den *ausländischen (Netto–)Direktinvestitionen* beziehen sich auf Kapitalbewegungen, durch die ein ausländischer Investor eine dauerhafte und effektive Beteiligung am Management oder an der Kontrolle eines Unternehmens erhält; Portfolioinvestitionen von Ausländern sind in diesen Angaben nicht enthalten. Der *Bestand an* (zentralen) *Währungsreserven* ergibt sich als die Summe aus Sonderziehungsrechten, IMF-Reserveposition, Gold- und Devisenbeständen der nationalen Zentralbank.

Die Angaben zu der Struktur der Nachfrage beziehen sich auf das BIP zu Marktpreisen (in konstanten Preisen unterschiedlicher Basisjahr; teilweise auch zu laufenden Preisen). Der *private Verbrauch* entspricht dem Marktwert aller Waren und Dienstleistungen, die von privaten Haushalte sowie von privaten Organisationen ohne Erwerbszweck gekauft oder als Einkommensersatz bezogen werden; soweit statistisch erfaßt, sind auch der Eigenverbrauch der Landwirtschaft berücksichtigt sowie die kalkulatorische Miete für Wohnraum, der vom Eigentümer genutzt wird. Der *Staatsverbrauch* entspricht im wesentlichen den laufenden Ausgaben auf allen Regierungsebenen für den Erwerb von Waren und Dienstleistungen (einschließlich der Investitionsausgaben für Verteidigungszwecke). Die *Bruttoinlandsinvestition* umfaßt die Ausgaben und Aufwendungen für die Aufstockung des (privaten und staatlichen) Anlagevermögens zuzüglich des Nettowerts von Vorratsveränderungen. Die *Bruttoinlandsersparnis* ergibt sich als Summe aus Bruttoinlandsinvestition und dem Saldo von Handels- und Dienstleistungsbilanz (jedoch ohne die darin enthaltenen Faktoreinkommen) bzw. durch Subtraktion des gesamten Verbrauchs vom BIP.

Die Kennzahlen zur sektoralen Entstehungsstruktur der gesamtwirtschaftlichen Wertschöpfung beziehen sich auf das BIP zu Faktorkosten (in laufenden Preisen, teilweise auch zu konstanten Preisen unterschiedlicher Basisjahre). Der *landwirtschaftliche Sektor* umfaßt Land- und Forstwirtschaft, Jagd und Fischerei; zu dem *Industriesektor* gehören Bergbau, verarbeitende Industrie, Energie- und Wasserwirtschaft sowie die Bauwirtschaft; alle übrigen Wirtschaftsbereiche sind dem *Dienstleistungssektor* zugeordnet. Das *Verarbeitende Gewerbe* umfaßt die Hauptabteilung 3 der International Standard Industrial Classification. Aussagefähigkeit und Vergleichbarkeit der Strukturdaten sind zum Teil erheblich eingeschränkt, da die Wertschöpfung der Subsistenzlandwirtschaft sowie die "informellen" Aktivitäten in den übrigen Wirtschaftsbereichen im allgemeinen statistisch nicht erfaßt werden.

Die *Auslandsverschuldung* umfaßt den gesamten Bestand lang- und kurzfristiger Schulden privater und staatlicher Institutionen gegenüber der übrigen Welt einschließlich IMF-Kredite sowie rückständiger Zinszahlungen. Die Angaben zur *öffentlichen Auslandsverschuldung* beziehen sich auf die langfristigen staatlichen und staatlich garantierten Kreditverpflichtungen gegenüber dem Ausland. Der *Schuldendienst* ergibt sich als Summe aus Tilgungs- und Zinszahlungen, die tatsächlich in Devisen, Waren oder Dienstleistungen erbracht wurden (einschließlich des Rückkaufs und der Gebühren für IMF-Kredite). Die *Schuldendienstquote* gibt den tatsächlich geleisteten Schuldendienst in Prozent der Exporterlöse für Waren und Dienstleistungen an. Die Daten zur Auslandsverschuldung sind dem Debtor Reporting System der Weltbank entnommen; sie weichen zum Teil erheblich von den Angaben in nationalen Statistiken ab. Bei intertemporalen Vergleichen ist zu berücksichtigen, daß in den Angaben zur Auslandsverschuldung für das Jahr 1970 die kurzfristigen Auslandskredite nicht enthalten sind.

Die *durchschnittlichen jährlichen Wachstumsraten des BIP* sind in realen Größen ausgewiesen. Die *durchschnittliche jährliche Inflationsrate* ist identisch mit dem impliziten BIP-Deflator, der sich ergibt, wenn man den Wert des BIP zu laufenden Preisen durch den Wert des BIP zu konstanten Marktpreisen dividiert, wobei die Bewertung jeweils in nationaler Währung erfolgt; die so definierte Inflationsrate entspricht nicht dem Preisindex für die Lebenshaltung privater Haushalte, der üblicherweise zur Messung der Inflation verwendet wird.

C. Graphiken

Die *BSP-pro-Kopf*-Daten sind nominale Werte in bezug auf den US-Dollar (siehe auch die entsprechenden Erläuterungen zu den BSP-Angaben des Tabellenteils); die jährlichen *Wachstumsraten* beziehen sich auf die realen (preisbereinigten) BIP-Werte. Die prozentualen Anteilswerte der *Investitionen* und der *Ersparnis* am BIP beziehen sich auf die Bruttoinlandsinvestitionen bzw. Bruttoinlandsersparnis. Bei den *Exporten* und *Importen* handelt es sich um die in der Handelsbilanz registrierten Warenausfuhren und -einfuhren zu fob-Werten. Die Angaben zur *Gesamtverschuldung* beziehen sich auf den Bestand lang- und kurzfristiger Auslandsschulden privater und staatlicher Institutionen (vergl. die entsprechenden Erläuterungen zu Den Verschuldungsdaten des Tabellenteils); der *Schuldendienst in Prozent der Exporterlöse* für Waren und Dienstleistungen ist auf der Grundlage der tatsächlich geleisteten Tilgungs- und Zinszahlungen berechnet.

D. Quellen

Bulatao, R.A. et al.: World Population Projections 1989-90 Edition, Baltimore/London 1990.

Economic Commission for Latin America and the Caribbean: Economic Panorama of Latin America, Santiago de Chile, verschiedene Jahrgänge.

– : Statistical Yearbook for Latin America and the Caribbean, Santiago de Chile, verschiedene Jahrgänge.

Inter-American Development Bank: Annual Report, Washington, D.C., verschiedene Jahrgänge.

– : Economic and Social Progress in Latin America, Washington, D.C., verschiedene Jahrgänge.

Statistical Office of the European Communities: ACP Basic Statistics, Luxembourg/Bruxelles, verschiedene Jahrgänge.

– : ACP: Statistical Yearbook, Luxembourg-Bruxelles, verschiedene Jahrgänge.

United Nations: Demographic Yearbook, New York, verschiedene Jahrgänge.

– : National Accounts Statistics, New York, verschiedene Jahrgänge.

– : Population and Vital Statistics Report. Data available as of 1 October 1991, New York 1991.

– : Statistical Yearbook, New York, verschiedene Jahrgänge.

United Nations: World Population Chart 1990 Revised, New York 1990.

United Nations Development Programme: Human Development Report, New York/Oxford, verschiedene Jahrgänge.

United Nations Research Institute for Social Development: Research Data Bank of Development Indicators, vol.I: Compilation of Indicators for 1970, rev.1, Geneva 1976.

World Bank: Social Indicators of Development, Baltimore-London, verschiedene Jahrgänge sowie Ausgabe 1991 auf Diskette.

– : Trends in Developing Economies, Washington, D.C., verschiedene Jahrgänge.

– : World Bank Atlas, Washington, D.C., verschiedene Jahrgänge.

– : World Debt Tables, Washington, D.C., verschiedene Jahrgänge.

– : World Development Report, New York, verschiedene Jahrgänge.

– : World Tables, Baltimore/London, verschiedene Jahrgänge.

Weitere Informationen zu der Datenbank IBEROSTAT sind erhältlich bei:

Priv.-Doz.Dr. Hartmut Sangmeister
Institut für international vergleichende Wirtschafts- und Sozialstatistik
Universität Heidelberg
Grabengasse 14
D-69117 Heidelberg
Tel: 0 62 21/54 29 24; 54 29 25
Fax: 0 62 21/54 29 14

An diesem Band haben mitgewirkt:

Guilherme de **Almeida-Sedas**, Dipl.Dok., Institut für Iberoamerika-Kunde (IIK-Hamburg) *(Länderinformationen)*; Petra **Bendel**, M.A., wiss. Mitarbeiterin, IIK-Hamburg *(Chronologien Zentralamerika)*; Helga **Blumenthal** *(Textverarbeitung)*; Carina **Boe**, Dipl.Volksw., Hamburg *(Chronologien Bolivien und Ekuador)*; Elke **Bosse**, Studentin, Universität Hamburg *(Chronologie Brasilien)*; Gilberto **Calcagnotto**, M.A., wiss. Mitarbeiter, IIK-Hamburg *(Chronologie Brasilien)*; Esteban **Cuya**, DIML, Nürnberg *(Chronologie Peru)*; Ina **Dahlke**, Studentin, GHS Kassel *(Redaktionsassistenz)*; Birgitta **Drwenski**, Dipl.Volksw., Universität Heidelberg *(IBEROSTAT)*; Ilse **Giesenberg**, IIK-Hamburg *(Textverarbeitung)*; Albrecht **von Gleich**, Dr.rer.pol., geschäftsführender Direktor, IIK-Hamburg *(Aufsatz Integrationsprozesse)*; Karl-Christian **Göthner**, Dr., Rostock *(Chronologie Kuba)*; Wolfgang **Grenz**, Dipl. Hdl., wiss. Mitarbeiter, IIK-Hamburg *(Schriftleitung und Gesamtherstellung)*; Bert **Hoffmann**, Dipl.Pol., wiss. Mitarbeiter, IIK-Hamburg *(Chronologie Kuba)*; Rainer **Huhle**, Dr.phil., Nürnberg *(Chronologie Peru)*; Heinrich-W. **Krumwiede**, Dr. habil., wiss. Mitarbeiter, Stiftung Wissenschaft und Politik, Ebenhausen *(Aufsatz Überlebenschancen von Demokratie)*; Sabine **Kurtenbach**, Dr.phil., wiss. Mitarbeiterin, IIK-Hamburg *(Chronologie Kolumbien)*; Patricio **Meller**, CIEPLAN, Santiago *(Aufsatz Wirtschaftspolitische Reformen und Wettbewerbsfähigkeit)* ; Jutta **Nachtigäller**, Deutsches Übersee-Institut Hamburg *(Redaktionsassistenz)*; Detlef **Nolte**, Dr.phil., wiss. Mitarbeiter und stellv. Direktor, IIK-Hamburg *(Chronologien Cono Sur)*; Hartmut **Peters**, Kartograph, Geogr.Inst., Universität Kiel *(Karten)*; Anja K. **Possekel**, Dipl. Geogr., Geogr. Inst., Universität Hamburg *(Karte Karibischer Raum)*; Monika **Queisser**, Dipl.Volksw., Washington *(Aufsatz Chilenische Rentenreform)*; Beate **Ratter**, Dr. rer.nat., Geogr. Inst., Universität Hamburg *(Chronologien Karibischer Raum und Guyana)*; Peter **Rösler**, stellv. Geschäftsführer, Ibero-Amerika Verein, Hamburg *(Chronologie Venezuela)*; Wolf-Dietrich **Sahr**, Dipl. Geogr., Geogr. Inst., Universität Tübingen *(Chronologie Karibischer Raum)*; Hartmut **Sangmeister**, Priv.-Doz.Dr., Institut für international vergleichende Wirtschafts- und Sozialstatistik, Universität Heidelberg *(Koordination Datenbank IBEROSTAT; Aufsatz Grundbedürfnisbefriedigung)*; Bernd **Schleh**, Student, Universität Tübingen *(Chronologie Mexiko; Integrationsbündnisse)*; Ernst **Seiler**, Dipl. Volksw., Universität Heidelberg *(Datenbankprogramm IBEROSTAT)*; Markus **Ziener**, Student, Universität Heidelberg *(IBEROSTAT)*.